www.holder-augsburg-zweisprachig.de

Bibliografische Information der Deutschen Nationalbibliothek:

Die Deutsche Nationalbibliothek verzeichnet diese Publikation in der Deutschen Nationalbibliografie.

Detaillierte bibliografische Daten sind im Internet abrufbar über http://dnb.d-nb.de

Selma Lagerlöf: *Tösen från Stormyrtorpet / Das Mädchen vom Moorhof*
Deutsch von Marie Franzos
Herausgeber: Harald Holder
Die Texte wurden an einigen wenigen Stellen behutsam dem Lehrzweck angepasst.

ISBN: 978 − 3 − 94 33 94 − 05 − 4

2. Auflage 2012. Copyright Harald Holder 2012
Harald Holder Verlag, Augsburg

Alle Rechte (auch auszugsweiser Nachdruck, auszugsweise oder vollständige Wiedergabe, Speicherung in Datenverarbeitungsanlagen, Übersetzung) vorbehalten.

Druck und Bindung: Books on Demand GmbH, Norderstedt
Printed in Germany

www.holder-augsburg-zweisprachig.de

Selma Lagerlöf

Tösen från Stormyrtorpet –

Das Mädchen vom Moorhof

Lektüre zweisprachig, schwedisch/deutsch

linke Seite schwedisch; rechte Seite deutsch

tvåspråkig lektyr, tyska/svenska –

tyska på höger sida/svenska på vänster sida

www.holder-augsburg-zweisprachig.de

1

Det är i en tingssal ute på landsbygden. Vid dombordet högst uppe i rummet sitter en gammal häradshövding, en lång och starkt byggd karl med ett brett och grovhugget ansikte. Under flera timmar har han hållit på med att handlägga det ena målet efter det andra, och till sist har det kommit över honom något av leda och dysterhet. Det är svårt att veta om det är hettan och kvalmet i tingssalen, som pinar honom, eller om han har blivit illa till mods av att syssla med alla dessa småaktiga tvister, som inte tycks ha kommit till av annan orsak än för att vittna om människors grälsjuka och obarmhärtighet och vinningslystnad.

Han har just nu börjat med ett av de sista målen, som ska komma före under dagen. Det rör sig om en fordran på uppfostringshjälp.

Detta ärende har avhandlats redan ett par gånger förut, och protokollet från de föregående tingen håller på att läsas upp. Därav får man för det första veta, att käranden är en fattig torpardotter och att svaranden är en gift man.

Vidare heter det i protokollet, att svaranden har förklarat, att käranden med orätt och endast av vinningslystnad har stämt honom. Han erkänner, att käranden under någon tid har haft tjänst på hans gård, men han har inte under denna tid bedrivit kärlekshandel med henne, och hon har ingen rätt att begära någon hjälp av honom. Käranden har dock hållit fast vid sitt yrkande, och sedan några vittnen har blivit hörda, har svaranden blivit ålagd att värja sig med edgång, för så vitt han inte vill bli dömd att lämna understöd till käranden.

Båda parterna har kommit tillstädes och står bredvid varandra framför domarbordet. Käranden är mycket ung och ser alldeles förskrämd ut. Hon gråter av blyghet och torkar mödosamt bort tårarna med en sammanrullad näsduk, som hon inte tycks förstå sig på att veckla ut. Hon bär svarta kläder, som är tämligen nya och oslitna, men de sitter så illa, att man är frestad tro, att hon har lånat dem för att kunna uppträda på ett anständigt sätt inför domstolen.

Vad svaranden beträffar, ser man genast på honom, att han är en burgen man. Han är en fyrtio års karl och har ett käckt och raskt utseende.

1

Es ist in einem Gerichtssaal, weit draußen auf dem Lande. Am Richtertisch, hoch oben im Saal, sitzt der Richter, ein großer, stark gebauter Mann mit breitem, grobgeschnittenem Gesicht. Schon mehrere Stunden lang hat er einen Fall nach dem andern entschieden, und schließlich ist etwas wie Überdruß und Düsterkeit über ihn gekommen. Es ist schwer zu sagen, ob es die Hitze und Schwüle im Gerichtssaal ist, die ihn bedrückt, oder die Schuld an dieser schlechten Laune die Beschäftigung mit allen diesen kleinlichen Zwistigkeiten trägt, die aus keinem andern Grunde entstanden zu sein scheinen, als um die Sreitsucht und Unbarmherzigkeit und Geldgier der Menschen an den Tag zu bringen.

Er hat gerade mit einer der letzten Verhandlungen begonnen, die heute durchgeführt werden sollen. Es handelt sich um die Forderung eines Erziehungsbeitrages.

Dieser Fall ist schon am vorigen Gerichtstag verhandelt worden, und das Protokoll des früheren Prozesses wird eben verlesen. Daraus erfährt man fürs erste, daß die Klägerin eine arme Dienstmagd ist und der Beklagte ein verheirateter Mann.

Weiter geht aus dem Protokoll hervor, daß der Beklagte erklärt hat, die Klägerin habe ihn zu Unrecht und nur aus Gewinnsucht hierher laden lassen. Er gibt zu, daß die Klägerin einige Zeit auf seinem Hof in Dienst gestanden hat; er aber habe sich während dieser Zeit in keinerlei Liebeshändel mit ihr eingelassen, und sie habe kein Recht, irgendwelche Unterstützung von ihm zu verlangen. Die Klägerin jedoch hat an ihrer Behauptung festgehalten; und nachdem einige Zeugen vernommen waren, ist dem Beklagten auferlegt worden, einen Eid zu leisten, wenn er nicht verurteilt werden wolle, der Klägerin die verlangte Unterstützung zu zahlen.

Beide Parteien haben sich eingefunden und stehen nebeneinander vor dem Gerichtstisch. Die Klägerin ist sehr jung und sieht ganz verschüchtert aus. Sie weint vor Scham und trocknet mühsam ihre Tränen mit einem zusammengeknüllten Taschentuch; es scheint, als könne sie es nicht auseinanderfalten. Sie trägt schwarze Kleider, die ziemlich neu und ungetragen aussehen, aber sie sitzen so schlecht, daß man versucht ist, zu glauben, sie habe sie sich ausgeliehen, um anständig vor Gericht erscheinen zu können.

Was den Beklagten anlangt, so sieht man ihm gleich an, daß er ein wohlgestellter Mann ist. Er mag etwa vierzig Jahre alt sein und hat ein zuversichtliches und frisches Aussehen.

Där han står inför domstolen, har han en mycket god hållning. Det märks nog, att han inte tycker, att det är något nöje att stå där, men han ser heller inte det minsta besvärad ut.

Så snart som protokollet är uppläst, vänder sig domaren till svaranden ooh frågar honom om han håller fast vid sitt nekande och om han är beredd att avlägga eden.

Till dessa frågor säger svaranden genast ett raskt ja. Han börjar gräva i västfickan och tar fram ett betyg från prästen, som intygar, att han känner edens vikt och betydelse och är oförhindrad att avlägga den.

Under allt detta har käranden fortsatt att gråta. Hon tycks vara oövervinnligt blyg och håller ögonen envist sänkta mot golvet. Hon har ännu inte lyft blicken så mycket, att hon har kunnat se svaranden in i ansiktet.

När han nu säger sitt ja, rycker hon till. Hon träder ett par steg närmare domstolen, som om hon hade något att invända, men så blir hon stående. "Det är väl inte möjligt", tycks hon säga till sig själv. "Han kan inte ha svarat ja. Jag har hört orätt."

Emellertid tar domaren emot betyget och ger på samma gång en vink till rättstjänaren. Rättstjänaren går då fram till bordet för att lägga bibeln framför svaranden.

Käranden hör, att någon går förbi henne, och blir orolig. Hon tvingar sig att höja blicken så mycket, att hon kan se över bordet, och hon märker då hur rättstjänaren flyttar bibeln.

Ännu en gång ser det ut, som om hon skulle vilja göra invändningar. Men hon hejdar sig på nytt. Det är ju inte möjligt, att han kan få avlägga eden. Domaren måste ju hindra honom.

Domaren är en klok karl, och han känner väl till vad folk tänker och tycker i hennes hemtrakt. Han visste nog hur stränga alla människor var, så snart det var något, som rörde äktenskapet. De kände ingen värre synd än den, som hon hade begått. Skulle hon någonsin ha erkänt något sådant om sig själv, om det inte hade varit sant?

Domaren borde förstå vilket förfärligt förakt, som hon hade dragit över sig. Och inte förakt bara, utan allt möjligt elände

6

Wie er da vor dem Richterstuhl steht, zeigt er eine sehr gute Haltung. Es sieht ja nicht aus, als fände er ein besonderes Vergnügen daran, da zu stehen, aber er macht auch durchaus keinen befangenen Eindruck.

Als das Protokoll verlesen ist, wendet sich der Richter an den Beklagten und fragt ihn, ob er an seinem Leugnen festhalte, und ob er bereit sei, den Eid zu schwören.

Auf diese Frage antwortet der Beklagte sogleich mit einem raschen Ja. Er fängt an, in seiner Westentasche zu suchen, und holt ein Zeugnis des Pfarrers darüber hervor, daß er die Wichtigkeit und Bedeutung des Eides kenne und kein Hinderungsgrund für ihn vorliege, ihn zu schwören.

Während dieser ganzen Zeit hat die Klägerin nicht aufgehört zu weinen. Sie scheint unüberwindlich scheu zu sein und hält die Augen hartnäckig zu Boden geschlagen. Sie hat den Blick noch nicht so weit erhoben, daß sie dem Beklagten ins Gesicht sehen könnte.

Als er nun sein Ja gesagt hat, zuckt sie zusammen. Sie tritt ein paar Schritte näher an den Richterstuhl heran, als hätte sie etwas einzuwenden; aber dann bleibt sie stehen. Es sei wohl nicht möglich, scheint sie zu sich selbst zu sagen, er könne nicht Ja gesagt haben. – Ich habe nicht recht gehört ...

Indessen nimmt der Richter das Zeugnis in die Hand und gibt zugleich dem Gerichtsdiener einen Wink. Der Gerichtsdiener tritt an den Tisch heran, um die Bibel zu nehmen und sie vor den Beklagten hinzulegen.

Die Klägerin hört, daß jemand an ihr vorbeigeht, und wird unruhig. Sie zwingt sich, den Blick so weit zu heben, daß sie über den Tisch hinsehen kann, und da bemerkt sie, daß der Gerichtsdiener die Bibel zurechtlegt.

Noch einmal sieht es aus, als wollte sie Einspruch erheben. Aber sie hält sich wieder zurück. – Es ist ja nicht möglich, daß er den Eid ablegt. Der Richter muß ihn doch daran hindern!

Der Richter war ein kluger Mann, und er wußte gar wohl, was die Leute in seiner Heimat dachten und fühlten. Er müßte doch wissen, wie streng alle diese Menschen sind, sobald es sich um etwas handelt, was die Ehe betrifft. Sie kannten keine ärgere Sünde als die, die sie begangen hatte. Würde sie je so etwas aus sich selbst eingestanden haben, wenn es nicht wahr gewesen wäre?

Der Richter könnte wohl wissen, welche furchtbare Verachtung sie sich zugezogen hatte. Und nicht nur Verachtung allein, sondern auch alles mögliche Elend.

Ingen ville ha henne i sin tjänst, ingen ville ha hennes arbete. Hennes egna föräldrar tålde henne knappast i sin stuga, utan talade var dag om att kasta ut henne.

Nej, domaren måste veta, att hon inte skulle ha begärt understöd av en gift man, om hon inte hade rätt till det.

Domaren kunde ju inte tro, att hon ljög i en sådan sak, att hon skulle ha nedkallat en sådan ryslig olycka över sig själv, om hon hade haft någon annan att anklaga än en gift man. Och om han vet detta, så måste han ju hindra edgången.

Hon ser, att domaren läser igenom prästbetyget ett par gånger. Därför börjar hon tro, att han ämnar gripa in.

Det är också sant, att domaren ser betänksam ut. Han flyttar sina blickar ett par gånger över till käranden. Men härvid blir det där uttrycket av leda och avsmak, som vilar över hans ansikte, ännu mer märkbart. Det ser ut, som om han vore oblitt stämd mot henne. Om käranden också talar sanning, så är hon ju en dålig människa, och domaren kan inte känna något intresse för henne.

Det händer ibland, att domaren griper in i en rättegång som en god och klok rådgivare och hjälper parterna från att alldeles fördärva sig själva, men den här dagen är han trött och led, och han tänker inte på annat än att låta det lagliga förfarandet ha sin gång.

Han lägger ifrån sig betyget och säger några ord till svaranden om att han hoppas, att denne noga har betänkt vådan av en falsk edgång. Svaranden hör på honom med samma lugn, som han har visat hela tiden, och han svarar vördnadsfullt och inte utan värdighet.

Käranden lyssnar till detta med den yttersta förskräckelse. Hon gör några häftiga åtbörder och kramar samman händerna. Nu vill hon tala inför domstolen. Hon strider en förfärlig kamp med sin blyghet och med snyftningarna, som hindrar henne från att tala. Slutet blir i alla fall, att hon inte kan få fram ett hörbart ord.

Alltså ska eden komma att försiggå. Han ska få avlägga den. Ingen skall hindra honom från att svära bort sin själ.

Niemand wollte sie in Dienst nehmen. Niemand wollte ihre Arbeit haben. Ihre eignen Eltern duldeten sie kaum in ihrer Hütte, sondern sprachen jeden Tag davon, sie hinauszuwerfen.

Nein, der Richter müßte wohl begreifen, daß sie keine Unterstützung von einem verheirateten Mann verlangt hätte, wenn ihr kein Recht darauf zustünde.

Der Richter könnte doch nicht glauben, daß sie in einer solchen Sache lüge, daß sie so furchtbares Unglück auf sich herabbeschworen hätte, wenn sie einen andern hätte anklagen können als einen verheirateten Mann. Und wenn er dies wüßte, müßte er den Eid doch verhindern.

Sie sieht, daß der Richter dasitzt und das Zeugnis des Pfarrers ein paarmal durchliest. Darum fängt sie an zu glauben, daß er eingreifen werde.

Es ist auch richtig, daß der Richter nachdenklich aussieht. Er heftet seine Blicke ein paarmal auf die Klägerin, aber dabei wird der Ausdruck des Ekels und des Überdrusses, der auf seinem Gesicht ruht, immer deutlicher. Es sieht aus, als wäre er ungünstig gegen sie gestimmt. Selbst wenn die Klägerin die Wahrheit spricht, – sie ist ja doch eine schlechte Person, und der Richter kann keine Anteilnahme für sie empfinden.

Es kommt manchmal vor, daß der Richter in einen Prozeß eingreift als ein guter und kluger Ratgeber, der die Parteien davor behütet, sich ganz und gar zugrunde zu richten. Aber diesmal ist er müde und unlustig, und er denkt an nichts anderes, als dem gesetzlichen Verfahren seinen Lauf zu lassen.

Er legt das Zeugnis hin und sagt dem Beklagten mit ein paar Worten, er hoffe, daß dieser die verhängnisvollen Folgen eines falschen Schwurs genau bedacht habe. Der Beklagte hört ihn mit derselben Ruhe an, die er die ganze Zeit über an den Tag gelegt hat, und antwortet ehrerbietig und nicht ohne Würde.

Die Klägerin hört dies mit dem äußersten Schrecken. Sie macht ein paar heftige Bewegungen und preßt die Hände zusammen. Nun will sie vor dem Richterstuhl sprechen. Sie kämpft einen furchtbaren Kampf mit ihrer Scheu und mit dem Schluchzen, das ihr die Kehle zusammenschnürt. Das Ende ist doch, daß sie kein hörbares Wort hervorbringen kann.

Der Eid soll also geleistet werden. Er wird ihn ablegen. Niemand wird ihn hindern, seine Seele zu verschwören.

Ända hittills har hon inte kunnat tro, att det skulle få ske. Men nu grips hon av vissheten, att det är nära för handen, att det ska inträffa i nästa ögonblick. En skräck, som är mycket mer överväldigande än någon, som hon har känt förut, kommer över henne. Hon blir alldeles förstenad. Hon inte en gång gråter mera. Ögonen står stilla i huvudet på henne.

Det är således hans mening att dra över sig den eviga fördömelsen. Hon förstår nog, att han vill svära sig fri för hustruns skull. Men om han också skulle ha fått det svårt med henne, så borde han väl inte fördenskull kasta bort sin själs salighet.

Det finns ingenting så förfärligt som mened. Det är något hemlighetsfullt och rysligt med den synden. Det finns ingen nåd eller tillgift för den. Avgrundens portar öppnar sig av sig själva, när menedarens namn nämnes.

Om hon nu hade lyft sina blickar upp till hans ansikte, skulle hon ha fruktat att få se det stämplat med fördömelsens märke, som hade blivit ditslaget av Guds vrede.

Medan hon står och arbetar sig upp till allt större skräck, har domaren undervisat svaranden om hur han ska lägga fingrarna på bibeln. Sedan ser domaren efter i protokollet för att finna edsformuläret.

När hon ser svaranden lägga fingrarna på beken, går hon ännu ett steg närmare, och det ser ut, som om hon skulle vilja sträcka sig fram över bordet och lyfta bort hans hand.

Men ännu hålles hon dock tillbaka av en sista förhoppning. Hon tror, att han ska ge vika nu i det sista ögonblicket. Domaren har funnit den sida i protokollet, som han har sökt efter, och nu börjar han förestava eden högt och tydligt. Så gör han ett uppehåll, för att svaranden ska säga efter hans ord. Och svaranden börjar verkligen att säga efter dem, men han råkar säga miste, och domaren måste börja omigen från början.

Nu kan hon inte längre ha ett spår av hopp. Nu vet hon, att han ämnar svära falskt, att han ämnar dra över sig Guds vrede både för detta livet och det tillkommande.

Hon står och vrider händerna i sin hjälplöshet. Och det är allt hennes skuld, därför att hon har anklagat honom! Men hon var ju utan arbete, hon svalt och frös. Barnet höll på att dö. Till vem annan skulle hon vända sig för att erhålla hjälp?

Bis dahin hat sie nicht glauben können, daß es geschehen würde. Aber jetzt packt sie die Gewißheit, daß es unmittelbar bevorsteht, daß es im nächsten Augenblick geschehen wird. Ein Schrecken, der viel überwältigender ist als alles, was sie bisher gekannt hat, bemächtigt sich ihrer. Sie steht wie versteinert, sie weint nicht einmal mehr. Die Augen erstarren ihr im Kopfe.

Es ist also seine Absicht, sich um seines Weibes willen freizuschwören. Aber wenn er auch einen schweren Stand mit ihr haben sollte, – deshalb darf er doch nicht seiner Seele Seligkeit preisgeben.

Es gibt nichts Furchtbareres als einen Meineid. Es ist etwas Geheimnisvolles und Gräßliches um diese Sünde. Es gibt keine Gnade, keine Vergebung für sie. Die Tore des Abgrundes öffnen sich von selbst, wenn der Name des Meineidigen genannt wird.

Wenn sie jetzt die Blicke zu seinem Gesicht erhoben hätte, – sie hätte gefürchtet, es schon mit irgendeinem Zeichen der Verdammnis gebrandmarkt zu sehen, ihm aufgeprägt von Gottes Zorn.

Während sie so dasteht und immer größere Angst sich ihrer bemächtigt, hat der Richter dem Beklagten gezeigt, wie er die Finger auf die Bibel zu legen hat. Dann schlägt der Richter im Gesetzbuch nach, um die Eidesformel zu finden.

Als sie ihn die Finger auf das Buch legen sieht, macht sie noch einen Schritt zum Richterstuhl hin; und es sieht aus, als wollte sie sich über den Tisch beugen und seine Hand fortziehen.

Aber noch wird sie von einer letzten Hoffnung zurückgehalten. Sie glaubt, daß er jetzt im letzten Augenblick noch vom Schwur absehen werde. Der Richter hat die Seite im Gesetzbuch gefunden, nach der er gesucht hat; und jetzt beginnt er, den Eid laut und deutlich vorzusagen. Dann macht er eine Pause, damit der Beklagte seine Worte nachsprechen könne. Und der Beklagte fängt wirklich an, sie nachzusprechen; aber er macht einen kleinen Fehler, so daß der Richter von vorn anfangen muß.

Jetzt kann sie keinen Schimmer von Hoffnung mehr haben. Jetzt weiß sie, daß er falsch schwören, daß er Gottes Zorn für das zukünftige Leben auf sich herabschwören will.

Sie steht da und ringt in ihrer Hilflosigkeit die Hände. Und es ist alles ihre Schuld, weil sie ihn verklagt hat.
Aber sie war ja ohne Arbeit, sie hatte gehungert und gefroren. Das Kind lag im Sterben. An wen sonst hätte sie sich um Hilfe wenden sollen?

Aldrig hade hon trott heller, att han skulle vilja begå en så vederstygglig synd.

Nu har domaren förestavat eden på nytt. Om några ögonblick ska handlingen vara gjord. En sådan där handling, från vilken det inte ges någon återvändo, som aldrig kan gottgöras, som aldrig kan utplånas.

Just då svaranden börjar eftersäga eden, rusar hon fram, kastar undan hans framsträckta hand och rycker till sig bibeln. Det är hennes förfärliga fasa, som äntligen har gett henne mod. Han får inte svära bort sin själ. Han får inte.

Rättstjänaren skyndar genast fram för att ta ifrån henne bibeln och återföra henne till ordning. Hon hyser en oändlig fruktan för allt, som hör till domstolen, och hon tror säkert, att det, som hon nu har gjort, ska bringa henne på fästning. Men hon släpper inte bibeln ifrån sig. Vad det än må kosta: han får inte gå eden. Han, som vill svära, springer också fram för att ta boken, men hon gör motstånd också mot honom.

„Du får inte gå eden!" ropar hon. „Du får inte!"

Det, som försiggår, väcker naturligtvis den största förvåning. Tingsmenigheten tränger sig upp mot dombordet, nämndemännen börjar resa på sig, protokollsföraren springer upp med bläckhornet i handen, för att det inte skall bli omkullvält.

Då ropar domaren med hög och vredgad röst: „Stilla!" Och alla människorna blir stående orörliga. „Vad är det åt dig? Vad har du att göra med bibeln?" frågar domaren käranden med samma hårda och stränga röst.

Sedan hon har fått ge luft åt sin ängslan i en förtvivlans handling, har hennes beklämdhet minskats, så att hon kan svara: „Han får inte gå eden!"

„Tyst med dig, och lägg tillbaka boken!" befaller domaren.
Men hon lyder inte, utan håller fast boken med bägge händerna.
„Han får inte gå eden!" ropar hon med otyglad häftighet.

„Är du så noga om att vinna rättegången?" frågar domaren med allt skarpare röst.

„Jag vill lägga ner rättegången," utbrister hon med hög och skärande röst. „Jag vill inte tvinga honom att svära."

Nie hätte sie auch geglaubt, daß er eine so schreckliche Sünde begehen könnte.

Jetzt hat der Richter den Eid noch einmal vorgesprochen. In wenigen Augenblicken wird die Tat vollbracht sein. Jene Tat, von der es keine Umkehr gibt, die niemals gutgemacht, niemals ausgelöscht werden kann.

Gerade als der Beklagte anfängt, den Eid nachzusprechen, stürzt sie vor, schleudert seine ausgestreckte Hand beiseite und reißt die Bibel an sich. Ein furchtbares Entsetzen hat ihr endlich Mut gegeben. Er darf seine Seele nicht verschwören. Er darf nicht.

Der Gerichtsdiener eilt sogleich herbei, sie zur Ordnung zu rufen und ihr die Bibel abzunehmen. Sie hat ungeheure Angst vor allem, was mit dem Gericht zusammenhängt, und sie glaubt, daß, was sie jetzt getan hat, sie auf die Festung bringen werde. Aber sie gibt die Bibel nicht her. Was es auch kosten möge, er darf den Eid nicht ablegen. Auch er, der schwören will, läuft herbei, um das Buch zu ergreifen; aber sie leistet auch ihm Widerstand.

»Du darfst den Eid nicht schwören!« ruft sie. »Du darfst nicht!«

Was jetzt vorgeht, erweckt natürlich das größte Staunen. Die Versammelten drängen zum Richtertisch, die Geschworenen erheben sich, der Protokollführer springt auf, das Tintenfaß in der Hand, damit es nicht umgestürzt werde.

Da ruft der Richter mit lauter, zorniger Stimme: »Ruhe!« und alle die Menschen bleiben regungslos stehen. »Was fällt dir ein? Was hast du mit der Bibel zu schaffen?« fragt der Richter die Klägerin mit harter und strenger Stimme.

Nachdem sie ihrer Angst in einer Tat der Verzweiflung Luft gemacht hat, ist ihre Beklommenheit gewichen, so daß sie antworten kann: »Er darf den Eid nicht ablegen!«

»Sei still und gib das Buch zurück!« ruft der Richter. Aber sie gehorcht nicht, sondern umklammert das Buch mit beiden Händen.
»Er darf den Eid nicht ablegen!« ruft sie mit ungezügelter Heftigkeit.

»Ist es dir so sehr darum zu tun, den Prozeß zu gewinnen?« fragt der Richter in immer schärferem Ton.

»Ich will die Klage zurückziehen!« ruft sie mit lauter, schneidender Stimme. »Ich will ihn nicht zwingen, zu schwören!«

„Vad skriker du om?" frågar domaren. „Är du från vettet?"
Hon drar häftigt efter andan och försöker sansa sig. Hon hör själv hur hon skriker. Domaren måste väl tro, att hon har blivit galen, om hon inte kan säga vad hon vill i lugna ord. Hon kämpar än en gång med sig själv för att få makt över rösten, och denna gång lyckas det henne. Hon säger långsamt, allvarligt, tydligt, medan hon ser domaren rätt in i ansiktet:

„Jag vill lägga ner rättegången. Han är far till barnet. Men jag tycker om honom ännu. Jag vill inte, att han ska svära falskt."
Hon står rak och beslutsam mittför domarbordet och fortfar att se rätt in i domarens sträva ansikte. Han sitter med båda händerna stödda mot bordsskivan, och för en lång stund tar han inte ögonen från henne. Medan domaren betraktar henne, försiggår en stor förändring med honom. Allt det slappa och missnöjda, som fanns i hans drag, försvinner, och det stora, grova ansiktet blir vackert av den vackraste rörelse. "Se där", tänker domaren, "se där, sådant är mitt folk. Jag ska inte förarga mig över det, när det finns så mycken kärlek och gudsfruktan hos en av de ringaste."

Plötsligen känner domaren, att hans ögon håller på att fyllas av tårar, och då rycker han till, nästan skamsen, och kastar en snabb blick omkring sig. I detsamma ser han, att skrivare och länsman och hela den långa raden av nämndemän har lutat sig framåt för att se på flickan, som står framför domarbordet med bibeln tryckt intill sig. Och han ser ett skimmer över deras ansikten, som om de hade sett något rätt vackert, som gjorde dem glädje ända in i själen.

Därpå ser domaren också ut över tingsmenigheten, och han tycker, att alla människor sitter tysta och drar efter andan, som om de just nu har fått höra vad de mest av allt hade längtat efter.

Till sist ser domaren på svaranden. Nu är det han, som står med sänkt huvud och tittar ner i golvet.

Domaren vänder sig på nytt till den fattiga flickan. „Du ska få det, som du vill ha det," säger han. Målet ska avskrivas, säger han därpå till protokollsföraren.

Svaranden gör en rörelse, som om han ville komma med en invändning. „Vad nu då?" ryter domaren åt honom. „Har du något emot det?"
Svaranden hänger än mer med huvudet och säger knappt hörbart:

»Was schreist du da?« fragt der Richter. »Hast du den Verstand verloren?«

Sie ringt heftig nach Atem und versucht sich zu beruhigen. Sie hört selbst, wie sie schreit. Der Richter muß wohl glauben, daß sie toll geworden sei, weil sie, was sie will, nicht in ruhigen Worten sagen kann. Noch einmal kämpft sie mit sich selbst, um Macht über ihre Stimme zu erlangen, und diesmal gelingt es ihr. Sie sagt langsam, ernst, laut, während sie dem Richter gerade ins Gesicht sieht:

»Ich will die Klage zurückziehen. Er ist der Vater des Kindes. Aber ich hab' ihn noch lieb. Ich will nicht, daß er falsch schwört!«

Sie steht aufrecht und entschlossen vor dem Richtertisch und sieht dem Richter gerade in sein strenges Gesicht. Er sitzt da, beide Hände auf den Tisch gestützt; und lange, lange wendet er den Blick nicht von ihr. Während der Richter sie betrachtet, geht eine große Veränderung mit ihm vor. Alle Schlaffheit und Mißvergnügtheit, die in seinen Zügen gelegen hat, schwindet, und das große, grobe Gesicht wird durch die Rührung geradezu schön. Sieh da, denkt der Richter, sieh da, so ist mein Volk. Ich will mich nicht darüber beklagen, wo doch bei einer der Geringsten so viel Liebe und Gottesfurcht zu finden ist.

Plötzlich aber spürt der Richter, daß seine Augen sich mit Tränen füllen, und da zuckt er beinahe beschämt zusammen und wirft einen raschen Blick um sich. Da sieht er, daß die Schreiber und die Gerichtsdiener und die ganze lange Reihe der Beisitzer sich vorgebeugt haben, um das Mädchen anzusehen, das vor dem Richtertisch steht, die Bibel an die Brust gepreßt. Und er sieht einen Schimmer auf ihren Gesichtern, als hätten sie etwas richtig Schönes gesehen, das sie bis in das tiefste Herz erfreut hat.

Hierauf sieht der Richter auch über das versammelte Volk hin, und ihm ist, als säßen alle diese Menschen stumm und atemlos da, als hätten sie gerade jetzt das gehört, wonach sie sich am meisten sehnten.

Zu allerletzt sieht der Richter den Beklagten an. Jetzt ist er es, der mit gesenktem Kopf dasteht und zu Boden blickt.

Der Richter wendet sich abermals an das arme Mädchen. »Es soll so sein, wie du es willst,« sagt er. »Die Klage wird zurückgezogen,« diktiert er dem Protokollführer.

Der Beklagte macht eine Bewegung, als wolle er einen Einwand vorbringen. »Was denn? Was denn?« schreit ihn der Richter an. »Hast du vielleicht etwas dagegen?« Der Beklagte läßt den Kopf noch tiefer sinken und sagt dann kaum hörbar:

„Å nej, det är väl bäst, att det får bli så."

Domaren sitter stilla ännu ett ögonblick, därpå skjuter han den tunga stolen tillbaka, reser sig och går runtom bordet fram till käranden.

„Tack ska du ha!" säger han och räcker henne handen.

Hon har lagt ifrån sig bibeln och står och gråter och torkar bort tårarna med den sammanrullade näsduken.

„Tack ska du ha!" säger domaren än en gång och tar hennes hand och skakar den, som om den tillhörde en riktig karlakarl.

2

Ingen må tro, att flickan, som hade gått igenom en så svår stund framme vid domarbordet, själv tyckte, att hon hade gjort något berömligt. Hon ansåg tvärtom, att hon var utskämd inför hela menigheten. Hon begrep inte, att det låg något hedersamt däri, att domaren hade gått fram och skakat hand med henne. Hon trodde, att det bara betydde, att målet var avslutat och att hon fick gå sin väg.

Hon såg inte heller, att folk gav henne vänliga blickar, och att det var flera, som ville trycka hennes hand. Hon smög sig bara undan och ville bort. Men det var trängsel nere vid dörren. Tinget var slut, och det var många, som rusade på och skulle ut. Hon drog sig undan och blev visst den sista, som lämnade tingssalen. Hon tyckte, att alla andra borde gå före henne.

När hon äntligen kom ut, stod Gudmund Erlandssons kärra förspänd framför trappan. Gudmund satt i åkdonet med tömmarna i handen och syntes vänta på någon. Så snart han fick se henne bland allt folket, som strömmade ut ur tingssalen, ropade han till henne:

"Kom hit, Helga! Du kan få åka med mig, eftersom vi har samma väg."

Men fastän hon hörde sitt namn, kunde hon inte tro, att det var henne, som han kallade på. Det var inte möjligt, att Gudmund Erlandsson ville skjutsa för henne. Han var den grannaste karlen i hela socknen. Ung och vacker och av god släkt och i gunst hos alla människor. Inte kunde hon tro, att han ville ha något att göra med henne.

»Ach nein, es ist wohl am besten so.«

Der Richter sitzt noch einen Augenblick still, dann schiebt er den schweren Stuhl zurück, erhebt sich und geht um den Tisch herum zur Klägerin hin.

»Ich danke dir,« sagt er und reicht ihr die Hand.

Sie hat die Bibel jetzt fortgelegt und steht da und weint und trocknet die Tränen mit dem zusammengerollten Taschentuch.

»Ich danke dir,« sagt der Richter noch einmal und ergreift ihre Hand so leicht und behutsam, als wäre sie etwas gar Feines und Kostbares.

2

Niemand darf glauben, daß das Mädchen, das eine so schwere Stunde vor dem Gerichtstisch durchgemacht hatte, selbst meinte, sie habe etwas Rühmenswertes getan. Sie meinte im Gegenteil, daß sie vor der ganzen Gemeinde beschämt sei. Sie begriff nicht die Ehre, die darin lag, daß der Richter auf sie zugekommen war und ihr die Hand geschüttelt hatte. Sie glaubte, dies bedeutete nur, daß die Verhandlung zu Ende sei, und sie ihrer Wege gehen könne.

Sie sah auch nicht, daß die Leute ihr freundliche Blicke zuwarfen, und daß ihr mehrere die Hand drücken wollten. Sie schlich sich nur davon und wollte fort. Aber unten an der Tür herrschte ein großes Gedränge. Die Verhandlung war zu Ende, und viele wollten wieder ins Freie. Sie drückte sich an die Wand und war wohl die letzte, die den Saal verließ. Sie meinte, daß alle andern vor ihr hinausgehen müßten.

Als sie endlich ins Freie kam, stand Gudmund Erlandssons Wägelchen angespannt vor der Freitreppe. Gudmund saß darin, die Zügel in der Hand, und schien auf jemand zu warten. Sobald er sie unter allem Volk, das aus dem Gerichtssaal strömte, sah, rief er ihr zu:

»Komm her, Helga! Du kannst mit mir fahren; wir haben denselben Weg.«

Aber obgleich sie ihren Namen hörte, – sie konnte nicht glauben, daß er sie rief. Es war nicht möglich, daß Gudmund Erlandsson sie kutschieren wollte. Er war der netteste Junge in der ganzen Gemeinde, jung und schön und aus gutem Hause und in Gunst bei allen Leuten. Sie konnte nicht glauben, daß er etwas mit ihr zu tun haben wolle.

Hon gick med huvudduken långt framskjuten i pannan och skyndade förbi honom utan att varken se upp eller svara.

"Hör du inte, Helga, att du kan få åka med mig?" sade då Gudmund, och det låg ett riktigt vänligt uttryck i stämman. Men hon kunde inte få i sitt huvud, att Gudmund menade väl med henne. Hon trodde, att han på ett eller annat sätt ville göra narr av henne, och väntade bara, att de, som stod i närheten, skulle börja att fnissa och skratta. Hon kastade en förskrämd och harmsen blick på honom och närapå halvsprang från tingsplatsen för att vara utom hörhåll, när skrattet skulle börja

Gudmund var ogift på den tiden och bodde hemma hos föräldrarna. Fadern var hemmansägare. Han hade ingen stor gård och var inte förmögen, men han bärgade sig väl. Sonen hade rest till tinget för att hämta några handlingar åt fadern, men som han också hade ett annat syfte med sin färd, hade han rustat ut sig mycket väl.

Han hade tagit den nya åkkärran, som inte hade en spricka i lackeringen, hästen hade han ryktat, tills den glänste som siden, och putsat seldonen. Han hade lagt en grann, röd filt bredvid sig på kärrsitsen, och själv hade han styrt ut sig i en kort jaktrock, liten, grå filthatt och höga stövlar, i vilka byxorna var instuckna. Det var ingen helgdagsdräkt, men han visste nog, att han såg manlig och ståtlig ut i den.

Gudmund hade suttit ensam i kärran, när han reste hemifrån på morgonen, men han hade angenäma saker att tänka på, och tiden hade inte förefallit honom lång. När han hade hunnit ungefär halvvägs, hade han farit förbi en fattig tös, som hade gått mycket långsamt och sett ut, som om hon inte hade orkat flytta fötterna för trötthets skull. Det var höst, vägen var uppblött av regn, och Gudmund såg hur hon sjönk djupt ner i smörjan vid varje steg.

Han stannade och frågade vart hon skulle, och när han fick veta, att hon ämnade sig till tinget, erbjöd han henne att få åka. Hon tackade och steg upp bakpå kärran på den smala brädan, där hösäcken var fastbunden, alldeles som om hon inte vågade rubba den röda filten bredvid Gudmund. Det hade inte heller varit hans mening, att hon skulle sätta sig bredvid honom. Han visste inte vem hon var, men han antog, att hon var dotter till någon fattig backstusittare, och han tyckte, att det var gott nog för henne att åka bakpå kärran.

När de hade kommit till en uppförsbacke och hästen saktade farten, började Gudmund språka. Han ville ha reda på vad hon hette och var hon

Sie ging, das Kopftuch tief in die Stirn geschoben, und eilte an ihm vorbei, ohne aufzusehen oder zu antworten.

»Hörst du nicht, Helga, daß du mit mir fahren kannst?« fragte Gudmund, und es lag ein so recht freundlicher Ton in der Stimme. Aber sie konnte es nicht in ihren Kopf hineinbringen, daß Gudmund es gut mit ihr meine. Sie glaubte, er wolle sie in der einen oder andern Weise verspotten und wartete nur darauf, die Umstehenden in Kichern und Lachen ausbrechen zu hören. Sie warf ihm einen erschrocknen und zornigen Blick zu und lief vom Gerichtsvorplatz fort, um außer Hörweite zu sein, wenn das Lachen begänne.

Gudmund war damals noch unverheiratet und wohnte bei seinen Eltern. Der Vater war ein kleiner Bauer. Er hatte keinen großen Hof und war nicht vermögend, aber er konnte sorgenfrei leben. Der Sohn war zum Gericht gefahren, um einige Urkunden für seinen Vater zu holen, aber da er noch eine andere Absicht mit seiner Fahrt verfolgte, hatte er sich sehr fein hergerichtet.

Er hatte das neue Wägelchen genommen, dessen Lackierung keine Schramme aufwies; das Pferd hatte er gestriegelt, bis es wie Seide glänzte, und das Sattelzeug fein geputzt. Er hatte eine schmucke, rote Decke neben sich auf den Sitz gelegt, und sich selbst hatte er mit einem kurzen Jagdrock, einem kleinen, grauen Filzhut und hohen Stiefeln geputzt, in die die Hosen hineingesteckt waren. Es war wohl kein Feiertagsgewand, aber er wußte, daß er männlich und stattlich darin aussah.

Als Gudmund am Morgen von daheim fortfuhr, hatte er allein im Wagen gesessen, aber er war in angenehme Gedanken versunken, und die Zeit war ihm nicht lang erschienen. Als er ungefähr auf halbem Wege war, fuhr er an einem armen Mädchen vorbei, das sehr langsam ging und aussah, als könnte es vor Müdigkeit kaum einen Fuß vor den andern setzen. Es war Herbst, der Weg war vom Regen aufgeweicht, und Gudmund sah, wie sie bei jedem Schritt tief in den Schmutz einsank.

Er hielt an und fragte, wohin sie gehe, und als er erfuhr, daß sie zum Gericht wolle, bot er ihr an, mitzufahren. Sie dankte und stieg rückwärts auf den Wagen, auf das schmale Brett, an dem der Heusack festgebunden war, ganz so, als wagte sie es nicht, die rote Decke neben Gudmund zu berühren. Es war auch nicht seine Absicht gewesen, daß sie sich neben ihn setze. Er wußte nicht, wer sie wäre, aber er vermutete, daß sie die Tochter irgendeines armen Kleinhäuslers wäre, und fand, es sei wohl genug Ehre für sie, wenn sie rückwärts aufsitzen dürfte.

Als sie an einen Hügel kamen und das Pferd den Schritt verlangsamte begann Gudmund zu plaudern. Er wollte wissen, wie sie heiße, und wo sie

var hemma. När han hade fått höra, att hon hette Helga och var från ett skogstorp, som kallades Stormyra, började han känna sig orolig.

„Har du alltid gått där hemma på torpet, eller har du varit borta och tjänat?" frågade han.

Det sista året hade hon varit hemma, förut hade hon haft tjänst.

„Hos vem då?" frågade Gudmund mycket hastigt. Han tyckte, att det dröjde länge, innan svaret kom.

"I Västgården hos Per Mårtensson," sade hon till sist och sänkte rösten, som om hon helst inte hade velat bli hörd. Men Gudmund hörde henne nog.

"Jaså, då är det du, som..." sade han, men fortsatte inte meningen. Han vände sig ifrån henne, satte sig rätt i kärran och sade inte mer ett ord till henne.

Gudmund gav hästen rapp på rapp, svor högt över det dåliga väglaget och tycktes vara vid rätt dåligt lynne. Flickan höll sig stilla en stund, men snart kände Gudmund hennes hand på sin arm.

"Vad vill du?" frågade han utan att vända på huvudet.

Jo, han skulle stanna, så att hon finge hoppa av.

"Å, varför det?" sade Gudmund med försmädlig ton.
"Åker du inte bra?"

"Jo tack, men jag tycker bättre om att gå."

Gudmund stred något litet med sig själv. Det var harmligt, att han just den dagen hade bjudit en sådan som Helga att åka. Men han tyckte också, att när han hade tagit henne upp i åkdonet, kunde han inte driva ner henne.

"Håll stilla, Gudmund!" sade flickan än en gång. Hon talade helt bestämt, och Gudmund drog in tömmarna.

"Det är ju hon, som vill stiga av," tänkte han. "Jag behöver inte tvinga henne att åka mot hennes vilja."

Hon var nere på vägen, innan ännu hästen hade hunnit stanna.

daheim sei. Als er hörte, daß sie Helga hieß und von einem Waldgütchen stammte, das man den Moorhof nannte, begann er unruhig zu werden.

»Bist du immer daheim gewesen oder warst du im Dienst,« fragte er.

Das letzte Jahr wäre sie daheim gewesen, früher hätte sie einen Dienstplatz gehabt.

»Bei wem denn?« fragte Gudmund sehr hastig. Und es schien ihm, als daure es lange, bis die Antwort kam.

»Im Sternhof, bei Per Mårtensson,« sagte sie endlich und senkte die Stimme, als wollte sie am liebsten nicht gehört werden. Aber Gudmund verstand sie doch.

»Ja so, du bist also die,« sagte er, sprach aber den Satz nicht zu Ende. Er wendete sich ab, richtete sich gerade auf und sprach kein Wort mehr zu ihr.

Gudmund versetzte dem Pferde einen Hieb nach dem andern, fluchte laut über den schlechten Weg und schien recht schlechter Laune zu sein. Ein Weilchen verhielt sich das Mädchen still, aber bald fühlte Gudmund seine Hand auf seinem Arm.

»Was willst du?« fragte er, ohne den Kopf zu wenden.

Ja, er solle halten, damit sie abspringen könne.

»Ach, warum denn?« sagte Gudmund in verächtlichem Tone. »Fährst du nicht gut?« –

»Ja, danke, aber ich gehe doch lieber.«

Gudmund kämpfte ein wenig mit sich selbst. Es war ärgerlich, daß er gerade an diesem Tage eine solche wie Helga aufgefordert hatte, mitzufahren. Aber er fand doch, daß er sie, nun er sie einmal in den Wagen genommen hatte, nicht wieder vertreiben könnte.

»Halte, Gudmund,« sagte das Mädchen noch einmal. Sie sprach sehr bestimmt, und Gudmund zog die Zügel an.

»Wenn sie durchaus aussteigen will,« dachte er, »brauche ich sie doch nicht zu zwingen, gegen ihren Willen zu fahren.«

Sie war schon unten auf der Straße, bevor noch das Pferd ganz stehengeblieben war.

Jag trodde, att du visste vem jag var, när du bjöd mig åka, sade hon.
Annars skulle jag inte ha stigit upp i åkdonet.

Gudmund sade ett kort adjö och for vidare. Hon hade nog haft rätt i att
tro, att han kände henne. Han hade ju sett flickan från Stormyrtorpet
mångfaldiga gånger som barn, men hon hade förändrat sig, sedan hon
hade blivit vuxen. Han var först mycket glad att ha blivit av med
reskamraten, men så småningom började han känna sig missnöjd med sig
själv. Han hade knappast kunnat handla annorlunda, men han tyckte inte
om att vara grym mot någon.

En liten stund efter att Gudmund hade skilts från Helga, vek han av från
vägen, for uppför en trång gata och kom fram till en stor, präktig gård. När
Gudmund höll stilla framför förstubron, öppnades ingångsdörren, och en
av döttrarna visade sig på tröskeln. Gudmund lyfte på hatten
och hälsade, och med detsamma for en lätt rodnad över hans ansikte.

„Kan just undra om nämndeman är hemma?" sade han.

„Nej, far har rest till tinget," svarade dottern.

„Jaså, han är redan borta!" sade Gudmund. "Jag for hit upp för att fråga
om nämndeman ville åka med mig. Jag ämnar mig till tinget, jag med."

"Far är alltid så tidsam av sig," klagade dottern.

"Det är ingen skada skedd," sade Gudmund.

"Far skulle nog ha tyckt om att åka efter en så präktig häst och i en så fin
kärra, som Gudmund har," sade flickan vänligt. Gudmund smålog litet,
när han hörde berömmet.

"Ja, då får jag ge mig av igen," sade han. „ Gudmund vill inte stiga in?"

"Tack så mycket, Hildur, men jag ska ju till tinget. Det går inte an, att jag
försenar mig."

Gudmund for nu raka vägen fram till tingshuset. Han var mycket belåten
och tänkte inte mer på sitt möte med Helga. Det var en lycka, att just
Hildur hade kommit ut på förstubron, så att hon hade fått se både
åkkärran och filten och hästen och seldonen. Hon hade nog lagt märke till
alltsammans.

22

»Ich glaubte, du wußtest, wer ich bin, als du mir sagtest, ich kann mitfahren,« sprach sie, »sonst wäre ich gar nicht eingestiegen.«

Gudmund sagte kurz: »Wiedersehen« und fuhr weiter. Sie hatte wohl Grund gehabt, zu glauben, daß er sie kenne. Er hatte ja das Dirnlein vom Moorhof oftmals als Kind gesehen; aber sie hatte sich verändert, seit sie herangewachsen war. Zuerst war er sehr froh, die Reisekameradin los zu sein, aber allmählich begann er mit sich selbst unzufrieden zu werden. Er hätte kaum anders handeln können, aber er war nicht gern grausam gegen irgend jemanden.

Ein kleines Weilchen, nachdem Gudmund sich von Helga getrennt hatte, bog er von der Straße ab, fuhr ein enges Gäßchen hinauf und kam zu einem prächtigen großen Bauernhof. Als Gudmund vor dem Hause anhielt, öffnete sich die Eingangstür, und eine der Töchter zeigte sich auf der Schwelle. Gudmund zog den Hut und grüßte, und dabei huschte eine leichte Röte über sein Gesicht.

»Ich möchte gern wissen, ob der Herr Amtmann daheim ist,« sagte er.

»Nein, Vater ist zum Gericht gefahren,« antwortete die Tochter.

»So, so, ist er schon fort?« sagte Gudmund. »Ich bin hergekommen, um zu fragen, ob der Herr Amtmann nicht mit mir fahren möchte. Ich will auch zum Gericht.«

»Ach, Vater ist immer so überpünktlich,« klagte die Tochter.

»Es ist ja weiter kein Schade geschehen,« sagte Gudmund.

»Vater wäre gewiß gern mit einem so prächtigen Pferd und in einem so schmucken Wagen gefahren,« sagte das Mädchen freundlich. Gudmund lächelte ein wenig, als er das Lob hörte.

»Ja, da muß ich also wieder abziehen,« sagte er. – »Du willst nicht hereinkommen, Gudmund?«

»Danke schön, Hildur, aber ich muß ja zum Gericht. Ich darf nicht zu spät kommen.«

Gudmund fuhr nun geradewegs zum Gerichtsgebäude. Er war sehr vergnügt und dachte nicht mehr an seine Begegnung mit Helga. Es war doch schön, daß gerade Hildur herausgekommen war, und daß sie den Wagen und die Decke und das Pferd und das Sattelzeug gesehen hatte. Sie hatte wohl alles bemerkt.

Detta var första gången, som Gudmund var på ett ting. Han tyckte, att det var mycket att höra och erfara där och stannade hela dagen. Han satt i tingssalen, när Helgas mål kom före, såg hur hon ryckte till sig bibeln och höll stånd både mot häradstjänare och domare. När allt var slut och domaren hade skakat hand med Helga, reste sig Gudmund hastigt och gick ut. Han satte skyndsamt hästen för kärran och körde fram till trappan.

Han tyckte, att Helga hade varit tapper, och nu ville han hedra henne. Men hon var så förskrämd, att hon inte förstod meningen, utan smög sig bort från hedern, som var henne tillämnad.

Samma dag kom Gudmund till Stormyra sent på kvällen. Det var ett litet torp, som låg på sluttningen av skogsåsen, som omgav socknen. Vägen, som gick dit, var farbar med häst endast om vintern, när det var före, och Gudmund hade måst gå dit till fots. Han hade haft svårt att ta sig fram i alla fall. Han hade hållit på att bryta av sig benen på stockar och stenar, och han hade måst vada genom bäckar, som korsade stigen på flera ställen.

Hade det inte varit starkt månsken, skulle han inte ha kunnat leta sig fram till torpet, och han tänkte på att det var en hård väg, som Helga hade haft att gå denna dagen.

Stormyrtorpet låg på en avröjning ungefär halvvägs uppåt åsen. Gudmund hade inte varit där förr, men han hade sett stället många gånger nerifrån dalen, och han kände till det så mycket, att han visste, att han hade gått rätt.

Runtomkring avröjningen låg en risgärdsgård, som var mycket tät och svår att komma över. Den skulle väl vara liksom ett värn och ett försvar mot all vildmarken, som omgav torpet. Stugan stod i övre kanten av inhägnaden. Framför den utbredde sig en sluttande gårdsplan, bevuxen med kort grönt gräs, och nedanför planen låg ett par gråa uthus och en källare med grönt torvtak. Det var ett ringa och fattigt ställe, men det kunde inte nekas, att det var grant där uppe.

Myren, som torpet hade fått sitt namn efter, låg någonstans i närheten och sände upp dimmor, som vältrade fram praktfulla och silverglänsande i månskenet och slog en krans runtom åsen. Bergets högsta topp stack ännu upp över dimman, och kammen, som var taggig av granar, avtecknade sig mot himlen.

Nere över dalen låg månskenet så ljust, att man kunde urskilja både fälten och gårdarna och en slingrande bäck, över vilken dimman svävade fram som den lättaste rök.

Es war das erste Mal, daß Gudmund auf einem Gericht war. Er fand, daß es da sehr viel zu hören und zu erfahren gäbe, und blieb den ganzen Tag dort. Er saß im Gerichtssaal, als Helgas Sache geführt wurde, und sah, wie sie die Bibel an sich riß und Gerichtsdienern und Richter standhielt. Als alles zu Ende war, und der Richter Helga die Hand gedrückt hatte, stand Gudmund hastig auf und verließ den Saal. Rasch spannte er das Pferd vor den Wagen und fuhr zur Treppe hin.

Er fand, daß Helga sehr tapfer gewesen war, und nun wollte er sie ehren. Aber sie war so verschüchtert, daß sie seine Absicht nicht verstand, sondern sich vor der Ehre, die ihr zugedacht war, flüchtete.

An demselben Tag kam Gudmund spät abends zum Moorhof. Das war ein kleines Gehöft auf dem Abhang des bewaldeten Hügels, der die Gemeinde abschloß. Der Weg, der hinführte, war nur im Winter mit dem Schlitten befahrbar, und Gudmund hatte zu Fuß gehen müssen. Es war ihm recht sauer geworden, vorwärts zu kommen. Fast hätte er sich an Stock und Stein die Beine gebrochen, auch hatte er Bäche durchwaten müssen, die den Pfad an mehreren Stellen durchschnitten.

Wäre nicht Vollmond gewesen, so hätte er überhaupt nicht hinfinden können; und er dachte, daß das ein beschwerlicher Weg wäre, den Helga an diesem Tag hatte gehen müssen.

Der Moorhof lag an einer ausgerodeten Stelle, etwa auf halber Höhe des Hügels. Gudmund war noch nie dort gewesen, aber er hatte den Ort oftmals unten vom Tale aus gesehen und kannte ihn genügend, um zu wissen, daß er richtig gegangen war.

Rings um die ausgerodete Stelle zog sich ein Reisigzaun, der sehr dicht und sehr schwer zu übersteigen war. Er sollte wohl gleichsam eine Wehr und ein Hort gegen die Wildnis sein, die das Gehöft umgab. Die Hütte selbst stand am oberen Rand der Einzäunung. Davor breitete sich ein abschüssiger Hof aus, mit kurzem, grünem Gras bewachsen, und unterhalb des Hofes lagen ein paar graue Schuppen und ein Keller mit grünem Torfdach. Es war ein geringes und ärmliches Anwesen, aber es ließ sich nicht leugnen, daß es dort oben schön war.

Das Moor, nach dem das Gütchen seinen Namen hatte, lag irgendwo in der Nähe und sandte Nebel empor, die sich im Mondschein prachtvoll und silberglänzend heranwälzten und einen Kranz um den Hügel bildeten. Der höchste Gipfel ragte noch aus dem Nebel empor. Und der Kamm, der zackig von Tannen war, zeichnete sich scharf gegen den Himmel ab.

Unten über dem Tal lag der Mondschein so hell, daß man die Felder und Gehöfte und einen geschlängelten Bach unterscheiden konnte, über dem

Det var inte långt dit ner, men det märkvärdiga var, att dalen låg som en främmande värld, där det, som hörde skogen till, inte tycktes ha något att skaffa. Det var, som om människorna, som bodde här i skogstorpet, alltid måste gå kvar under träden. De måtte lika litet kunna trivas nere i dalen som tjädrar och berguvar och lodjur och lingon och skogsstjärnor.

Gudmund gick över den öppna gräsmarken fram till stugan. Det flöt ut eldsken genom fönstret, ingenting var satt för rutorna, och han såg in för att ta reda på om Helga fanns i stugan. Det brann en liten lampa på ett bord vid fönstret, och där satt husfadern och lappade gamla skor. Husmodern satt längre inåt rummet bredvid spisen, där det brann en svag eld. Hon hade spinnrock framför sig, men hade upphört med arbetet för att leka med ett litet barn.

Hon hade tagit upp det ur vaggan, och det hördes ända ut till Gudmund hur hon jollrade med det. Hennes ansikte var fårat av många rynkor, och hon såg sträng ut, men när hon böjde sig över barnet, fick hon ett milt uttryck, och hon log mot den lille lika ömt, som hans egen mor kunde ha gjort.

Gudmund spanade efter Helga, men kunde inte se henne i någon vrå av stugan. Han tyckte då, att det var bäst att stanna utanför, tills hon komme. Han var förvånad över att hon inte hade hunnit hem. Kanske att hon hade tagit in hos bekanta på hemvägen för att vila och äta? Men i alla fall måste hon snart komma, om hon ville vara under tak före natten.

Gudmund stod tyst en stund mittpå gården och lyssnade efter steg. Det var alldeles lugnt. Inte en vind var i rörelse. Han tyckte, att han aldrig förr hade lagt märke till en sådan stillhet. Det var, som om hela skogen höll andan och stod och väntade på något märkvärdigt.

Ingen gick i skogen. Det bröts ingen gren, och ingen sten rullade undan. Helga var nog inte att vänta på länge.

"Jag undrar vad hon kommer att säga, när hon får se, att jag är här," tänkte Gudmund. "Hon kommer kanske att skrika och rymma inåt skogen och inte våga sig hem på hela natten."

Med detsamma kom han att tänka på att det var rätt besynnerligt, att han nu på en gång hade fått så mycket att skaffa med den där torpartösen.

der Nebel wie der leichteste Duft schwebte. Es war nicht weit dort hinunter, aber das Seltsame war, daß das Tal wie eine fremde Welt dalag, mit der das, was dem Wald angehörte, nichts gemein hatte. Es war, als wenn die Menschen, die hier auf dem Waldgut hausten, immer unter diesen Bäumen gehen müßten. Sie konnten unten im Tale ebensowenig fortkommen wie Auerhähne und Bergeulen und Luchse und Heidelbeerkraut.

Gudmund ging über die Wiese auf die Hütte zu. Durch das Fenster drang Feuerschein, die Scheiben waren nicht verhangen; er warf einen Blick hinein, um zu sehen, ob Helga in der Hütte wäre. Auf einem Tisch am Fenster brannte ein kleines Lämpchen, und davor saß der Hausvater und flickte alte Schuhe. Im Hintergrunde des Zimmers neben dem Herd, auf dem ein schwaches Feuer brannte, saß die Hausmutter. Sie hatte das Spinnrad vor sich, aber hatte zu arbeiten aufgehört, um mit einem kleinen Kinde zu spielen.

Sie hatte es aus der Wiege genommen, und man hörte es bis zu Gudmund hinaus, wie sie mit ihm lachte und scherzte. Ihr Gesicht war von vielen Runzeln durchfurcht, und sie sah strenge aus; aber wie sie sich so über das Kind beugte, bekam ihr Gesicht einen sanften Ausdruck, und sie lächelte dem Kleinen ebenso zärtlich zu wie seine eigene Mutter.

Gudmund spähte nach Helga aus, konnte sie aber in keinem Winkel der Hütte entdecken. Da schien es ihm am besten, draußen zu bleiben, bis sie käme. Er wunderte sich, daß sie noch nicht zu Hause war. Vielleicht wäre sie auf dem Heimweg bei Bekannten eingekehrt, sich auszuruhen und einen Imbiß zu nehmen? Aber bald müßte sie auf jeden Fall kommen, wenn sie vor Einbruch der Nacht unter Dach sein wollte.

Gudmund blieb eine Weile mitten im Hof stehen und horchte nach Schritten aus. Es war ganz ruhig. Kein Lüftchen regte sich. Es kam ihm vor, als ob ihn nie vorher eine solche Stille umgeben hätte. Es war, als hielte der ganze Wald den Atem an und stünde da und wartete auf etwas Merkwürdiges.

Niemand ging durch den Wald. Kein Zweiglein wurde geknickt, und kein Stein rollte. Helga war wohl noch lange nicht zu erwarten.

»Ich möchte gern wissen, was sie sagen wird, wenn sie sieht, daß ich hier bin,« dachte Gudmund. »Sie wird vielleicht schreien und in den Wald laufen und sich die ganze Nacht nicht heimwagen.«

Dabei fiel ihm ein, es sei doch recht sonderbar, daß er nun auf einmal soviel mit dieser Häuslerdirne zu schaffen hatte.

När han hade kommit hem från tinget, hade han som vanligt gått in till sin mor för att berätta henne allt det, som han hade upplevat under dagen. Gudmunds mor var klok och storsinnad och hade alltid förstått att vara sådan mot sonen, att han hade lika mycket förtroende för henne nu, som då han var barn.

Hon var sjuk sedan flera år tillbaka, kunde inte gå, utan satt hela dagen stilla i sin stol. Det var alltid en god stund för henne, då Gudmund kom hem från en resa och förde till henne nyheter.

När Gudmund hade berättat om Helga från Stormyra, såg han, att modern blev tankfull. En lång stund satt hon tyst och såg rätt framför sig.

"Det tycks ändå finnas något gott hos den där tösen," sade hon därpå. Det går väl inte an att förkasta någon, därför att hon har råkat illa ut en gång. Det torde nog hända, att hon skulle visa sig tacksam mot den, som nu bistode henne.

Gudmund förstod genast vad modern tänkte på. Hon kunde numera inte hjälpa sig själv, utan måste ständigt ha någon omkring sig, som stod till hennes tjänst. Men det var alltid svårt att finna någon, som ville stanna på den platsen. Modern var fordrande och inte lätt att göra till lags, och dessutom ville alla unga hellre ha annat arbete, där de hade mera frihet.

Nu hade det troligen fallit modern in, att hon skulle ta Helga från Stormyra i sin tjänst, och Gudmund fann, att detta var ett gott förslag. Helga skulle säkert bli modern mycket tillgiven. Det kunde nog hända, att de på detta sätt skulle bli hjälpta en lång tid framåt.

"Det blir svårast med barnet," sade modern om en stund, och Gudmund kunde förstå, att hon tänkte allvarligt på saken.

"Det måtte väl få stanna hos morföräldrarna," sade Gudmund.
"Det är inte sagt, att hon vill skilja sig från det."

"Hon får nog låta bli att tänka på vad hon vill och inte vill. Jag tyckte, att hon såg utsvulten ut. De har nog inte mycket att äta där uppe i torpet."

Härpå svarade modern ingenting, utan började tala om annat. Det märktes, att hon hade fått några nya betänkligheter, som hindrade henne från att besluta sig.

Als er vom Gericht heim kam, war er wie gewöhnlich zu seiner Mutter hineingegangen, ihr alles zu erzählen, was er während des Tages erlebt hatte. Gudmunds Mutter war klug und hochsinnig und hatte es immer verstanden, gegen den Sohn so zu sein, daß er noch ebensoviel Vertrauen zu ihr hatte wie einst als Kind.

Seit mehreren Jahren war sie krank und konnte nicht gehen, sondern saß den ganzen Tag still in ihrem Lehnstuhl. Es war immer eine gute Stunde für sie, wenn Gudmund von einer Reise heimkam und ihr Neuigkeiten brachte.

Als Gudmund nun von Helga vom Moorhof erzählte, sah er, daß die Mutter gedankenvoll wurde. Lange saß sie stumm da und sah gerade vor sich hin.

»Es scheint doch ein guter Kern in diesem Mädchen zu stecken,« sagte sie dann. »Man darf keinen verwerfen, weil er einmal ins Unglück gekommen ist. Es kann wohl sein, daß sie sich dem, der ihr jetzt beistünde, dankbar erweisen würde.«

Gudmund begriff sogleich, woran die Mutter dachte. Sie konnte sich nicht mehr selbst helfen, sondern mußte beständig jemand um sich haben, der ihr zu Diensten stand. Aber es war immer schwer, jemand zu finden, der auf diesem Platz bleiben wollte. Die Mutter war anspruchsvoll und nicht leicht zu befriedigen, und außerdem wollten alle jungen Mägde lieber eine andre Arbeit haben, bei der sie mehr Freiheit genossen.

Nun war es sicherlich der Mutter eingefallen, daß sie die Helga vom Moorhof in Dienst nehmen könnte, und Gudmund fand, daß dies ein guter Vorschlag sei. Helga würde der Mutter sicherlich sehr ergeben sein. Es wäre wohl möglich, daß ihnen auf diese Weise für lange geholfen wäre.

»Am schwersten wird es mit dem Kinde sein,« sagte die Mutter nach einer Weile, und Gudmund begriff, daß sie ernsthaft an die Sache dachte. –

»Das muß wohl bei den Großeltern bleiben,« sagte Gudmund. – »Es ist nicht vereinbart, daß sie sich von ihm trennen will.«

»Sie wird es sich abgewöhnen müssen, daran zu denken, was sie will und nicht will. Ich finde, daß sie förmlich verhungert aussieht. Dort oben auf dem Moorhof ist wohl Schmalhans Küchenmeister.«

Darauf antwortete die Mutter nichts, sondern begann von etwas anderm zu sprechen. Man merkte, daß ihr neue Bedenklichkeiten aufstiegen, die sie daran hinderten, einen Entschluß zu fassen.

Gudmund började nu berätta om hur han hade gjort sig ärende fram till nämndemannens på Alvåkra och råkat Hildur. Han talade om vad hon hade sagt om hästen och åkdonet, och det var lätt att märka, att han var glad åt mötet.

Modern blev också mycket nöjd. Där hon satt orörlig i stugan, var det hennes ständiga sysselsättning att spinna planer för sonens framtid, och det var hon, som först hade hittat på, att han skulle försöka att slå sig ut för den vackra nämndemansdottern. Det var det präktigaste gifte han kunde få.

Nämndemannen var en riktig storbonde. Han ägde den största gården i socknen och satt inne med mycken makt och mycket pengar. Det var egentligen orimligt att hoppas, att han skulle vilja nöja sig med en måg, som inte hade större förmögenhet än Gudmund, men det var också möjligt, att han skulle rätta sig efter vad hans dotter önskade. Och att Gudmund skulle kunna vinna Hildur, om han ville, det var modern ganska viss om.

Detta var första gången, som Gudmund lät modern märka, att tanken hade slagit rot hos honom, och de talade nu länge om Hildur och om alla de rikedomar och fördelar, som skulle tillfalla den, som finge henne. Men snart stannade samtalet åter av, därför att modern ånyo hade sjunkit ner i sina funderingar.

”Skulle du kunna skicka bud efter den där Helga? Jag ville nog se henne, innan jag tar henne i min tjänst, sade hon till sist.”

”Det var bra, att ni vill ta er an henne, mor,” sade Gudmund och tänkte inom sig, att om modern finge en sköterska, som hon trivdes med, skulle hans hustru få ett behagligare liv här hemma.

”Ni ska få se, att ni blir nöjd med tösen,” fortfor han.

”Det vore ju också en god gärning att ta hand om henne,” sade modern.

Då det började skymma gick den sjuka till sängs, och Gudmund begav sig ut i stallet för att rykta hästarna. Det var vackert väder, klar luft, och hela nejden låg övergjuten av månsken. Det föll honom in, att han borde gå till Stormyra och framföra moderns hälsning redan samma kväll. Bleve det uppehållsväder nästa dag, skulle man få så bråttom med att köra in havre, att varken han eller någon annan hade tid att gå dit.

Gudmund begann nun zu erzählen, wie er den Amtmann auf Älvåkra aufgesucht und Hildur getroffen hatte. Er berichtete, was sie über das Pferd und den Wagen gesagt hatte, und es war leicht zu merken, daß er sich der Begegnung freute.

Auch die Mutter schien sehr vergnügt. Wie sie so unbeweglich in ihrem Lehnstuhl saß, war es ihre stete Beschäftigung, Pläne für die Zukunft des Sohnes auszuspinnen; und sie war zuerst auf den Gedanken verfallen, daß er es versuchen solle, um die schöne Amtmannstochter zu werben. Das war die prächtigste Heirat, die er machen konnte.

Der Amtmann war ein richtiger Großbauer. Er hatte den größten Hof in der Gemeinde und viel Macht und viel Geld. Es war eigentlich töricht, zu hoffen, daß er sich mit einem Schwiegersohn begnügen würde, der kein größeres Vermögen hatte als Gudmund, aber es war immerhin möglich, daß er sich nach dem richtete, was seine Tochter wollte. Und daß Gudmund Hildur gewinnen könnte, wenn er nur wollte, davon war die Mutter fest überzeugt.

Dies war das erste Mal, daß Gudmund die Mutter merken ließ, wie der Gedanke bei ihm Wurzel geschlagen hatte, und sie sprachen nun ein langes und ein breites von Hildur und von allen den Reichtümern und Vorteilen, die dem zufallen würden, der sie einmal bekäme. Aber bald stockte das Gespräch wieder, weil die Mutter von neuem in ihre Grübeleien versunken war.

»Könntest du diese Helga nicht holen lassen? Ich möchte sie doch sehen, bevor ich sie in meine Dienste nehme,« sagte sie schließlich.

»Das ist schön, daß du dich ihrer annehmen willst, Mutter,« entgegnete Gudmund und dachte bei sich: wenn die Mutter eine Pflegerin bekäme, mit der sie zufrieden wäre, würde seine Gattin hier daheim ein behaglicheres Leben führen.

»Du wirst sehen, daß du mit dem Mädchen zufrieden sein wirst,« fuhr er fort.

»Es ist ja auch ein gutes Werk, sich ihrer anzunehmen,« sagte die Mutter.

Als es zu dämmern begann, begab sich die Kranke zu Bett und Gudmund ging in den Stall, um die Pferde zu striegeln. Es war schönes Wetter, die Luft war klar, und der ganze Hof lag vom Mondschein übergossen da. Da fiel es ihm ein, daß er heute schon in den Moorhof gehen und die Botschaft der Mutter bestellen könne. Wäre morgen schönes Wetter, dann würde man es so eilig haben, den Hafer einzubringen, daß weder er noch irgendein anderer Zeit hätte, hinzugehen.

När nu Gudmund stod utanför Stormyrtorpet och lyssnade, hörde han visserligen inga fotsteg, men däremot var det andra ljud, som med korta uppehåll skar igenom tystnaden. Det var en sakta klagan, ett mycket lågt och kvävt jämrande och så en och annan snyftning. Gudmund tyckte sig märka, att ljuden kom från uthuslängan, och han gick fram mot denna. Då han närmade sig, upphörde snyftningarna, men det var tydligt, att någon rörde sig inne i vedskjulet. Gudmund tyckte sig med ens förstå vem som fanns där inne.

"Är det du, Helga, som sitter här och gråter?" sade Gudmund och ställde sig i dörröppningen, för att flickan inte skulle kunna rusa bort, innan han hade talat med henne.

Det blev återigen alldeles tyst. Det var nog rätt gissat av Gudmund, att det var Helga, som satt där och grät, men hon försökte kväva snyftningarna, för att Gudmund skulle tro, att han hade hört miste, och gå sin väg. Det var kolmörkt inne i skjulet, och hon visste, att han inte kunde se henne.

Men Helga var i sådan förtvivlan den kvällen, att det inte var lätt för henne att hålla tillbaka gråten. Hon hade ännu inte varit inne i stugan och hälsat på föräldrarna. Det hade hon inte haft mod till.

När hon i skymningen hade gått uppför de tunga backarna och tänkt på att hon nu måste tala om för föräldrarna, att hon inte skulle få någon upp-fostringshjälp av Per Mårtensson, hade hon blivit så rädd för allt det hårda och grymma, som hon trodde att de skulle komma att säga till henne, att hon inte hade vågat gå in.

Hon tyckte, att hon ville stanna ute, tills de hade lagt sig, för då behövde hon kanske inte tala om olyckan förrän nästa dag, och så hade hon gömt sig i vedskjulet.

Men medan hon satt där och frös och hungrade, kom det först riktigt för henne hur olycklig och förkastad hon var. All skam och ångest, som hon hade måst gå igenom, och all skam och ångest, som hon skulle nödgas att gå igenom, stod för henne och lade sig över henne med riktig blytyngd. Hon grät över sig själv, över att hon var så usel, att ingen ville veta av henne.

Hon kom ihåg hur hon en gång, då hon var barn, hade råkat falla i en dyhåla i stormyren och sjunkit rätt ner. Ju mer hon hade arbetat för att komma upp, dess djupare hade hon sjunkit. Alla tuvor och alla småbuskar, som hon hade gripit efter, hade givit vika. Så var det nu också. Allt, vad

Als jetzt Gudmund vor dem Moorhof stand und horchte, hörte er zwar keine Schritte; doch andere Laute durchschnitten in kurzen Abständen die Stille. Es war ein stilles Klagen, ein sehr leises und ersticktes Jammern und dann hie und da ein Aufschluchzen. Gudmund glaubte zu merken, daß die Laute von dem Schuppen herkämen, und ging auf diesen zu. Als er sich näherte, hörte das Schluchzen auf; aber es war offenbar, daß sich drinnen jemand in der Holzkammer regte. Mit einem Male begriff Gudmund, wer dort drinnen war.

»Bist du es, Helga, die da drinnen sitzt und weint?« rief er und stellte sich in die Türöffnung, damit das Mädchen nicht entwischen könnte, ehe er mit ihm gesprochen hätte.

Wieder wurde es ganz still. Gudmund hatte wohl recht geraten: es war Helga, die da saß und weinte; aber sie versuchte das Schluchzen zu unterdrücken, damit Gudmund glaubte, er habe sich verhört, und seiner Wege ginge. Es war stockfinster in dem Schuppen, und sie wußte, daß er sie nicht sehen konnte.

Aber Helga war an diesem Abend in solcher Verzweiflung, daß es ihr nicht leicht fiel, die Tränen zurückzudrängen. Sie war noch nicht in der Hütte gewesen und hatte die Eltern noch nicht begrüßt. Sie hatte nicht den Mut dazu gehabt.

Als sie in der Dämmerung den steilen Hügel hinaufstieg und daran dachte, daß sie den Eltern jetzt sagen müßte, sie habe keinen Erziehungsbeitrag von Per Mårtensson zu erwarten, da hatte sie solche Angst vor den harten und grausamen Worten bekommen, die sie ihr sagen würden, daß sie es nicht wagte, hineinzugehen.

Sie gedachte draußen zu bleiben, bis sie sich zu Bett gelegt hätten; dann brauchte sie vielleicht nicht vor dem nächsten Tage von der unglücklichen Sache zu sprechen. Und so hatte sie sich in dem Holzschuppen versteckt.

Aber während sie so dasaß und fror und hungerte, kam es ihr erst recht zu Bewußtsein, wie unglücklich und ausgestoßen sie war. Alle Schmach und Angst, die sie hatte erleiden müssen, und alle Schmach und Angst, die ihrer noch harrten, stand vor ihr und drückte sie mit Bleischwere zu Boden. Sie weinte über sich selbst, darüber, daß sie so elend war, und daß niemand etwas von ihr wissen wollte.

Sie erinnerte sich, wie sie einmal als Kind in einen Morast gefallen und gleich untergesunken war. Je mehr sie sich gemüht hatte, in die Höhe zu kommen, desto tiefer war sie gesunken. Alle Büsche und Sträucher, nach denen sie gegriffen, hatten nachgegeben. So war es auch jetzt. Alles,

hon försökte gripa efter för att hålla sig uppe, det svek henne. Ingen ville hjälpa henne.

Den gången, då hon hade gått ner sig i myren, hade till sist en vallpojke kommit och dragit upp henne, men nu kom ingen och räddade henne. Nu var det visst meningen, att hon skulle förgås.

När Helga hade kommit att tänka på myren, blev det med ens klart för henne, att det bästa hon kunde göra var att bege sig dit bort och gå ut i dyn och låta sig sjunka och begravas. Den, som var så dålig, att ingen människa ville ha något att göra med henne, den kunde väl rakt inte ta sig till något bättre än att dö.

Det skulle också bli bäst för barnet, om hon ginge bort, för Helgas mor tyckte om det, fastän hon inte ville visa det, när Helga var hemma. Men om Helga väl vore ur vägen för alltid, då skulle mormodern komma att ta sig an barnet, som om det vore hennes eget.

Hon förstod inte, att hon mitt i sitt största elände hade gjort något, som hade givit folk bättre tankar om henne. Hon blev för vart ögonblick allt vissare om att stormyren var den enda rätta tillflyktsorten för henne. Och ju bättre hon förstod detta, desto mera grät hon.

Det var därför inte så lätt för henne att hålla tillbaka gråten. Det dröjde inte länge, förrän hon började snyfta på nytt. Gudmund visste intet värre, än när kvinnfolk grät. Han hade mest lust att gå sin väg genast, men han tyckte, att när han hade gjort sig besvär att gå upp till torpet, fick han lov att utföra uppdraget.

"Vad är det åt dig?" sade han i kärv ton till Helga. "Varför går du inte in?"

"Å, jag törs inte," svarade då Helga, och tänderna slog mot varandra, när hon talade. "Jag törs inte."

"Vad är du rädd för? Du redde dig ju i dag mot både häradstjänare och domare. Du kan väl inte vara rädd för föräldrarna dina?"

"Å jo, å jo, de är väl mycket värre än alla andra."

"Vad skulle de vara onda för just i dag?"
"Jag får ju inga pengar."

wonach sie zu greifen versuchte, um sich aufrechtzuhalten, ließ sie im Stich. Niemand wollte ihr helfen.

Damals, als sie im Moor versunken war, war schließlich ein Hirtenbub gekommen und hatte sie herausgezogen; jetzt aber kam niemand, sie zu retten. Jetzt war es gewiß ihre Bestimmung, zugrunde zu gehen.

Als Helga das Moor in den Sinn kam, wurde es ihr mit einem Male klar: das beste, was sie tun konnte, war, dorthin zu gehn, in den Schlamm hinauszuwandern und sich einsinken und begraben zu lassen. Wenn eine so elend wäre, daß kein Mensch etwas mit ihr zu tun haben wollte, dann könnte sie wohl gar nichts Besseres tun als sterben.

Es wäre auch für das Kind das Beste, wenn sie fortginge; denn Helgas Mutter hatte es gern, obgleich sie es nicht zeigen wollte, wenn Helga daheim war. Aber wenn Helga einmal für immer aus dem Wege wäre, dann würde sich die Großmutter des Kindes wohl so annehmen, als wäre es ihr eigenes.

Sie begriff nicht, daß sie mitten in ihrem größten Elend etwas getan hatte, wodurch den Leuten eine bessere Meinung über sie gegeben würde. Ihr wurde mit jedem Augenblick gewisser, daß das Moor der einzige Zufluchtsort für sie sei. Und je klarer sie dies einsah, desto mehr weinte sie.

Es war darum nicht so leicht für sie, die Tränen zu unterdrücken. Es dauerte nicht lange, so begann sie von neuem zu schluchzen. Gudmund war nichts verhaßter, als wenn Weibsleute weinten. Er hatte die größte Lust, auf und davon zu laufen; aber er sagte sich, wenn er sich nun einmal die Mühe gemacht hätte, zur Hütte hinaufzuklettern, müßte er seinen Auftrag auch ausführen.

»Was ist dir denn?« sagte er in barschem Ton zu Helga. »Warum gehst du nicht ins Haus?«

»Ach ich traue mich nicht,« antwortete Helga, und ihre Zähne schlugen aufeinander. »Ich traue mich nicht.«

»Wovor hast du denn Angst? Du hast dich doch heute morgen gegen Gerichtsdiener und Richter tapfer gehalten. Da kannst du wohl nicht vor deinen leiblichen Eltern Angst haben.«

»O ja, o ja, die sind viel schlimmer als alle andern.«

»Warum sollten sie denn gerade heute so böse sein?«
»Ich bekomme ja kein Geld.«

"Du är väl en så pass duktig tös, att du kan tjäna brödet både åt dig själv och barnet."

"Ja, men det är ingen, som vill ta mig i tjänst."

Plötsligen kom Helga att tänka på att det kunde hända, att föräldrarna hörde deras röster och komme ut för att fråga vilka som talade. Och i så fall skulle hon bli tvungen att berätta alltsammans för dem. Då skulle hon inte få rädda sig ner i stormyren. Och i sin förskräckelse rusade hon upp och ville skynda förbi Gudmund. Men han var henne för snabb. Han grep tag om hennes arm och höll fast henne.

"Nej, du! Du kommer inte undan, förrän jag har fått tala vid dig."

"Låt mig bara gå!" sade hon och såg vilt på honom.

"Du ser ut, som om du ville gå i sjön," sade han, för nu var hon ute i månskenet, och han kunde se hennes ansikte.

"Ja, det gjorde väl heller ingenting, om jag det gjorde," sade Helga och kastade med detsamma tillbaka huvudet och såg honom rätt in i ögonen. I morse ville du inte en gång ha mig åkande bakpå kärran din. Ingen vill ha något att göra med mig. Du måtte väl begripa, att det är bäst för en sådan stackare som jag, att jag gör slut på mig.

Gudmund visste inte vad han skulle ta sig till. Han önskade, att han vore långt borta, men han tyckte också, att han inte kunde överge en människa, som var i sådan förtvivlan.

"Hör nu på mig! Lova bara, att du hör på vad jag har att säga dig, så ska du sedan få gå vart du vill!"

Ja, det lovade hon.

"Finns det något här att sitta på?"

"Huggkubben är ju där borta."

"Gå då dit och sätt dig, och var stilla!"

Hon gick helt lydigt och satte sig. "Gråt så inte mer!" sade han, för han tyckte, att han hade börjat att få makt med henne.
Men det skulle han inte ha sagt, för hon lutade genast huvudet i händerna och grät värre än någonsin.

»Na, du bist doch ein so tüchtiges Mädel, daß du für dich und dein Kind das Brot verdienen kannst.«

»Ja, aber mich will doch niemand nehmen.«

Plötzlich fiel es Helga ein, daß die Eltern ihre Stimmen hören und herauskommen und fragen könnten, wer da spräche. Und dann wäre sie gezwungen, ihnen alles zu erzählen. Dann könnte sie sich nicht in das Moor retten. Und in ihrem Schrecken sprang sie auf und wollte an Gudmund vorbeieilen. Aber er kam ihr zuvor. Er packte sie am Arm und hielt sie fest.

»Nein! Du kommst nicht davon, bis ich mit dir gesprochen habe.«

»Laß mich gehen,« rief sie und blickte ihn wild an.

»Du siehst aus, als wenn du ins Wasser gehen wolltest,« sagte er; denn jetzt stand sie draußen im Mondschein, und er konnte ihr Gesicht sehen.

»Ja, das würde wohl auch niemand etwas angehen, wenn ich das täte,« sagte Helga und warf dabei den Kopf zurück und sah ihm gerade in die Augen. »Heute morgen wolltest du mich nicht einmal rückwärts auf deinem Wagen mitfahren lassen. Niemand will etwas mit mir zu tun haben. Da mußt du doch selbst einsehen, daß es für solch ein armes Wurm, wie mich, am besten ist, wenn ich ein Ende mache.«

Gudmund wußte nicht, was er beginnen solle. Er wünschte sich weit weg, aber er fühlte auch, daß er einen Menschen in solcher Verzweiflung nicht verlassen konnte.

»Hör mich jetzt an! Versprich nur, daß du anhörst, was ich dir zu sagen habe. Dann kannst du gehen wohin du willst.«

Ja, das versprach sie.

»Kann man hier nirgends sitzen?«

»Drüben steht doch der Hackblock.«

»Also geh hin und setze dich und sei still!«

Sie ging ganz gehorsam hin und setzte sich. – »Weine jetzt nicht mehr!« sagte er; denn es war ihm, als finge er an, Macht über sie zu gewinnen. Aber das hätte er nicht sagen sollen, denn sie ließ sogleich den Kopf in die Hände sinken und weinte heftiger denn je.

"Gråt inte!" sade han och var färdig att stampa med foten i marken åt henne. "Det finns nog de, som har det värre än du."

"Nej, ingen kan ha det värre."

"Du är ung och frisk. Du skulle bara veta hur min mor har det. Hon är så förstörd av värk, att hon inte kan röra sig, men hon klagar aldrig."

"Hon är inte övergiven av alla, hon, som jag."

"Du är inte övergiven, du heller. Jag har talat vid mor om dig, och mor har skickat mig hit till dig."

Det blev ett uppehåll i snyftningarna. Man liksom hörde den stora tystnaden i skogen, som alltid höll andan och väntade på något förunderligt.

„Jag skulle hälsa till dig, att du skulle komma ner till mor i morgon, så att hon finge se dig. Mor tänker fråga dig om du vill komma i tjänst hos oss."

"Tänkte hon fråga mig?"

"Ja, men hon vill se dig först."

"Vet hon, att..."

"Hon vet lika mycket om dig som alla andra."

Flickan rusade upp med ett anskri av glädje och häpnad,och i nästa ögonblick kände Gudmund ett par armar om sin hals. Han blev rent förskrämd, och hans första tanke var att rycka sig lös, men så lugnade han sig och blev stående. Han förstod, att tösen var så utom sig av glädje, att hon inte visste vad hon gjorde. I det ögonblicket kunde hon ha kastat sig om halsen på den värsta skojare bara för att få litet medkänsla i den stora lycka, som hade kommit över henne.

"Vill hon la mig i tjänst, då kan jag ju få leva!" sade hon och lade sitt huvud mot Gudmunds bröst och grät återigen, men inte så våldsamt som förut.

"Du kan veta, att det var allvar, att jag ville gå i myren," sade hon. "Du ska ha tack för att du kom! Du har räddat livet åt mig."

»Weine nicht!« sagte er und war nahe daran, mit dem Fuß auf die Erde zu stampfen. »Es gibt genug Leute, denen es schlechter geht als dir.«

»Nein, keinem kann es schlechter gehen.«

»Du bist jung und gesund, du solltest nur wissen, wie es meiner Mutter geht. Sie ist von Schmerzen so geplagt, daß sie sich nicht rühren kann, aber sie klagt nie.«

»Sie ist nicht so verlassen von allen wie ich.«

»Du bist auch nicht verlassen. Ich habe mit Mutter über dich gesprochen, und Mutter hat mich zu dir geschickt.«

Das Schluchzen hörte auf. Man vernahm gleichsam das große Schweigen des Waldes, als ob der den Atem anhielte und auf etwas Wunderbares wartete.

»Ich soll dir bestellen, daß du morgen zu Mutter kommst, damit sie dich sieht. Mutter gedenkt dich zu fragen; ob du zu uns in Dienst gehen willst.«

»Das will sie mich fragen?«

»Ja, aber zuerst will sie dich sehen.«

»Weiß sie, daß ...?«

»Sie weiß ebensoviel von dir wie alle andern.«

Mit einem Schrei des Staunens und der Freude sprang das Mädchen auf, und im nächsten Augenblick fühlte Gudmund ein paar Arme um seinen Hals. Er erschrak förmlich, und sein erster Gedanke war, sich loszureißen. Aber dann faßte er sich und blieb stehen. Er begriff, daß das Mädchen so außer sich vor Freude war, daß sie nicht wußte, was sie tat; in diesem Augenblick härte sie sich dem ärgsten Schurken an den Hals werfen können, nur um in dem großen Glück, das über sie gekommen war, ein klein wenig Mitgefühl zu finden.

»Wenn sie mich bei sich aufnehmen will, dann kann ich ja am Leben bleiben!« sagte sie und legte den Kopf an Gudmunds Brust und weinte wieder, aber nicht so heftig wie zuvor.

»Ich kann dir jetzt sagen, daß es mir damit Ernst war, ins Moor zu gehen,« sagte sie. »Ich danke dir, daß du gekommen bist! Du hast mir das Leben gerettet.«

Gudmund hade ända hittills stått orörlig, men nu kände han, att något varmt och ömt började röra sig inom honom. Han lyfte handen och strök henne över håret. Då spratt hon till, som om han hade väckt henne ur en dröm, och ställde sig kapprak framför honom.

"Du ska ha tack för att du kom!" sade hon än en gång. Hon hade blivit blossande röd i ansiktet, och han rodnade, han också.

"Ja, då kommer du hem i morgon," sade han och sträckte ut handen för att säga farväl.

"Jag ska aldrig glömma, att du kom till mig i kväll," sade Helga, och den stora tacksamheten tog överhand över förlägenheten.

"Å ja, det var kanske bra, att jag kom," sade han helt lugnt, men kände sig ganska nöjd med sig själv. "Du går väl in nu?"

"Jaj nu ska jag nog gå in."

Gudmund kände sig plötsligen så där glad åt Helga, som man brukar bli åt den, som man har lyckats hjälpa. Han stod och dröjde och ville inte gå. "Jag ville gärna se dig inne under tak, innan jag går."

"Jag tänkte, att de skulle få gå till sängs, innan jag gick in."

"Nej, du ska gå genast, så att du får äta och komma till ro," sade han och tyckte, att det var roligt att ta hand om henne.

Hon gick genast upp mot torpstugan, och han följde med, helt nöjd och stolt över att hon lydde honom. När hon stod på tröskeln, sade de omigen farväl till varandra, men innan han hade gått mer än ett par steg, kom hon efter honom. "Stanna här ute, tills jag har kommit in! Det går lättare, om jag vet, att du står härutanför."

"Ja, sade han, jag ska stanna här, tills du har stått över det värsta."

Därpå öppnade Helga stugdörren, och Gudmund märkte, att hon lämnade den lite på glänt. Det var, liksom för att hon inte skulle känna sig skild från hjälparen, som stod därutanför. Han gjorde sig inte heller samvete av att höra och se allt, som hände inne i stugan.

40

Gudmund hatte bisher unbeweglich dagestanden, jetzt aber fühlte er, wie sich etwas warm und zärtlich in ihm zu regen begann. Er hob die Hand und strich ihr übers Haar. Da zuckte sie zusammen, als hätte er sie aus einem Traum geweckt, und stellte sich kerzengerade vor ihn hin.

»Ich danke dir, daß du gekommen bist!« sagte sie noch einmal. Sie war flammend rot im Gesicht geworden, und er errötete auch.

»Ja, so kommst du also morgen zu uns,« sagte er und streckte die Hand aus, um ihr Lebewohl zu sagen.

»Ich werde nie vergessen, daß du heute abend zu mir gekommen bist,« sagte Helga, und die große Dankbarkeit bekam die Oberhand über ihre Befangenheit.

»Ach ja, es ist vielleicht ganz gut, daß ich da war,« sagte er ruhig, fühlte sich aber doch recht zufrieden mit sich selbst. »Jetzt gehst du doch ins Haus?« fragte er.

»Ja, jetzt werde ich wohl hineingehen.«

Gudmund hatte plötzlich eine solche Freude an Helga, wie man sie an einem hat, dem man hat helfen können. Er stand da und zauderte und wollte nicht gehen. »Ich möchte dich gern unter Dach und Fach sehen, bevor ich gehe.«

»Ich dachte, sie sollten sich lieber erst niederlegen, bevor ich hineingehe.«

»Nein, du mußt gleich gehen, damit du etwas zu essen kriegst und unter Dach kommst,« sagte er und fand es recht vergnüglich, so für sie zu sorgen.

Sie ging sogleich auf die Hütte zu, und er kam mit, ganz zufrieden und stolz, daß sie ihm gehorchte. Als sie auf der Schwelle stand, sagten sie sich noch einmal Lebewohl. Aber kaum hatte er ein paar Schritte gemacht, als sie ihm nachkam. »Bleib hier draußen stehen, bis ich drinnen bin! Es geht leichter, wenn ich weiß, daß du draußen bist.«

»Ja,« sagte er, »ich werde hier bleiben, bis du das Ärgste überstanden hast.«

Nun öffnete Helga die Hüttentür, und Gudmund merkte, daß sie sie leicht angelehnt ließ. Gleichsam, damit sie sich nicht allzu abgetrennt von dem Helfer fühle, der dort draußen stand. Er machte sich auch kein Gewissen daraus, alles zu hören und zu sehen, was drinnen in der Hütte geschah.

De gamla nickade vänligt åt Helga, när hon kom in. Modern lade genast ner barnet i vaggan, gick sedan fram till skåpet och hämtade en skål mjölk och en kaka bröd och satte fram detta på bordet.

"Se här! Sätt dig nu och ät!" sade hon. Därpå gick hon fram till spisen och friskade upp brasan. "Jag har hållit elden vid liv, för att du skulle få torka kläderna och bli varm, när du kom. Men ät nu först! Det är väl mat, som du mest av allt behöver."

Helga hade hela tiden stått kvar vid dörren. "Ni ska inte ta så väl emot mig, mor," sade hon med låg röst. "Jag får inga pengar av Per. Jag har avsagt mig hjälpen."

"Det har allt varit en här i kväll, som hade varit på tinget och hört hur det gick för dig," sade modern. "Vi vet alltihop." Helga stod kvar vid dörren och såg ut, som om hon visste varken ut eller in.

Då lade torparen ner arbetet, sköt upp glasögonen i pannan och harklade sig för att hålla ett tal, som han hade tänkt över hela kvällen.

"Det är så, Helga," sade han, "att mor och jag, vi har alltid velat vara anständigt och hederligt folk, men vi har tyckt, att vi har råkat i vanheder för din skull. Det är, som om vi inte skulle ha lärt dig att skilja på ont och gott. Men när vi fick höra vad du har gjort i dag, så sa vi till varandra, mor och jag, att nu kunde ändå folk se, att du har fått en rätt uppfostran och lärdom, och vi har tänkt, att vi kanske ännu kunde få glädje av dig. Och mor ville inte, att vi skulle gå och lägga oss, förrän du kom, så att du skulle få en hedersam hemkomst."

3

Helga från Stormyra kom nu till Närlunda, och där gick allt bra. Hon var villig och läraktig och tacksam för vart vänligt ord, som sades till henne. Hon kände sig alltid som den ringaste och ville aldrig tränga sig fram. Det dröjde inte länge, förrän både husbondfolket och kamraterna var nöjda med henne.

De första dagarna såg det ut, som om Gudmund skulle vara rädd för att tala med Helga. Han fruktade, att den där Stormyrtösen skulle gå och göra sig inbillningar, därför att han hade kommit henne till hjälp. Men det var onödiga bekymmer. Helga höll honom alltför härlig och präktig för att hon skulle våga höja sina blickar till honom.

Die Alten nickten Helga, als sie eintrat, freundlich zu. Die Mutter legte sogleich das Kind in die Wiege, ging dann zum Schrank und holte einen Laib Brot und eine Schale Milch und stellte sie auf den Tisch.

»Bist du da? Setz dich und iß,« sagte sie. Dann ging sie zum Herd und legte ein Stück Holz nach. »Ich habe das Feuer nicht ausgehen lassen, damit du dir die Kleider trocknen und dich erwärmen kannst, wenn du kommst. Aber iß jetzt zuerst! Das hast du wohl am nötigsten.«

Helga war die ganze Zeit an der Tür stehengeblieben. »Ihr sollt mich nicht so gut aufnehmen, Mutter,« sagte sie mit leiser Stimme. »Ich bekomme kein Geld von Per. Ich habe auf die Unterstützung verzichtet.«

»Es ist heute abend schon jemand dagewesen, der beim Gericht war und gehört hat, wie es dir ergangen ist,« sagte die Mutter. »Wir wissen alles.« Helga blieb an der Tür stehen und machte, als wüßte sie weder aus noch ein.

Da legte der Vater die Arbeit nieder, schob die Brille auf die Stirn und räusperte sich, um eine Rede zu halten, die er den ganzen Abend überdacht hatte.

»Es ist nämlich so, Helga,« sagte er: »Mutter und ich, wir wollten immer anständige und ehrliche Leute sein. Aber dann ist es uns vorgekommen, als ob du Unehre über uns gebracht hättest. Es war so, als hätten wir dich nicht gelehrt, zwischen Gut und Böse zu unterscheiden. Aber als wir nun hörten, was du heute getan hast, da sagten wir uns, Mutter und ich, daß die Leute jetzt doch sehen können, daß du eine ordentliche Erziehung genossen hast, und wir denken, daß wir vielleicht auch noch Freude an dir erleben können. Und Mutter wollte nicht, daß wir uns niederlegen, ehe du da bist, damit du doch eine ordentliche Heimkehr hast.«

3

Helga vom Moorhof kam jetzt nach Närlunda, und da ging alles gut. Sie war willig und anstellig und dankbar für jedes freundliche Wort, das man ihr sagte. Sie fühlte sich immer als die Geringste und wollte sich nie vordrängen. Es dauerte nicht lange, so hatten Herrschaft und Gesinde sie lieb gewonnen.

In den ersten Tagen sah es aus, als fürchte sich Gudmund, mit Helga zu sprechen. Er hatte Angst, daß das Mädchen sich etwas einbilde, weil er ihr zu Hilfe gekommen war. Aber dies war eine unnötige Sorge. Helga hielt ihn für viel zu herrlich und hoch, als daß sie gewagt hätte, ihre Blicke zu ihm zu erheben.

Gudmund märkte också snart, att han inte behövde hålla henne på avstånd. Hon var mer skygg för honom än för någon annan.

Samma höst som Helga kom till Närlunda, gjorde Gudmund många besök hos nämndemannens på Älvåkra, och det talades mycket om att han skulle ha goda utsikter att bli måg där i gården. Fullt viss om att han hade haft framgång med frieriet blev man först under julen. Då kom nämndemannen med hustru och dotter till Närlunda, och det var tydligt, att de hade rest dit för att se hur Hildur skulle få det, om hon gifte sig med Gudmund.

Det var första gången, som Helga såg henne, som Gudmund skulle gifta sig med, på nära håll. Hildur Eriksdotter var ännu inte tjugu år, men det var det märkliga med henne, att ingen kunde se henne utan att tänka på vilken ståtlig och präktig husmor det en gång skulle bli av henne. Hon var högväxt, starkt byggd, ljus och vacker och såg ut att tycka om att ha många omkring sig att ta vård om. Hon var aldrig skygg eller blyg, talade mycket och tycktes veta allting bättre än den, som hon talade med.

Hon hade gått i skola i staden ett par år och hade de vackraste kläder, som Helga hade sett, men hon föreföll inte flärdfull eller fåfäng. Så rik och så vacker, som hon var, hade hon när som helst kunnat bli gift med en herreman, men hon sade alltid, att hon inte ville bli en fin fru och sitta med händerna i kors. Hon ville gifta sig med en bonde och själv sköta sitt hus som en riktig bondhustru.

Helga tyckte, att Hildur var ett riktigt under. Aldrig hade hon sett någon, som framträtt så präktigt. Hon hade inte trott, att en människa kunde vara så fullkomlig i alla stycken. Det syntes henne vara en stor lycka att i framtiden få tjäna under en sådan matmor.

Allt hade avlupit väl under nämndemannens besök, men när Helga tänkte tillbaka på den dagen, erfor hon en viss oro. Det var så, att när de främmande nyss var komna, hade hon gått omkring och bjudit kaffe. När hon hade kommit in med brickan, hade nämndemansmor böjt sig fram mot hennes matmor och frågat om det där var tösen från Stormyrtorpet. Hon hade inte sänkt rösten särdeles mycket, utan Helga hade tydligt hört frågan.

Mor Ingeborg hade svarat ja, och då hade den andra sagt något, som Helga inte hade kunnat höra. Men det hade varit något om att hon tyckte, att det var underligt, att de ville ha en sådan människa i huset.

44

Und Gudmund merkte auch bald, daß er sie nicht fernzuhalten brauchte. Sie war vor ihm scheuer als vor irgend jemand.

In demselben Herbst, da Helga nach Närlunda kam, machte Gudmund viele Besuche bei der Familie des Amtmanns auf Älvåkra, und es wurde viel darüber gesprochen, daß er alle Aussicht hätte, dort im Hause Schwiegersohn zu werden. Volle Gewißheit, daß seine Werbung Erfolg hatte, erhielten die Leute jedoch erst zu Weihnachten. Da kam der Amtmann mit Frau und Tochter nach Närlunda, und es war ganz klar, daß sie nur hierher gefahren waren, um zu sehen, wie es Hildur gehen würde, wenn sie sich mit Gudmund verheiratete.

Das war das erstemal, daß Helga das Mädchen, welches Gudmund heimführen wollte, aus der Nähe sah. Hildur Erikstochter war noch nicht zwanzig Jahre, aber das Merkwürdige an ihr war, daß niemand sie ansehen konnte, ohne zu denken, welche stattliche und prächtige Hausmutter einmal aus ihr werden würde. Sie war hochgewachsen, stark gebaut, blond und schön, und sah aus, als wenn sie gerne für viele um sich zu sorgen hätte. Sie war nie scheu oder verschüchtert, sondern sprach viel und schien alles besser zu wissen als der, mit dem sie sprach.

Sie war ein paar Jahre in der Stadt zur Schule gegangen und trug die schönsten Kleider, die Helga je gesehen hatte, aber sie machte keinen eiteln oder prunkliebenden Eindruck. Reich und schön, wie sie war, hätte sie wohl jeden Tag einen Mann von Stand heiraten können, aber sie sagte immer, sie wolle keine feine Dame werden und mit den Händen im Schoß dasitzen. Sie wollte einen Bauer heiraten und ihr Haus selbst führen wie eine richtige Bäuerin.

Für Helga war Hildur wie ein wahres Wunder. Nie hatte sie jemand gesehen, der so prächtig aufgetreten wäre. Sie hätte nicht geglaubt, daß ein Mensch in allen Stücken so vollkommen sein könnte. Und es schien ihr ein großes Glück, in Zukunft einer solchen Frau zu dienen.

Bei dem Besuch der Amtmannsfamilie war alles gut abgelaufen; aber wenn Helga an den Tag zurückdachte, empfand sie eine gewisse Unruhe. Als die Fremden gekommen waren, war sie herumgegangen und hatte den Kaffee gereicht. Wie sie nun mit den Kannen hereinkam, hatte die Frau des Amtmanns sich zu ihrer Herrin vorgebeugt und sie gefragt, ob das nicht das Mädchen vom Moorhof sei. Sie hatte die Stimme nicht sehr gesenkt, so daß Helga die Frage deutlich hörte.

Mutter Ingeborg hatte Ja gesagt, und da hatte die andere etwas geant-wortet, was Helga nicht hören konnte. Aber es war so etwas gewesen, als ob sie es wunderlich fände, daß sie eine solche Person im Hause dulde.

Detta vållade Helga många bekymmer, men hon sökte trösta sig med att det var modern och inte Hildur, som hade sagt orden.

En söndag under vårvintern kom Helga och Gudmund att gå i sällskap från kyrkan. När de hade vandrat utför kyrkbacken, hade de gått med i en stor flock av annat kyrkfolk, men snart hade den ena efter den andra droppat av, och till sist var Helga och Gudmund ensamma.

Gudmund kom då strax att tänka på att han inte hade varit ensam med Helga sedan den där kvällen på torpet, och minnet därav kom nu starkt tillbaka till honom. Han hade tänkt på deras första möte ofta nog under vintern och därvid alltid känt något ljuvt och behagligt ila genom sinnet. När han gick ensam vid arbetet, brukade han kalla fram för tanken hela den vackra natten: den vita dimman, det starka månskenet, den svarta skogshöjden, den ljusa dalen och så flickan, som hade slagit sina armar om hans hals och gråtit av glädje.

Hela händelsen blev vackrare för var gång den kom tillbaka i hans minne. Men när Gudmund såg Helga gå där hemma bland de andra i slit och arbete, hade han svårt att tänka sig, att det var hon, som hade varit med om detta. Nu, då han gick ensam med henne på kyrkvägen, kunde han inte låta bli att önska, att hon för en stund skulle bli densamma, som hon hade varit den kvällen.

Helga började strax tala om Hildur. Hon berömde henne mycket, sade, att hon var den vackraste och klokaste flickan i hela trakten, och lyckönskade Gudmund till att han skulle få en så utmärkt hustru.
"Du får säga till henne, att hon alltid låter mig stanna på Närlunda," sade hon. "Det ska bli roligt att tjäna under en sådan matmor."

Gudmund smålog åt hennes iver, men gav bara enstaviga svar, som om han inte riktigt följde med. Men det var ju bra, att hon tyckte så mycket om Hildur och att hon var så glad åt att han skulle gifta sig.

"Du har visst trivts bra hos oss i vinter?" sade han.

"Det har jag visst. Jag kan inte säga hur goda mor Ingeborg och ni alla har varit mot mig."

"Har du längtat upp till skogen?"

Dies bereitete Helga sehr viel Kummer, aber sie suchte sich damit zu trösten, daß es die Mutter und nicht Hildur war, die diese Worte gesprochen hatte.

An einem Sonntag im Vorfrühling fügte es sich, daß Helga und Gudmund zusammen aus der Kirche kamen. Als sie über den Kirchenhügel wanderten, waren sie inmitten einer großen Schar von andern Kirchenbesuchern gegangen; aber bald bog einer nach dem andern ab, und schließlich waren Helga und Gudmund allein.

Da fiel es Gudmund ein, daß er seit jenem Abend auf dem Moorhof nicht mehr mit Helga allein gewesen war, und die Erinnerung daran kam nun in voller Stärke wieder. Recht oft während des Winters hatte er an ihre erste Begegnung gedacht und dabei immer gefühlt, wie etwas Süßes und Wohliges seinen Sinn durchbebte. Wenn er allein bei der Arbeit war, pflegte er sich die ganze schöne Nacht wieder zurückzurufen: den weißen Nebel, den starken Mondschein, die schwarze Waldeshöhe, das lichte Tal und dann das Mädchen, das die Arme um seinen Hals geschlungen und vor Freude geweint hatte.

Je öfter er sich den Vorfall zurückrief, desto schöner wurde er. Aber wenn Gudmund Helga daheim unter den andern in Arbeit und Plage umhergehen sah, dann konnte er sich nur schwer vorstellen, daß sie mit dabeigewesen war. Jetzt aber, wo er allein mit ihr den Kirchenweg entlang ging, konnte er es nicht lassen, sich zu wünschen, daß sie für ein Weilchen dieselbe wäre wie an jenem Abend.

Helga begann sogleich von Hildur zu sprechen. Sie rühmte sie sehr, sagte, daß sie das schönste und klügste Mädchen in der ganzen Umgegend sei, und beglückwünschte Gudmund dazu, daß er eine so ausgezeichnete Frau bekäme. »Du mußt ihr sagen, daß sie mich immer auf Närlunda bleiben läßt,« sagte sie. »Es wird so schön sein, unter einer solchen Frau zu dienen.«

Gudmund lächelte über ihren Eifer, gab ihr jedoch nur einsilbige Antworten, als wären seine Gedanken nicht recht dabei. Aber es war ja recht, daß ihr Hildur so gut gefiel, und daß sie sich über seine Heirat so freute.

»Du bist diesen Winter doch gern bei uns gewesen?« fragte er.

»Ja, gewiß. Ich kann gar nicht sagen, wie gut Mutter Ingeborg und ihr alle zu mir wart.«

»Hast du dich nach dem Walde gesehnt?«

"Å ja, i början, men inte numera."

"Jag trodde, att den, som hörde skogen till, inte kunde låta bli att längta dit."

Helga vände sig halvt om och såg på honom, som gick på andra sidan vägen. Gudmund hade gått och blivit rent främmande för henne, men nu var det något i tonfallet och i leendet, som hon kände igen. Jo, han var nog densamme, som hade kommit och räddat henne i hennes högsta nöd. Fastän han skulle gifta sig med en annan, var hon säker om att han ville vara henne en god vän och trogen hjälpare.

Hon blev så glad, kände, att hon kunde ha förtroende för honom som för ingen annan, och tyckte, att hon måste tala om för honom allt, som hade hänt henne, sedan de sist språkades vid.

"Jag ska säga dig, att jag hade det ganska svårt de första veckorna på Närlunda," började hon. Men du får inte tala om detta för mor Ingeborg.

"Om du vill, att jag ska tiga, så tiger jag."

"Tänk, att jag längtade så förfärligt i början! Jag höll på att få vända om upp till skogen."

"Längtade du? Jag trodde, att du var glad att få vara hos oss."

"Jag kunde rakt inte hjälpa det," sade hon urskuldande. "Jag förstod nog hur bra det var för mig att få vara här. Ni var alla så goda mot mig, och arbetet var inte tyngre, än att jag kunde rå med det, men jag längtade i alla fall. Det var något, som sög och drog och ville föra mig tillbaka till skogen. Jag tyckte, att jag svek och förrådde någon, som hade rätt till mig, när jag ville stanna nere i bygden."

"Det var kanske..." började Gudmund, men höll inne mitt i meningen.

"Nej, det var inte gossen, som jag längtade efter. Jag visste ju, att han hade det bra och att mor var god mot honom. Det var inte något särskilt. Jag kände det, som vore jag en vild fågel, som hade blivit satt i bur, och jag trodde, att jag skulle dö, om jag inte bleve utsläppt."

»Ach ja, anfangs wohl, aber jetzt nicht mehr.«

»Ich glaubte, wer im Wald daheim ist, kann es nicht lassen, sich hinzusehnen.«

Helga wendete sich halb um und sah ihn an, der auf der andern Seite des Weges ging. Gudmund war ihr in letzter Zeit ganz fremd geworden, aber jetzt lag etwas in seinem Tonfall und seinem Lächeln, das sie wiedererkannte. Ja, er war doch derselbe, der in ihrer höchsten Not gekommen war und sie gerettet hatte. Obgleich er sich mit einer andern verheiraten wollte, war sie dessen gewiß, daß er ihr ein guter Freund und getreuer Helfer bleiben würde.

Es wurde ihr so leicht ums Herz; sie fühlte, daß sie Vertrauen zu ihm haben könnte wie zu keinem andern, und es war ihr, als müßte sie ihm alles erzählen, was ihr geschehen war, seit sie zuletzt miteinander gesprochen hatten.

»Ich will dir sagen, daß ich in den ersten Wochen auf Närlunda eine recht schwere Zeit hatte,« begann sie. »Aber du darfst es Mutter Ingeborg nicht wiedererzählen.«

»Wenn du willst, daß ich schweigen soll, so schweige ich.«

»Denk' dir nur, daß ich anfangs so furchtbares Heimweh hatte! Ich war drauf und dran, wieder in den Wald hinaufzulaufen.«

»Du hattest Heimweh? Ich glaubte, du wärst froh, bei uns zu sein.«

»Ich konnte nichts dafür,« sagte sie entschuldigend. »Ich sah wohl ein, welches Glück es für mich war, hier sein zu dürfen. Ihr wart alle so freundlich zu mir, und die Arbeit war nicht zu schwer; aber ich sehnte mich doch. Irgend etwas zog und lockte und wollte mich in den Wald zurückführen. Es war mir, als verriete ich einen, der ein Recht auf mich hatte, wenn ich unten im Tale blieb.«

»Das war vielleicht ...,« begann Gudmund, aber er hielt mitten im Satz inne.

»Nein, es war nicht der Kleine, nach dem ich mich sehnte. Ich wußte ja, daß es ihm gut ging, und daß Mutter freundlich zu ihm war. Es war nichts Bestimmtes. Ich hatte das Gefühl, als wäre ich ein wilder Vogel, den man in einen Käfig gesperrt hat, und ich glaubte, ich müßte sterben, wenn man mich nicht losließ.«

"Tänk, att du hade det så svårt!" sade Gudmund, och på samma gång smålog han, för nu tyckte han med ens, att han kände igen henne. Nu var det, som om ingenting skulle ligga emellan, utan de hade skilts från varandra på skogstorpet förra kvällen. Helga log igen, men fortsatte att tala om sina plågor.

"Ingen natt sov jag," sade hon, "utan så snart jag hade lagt mig, började tårarna rinna, och när jag steg upp om morgonen, var huvudkudden alldeles våt. Om dagen, när jag gick bland er andra, kunde jag hålla tillbaka gråten, men så snart jag blev ensam, fick jag tårarna i ögonen."

"Du har gråtit mycket, du, i dina dar," sade Gudmund, men såg inte det minsta medlidsam ut, när han fällde yttrandet. Helga tyckte, att han gick i ett tyst skratt hela tiden.

"Du kan nog aldrig begripa hur svårt jag hade det," sade hon och talade allt livligare i sin strävan att få honom att förstå henne. "Det var en längtan över mig, som tog mig bort från mig själv. Inte ett ögonblick kunde jag känna mig lycklig. Ingenting var vackert, ingenting var nöjsamt, ingen människa kunde jag fästa mig vid. Ni var alla lika främmande för mig som första gången jag hade kommit in i stugan."

"Men," undrade Gudmund, "sa du inte nyss, att du ville stanna hos oss?"

"Jo, visst gjorde jag det."

"Då längtar du väl inte mer nu?"

"Nej, det har gått över. Jag har blivit botad. Vänta bara, ska du få höra!"

När hon sade detta, styrde Gudmund tvärsöver vägen och gick sedan bredvid henne. Han småskrattade hela tiden. Han tycktes vara glad åt att höra henne tala, men han fäste nog inte mycken vikt vid vad hon berättade.

Så småningom kom Helga i samma lynne. Hon tyckte, att allting blev lätt och ljust. Kyrkvägen var lång och besvärlig att gå, men i dag blev hon inte trött. Det var något, som bar henne. Hon fortsatte att berätta, därför att hon hade börjat, men det var inte längre så viktigt för henne att få tala.

»Nein, daß es dir so schlecht ging!« sagte Gudmund, und dabei lächelte er; denn jetzt kam es ihm mit einem Male vor, als ob er sie erst wiedererkennte. Jetzt war es, als läge nichts zwischen ihnen, sondern als hätten sie sich erst am vorigen Abend oben auf dem Moorhof voneinander getrennt. Helga lächelte wieder, sie fuhr jedoch fort, von ihrer Qual zu sprechen.

»Keine Nacht schlief ich,« sagte sie; »kaum hatte ich mich niedergelegt, so begannen die Tränen zu fließen, und wenn ich am Morgen aufstand, war das Kopfkissen ganz naß. Am Tag, wenn ich unter euch andern herumging, konnte ich das Weinen unterdrücken; aber sowie ich allein war, schossen mir die Tränen in die Augen.«

»Du hast schon viel geweint in deinem Leben,« sagte Gudmund, aber sah gar nicht mitleidig aus, als er diese Bemerkung machte. Helga war es, als ob er die ganze Zeit mit einem unterdrückten Lachen einherginge.

»Du kannst dir gar nicht denken, wie schlecht es mir ging,« sagte sie und sprach immer lebhafter, in dem Bestreben, sich ihm verständlich zu machen. »Es kam eine Sehnsucht über mich, die mich von mir selbst forttrug. Keinen Augenblick konnte ich mich glücklich fühlen. Nichts war schön, nichts war vergnüglich, keinen Menschen konnte ich liebgewinnen. Ihr wart mir alle ebenso fremd wie an dem Tag, als ich zum ersten Male in die Stube trat.«

»Aber,« verwunderte sich Gudmund, »sagtest du nicht eben, daß du bei uns bleiben willst?«

»Ja, gewiß sagte ich das.«

»Du sehnst dich also jetzt nicht mehr?«

»Nein, es ist vorübergegangen. Ich bin geheilt. Warte nur, du wirst schon hören!«

Als sie dies sagte, kreuzte Gudmund quer über den Weg und ging an ihrer Seite weiter. Die ganze Zeit lächelte er. Es schien ihm Freude zu machen, sie reden zu hören; aber er legte dem, was sie erzählte, wohl nicht viel Gewicht bei.

So allmählich kam Helga in dieselbe Stimmung. Es schien ihr, als ob alles leicht und hell würde. Der Weg von der Kirche war lang und beschwerlich zu gehen; aber an diesem Tage wurde sie nicht müde. Irgend etwas schien sie zu tragen. Sie fuhr fort zu erzählen, weil sie einmal begonnen hatte; aber es war nicht mehr so wichtig für sie, sich auszusprechen.

Hon hade haft lika roligt, om hon hade fått gå tyst bredvid honom.

"När jag var som mest olycklig, sade hon, bad jag mor Ingeborg en lördagskväll, att jag skulle få gå hem och stanna hemma över söndagen. Och när jag den kvällen vandrade uppför backarna till Stormyra, trodde jag säkert, att jag aldrig mer skulle komma tillbaka till Närlunda. Men där hemma var far och mor så glada över att jag hade fått tjänst på ett så ansett ställe, att jag inte nändes säga dem, att jag inte stod ut att vara kvar hos er. Så snart som jag kom upp i skogen, var också all ångesten och plågan rent försvunna. Jag tyckte, att alltihop bara hade varit en inbillning. Och så var det så svårt med barnet. Mor hade nu tagit sig an det och gjort det till sitt. Det hörde inte mig till mer. Och det var ju bra, att det var så, men det var svårt att vänja sig vid det."

"Du kanske började längta ner till oss?" framkastade Gudmund.

"Å nej. På måndagsmorgonen, då jag vaknade och tänkte på att jag nu måste gå, kom längtan över mig igen. Jag låg och grät och ängslades, för det enda rätta och riktiga var ju, att jag skulle stanna i tjänsten, men jag kände det, som om jag skulle bli sjuk eller mista förståndet, om jag vände tillbaka. Men då kom jag helt hastigt ihåg, att jag en gång hade hört någon säga, att om man tog lite aska från spisen i sitt hem och sedan strödde ut den över spisen på det främmande stället, skulle man bli av med sin längtan.

"Det var då ett botemedel, som var lätt att använda," sade Gudmund.

"Ja, men det skulle ha det med sig, att sedan kunde man aldrig trivas på något annat ställe. Flyttade man bort från den gården, dit man hade burit askan, då fick man längta dit lika mycket, som man förut hade längtat därifrån."

"Kunde man inte bära aska med sig, vart man flyttade ?"

"Nej, det går inte an att göra det mer än en gång. Sedan är det ingen återvändo. Så det var ju stor våda att försöka något sådant."

"Jag skulle inte ha vågat mig på något slikt, sade Gudmund, och hon hörde nog, att han bara gäckades med henne."

Sie hätte ebenso vergnügt sein können, wenn sie stumm neben ihm einhergegangen wäre.

»Als ich am allerunglücklichsten war, bat ich Mutter Ingeborg eines Samstagabends, mir zu erlauben, nach Hause zu gehen und über den Sonntag daheim zu bleiben. Und als ich an diesem Abend die Hügel zum Moor hinaufwanderte, glaubte ich felsenfest, daß ich nie mehr nach Närlunda zurückkommen würde. Aber daheim waren Vater und Mutter so froh, daß ich eine Stelle in einem so angesehenen Hause hatte, daß ich es nicht übers Herz brachte, ihnen zu sagen, ich hielte es nicht aus, bei euch zu bleiben. Sobald ich in den Wald hinaufkam, war auch alle Angst und Qual rein verschwunden. Und es schien mir, als ob das Ganze nur eine Einbildung gewesen wäre. Und dann war es so schwer mit dem Kind. Mutter hatte sich seiner angenommen und es zu dem ihren gemacht. Es gehörte mir nicht mehr. Und es war ja gut, daß es so war; aber es fiel mir doch schwer, mich daran zu gewöhnen.«

»Vielleicht fingst du nun gar an, dich zu uns hinunter zu sehnen?« warf Gudmund hin.

»Ach nein. Als ich am Montag morgen erwachte und daran dachte, daß ich jetzt gehen müßte, kam die Sehnsucht wieder über mich. Ich lag da und weinte und ängstigte mich, denn das einzige Recht und Richtige war doch, daß ich im Dienste blieb; aber ich hatte das Gefühl, als müßte ich krank werden oder den Verstand verlieren, wenn ich zurückkehrte. Aber da fiel mir plötzlich ein, was ich einmal gehört hatte: wenn man ein wenig Asche aus dem Herd in seinem Hause nimmt und sie dann auf den Herd im fremden Hause streut, dann wird man von seiner Sehnsucht befreit.«

»Na, das ist ein Heilmittel, das leicht anzuwenden ist,« sagte Gudmund.

»Ja, wenn es damit nur nicht die Bewandtnis hätte, daß man sich nachher irgendwo anders heimisch fühlen kann. Geht man von dem Hause weg, in das man die Asche getragen hat, dann sehnt man sich ebenso sehr dorthin zurück, als man sich früher von dort weggesehnt hat.«

»Kann man die Asche nicht wieder dorthin mitnehmen, wohin man geht?«

»Nein, das kann man nur einmal im Leben tun. Dann gibt es keine Umkehr. Und darum ist es ja sehr gefährlich, so etwas zu versuchen.«

»Ich hätte nie so etwas gewagt,« sagte Gudmund, und sie hörte sehr wohl, daß er sie nur neckte.

"Men jag vågade det i alla fall," sade Helga. "Det var bättre än att behöva stå som en otacksam inför mor Ingeborg och dig, som hade velat hjälpa mig. Jag tog en liten smula aska med mig hemifrån, och då jag kom tillbaka till Närlunda, passade jag på, när ingen var inne, och strödde ut den över spishällen.

"Och nu tror du, att det är askan, som har hjälpt dig?"

"Vänta, så ska du få höra hur det gick! Jag kom genast in i sysslorna och tänkte inte på askan på hela dagen. Jag längtade alldeles som förut och var lika led åt allting, som jag brukade vara. Det var mycket att göra både ute och inne den dagen, och när jag hade slutat i lagården på kvällen och skulle gå in, var elden redan tänd i spisen."

"Nu är jag riktigt nyfiken att höra hur det gick," sade Gudmund.

"Ja, tänk, att redan när jag gick över gården, så tyckte jag, att det var något välbekant i eldskenet, och när jag öppnade dörren, for det för mig, att jag skulle komma in i vår egen stuga och att far och mor skulle sitta vid spisen. Ja, detta flög bara förbi som en dröm, men när jag kom in, blev jag förvånad över att det var så vackert och hemtrevligt i stugan. Jag hade aldrig tyckt, att mor Ingeborg och ni andra hade sett så vänliga ut, som ni gjorde den kvällen, där ni satt i eldskenet. Det kändes riktigt gott att komma in, och det hade det aldrig gjort förut. Jag blev så förvånad, att jag höll på att ropa till och slå ihop händerna. Jag tyckte, att ni var som förvandlade. Ni var inte mera främmande för mig, utan jag kunde tala med er om vad som helst. Du kan nog förstå, att jag blev glad, men jag kunde inte låta bli att förvåna mig. Jag undrade om jag hade blivit förtrollad. Och med detsamma kom jag ihåg askan, som jag hade strött över spishällen."

"Ja, det var ju förunderligt," sade Gudmund. Han trodde inte det minsta på skrock och trolldom, men han tyckte inte illa om att höra Helga tala om sådant. "Nu har då den galna skogstösen kommit tillbaka", tänkte han. "Kan någon begripa, att den, som har gått igenom så mycket som hon, ändå kan vara så barnslig?"

"Ja, visst var det förunderligt," sade Helga. "Och detsamma har kommit tillbaka hela vintern. Så snart elden brann på spishällen, kände jag samma trygghet och trevnad hos er, som om jag hade varit hemma. Men det är nog också något besynnerligt med elden. Inte med annan eld kanske, men med den, som brinner i en spis och har allt husfolket samlat omkring sig kväll efter kväll.

»Ich hab' es doch gewagt,« sagte Helga. »Es war besser, als vor Mutter Ingeborg und dir, die mir helfen wollten, als undankbar dazustehen. Ich nahm ein klein wenig Asche von daheim mit, und wie ich nach Närlunda zurückkam, benützte ich einen Augenblick, wo niemand in der Stube war, und streute sie auf die Herdplatte.«

»Und jetzt glaubst du, daß die Asche dir geholfen hat?«

»Warte, du wirst schon hören, wie es kam! Ich ging gleich an meine Arbeit und dachte den ganzen Tag nicht mehr an die Asche. Ich sehnte mich ebenso heftig wie früher, und alles war mir ebenso zuwider wie immer. Es war an diesem Tage sehr viel drinnen und draußen zu tun; und als ich am Abend im Stall fertig war und ins Haus ging, war auf dem Herd schon das Feuer angezündet.«

»Jetzt bin ich aber wirklich begierig, zu hören, wie es kam,« sagte Gudmund.

»Ja, denke nur, schon als ich über den Hof ging, kam es mir vor, als ob im Feuerschein etwas Wohlbekanntes wäre, und als ich die Tür öffnete, da hatte ich das Gefühl, daß ich in unsere eigene Stube kam, und daß Vater und Mutter am Feuer saßen. Ja, dies flog nur an mir vorbei wie ein Traum. Aber als ich wirklich hineinkam, da war ich ganz erstaunt, wie schön und traulich es in der Stube war. Nie hatten Mutter Ingeborg und ihr andern so freundlich ausgesehen wie an diesem Abend, als ihr da im Feuerschein saßet. Es war ein köstliches Gefühl, hereinzukommen, und das war sonst nie so gewesen. Ich war so erstaunt, daß ich fast laut aufgeschrien und in die Hände geklatscht hätte. Es schien mir, als ob ihr wie verwandelt wäret. Ihr wart mir nicht mehr fremd, sondern ich konnte mit euch über alles reden. Du kannst dir denken, daß ich mich freute; aber dabei mußte ich mich doch immer wieder wundern. Ich fragte mich, ob ich denn verhext wäre, und sieh, da fiel mir plötzlich die Asche ein, die ich auf die Herdplatte gestreut hatte.«

»Ja, das ist seltsam,« sagte Gudmund. Er glaubte nicht im geringsten an Zauber und Hexerei; aber es mißfiel ihm nicht, Helga von solchen Dingen sprechen zu hören. »Jetzt ist doch die tolle Walddirne wieder zum Vorschein gekommen,« dachte er. »Kann man begreifen, daß jemand, der so viel durchgemacht hat, wie sie, noch so kindisch ist?«

»Ja, gewiß war es seltsam,« sagte Helga. »Und dasselbe hat sich den ganzen Winter hindurch wiederholt. Sowie das Feuer im Herd brannte, war es mir ebenso behaglich, als wenn ich daheim gewesen wäre. Aber es ist auch etwas Seltsames mit dem Feuer. Nicht mit anderem Feuer vielleicht, aber mit Feuer, das auf einem Herde brennt, und um das sich alle Hausgenossen Abend für Abend versammeln.

Den blir liksom så bekant med en. Den leker och dansar för en och sprakar åt en, och ibland är den sur och vid dåligt humör. Det är, som skulle den ha i sin makt att ge trevnad eller otrevnad. Nu tyckte jag, att elden hemifrån hade flyttat till mig, och att den gav samma sken av trevnad åt allting här, som den hade gjort där hemma."

"Men om du nu skulle bli tvungen att flytta från Närlunda?" sade Gudmund.

"Då får jag längta dit i alla mina dar," sade hon, och det hördes på rösten, att hon sade detta på djupaste allvar.

"Ja, inte ska det bli jag, som driver bort dig," sade Gudmund, och fastän han skrattade, låg det något varmt i tonen.

Sedan började de inte något nytt samtal, utan vandrade tysta ända fram till gården. Gudmund vände huvudet ibland och såg på henne, som gick bredvid honom. Hon hade hämtat sig efter den svåra tiden, som hon hade haft förra året. Nu var det något friskt och skärt över henne. Dragen var små och fina, håret stod som ett burr kring huvudet, ögonen var inte att bli kloka på. Hon gick fort och lätt. När hon talade, kom orden raskt, men ändå skygga. Hon var alltid rädd att bli utskrattad, men måste ändå säga ut vad hon hade på hjärtat.

Gudmund undrade om han ville, att Hildur skulle vara sådan, men det ville han nog inte. Den här Helga vore ingenting att gifta sig med.

Ett par veckor efter detta fick Helga höra, att hon måste flytta från Närlunda i april, därför att Hildur Eriksdotter inte ville bo under samma tak som hon.

Det var inte så, att husbondfolket sade detta rentut till henne. Men mor Ingeborg började tala om att när den nya svärdottern kom, finge de nog så mycket hjälp av henne, att de inte behövde hålla så många tjänare. En annan gång sade hon, att hon hade hört talas om en bra plats, där Helga kunde få det bättre än hos dem.

Helga behövde inte höra mer för att förstå, att hon måste bort, och hon förklarade genast, att hon skulle flytta, men hon ville inte ha någon annan plats, utan skulle vända om hem.

Det märktes nog, att det inte var av fri vilja, som de sade upp Helga på Närlunda.

Das wird, möchte man sagen, so vertraut mit einem. Es spielt und tanzt vor einem und prasselt, und manchmal ist es mürrisch und schlechter Laune. Es ist, als läge es in seiner Macht, Traulichkeit oder Unbehagen zu verbreiten. Und nun war es mir, als wäre das Feuer von daheim zu mir gekommen, und als gäbe es allem hier denselben traulichen Schein wie daheim.«

»Aber wenn du nun gezwungen wärest, von Närlunda wegzugehen?« sagte Gudmund.

»Dann muß ich mich all mein Lebtag danach sehnen,« erwiderte sie, und man hörte an ihrer Stimme, daß sie dies im tiefsten Ernst sagte.

»Ja, ich werde gewiß nicht der sein, der dich vertreibt,« sagte Gudmund; und obgleich er lachte, lag etwas Warmes in seinem Ton.

Dann begannen sie kein neues Gespräch, sondern wanderten stumm bis zum Bauernhofe. Gudmund wendete zuweilen den Kopf und sah sie an, die neben ihm ging. Sie schien sich von der schweren Zeit, die sie im vorigen Jahr durchgemacht hatte, erholt zu haben. Jetzt hatte sie etwas Frisches und Rosiges. Die Züge waren klein und rein, das Haar umgab den Kopf wie ein Heiligenschein, und aus den Augen konnte man nicht recht klug werden. Sie ging flink und leicht. Wenn sie sprach, kamen die Worte rasch hervor, aber dennoch scheu. Sie hatte immer Angst, ausgelacht zu werden, doch mußte sie heraussagen, was sie auf dem Herzen hatte.

Gudmund fragte sich, ob er sich wünsche, daß Hildur so wäre; aber das wollte er doch nicht. Diese Helga war nichts zum Heiraten.

Ein paar Wochen später erfuhr Helga, daß sie im April von Närlunda fort müsse, weil Hildur Erikstochter nicht mit ihr unter einem Dach hausen wollte.

Ihre Herrschaft sagte ihr das nicht gerade heraus. Aber Mutter Ingeborg begann davon zu sprechen, sie würden an ihrer neuen Schwiegertochter so viel Hilfe haben, daß sie sich nicht so viele Dienstleute zu halten brauchten. Ein andermal sagte sie wieder, sie habe von einer guten Stelle gehört, wo es Helga viel besser gehen würde als bei ihnen.

Helga brauchte nicht mehr zu hören: sie verstand, daß sie fort müsse, und erklärte sogleich, daß sie gehen wolle; aber eine andere Stelle wolle sie nicht annehmen, sondern sie kehre nach Hause zurück.

Man merkte wohl, daß sie auf Närlunda Helga nicht aus freiem Willen kündigten.

När hon skulle flytta, var det så mycken mat framdukad, att det var som ett helt kalas, och mor Ingeborg stoppade till henne sådana massor av kläder och skodon, att hon, som hade kommit dit med bara ett knyte under armen, nu knappast kunde få rum med sina ägodelar i en kista.

"Jag får aldrig så bra tjänare i mitt hus, som du har varit," sade mor Ingeborg. "Och tänk nu inte för illa om mig, därför att jag låter dig flytta! Du förstår nog, att det inte sker med min vilja. Jag ska inte glömma bort dig. Så länge som jag har någon makt, ska du inte behöva lida nöd."

Hon gjorde upp med Helga, att hon skulle väva lakan och handdukar åt henne. Hon gav henne arbete för minst ett halvår.

Gudmund stod i vedskjulet och högg ved den dagen, då Helga flyttade. Han kom inte in och sade farväl, fastän hästen stod för dörren. Han tycktes ha så bråttom, att han inte märkte vad som stod på. Hon fick lov att gå ut till honom och ta avsked.

Han lade ner yxan, tog Helga i hand, sade lite brådskande: "Tack för den här tiden!" och började så hugga igen. Helga hade velat säga något om att hon förstod, att det var omöjligt för dem att behålla henne och att allt var hennes eget fel. Det var hon själv, som hade ställt det så för sig. Men Gudmund högg, så att stickorna flög omkring honom, och hon kom sig inte för att säga något.
Men det märkvärdigaste vid hela flyttningen var, att husbonden själv, gamle Erland Erlandsson, körde Helga upp till Stormyra.

Gudmunds far var en liten, torr man med kal hjässa och vackra, kloka ögon. Han var mycket tillbakadragen och så tystlåten, att han stundom inte sade ett ord på hela dagen. Så länge allt gick, som det skulle, lade man inte märke till honom, men när något råkade i olag, kom han alltid och sade och gjorde vad som skulle sägas och göras för att ställa allt till rätta.

Han var skicklig i att föra räkenskaper och åtnjöt mycket förtroende bland socknemännen. Han fick alla möjliga kommunala uppdrag och var mer ansedd än mången, som hade en stor gård och mycken rikedom.

Erland Erlandsson körde hem Helga i det usla föret och tillät inte, att hon gick i någon backe. När de hade kommit fram till Stormyra, satt han länge i stugan och talade med Helgas föräldrar och berättade hur nöjda han och mor Ingeborg hade varit med henne.

Am Abschiedstage war so viel Essen aufgetischt, daß es ein förmlicher Schmaus war, und Mutter Ingeborg steckte ihr eine solche Menge Kleider und Schuhe zu, daß sie, die nur mit einem Bündel unter dem Arm gekommen war, ihre Besitztümer jetzt kaum in einer Kiste unterbringen konnte.

»Ich bekomme nie wieder eine so gute Magd wie dich in mein Haus,« sagte Mutter Ingeborg. »Und denke nun nicht zu schlecht von mir, weil ich dich ziehen lasse! Du weißt wohl, daß es nicht mit meinem Willen geschieht. Ich werde dich nicht vergessen. Solange ich noch Macht habe, wirst du keine Not leiden müssen.«

Sie machte mit Helga ab, daß sie ihr Laken und Handtücher weben solle. Und sie gab ihr Arbeit für mindestens ein halbes Jahr.

Am Abschiedstage stand Gudmund im Schuppen und hackte Holz. Er kam nicht herein, ihr Lebewohl zu sagen, obgleich das Pferd schon vor der Tür stand. Er schien so vertieft zu sein in seine Arbeit, daß er gar nicht merkte, was vorging. Sie mußte hinausgehen, um ihm Lebewohl zu sagen.

Er legte die Axt hin, gab Helga die Hand, sagte etwas hastig: »Ich danke dir für all die Zeit!« und begann dann wieder zu arbeiten. Helga hatte sagen wollen, sie sähe ein, daß es unmöglich für ihn sei, sie zu behalten, und daß alles ihre eigne Schuld sei. Sie selbst hätte es so für sich eingerichtet. Aber Gudmund schlug zu, daß die Späne rings um ihn flogen, und da konnte sie sich nicht entschließen, etwas zu sagen.
Aber das Merkwürdigste an der ganzen Sache war, daß der Bauer selbst, der alte Erland Erlandsson, Helga zum Moorhof hinauffuhr.

Gudmunds Vater war ein kleines, trockenes Männchen mit kahlem Scheitel und schönen, klugen Augen. Er war so verschlossen und schweigsam, daß er zuweilen den ganzen Tag kein Wort sprach. Solange alles ging, wie es gehen sollte, bemerkte man ihn gar nicht. Aber wenn etwas nicht klappte, dann kam er immer und sagte und tat, was gesagt und getan werden mußte, um alles wieder in Ordnung zu bringen.

Er war sehr geschickt in der Buchführung und genoß unter den Männern der Gemeinde großes Vertrauen. Er bekam auch alle möglichen kommunalen Aufträge und war angesehener als so mancher, der einen schönen Hof und großen Reichtum besaß.

Erland Erlandsson also fuhr Helga auf dem schlechten Wege heim und ließ nicht zu, daß sie bei irgendeiner steilen Stelle ausstieg. Als sie auf dem Moorhof angelangt waren, saß er lange in der Hütte und sprach mit Helgas Eltern und erzählte ihnen, wie zufrieden er und Mutter Ingeborg mit ihr gewesen waren.

Det var bara därför, att de nu inte mer behövde så många tjänare, som de måste sända hem henne. Hon hade fått gå, hon, som var yngst. De hade tyckt, att det var orätt att göra sig av med någon av dem, som var gamla i tjänsten.

Erland Erlandssons tal hade åsyftad verkan, och föräldrarna gav Helga ett gott mottagande. När de hörde, att hon hade fått så stora beställningar, att hon kunde livnära sig med vävning, var de nöjda, att hon stannade hemma.

4

Gudmund tyckte, att han hade älskat Hildur Eriksdotter ända till den dagen, då hon avtvang honom löftet, att Helga skulle flytta från Närlunda. Åtminstone hade det dittills inte funnits någon, som han hade beundrat och aktat högre. Ingen ung flicka hade tyckts honom kunna ställas vid sidan av Hildur, och han hade varit mycket stolt över att han hade lyckats vinna henne.

Det hade varit honom behagligt att tänka sig framtiden tillsammans med henne. De skulle bli rika och ansedda, och han kände på sig, att det hem, där Hildur styrde, skulle bli gott att leva i. Han tyckte också om att tänka på att han skulle få fullt upp med pengar, sedan han hade blivit gift med henne. Han skulle kunna förbättra jordbruket, bygga om alla förfallna hus och utvidga gården, så att han bleve en riktig storbonde.

Samma söndag, som han hade haft följe med Helga på kyrkvägen, hade han farit till Älvåkra på kvällen. Då hade Hildur börjat tala om Helga och sagt, att hon inte ville komma till Närlunda, förrän den tösen hade flyttat därifrån. Gudmund hade först sökt att slå bort alltsammans som ett skämt, men det hade snart visat sig, att Hildur menade allvar. Gudmund talade Helgas sak mycket väl, sade, att hon hade varit så ung, när hon först skickades ut att tjäna, att det inte var underligt, att det gick illa, när hon råkade ut för en så dålig karl som Per Mårtensson. Men sedan hans mor hade tagit hand om henne, hade hon alltid uppfört sig väl.

"Det kan inte vara rätt att stöta ut henne," sade han. "Då kan det nog hända, att hon råkar i elände igen."

Men Hildur hade inte velat ge vika. "Om den flickan ska stanna kvar på Närlunda, så kommer jag aldrig dit," sade hon. "Jag kan inte tåla en sådan människa i mitt hem."

Nur weil sie jetzt nicht mehr so viele Dienstleute brauchten, müßten sie sie nach Hause schicken. Sie hätte gehen müssen, weil sie die Jüngste wäre. Sie hätten es unrecht gefunden, jemand fortzuschicken, der schon lange bei ihnen diente.

Erland Erlandssons Rede machte einen guten Eindruck, und die Eltern bereiteten Helga einen freundlichen Empfang. Als sie dazu noch hörten, sie hätte so große Bestellungen erhalten, daß sie sich mit ihrer Weberei das Brot verdienen könne, waren sie recht zufrieden, daß sie nun daheim blieb.

4

Gudmund kam es vor, als ob er Hildur Erikstochter bis zu dem Tage geliebt hätte, an dem sie ihm das Versprechen abgezwungen, daß Helga aus Närlunda fort sollte. Wenigstens hatte es bis dahin niemanden gegeben, den er mehr bewundert und geachtet hätte. Kein junges Mädchen schien ihm Hildur an die Seite gestellt werden zu können, und er war sehr stolz darauf gewesen, daß er sie gewonnen hatte.

Es war ihm auch ein lieber Gedanke, sich die Zukunft mit ihr zusammen vorzustellen. Sie würden reich und angesehen sein, und er hatte das sichere Gefühl, daß es sich in dem Heim, wo Hildur das Regiment führte, gut leben lassen müßte. Er dachte auch gern daran, daß er viel Geld haben würde, wenn er mit ihr verheiratet wäre. Er könnte seine Wirtschaft verbessern, könnte alle verfallenen Hütten wieder aufbauen und den Hof erweitern, so daß er ein richtiger Großbauer würde.

An demselben Sonntag, da er mit Helga von der Kirche heimging, war er abends nach Älvåkra gefahren. Da hatte Hildur angefangen von Helga zu sprechen und hatte gesagt, daß sie nicht nach Närlunda kommen wolle, ehe die Dirne von dort fort sei. Gudmund versuchte zuerst, das Ganze als einen Scherz fortzulachen. Aber es zeigte sich bald, daß es Hildur ernst war. Gudmund führte Helgas Sache sehr gewandt; er sagte, sie sei noch so jung gewesen, als sie in den Dienst geschickt wurde, da sei es nicht zu verwundern, daß sie ins Unglück gekommen wäre, wo sie an einen so schlechten Menschen geraten war wie Per Mårtensson. Aber seit seine Mutter sich ihrer angenommen, hätte sie sich immer gut betragen.

»Es kann nicht Recht sein, sie wieder hinauszustoßen,« sagte er. »Da könnte sie ja wieder ins Elend kommen.«

Aber Hildur hatte nicht nachgeben wollen. »Wenn das Mädchen auf Närlunda bleibt, so komme ich nie hin,« sagte sie. »Ich kann eine solche Person in meinem Hause nicht dulden.«

"Du vet inte vad du gör," sade Gudmund. "Ingen har förstått att sköta mor så bra som Helga. Vi har alla varit glada åt att hon har kommit till oss. Förut var mor många gånger gnatig och vid tungt lynne."

"Inte ska jag tvinga dig att sända bort henne," sade Hildur, men det märktes, att om inte Gudmund gjorde henne till viljes i denna sak, var hon färdig att låta giftermålet gå om intet.

"Nej, det får väl bli, som du vill," sade då Gudmund. Han tyckte inte, att han kunde sätta hela sin framtid på spel för Helgas skull. Men han var mycket blek, när han sålunda gav efter, och han var tyst och nedstämd hela kvällen.

Det var nu detta, som hade kommit Gudmund att frukta, att Hildur måhända inte var alldeles sådan, som han hade inbillat sig. Han tyckte nog inte om, att hon hade gjort sin vilja gällande över hans, men det värsta var, att han inte kunde förstå annat, än att hon hade orätt. Han sade sig, att han gärna skulle ha gett vika för henne, om hon hade visat sig storslagen, men i stället tycktes det honom, att hon bara hade varit småaktig och hjärtlös.

Var gång, som nu Gudmund råkade Hildur, satt han och spanade och spejade för att se om detta, som han hade trott sig finna hos henne, åter skulle komma att visa sig. När hans misstänksamhet en gång var väckt, dröjde det inte så länge, förrän han fann både ett och annat, som inte var så, som han önskade. "Nog är hon en sådan, som först och främst tänker på sig själv," mumlade han, var gång han skildes från henne, och han undrade hur länge hennes kärlek till honom skulle bestå, om den bleve ställd på prov.

Han sökte trösta sig med att alla människor tänkte i första rummet på sig själva, men då kom genast Helga honom i tankarna. Han såg henne hur hon stod på tinget och ryckte till sig bibeln och hörde hur hon ropade: "Jag lägger ner rättegången. Jag tycker om honom ännu. Jag vill inte, att han ska svära falskt." Det var sådan han önskade att Hildur skulle vara. Helga hade blivit honom ett mått, varmed han mätte människor. Sannerligen det var många, som kunde komma upp mot henne i kärleksfullhet.

Dag för dag tyckte han sämre om Hildur, men det föll honom inte in, att han skulle avstå från giftermålet. Han sökte inbilla sig, att hans missmod inte var annat än tomma griller. För bara några veckor sedan höll han henne ju för den bästa, som fanns. Hade det varit i början av frieriet, hade han kanske dragit sig tillbaka. Men nu var lysning redan uttagen, bröllopsdagen bestämd, och hemma hos honom hade de satt i gång med stora reparationer.

»Du weißt nicht, was du tust,« sagte Gudmund. »Niemand hat Mutter noch so gut gepflegt wie Helga. Wir sind alle froh, daß sie zu uns gekommen ist; früher war Mutter oft verdrießlich und schlechter Laune.«

»Ich zwinge dich ja nicht, sie fortzuschicken,« sagte Hildur, aber man merkte: sie war, wenn Gudmund ihr in dieser Sache nicht den Willen täte, entschlossen, die Heirat aufzugeben.

»Nein, es soll so sein, wie du willst,« sagte Gudmund schließlich. Er fand, daß er Helgas wegen doch nicht seine ganze Zukunft aufs Spiel setzen könnte. Aber er sah sehr blaß aus, als er so nachgab, und war den ganzen Abend schweigsam und verstimmt.

Diese Sache nun ließ Gudmund befürchten, daß Hildur vielleicht nicht ganz so sei, wie er sie sich vorgestellt hatte. Es gefiel ihm nicht, daß sie ihren Willen über den seinen gesetzt hatte; aber das Schlimmste war: er konnte sich nicht verhehlen, daß sie im Unrecht war. Er sagte sich, daß er ihr gern nachgegeben hätte, wenn sie sich großherzig gezeigt hätte; aber nun schien es ihm, daß sie nur kleinlich und herzlos gewesen wäre.

Jedesmal von da an, wenn Gudmund Hildur traf, saß er und suchte und spähte, ob das, was er in ihr zu finden geglaubt hatte, sich wieder zeigen würde. Nun, wo sein Mißtrauen einmal geweckt war, dauerte es nicht lange, und er fand manches, was nicht so war, wie er es sich gewünscht hätte. »Sie ist wohl so eine, die zu allererst an sich selbst denkt,« murmelte er jedesmal, wenn er sich von ihr trennte, und er fragte sich, wie lange wohl ihre Liebe zu ihm standhalten würde, wenn man sie auf die Probe stellte.

Er suchte sich damit zu trösten, daß alle Menschen zuerst an sich selbst dächten; aber sogleich fiel ihm Helga ein. Er sah sie vor sich, wie sie im Gerichtssaal gestanden und die Bibel an sich gerissen hatte, er hörte, wie sie rief: »Ich will die Klage zurückziehen. Ich hab ihn noch lieb. Ich will nicht, daß er falsch schwört.« So hätte er sich Hildur gewünscht. Helga war ihm ein Maß geworden, nach dem er die Menschen beurteilte, – wahrlich, es gab nicht viele, die ein so liebevolles Herz hatten.

Von Tag zu Tag gefiel ihm Hildur weniger; aber er kam nie auf den Gedanken, daß er von der Heirat absehen könnte. Er suchte sich einzureden, daß sein Mißmut nichts andres sei als leere Grillen. Vor einigen Wochen erst hatte er sie ja für die Beste gehalten, die es gäbe. Wäre er noch am Anfang seiner Werbung gewesen, dann hätte er sich vielleicht zurückgezogen. Aber jetzt waren sie schon verlobt, der Hochzeitstag war bestimmt, und bei ihm daheim hatten sie bereits große Ausbesserungen in Angriff genommen.

Han ville inte heller gå miste om rikedomen och den goda ställning, som väntade honom. Och vad skulle han ge för skäl för att bryta? Det han hade att anmärka mot Hildur var så obetydligt, att det skulle ha förvandlats till luft mellan hans läppar, om han hade försökt att säga ut det.

Men hjärtat var ofta tungt på honom, och var gång han hade ärende till kyrkbyn eller staden, köpte han öl eller vin i handelsbodarna för att dricka sig till gott humör. När han hade tömt ett par flaskor, var han åter stolt över giftermålet och glad åt Hildur. Då förstod han inte vad det var, som pinade honom.

Gudmund tänkte ofta på Helga och längtade att råka henne. Men han trodde, att Helga tyckte, att han var en stackare, därför att han inte hade hållit det där löftet, som han hade gett henne alldeles frivilligt, utan låtit henne flytta. Han kunde varken förklara eller urskulda sig, och därför undvek han att råka henne.

En morgon, då Gudmund kom gående framåt vägen, mötte han Helga, som hade varit neråt bygden för att köpa mjölk. Gudmund vände om och slog följe med henne. Hon tycktes inte bli glad åt sällskapet, utan gick fort, som hade hon velat komma ifrån honom, och sade ingenting. Gudmund teg också, därför att han inte rätt visste hur han skulle börja samtalet.

Det kom ett åkdon körande på vägen långt borta. Gudmund gick i sina tankar och märkte det inte, men Helga hade sett det och vände sig nu plötsligt till honom.

"Det är inte värt, att du går i sällskap med mig, Gudmund, för om jag inte ser miste, är det nämndemans från Älvåkra, som kommer åkande där borta."

Gudmund såg hastigt upp, kände igen hästen och åkdonet och gjorde en rörelse som för att vända om. Men ögonblicket därefter rätade han upp sig och gick lugnt vid sidan av Helga, ända tills de resande var förbi. Då saktade han stegen. Helga fortfor att gå raskt som förut, och de skildes, utan att han hade sagt ett ord till henne. Men hela den dagen var han mer nöjd med sig själv, än han hade varit på länge.

5

Det var bestämt, att Gudmunds och Hildurs bröllop skulle firas på Älvåkra annandag pingst. Fredagen före pingst for Gudmund in till staden för att göra några uppköp till ett hemkomstkalas, som skulle stå på Närlunda dagen efter bröllopet.

Er wollte auch den Reichtum und die gute Stellung, die ihn erwarteten, nicht preisgeben. Und welchen Grund hätte er für einen Bruch anzuführen vermocht? Was er gegen Hildur einzuwenden hatte, war so unbedeutend, daß es sich auf seinen Lippen in Luft verwandeln würde, wenn er versuchen wollte, es auszusprechen.

Aber das Herz war ihm oft schwer, und jedesmal, wenn er im Kirchdorf oder in der Stadt etwas zu besorgen hatte, ließ er sich Bier oder Wein geben, um sich eine gute Laune anzutrinken. Wenn er ein paar Flaschen geleert hatte, war er wieder stolz auf die Heirat und zufrieden mit Hildur. Dann begriff er gar nicht, was ihn eigentlich quälte.

Gudmund dachte oft an Helga und empfand Sehnsicht, sie zu treffen. Aber er glaubte, daß Helga ihn für einen schlechten Kerl halte, weil er dem Versprechen, das er ihr freiwillig gegeben hatte, untreu geworden war, und sie hatte ziehen lassen. Er konnte es ihr weder erklären, noch sich rechtfertigen, und darum vermied er es, mit ihr zusammenzutreffen.

Doch eines Morgens, als Gudmund gerade über die Straße ging, begegnete er Helga, die im Tal gewesen war, Milch zu kaufen. Gudmund kehrte um und schloß sich ihr an. Sie schien über seine Gesellschaft nicht gerade erfreut zu sein, sondern schritt rasch aus, als wolle sie von ihm fortkommen, und sagte kein Wort. Auch Gudmund schwieg, weil er nicht recht wußte, wie er ein Gespräch einleiten solle.

Da kam vom andern Ende der Straße ein Gefährt heran. Gudmund ging in Gedanken versunken und bemerkte es nicht, aber Helga hatte es gesehen und wendete sich nun plötzlich zu ihm.

»Es hat keinen Zweck, daß du mit mir weitergehst, Gudmund; denn wenn ich recht sehe, kommen da Amtmanns aus Älvåkra gefahren.«

Gudmund sah rasch auf, erkannte Pferd und Wagen und machte eine Bewegung, als ob er umkehren wolle. Im nächsten Augenblick jedoch richtete er sich auf und ging ruhig an Helgas Seite weiter wie zuvor; und sie trennten sich, ohne daß er ihr ein Wort gesagt hatte. Aber an diesem ganzen Tage war er zufriedener mit sich selbst, als er seit langem gewesen war.

5

Es war bestimmt, daß Gudmunds und Hildurs Hochzeit am zweiten Pfingstfeiertag auf Älvåkra gefeiert werden sollte. Am Freitag vor Pfingsten fuhr Gudmund in die Stadt, einige Einkäufe für einen Begrüßungsschmaus zu machen, der am Tage nach der Hochzeit auf Närlunda stattfinden sollte.

I staden råkade han i sällskap med några andra unga karlar från hans socken. De visste, att detta var Gudmunds sista stadsresa före giftermålet, och tog sig därav anledning att ställa till ett stort dryckesgille. Alla lade an på att Gudmund skulle dricka, och de lyckades till sist få honom alldeles redlös.

Han kom hem på lördagsmorgonen så sent, att hans far och drängen redan hade gått ut på arbete, och sov ända till långt fram på eftermiddagen. När han steg upp och skulle sätta på sig kläderna, såg han, att rocken var söndersliten på ett par ställen.

"Det ser ut, som om jag skulle ha varit i slagsmål i natt," sade han och försökte påminna sig vad han hade haft för sig. Han kom ihåg så mycket, som att han hade lämnat värdshuset vid elvatiden i sällskap med kamraterna, men vart de sedan hade begivit sig, det kunde han inte reda ut. Det var som att försöka stirra in i ett stort mörker.

Han visste inte om de bara hade drivit omkring på gatorna, eller om de hade varit inne hos någon. Han kom inte ihåg om han själv eller någon annan hade selat på hästen och hade inte något minne av hela hemresan.

När han nu kom in i storstugan, var den skurad och städad för helgens skull. Allt arbete var slut för dagen, och husfolket höll på att dricka kaffe. Ingen sade något om Gudmunds färd. Det tycktes vara en överenskommen sak, att han skulle få ha sin frihet att leva, som han ville, dessa sista veckor. Gudmund satte sig vid bordet och fick sitt kaffe som de andra.

Medan han satt och hällde det från koppen på fatet och i koppen igen för att få det att svalna, blev mor Ingeborg färdig med sitt, tog upp tidningen, som nyss hade kommit, och började läsa. Hon läste högt spalt efter spalt, och Gudmund, fadern och de andra satt och hörde på.

Bland annat, som hon läste upp, var en redogörelse för ett slagsmål, som hade ägt rum förra natten på stora torget mellan en hop fulla bönder och några arbetare. Så snart polis kom tillstädes, flydde de stridande, endast en av dem låg livlös kvar på torget. Den fallne hade blivit inburen på polisstationen, och då ingen yttre skada hade kunnat upptäckas på honom, hade man försökt att återkalla honom till liv.

In der Stadt traf er mit einigen andern jungen Burschen aus seiner Gemeinde zusammen. Sie wußten, daß dies Gudmunds letzter Stadtbesuch vor der Hochzeit war, und nahmen dies zum Anlaß, ein großes Trinkgelage zu veranstalten. Alle legten es darauf an, daß Gudmund trinke, und es gelang ihnen schließlich, ihn ganz bewußtlos zu machen.

Am Samstag morgen kam er so spät nach Hause, daß sein Vater und der Knecht schon zu ihrer Arbeit gegangen waren, und er schlief bis tief in den Nachmittag. Als er aufstand und sich anziehen wollte, sah er, daß sein Rock an mehreren Stellen zerrissen war.

»Das sieht ja aus, als wenn ich heute nacht eine Schlägerei gehabt hätte,« sagte er und versuchte, sich zu besinnen, was geschehen wäre, erinnerte sich jedoch nur, daß er gegen elf Uhr in Gesellschaft der andern aus dem Wirtshaus gegangen war, aber wohin sie sich dann begeben hätten, das konnte er sich nicht zurückrufen. Es war, als versuchte er, in eine große Dunkelheit hineinzustarren.

Er wußte nicht, ob sie sich nur auf den Straßen herumgetrieben hätten, oder ob sie noch irgendwo eingekehrt wären. Er konnte sich auch nicht erinnern, ob er selbst oder irgendein andrer sein Pferd eingespannt hätte, und er hatte gar keine Erinnerung an die Heimfahrt.

Als er in die Wohnstube trat, war sie der Feiertage wegen gescheuert und gefegt. Alle Arbeit war beendigt, und das Hausgesinde trank Kaffee. Niemand sagte etwas über Gudmunds Ausbleiben. Es schien ein stillschweigendes Übereinkommen zu sein, daß er in diesen letzten Wochen die Freiheit haben solle, so zu leben, wie es ihm behagte. Gudmund setzte sich an den Tisch und bekam seinen Kaffee wie die andern.

Während er so dasaß und ihn aus der Schale in die Untertasse und dann wieder in die Schale goß, um ihn abkühlen zu lassen, wurde Mutter Ingeborg mit dem ihren fertig; sie nahm die Zeitung zur Hand, die eben gekommen war, und begann zu lesen. Sie las Spalte für Spalte vor, und Gudmund, der Vater und die andern saßen da und hörten zu.

Unter anderm las sie einen Bericht vor über eine Schlägerei, die in der vorhergehenden Nacht auf dem großen Marktplatz zwischen einer Schar betrunkner Bauern und einigen Arbeitern stattgefunden hatte. Sobald die Polizei sich zeigte, waren die Streitenden entflohen; nur einer von ihnen hatte leblos auf dem Marktplatz gelegen. Man trug den Gefallenen auf die Polizeistation, und da man keine äußere Verletzung an ihm entdecken konnte, begann man Belebungsversuche zu machen.

Alla bemödanden hade dock varit förgäves, och till sist hade man funnit, att ett knivblad hade suttit instucket i hans hjässa. Det var ett blad av en ovanligt stor fällkniv, som hade trängt genom huvudskålen in i hjärnan och blivit avbrutet tätt invid huvudet. Mördaren hade flytt med knivskaftet, men som polisen mycket väl kände till dem, som hade varit med om slagsmålet, hade män hopp om att snart finna honom.

Medan mor Ingeborg läste detta, satte Gudmund ner kaffekoppen, stack handen i fickan, tog fram sin fällkniv och kastade en likgiltig blick på den. Men med ens ryckte han till, vände kniven på andra sidan och stoppade därpå ner den i fickan igen så hastigt, som om den hade bränt honom. Han rörde sedan inte mer vid kaffet men satt länge alldeles stilla med ett eftertänksamt uttryck. Pannan lade sig i djupa veck. Det var tydligt, att han med all makt försökte att tänka igenom något.

Slutligen reste han sig, sträckte på sig, gäspade och gick långsamt mot dörren. "Jag får allt lov att röra på mig. Jag har inte varit ute på hela dagen," sade han och lämnade rummet.

Ungefär samtidigt reste sig också Erland Erlandsson. Han hade rökt ut sin pipa och gick in i lillkammaren för att hämta ny tobak. Då han stod där inne och stoppade pipan, fick han se Gudmund komma gående. Lillkammaren hade inte sina fönster åt gården som storstugan, utan åt en liten trädgårdstäppa, där det stod ett par skyhöga äppleträd.

Nedanför täppan låg en sumpmark, där det om vårtiden fanns stora gölar med vatten, men som nästan torkade ut om sommaren. Åt den sidan brukade sällan någon gå. Erland Erlandsson undrade vad Gudmund hade där att beställa och följde honom med ögonen. Han såg då, att sonen stack handen i fickan, tog upp något föremål och slängde det bort i moraset. Därpå gick han genom den lilla trädgårdstäppan, sprang över en gärdsgård och avlägsnade sig bortåt vägen.

Så snart sonen var ur sikte, gick Erland i sin tur ut och begav sig som han bort till sumpmarken. Här vadade han ut i dyn, lutade sig snart nog ner och tog upp något, som han hade stött emot med foten. Det var en stor fällkniv, som hade det största bladet avbrutet. Han vände den på alla håll och synade den noga, ännu medan han stod kvar i vattnet. Därpå stoppade han den i sin ficka, men tog upp den och granskade den ett par gånger till, innan han gick tillbaka in i huset.

Alle Bemühungen waren jedoch vergebens, und schließlich entdeckte man, daß eine Messerklinge in seinem Kopf steckte. Es war die Klinge eines ungewöhnlich großen Taschenmessers, die durch die Hirnschale ins Gehirn eingedrungen und dicht am Kopf abgebrochen war. Der Mörder war mit dem Messerschaft entflohen, aber da die Polizei die Leute, die an der Schlägerei beteiligt waren, genau kannte, bestand die Hoffnung, man würde ihn bald finden.

Während Mutter Ingeborg dies las, stellte Gudmund die Kaffeetasse hin, fuhr mit der Hand in die Tasche, zog sein Messer hervor und warf einen gleichgültigen Blick darauf. Aber mit einem Mal zuckte er zusammen, drehte das Messer um und steckte es dann so hastig in die Tasche, als hätte er sich daran verbrannt. Er rührte den Kaffee nicht mehr an, sondern blieb lange ganz still mit einem nachdenklichen Ausdruck sitzen. Seine Stirn legte sich in tiefe Falten. Es war deutlich zu sehen, daß er mit aller Macht versuchte, sich über etwas klar zu werden.

Endlich stand er auf, streckte sich, gähnte und ging langsam auf die Tür zu. »Ich muß mir ein bißchen Bewegung machen. Ich bin den ganzen Tag nicht aus dem Hause gewesen,« sagte er und verließ das Zimmer.

Ungefähr gleichzeitig erhob sich auch Erland Erlandsson. Er hatte seine Pfeife ausgeraucht und ging nun in die Kammer, sich neuen Tabak zu holen. Als er da drinnen stand und die Pfeife stopfte, sah er Gudmund vorübergehen. Die Fenster der Kammer gingen nicht auf den Hof, wie die der Wohnstube, sondern auf ein kleines Gärtchen, in dem ein paar hohe Äpfelbäume standen.

Unterhalb des Gärtchens lag ein Sumpfland, wo um die Frühlingszeit große Wasserpfützen waren, die aber im Sommer fast ganz austrockneten. Dahin pflegte selten jemand zu gehen. Erland Erlandsson fragte sich, was Gudmund da wohl zu suchen habe, und folgte ihm mit den Blicken. Da sah er, wie der Sohn die Hand in die Tasche steckte, einen Gegenstand herauszog und ihn in den Morast warf. Dann ging er durch das kleine Gärtchen, sprang über einen Zaun und entfernte sich in der Richtung nach der Straße.

Sowie der Sohn außer Sehweite war, verließ Erland ebenfalls das Haus und begab sich an den Morast. Hier watete er in den Schlamm hinaus, beugte sich zu Boden und hob etwas auf, woran er mit dem Fuß gestoßen war. Es war ein großes Taschenmesser, dessen größte Klinge abgebrochen war. Er drehte es nach allen Seiten und besah es genau, während er noch immer im Wasser stand. Dann steckte er es in die Tasche, zog es aber noch ein paarmal heraus und betrachtete es prüfend, ehe er wieder ins Haus zurückging.

Gudmund kom inte hem, förrän alla hade lagt sig. Han gick genast till sängs utan att röra kvällsvarden, som stod framdukad i storstugan.

Erland Erlandsson och hans hustru låg i lillkammaren. I första dagningen tyckte sig Erland höra fotsteg utanför fönstret. Han steg upp, sköt undan gardinen och såg, att Gudmund gick ner till sumpmarken. Han tog av sig strumpor och skor, gick ut i vattnet och vandrade fram och tillbaka likt en, som söker något. Han höll på med detta en lång stund, gick så upp på stranden, som om han hade ämnat gå sin väg, men vände snart tillbaka till sitt sökande. En hel timme stod fadern och såg på honom. Då begav Gudmund sig in i huset och gick åter och lade sig.

På pingstdagen skulle Gudmund fara till kyrkan. När han började sela på hästen, gick fadern över gården. "Du har glömt att skura seldonen i dag," sade han, när han gick förbi, för både seldon och kärra var smutsiga och oputsade. - "Jag har haft annat att tänka på," sade Gudmund håglöst och for bort utan att göra något vid saken.

Efter gudstjänsten följde Gudmund fästmön till Älvåkra och var sedan kvar där hela dagen. Det kom en mängd ungdom tillsammans för att fira Hildurs sista kväll som ungmö, och det dansades till långt in på natten. Det fanns gott om dryckesvaror, men Gudmund rörde dem inte. På hela kvällen sade han knappt ett ord till någon, men han dansade vilt och skrattade ibland högt och gällt, utan att någon visste vad han hade roligt åt.

Gudmund kom inte hem förrän bortåt tvåtiden, och så snart som han hade satt in hästen i stallet, gick han bort till den där sumpmarken bakom huset. Han tog av sig på fötterna, kavlade upp byxorna och vadade ut i vattnet. Det var ljus sommarnatt, och fadern stod i lillkammaren bakom gardinen och såg på sonen. Han såg hur han gick lutad över vattnet och sökte nu som förra natten. Han gick upp på land emellanåt, liksom om han misströstade att finna något, men om en stund vadade han åter ut i vattnet.

En gång gick han och hämtade ett ämbar från stallet och började ösa upp vatten ur de små gölarna, som om han ämnade tömma dem, men fann det säkert lönlöst och satte bort ämbaret. Han försökte också med en håv. Han plöjde igenom hela sumpmarken med den, men tycktes inte få upp något annat än dy. Han kom inte in, förrän det var så långt lidet på morgonen, att folk började röra på sig inne i huset. Han var då så trött och utvakad, att han vacklade, när han gick, och kastade sig på sängen utan att ta av sig kläderna.

Gudmund kam erst heim, als sich alle schon niedergelegt hatten. Er ging sofort zu Bett, ohne das Abendbrot zu berühren, das in der Wohnstube aufgetischt stand.

Erland Erlandsson und seine Frau schliefen in der Kammer. Um das Morgengrauen glaubte Erland Schritte vor dem Fenster zu hören. Er stand auf, zog die Gardinen zurück und sah, daß Gudmund zum Morast hinunterging. Dort legte er Strümpfe und Schuhe ab, ging ins Wasser hinaus und wanderte hin und her, wie einer, der etwas sucht. Das tat er lange, dann ging er wieder an das Ufer, als wollte er seiner Wege gehen, kehrte aber bald um und suchte weiter. Eine ganze Stunde stand der Vater da und sah ihm zu, dann begab sich Gudmund ins Haus und legte sich wieder schlafen.

Am Pfingsttag sollte Gudmund zur Kirche fahren. Als er das Pferd einzuspannen begann, kam der Vater über den Hof. »Du hast vergessen, das Geschirr zu putzen,« sagte er, als er vorbeiging. Denn Geschirr und Wagen waren schmutzig und ungescheuert. – »Ich hab an andre Dinge zu denken gehabt,« sagte Gudmund mürrisch und fuhr davon, ohne etwas dergleichen zu tun.

Nach dem Gottesdienst begleitete Gudmund seine Braut nach Älvåkra und blieb den ganzen Tag dort. Es kam eine Menge jungen Volkes zusammen, um Hildurs letzten Jungfernabend zu feiern, und man tanzte bis tief in die Nacht hinein. Es gab auch viel zu trinken, aber Gudmund rührte nichts an. Den ganzen Abend sprach er kaum ein Wort zu irgend jemand, aber er tanzte wild und lachte zuweilen laut und schrill auf, ohne daß jemand wußte, worüber.

Gudmund kam nicht vor zwei Uhr nach Hause, und sobald er das Pferd in den Stall geführt hatte, ging er zu dem Sumpf hinter dem Hause. Er streifte die Schuhe ab, krempelte die Hosen hinauf und watete ins Wasser. Es war eine helle Sommernacht, und der Vater stand in dem Kämmerchen hinter der Gardine und sah dem Sohne zu. Er sah, wie er tief über das Wasser gebeugt einherging und suchte wie in der Nacht zuvor. Von Zeit zu Zeit ging er wieder an das Ufer, so als verzweifelte er, etwas zu finden, aber nach einer Weile watete er wieder in das Wasser hinaus.

Einmal ging er in den Stall und holte einen Eimer und begann Wasser aus den kleinen Pfützen zu schöpfen, als wollte er sie trockenlegen, aber fand es sicherlich zwecklos und stellte den Eimer wieder weg. Er versuchte es auch mit einem Sieb. Er durchsuchte den ganzen Sumpf damit, aber schien nichts andres heraufzubekommen als Schlamm. Erst um die Morgenstunde kam er herein, als die Leute im Hause sich schon zu rühren begannen. Da war er so müde und übernächtig, daß er im Gehen schwankte, und warf sich aufs Bett, ohne die Kleider abzulegen.

När klockan slog åtta, kom fadern och väckte honom. Gudmund låg på bädden med fullt av dy och lera på kläderna, men fadern frågade inte vad han hade haft för sig, sade bara, att nu var det tid att stiga upp, och stängde dörren. Om en stund kom Gudmund ner i storstugan, klädd i de fina brudgumskläderna. Han var blek, och ögonen brann med orolig glans, men ingen hade väl någonsin sett honom så vacker. Dragen var som förklarade av ett inre sken. Man tyckte, att man såg en, som inte mer bestod av kött och blod, utan bara av vilja och själ.

Det var högtidligt nere i storstugan. Modern hade klätt sig i sin svarta klänning och hängt en vacker silkesschal över skuldrorna, fastän hon inte skulle med på bröllopet. Alla tjänarna var också i sina bästa kläder. Nytt björklöv var insatt i spisen. Det låg duk på bordet, och mycken mat var framsatt.

När de hade ätit, läste mor Ingeborg en psalm och ett stycke ur bibeln. Därpå vände hon sig till Gudmund, tackade honom för att han hade varit en god son, önskade honom lycka i hans framtida liv och gav honom sin välsignelse. Mor Ingeborg kunde lägga sina ord väl, och Gudmund blev mycket rörd. Tårarna trängde fram i hans ögon gång på gång, men han lyckades ändå hålla tillbaka gråten.

Fadern yttrade också ett par ord. "Det blir tungt för dina föräldrar att mista dig," sade han, och Gudmund var omigen nära att brista i gråt. Alla tjänarna trädde också fram, skakade hand med honom och tackade honom för den tid, som hade varit. Tårarna hängde Gudmund i ögonen hela tiden. Han harskade sig och gjorde ett par försök att tala, men fick knappt ett ord över läpparna.

Fadern skulle följa honom till bröllopsgården och vara med om bröllopet. Han gick ut och spände hästen för åkdonet och kom sedan in och sade till när det var tid att ge sig av. När Gudmund satte sig i kärran, märkte han, att den var ^rengjord. Allt var så skinande och väl omsett, som han själv alltid brukade vilja ha det. Med detsamma såg han också hur städat det var på gården. Uppkörsvägen var nygrusad, högar med gammalt virke och annat skräp, som hade legat där i hela hans tid, var bortskaffade.

På båda sidor om ingångsdörren stod ett par avhuggna björkar som en äreport, det hängde en stor krans av häggblommor på väderflöjeln, och ur alla gluggar stack det fram ljusgrönt björklöv. Återigen var Gudmund nära att falla i gråt.

Als die Uhr acht schlug, kam der Vater und weckte ihn. Gudmund lag auf dem Bett, die Kleider voll Schlamm und Lehm; aber der Vater fragte nicht, was er angestellt habe, sondern sagte nur, es sei jetzt Zeit aufzustehen, und schloß die Tür. Nach einer Weile kam Gudmund in die Wohnstube herunter, mit den feinen Hochzeitskleidern angezogen. Er war bleich, und die Augen brannten in unruhigem Glanz, aber niemand hatte ihn je so schön gesehen. Die Züge waren wie von einem inneren Schein verklärt. Man glaubte einen Menschen zu sehen, der nicht mehr aus Fleisch und Blut bestünde, sondern nur noch aus Wille und Seele.

Unten in der Wohnstube sah es festlich aus. Die Mutter hatte ihr schwarzes Kleid angelegt und einen schönen Seidenschal über die Schultern gehängt, obgleich sie nicht zur Hochzeit fahren wollte. Auch alle Dienstleute waren in ihren besten Kleidern. Über dem Herd steckte frisches Birkenlaub, auf dem Tische lag eine schöne Decke, und viele Schüsseln standen darauf.

Als sie gegessen hatten, las Mutter Ingeborg einen Psalm und ein Stück aus der Bibel vor. Dann wendete sie sich an Gudmund, dankte ihm, weil er ihr ein guter Sohn gewesen war, wünschte ihm Glück für sein zukünftiges Leben und gab ihm ihren Segen. Mutter Ingeborg wußte ihr Worte gut zu setzen, und Gudmund war sehr gerührt. Immer wieder traten ihm die Tränen in die Augen, aber es gelang ihm doch, das Weinen zu unterdrücken.

Auch der Vater sprach ein paar Worte. »Es wird schwer für deine Eltern sein, dich zu verlieren,« sagte er, und Gudmund war wieder nahe daran, in Schluchzen auszubrechen. Auch alle Dienstleute traten vor, schüttelten ihm die Hand und dankten ihm für die Zeit, die nun zu Ende war. Beständig hingen Gudmund die Tränen in den Wimpern. Er räusperte sich und machte ein paar Versuche, zu sprechen, doch brachte er kaum ein Wort über die Lippen.

Der Vater sollte ihn in das Haus der Braut begleiten und der Hochzeit beiwohnen. Er ging in den Hof, spannte das Pferd ein und kam dann wieder, um zu sagen, daß es Zeit sei, sich auf den Weg zu machen. Als Gudmund sich in den Wagen setzte, merkte er, daß alles so spiegelblank war, wie er es selbst immer gern gehabt hatte. Zugleich sah er auch, wie fein der Hof herausgeputzt war; der Zufahrtsweg war frisch beschottert; alte Holzhaufen und anderes Gerümpel, das Zeit seines Lebens dort gelegen hatte, waren fortgeschafft.

Zu beiden Seiten der Eingangstür standen ein paar abgehauene Birken als Triumphpforte, an der Wetterfahne hing ein großer Blumenkranz, und aus allen Fensterluken guckten lichtgrüne Birkenreiser. Wieder war Gudmund nahe daran, in Tränen auszubrechen.

Han tog fadern hårt om handen, när denne just skulle sätta hästen i gång. Det var, som ville han hindra honom från att fara. "Var det något?" sade fadern. — "Å nej," sade Gudmund, "det var ingenting. Det är nog bäst, att vi ger oss av."

Gudmund måste ta ett avsked till, innan han hade kommit långt från gården. Det var Helga från Stormyra, som stod och väntade vid ledet, där skogsstigen från hennes hem mynnade ut på vägen. Fadern körde, och han stannade, när han fick se Helga. — "Jag har väntat på er, för jag ville önska Gudmund lycka i dag," sade Helga.

Gudmund sträckte sig fram ur kärran och skakade hand med Helga. Han tyckte sig se, att hon hade magrat, ögonen var rödkantade. Det var nog så, att hon låg och grät var natt och längtade till Närlunda. Men nu sökte hon att se glad ut och log vackert mot honom. Han blev återigen mycket rörd, men kunde inte säga något. Fadern, som ju hade ord om sig att inte tala, förrän det var påkallat av högsta nöd, föll då in: "Den lyckönskan tror jag Gudmund blir mer glad åt än åt någon annan."

"Ja, det är nog säkert, det," sade Gudmund. De skakade hand än en gång, och så körde fadern vidare. Gudmund låg baklänges i kärran och såg efter Helga. När hon skymdes bort av ett par träd, rev han hastigt upp fotsacken och reste sig, som om han hade velat hoppa ur.

"Är det något mer, som du vill säga Helga?" frågade fadern. — "Nej, å nej," svarade Gudmund och satte sig åter till rätta.

De åkte ännu ett litet stycke. Fadern körde i sakta mak. Det var, som om han tyckte om att åka där med sonen bredvid sig. Han gjorde sig inte besvär att komma fort fram.

Plötsligen lutade Gudmund huvudet mot faderns skuldra och föll i stark gråt. "Vad är det åt dig? frågade Erland och drog in tömmarna så häftigt, att hästen stannade.

"Jo, alla är så goda mot mig, och jag förtjänar det inte."

"Du har då väl aldrig gjort något ont heller?"

"Jo, far, det har jag."

"Det ska vi väl inte tro."

"Jo, jag har slagit ihjäl en människa."

Er drückte dem Vater, der eben das Pferd in Gang setzen wollte, heftig die Hand. Es war, als wollte er ihn von der Fahrt abhalten. »Willst du etwas?« sagte der Vater. – »Ach nein,« sagte Gudmund. »Es ist wohl am besten, wenn wir uns auf den Weg machen.«

Bevor sie weit vom Hofe waren, mußte Gudmund noch einmal Abschied nehmen. Es war Helga vom Moorhof, die an der Stelle stand und wartete, wo der Waldpfad von ihrem Heim her auf den Weg mündete. Der Vater, der kutschierte, hielt an, sowie er Helga erblickte. »Ich hab auf euch gewartet, weil ich Gudmund Glück wünschen möchte,« sagte Helga.

Gudmund beugte sich aus dem Wagen und schüttelte Helga die Hand. Er glaubte zu sehen, daß sie abgemagert war, ihre Augen waren rot gerändert. Sie lag wohl nachts und weinte und sehnte sich nach Närlunda. Aber jetzt trachtete sie, fröhlich auszusehen, und lächelte ihm zu. Er war wieder sehr gerührt, konnte aber nichts sagen. Der Vater, der ja in dem Rufe stand, daß er nicht sprach, ehe die Not am höchsten war, fiel ein: »Ich glaube, über diesen Glückwunsch freut sich Gudmund mehr als über irgendeinen andern.«

»Ja, das ist sicher,« sagte Gudmund. Sie schüttelten sich noch einmal die Hand, und dann fuhr der Vater weiter. Gudmund beugte sich aus dem Wagen und sah Helga nach. Als sie von ein paar Bäumen verdeckt wurde, riß er plötzlich den Fußsack fort und erhob sich, als wolle er aus dem Wagen springen. –

»Willst du Helga noch etwas sagen?« fragte der Vater. – »Nein, ach nein,« antwortete Gudmund und setzte sich wieder zurecht.

Sie fuhren noch eine kleine Strecke. Der Vater fuhr sehr gemächlich. Es war, als mache es ihm Freude, so mit seinem Sohne neben sich zu fahren. Er machte keinerlei Anstalten, rasch ans Ziel zu kommen.

Plötzlich ließ Gudmund den Kopf auf die Schulter des Vaters sinken und brach in heftiges Schluchzen aus. – »Was ist dir?« fragte Erland und zog die Zügel so plötzlich an, daß das Pferd mit einem Ruck stehen blieb. –

»Ja, alle sind so gut zu mir, und ich verdien' es nicht.« –

»Du hast doch nichts Böses getan?« –

»Doch, Vater, das habe ich.« –

»Das wollen wir doch nicht glauben.« –

»Ja, ich hab einen Menschen erschlagen.«

Fadern drog ett djupt andetag. Det lät nästan som en suck av lättnad, och Gudmund höjde huvudet förvånad och såg på honom. Fadern satte hästen i gång igen, därpå sade han stilla: "Jag är glad, att du talade om det själv."

"Visste ni det redan, far?"

"Jag såg nog i lördags kväll, att det var något galet fatt. Och så hittade jag din kniv nere i moraset."

"Jaså, det var ni, som fann kniven!"

"Jag fann den, och jag såg, att det ena bladet var avbrutet."

"Ja, far, jag vet, att knivbladet är av, men jag kan ändå inte få i mitt huvud, att jag har gjort det."

"Det var väl i fyllan och villan."

"Jag vet ingenting, jag kommer inte ihåg någonting. Jag ser på kläderna, att jag har varit i slagsmål, och jag vet, att knivbladet är borta."

"Jag förstår, att du ämnade tiga med det, sade fadern."

"Jag tänkte, att de andra kamraterna kanske var lika redlösa som jag och inte kom ihåg något. Det fanns kanske inga andra bevis mot mig än kniven, och därför kastade jag bort den."

"Jag kunde begripa, att du resonerade på det sättet."

"Ni förstår, far: jag vet inte vem som är död; jag har aldrig förr sett honom kanske. Jag kommer inte ihåg, att jag har gjort det. Jag tyckte inte, att jag behövde lida för det, som jag inte hade gjort med vilja. Men snart kom jag att tänka på att jag hade varit galen, som hade kastat kniven i sumpmarken. Den torkar ju ut på sommaren, och då kunde vem som helst råka hitta den. Och så försökte jag att finna reda på den både i går natt och i natt."

"Tänkte du inte på att du skulle bekänna?"

"Nej, i går tänkte jag bara på hur jag skulle kunna hålla det hemligt, och jag försökte att dansa och vara glad, så att ingen skulle märka något på mig."

Der Vater holte tief Atem. Es klang beinahe wie ein Seufzer der Erleichterung; Gudmund hob erstaunt den Kopf und sah ihn an.
Der Vater ließ das Pferd wieder in Trab fallen, dann sagte er still: »Ich bin froh, daß du es selbst gesagt hast.« –

»Wußtet Ihr es denn schon, Vater?« –

»Ich sah schon Samstag abend, daß irgend etwas nicht in Ordnung war. Und dann fand ich dein Messer im Morast.« –

»Ach so, Ihr habt das Messer gefunden!« –

»Ich hab es gefunden, und ich sah, daß die eine Klinge abgebrochen war.«

»Ja, Vater, ich weiß, daß die Klinge abgebrochen ist. Aber ich kann mir doch nicht denken, daß ich es getan haben soll.« –

»Es ist wohl im Rausch geschehen.« –

»Ich weiß nichts, ich kann mich an nichts erinnern. Ich sehe es an meinen Kleidern, daß ich bei einer Rauferei war, und ich weiß, daß die Messerklinge fort ist.« –

»Ich verstehe, daß du es verschweigen wolltest,« sagte der Vater.

»Ich dachte, die andern waren gewiß ebenso sinnlos betrunken wie ich und können sich an nichts erinnern. Es liegt vielleicht sonst kein Beweis gegen mich vor als das Messer, und darum hab – ich es fortgeworfen.«

»Ich kann mir denken, daß du dir die Sache so zurechtgelegt hast.« –

»Ihr versteht, Vater: ich weiß nicht, wer der Tote ist; ich hab ihn vielleicht nie im Leben gesehen. Ich kann mich nicht erinnern, daß ich es getan habe. Und da sagte ich mir, ich brauchte doch nicht für etwas zu leiden, was ich nicht mit Willen getan habe. Aber bald sah ich ein, daß es eine Tollheit war, das Messer in den Sumpf zu werfen. Er trocknet doch im Sommer aus, und da kann es ein jeder finden. Darum wollte ich es gestern nacht und heute nacht suchen.« –

»Hast du gar nicht daran gedacht, zu gestehen?« –

»Nein, gestern dachte ich nur, wie ich es geheimhalten könnte, und ich versuchte zu tanzen und vergnügt zu sein, damit mir niemand etwas anmerkte.« –

"Var det din mening att gå i brudstol i dag utan att bekänna? Det var ett stort ansvar du tog på dig. Förstod du inte, att om du bleve upptäckt, skulle du dra Hildur och hennes släkt med i ditt elände?"

"Jag tyckte, att jag sparade dem bäst genom att ingenting säga." De for framåt vägen med den starkaste fart. Fadern tycktes nu ha bråtom att komma fram. Hela tiden språkade han med sonen. Han hade inte sagt så många ord till honom förut i hela hans liv.

"Jag undrar hur du kom på andra tankar," sade han.

"Det var därför, att Helga kom och önskade mig lycka. Då var det något hårt inom mig, som brast. Jag blev så rörd över henne. Jag blev också rörd över mor och över er i morse, och jag ville tala och säga, att jag inte var värd er kärlek, men det hårda var kvar inom mig då ännu och gjorde motstånd. Men när Helga kom, var det slut med mig. Jag tyckte, att hon egentligen borde vara ond på mig, som var skuld till att hon hade måst flytta hemifrån."

"Nu tänker jag, att du är enig med mig om att vi måste låta nämndemans veta detta genast," sade fadern.

"Ja," svarade Gudmund med låg röst. "Ja visst," tillade han strax därpå högre och fastare. "Inte vill jag dra in Hildur i min olycka. Hon skulle aldrig förlåta mig detta."

"Älvåkrafolket är måna om sin heder, de som andra," sade fadern. "Och det må du veta, Gudmund, att när jag åkte hemifrån i morse, då tänkte jag, att jag måste tala om för nämndeman hur du hade det, om du inte beslöt dig för att göra det själv. Aldrig skulle jag ha stått tyst och låtit Hildur viga sig vid en, som när som helst kunde bli anklagad för mord."

Han smällde med piskan och körde i allt starkare fart. "Detta blir det svåraste för dig," sade han. "Vi ska laga så, att det går fort över. Jag tänker, att nämndemans tycker, att det är rätt gjort av dig, att du anger dig själv, så att de kommer nog att bli vänliga mot dig."

Gudmund svarade ingenting. Han såg allt värre förpinad ut, ju mer de nalkades Älvåkra. Fadern fortfor att tala för att hålla uppe modet på honom. "Jag har hört något i den här vägen förr," sade han. "Det var en brudgum, som hade råkat skjuta ihjäl en kamrat under en jakt. Det hade inte varit hans mening, och det hade inte blivit upptäckt, att det var han, som hade fällt vådaskottet. Men ett par dagar efteråt skulle han gifta sig, och när han kom till bröllopsgården, gick han till bruden

»War es deine Absicht, vor den Traualtar zu treten, ohne zu gestehen? Das ist eine große Verantwortung. Sahst du nicht ein, daß du Hildur und ihre Familie mit in dein Elend ziehst, wenn man dich entdeckt?« –

»Ich dachte, daß ich sie am besten verschonte, wenn ich nichts sagte.« Sie fuhren im Galopp den Weg entlang. Der Vater schien es jetzt sehr eilig zu haben, ans Ziel zu kommen. Die ganze Zeit sprach er zu dem Sohne. Er hatte ihm vorher in seinem ganzen Leben nicht so viele Worte gesagt.

»Ich wüßte gerne, wodurch du andrer Meinung geworden bist,« sagte er.

»Weil Helga kam und mir Glück wünschte. Da brach etwas Hartes in mir. Ich war so gerührt über sie. Ich war auch heute morgen über Mutter und über Euch gerührt, und ich wollte sprechen und sagen, daß ich eure Liebe nicht verdiene, aber das Harte war damals noch in mir und leistete Widerstand. Aber als Helga kam, da war es aus und geschehen. Ich meinte, sie müßte mir eigentlich böse sein, weil ich doch schuld daran bin, daß sie von daheim fort mußte.«

»Nun, denke ich, wirst du mit mir einig sein, daß wir dies gleich den Amtmann wissen lassen müssen,« sagte der Vater. –

»Ja,« antwortete Gudmund mit leiser Stimme. »Ja, gewiß,« fügte er gleich darauf lauter und fester hinzu, »ich will Hildur nicht in mein Unglück hineinziehen. Sie würde es mir nie verzeihen.« –

»Die Älvåkraleute halten ihre Ehre hoch, sie wie andere,« sagte der Vater, »und das magst du wissen, Gudmund: als ich heute morgen von daheim fortfuhr, da sagte ich mir, ich muß es dem Amtmann erzählen, wie es um dich steht, wenn du dich nicht entschließest, es selbst zu tun. Wie hätte ich schweigend zusehen und Hildur einen heiraten lassen können, dem jede Stunde eine Anklage wegen Mordes droht.«

Er klatschte mit der Peitsche und fuhr in immer rasenderem Galopp. »Das wird das Schwerste für dich sein,« sagte er. »Wir müssen es so einrichten, daß es bald überstanden ist. Ich denke, der Amtmann und seine Familie werden es recht von dir finden, daß du dich selbst angibst, und sie werden freundlich gegen dich sein.«

Gudmund antwortete nichts. Er sah immer gequälter aus, je mehr sie sich Älvåkra näherten. Der Vater sprach weiter, um ihm Mut zu machen. »Ich habe einmal eine ähnliche Geschichte gehört,« sagte er. »Ein Bräutigam hatte einen Kameraden auf der Jagd erschossen. Es war nicht seine Absicht gewesen, und man hatte nicht entdeckt, daß er es war, der den tödlichen Schuß abgefeuert hatte. Aber ein paar Tage später sollte er heiraten; und als er in das Hochzeitshaus kam, da ging er zur Braut

och sade: "Det kan inte bli något bröllop av. Jag vill inte dra dig in i det elände, som väntar mig." Men hon stod färdigklädd i krona och slöja, och hon tog honom vid handen och ledde honom in i salen, där gästerna var samlade och allt var i ordning för vigseln.

Hon berättade nu för alla med hög röst vad brudgummen nyss hade kommit och sagt henne. "Detta har jag talat om, för att alla ska veta, att du inte har brukat någon falskhet emot mig", sa hon därpå och vände sig till brudgummen. "Men nu vill jag genast viga mig vid dig. För du är den du är, fastän du har råkat i olycka, och vad som än väntar dig, vill jag bära det gemensamt med dig."

Just när fadern slutade berättelsen, var de framme vid den långa gatan, som ledde upp till Älvåkra. Gudmund vände sig mot honom med ett vemodigt leende. "Så kommer det inte att hända oss," sade han.

"Vem vet?" sade fadern och rätade upp sig i kärran. Han såg på sonen och förvånade sig än en gång över hur vacker han var denna dagen. "Det skulle inte förvåna mig, om det hände honom något stort och oväntat," tänkte han.

Det skulle ha blivit kyrkbröllop, och en mängd folk hade redan samlats till bröllopsgården för att fara med i brudtåget. Flera långväga släktingar till nämndemannens var också komna. De satt på förstubron i sin bästa ståt, färdiga för kyrkresan.

Kärror och trillor stod utdragna på gården, och man hörde hur hästarna stampade i stallet, medan de ryktades. Sockenspelmannen satt ensam på bodtrappan och stämde fiolen. I ett fönster i övervåningen stod bruden färdigklädd och tittade ut för att få syn på brudgummen, innan han hade hunnit att upptäcka henne.

Erland och Gudmund steg ur kärran och bad genast att få tala i enrum med Hildur och hennes föräldrar. Snart stod alla dessa i ett litet rum, där nämndemannen hade sin skrivpulpet. "Jag tänker, att nämndeman har läst i tidningarna om det där slagsmålet inne i staden natten till i lördags, då det var en människa, som blev mördad," sade Gudmund så fort, som om han hade läst upp en läxa.

"Ja, nog har jag läst om det alltid," sade nämndemannen.

"Det var så, att jag var inne i staden den natten," fortfor Gudmund.

und sagte: ›Aus der Hochzeit kann nichts werden. Ich will dich nicht in das Elend hineinziehen, das mich erwartet.‹ Aber sie stand schon fertig geschmückt da, in Krone und Schleier, und sie nahm ihn bei der Hand und führte ihn in den Saal, wo die Gäste versammelt waren und alles für die Trauung bereit war.

Und sie erzählte allen mit lauter Stimme, was ihr der Bräutigam eben gesagt hatte. ›Dies erzähle ich, damit alle wissen, daß du nicht falsch gegen mich gewesen bist,‹ sagte sie dann und wendete sich an den Bräutigam. ›Aber jetzt will ich mich gleich mit dir trauen lassen. Denn du bleibst der, der du bist, wenn du auch ins Unglück gekommen bist; und was dich auch erwartet, das will ich gemeinsam mit dir tragen.‹«

Als der Vater mit seiner Erzählung zu Ende war, waren sie gerade bei der langen Gasse angelangt, die nach Älvåkra führte. Gudmund sagte mit einem wehmütigen Lächeln zu ihm: »So wird es uns nicht ergehen.« –

»Wer weiß,« antwortete der Vater und richtete sich im Wagen auf. Er sah den Sohn an und mußte wieder staunen, wie schön der an diesem Tage war. »Es sollte mich nicht wundern, wenn ihm etwas Großes und Unerwartetes widerfahren würde,« dachte er.

Es sollte eine Kirchenhochzeit sein, und eine Menge Leute hatten sich schon bei den Brautleuten versammelt, um im Hochzeitszuge mitzufahren. Auch viele Verwandte des Amtmanns waren von weit und breit gekommen. Sie saßen in ihrem besten Staat auf dem Flur, bereit zur Fahrt in die Kirche.

Wagen und Kutschen standen im Hof, und man hörte, wie die Pferde im Stalle stampften, während sie gestriegelt wurden. Der Dorfspielmann saß allein auf der Treppe der Scheune und stimmte die Fiedel. An einem Fenster im oberen Stockwerk stand die Braut fertig angekleidet und hielt Ausschau, um den Bräutigam zu sehen, bevor der sie erspäht hätte.

Erland und Gudmund stiegen aus dem Wagen und sagten sogleich, daß sie mit Hildur und ihren Eltern allein sprechen müßten. Bald standen sie alle in einem kleinen Zimmer, wo der Amtmann sein Schreibpult hatte. »Ich denke, Herr Amtmann, Sie haben in den Zeitungen von jener Schlägerei in der Stadt gelesen, bei der ein Mensch ermordet wurde, in der Nacht vom Freitag auf Samstag,« sagte Gudmund so rasch, als leiere er eine Lektion herunter. –

»Ja freilich habe ich davon gelesen,« sagte der Amtmann. –

»Ich war nämlich in jener Nacht in der Stadt,« fuhr Gudmund fort.

Nu kom inte något svar. Det blev dödsstilla. Gudmund tyckte, att alla stirrade på honom med en sådan fasa, att han inte förmådde fortsätta. Men fadern kom honom till hjälp.

"Gudmund hade varit bjuden av några vänner. Han hade nog druckit för mycket den där natten, och när han kom hem, visste han inte vad han hade haft för sig. Men nog märktes det, att han hade varit i slagsmål, för kläderna var sönderrivna."

Gudmund såg, att fasan, som de andra kände, tilltog med varje ord, men själv blev han lugnare. Det vaknade en känsla av trots hos honom, och han tog åter till orda:

"När så tidningen kom på lördagskvällen och jag läste om slagsmålet och om knivbladet, som satt instucket i huvudskålen, tog jag upp min kniv och såg då, att det fattades ett blad."

"Det är svåra nyheter, som Gudmund kommer med," sade nämndemannen. "Det hade varit rättast att tala om detta för oss i går."

Gudmund teg, men nu kom fadern åter till hjälp. "Det var inte så lätt för Gudmund. Det var nog en stor frestelse att tiga med alltsammans. Han går miste om mycket genom den här bekännelsen."

"Ja, vi får väl vara glada, att han har talat nu, så att vi inte har blivit indragna i eländet," sade nämndemannen bittert. Gudmund höll sina ögon riktade på Hildur hela tiden. Hon var klädd i krona och slöja, och nu såg han hur hon lyfte sin hand och drog ut en av de stora nålarna, som fast-höll kronan. Hon tycktes ha gjort detta omedvetet. När hon märkte, att Gudmunds blick vilade på henne, stack hon in nålen igen.

"Det är ju ännu inte fullt bevisat, att det är Gudmund, som är dråparen," sade fadern, "men jag förstår ju, att ni vill, att bröllopet ska uppskjutas, tills vi har fått allt utrett."

"Det är nog inte lönt att tala om uppskov," sade nämndemannen. "Jag tänker, att Gudmund är så pass säker på sin sak, att vi kan komma överens om att det blir slut mellan honom och Hildur med detsamma."

Gudmund svarade inte genast på detta vädjande. Han gick bort till fästmön och sträckte fram handen. Hon satt alldeles stilla

Jetzt kam keine Antwort. – Es wurde totenstill. Gudmund war es, als ob alle ihn mit einem solchen Entsetzen anstarrten, daß er nicht weitersprechen konnte. Aber der Vater kam ihm zu Hilfe. –

»Gudmund war von ein paar Freunden eingeladen. – Er hat in jener Nacht wohl zu viel getrunken, denn als er heimkam, wußte er gar nicht, was mit ihm geschehen war. Aber man merkte es ihm an, daß er bei einer Rauferei gewesen war, denn seine Kleider waren zerrissen.«

Gudmund sah, wie das Entsetzen, das die andern empfanden, mit jedem Worte zunahm, aber er selbst wurde ruhiger. Ein Gefühl des Trotzes erwachte in ihm, und er ergriff wieder das Wort:

»Als nun am Samstag abend die Zeitung kam und ich von der Schlägerei las und von der Messerklinge, die in der Hirnschale des Mannes stecken geblieben war, da zog ich mein Messer hervor und sah, daß eine Klinge fehlte.« –

»Das sind schlimme Neuigkeiten, die du da bringst, Gudmund,« sagte der Amtmann. »Es wäre richtiger gewesen, wenn du uns das gestern gesagt hättest.« –

Gudmund schwieg, und da kam ihm der Vater wieder zu Hilfe. – »Es war nicht so leicht für Gudmund. Die Versuchung, das Ganze zu verschweigen, war sehr groß. Er verliert sehr viel durch dieses Geständnis.« –

»Ja, wir müssen noch froh sein, daß er jetzt gesprochen hat, so daß wir nicht in das Elend hineingezogen werden,« sagte der Amtmann bitter. Gudmund hielt seine Augen die ganze Zeit auf Hildur gerichtet. Sie trug Krone und Schleier; und nun sah er, wie sie die Hand hob und eine der großen Nadeln herauszog, die die Krone festhielten. Sie schien dies ganz unbewußt getan zu haben. Als sie merkte, daß Gudmunds Blicke auf ihr ruhten, steckte sie die Nadel wieder hinein.

»Es ist ja noch gar nicht bewiesen, daß Gudmund der Schuldige ist,« sagte der Vater, »aber ich begreife: Ihr wollt, daß die Hochzeit aufgeschoben wird, bis wir alles aufgeklärt haben.« –

»Es hat wohl wenig Zweck, von Aufschub zu sprechen,« sagte der Amtmann. »Ich denke, Gudmund ist seiner Sache recht sicher, und wir könnten uns wohl darüber einigen, daß es zwischen ihm und Hildur ein für allemal aus ist.«

Gudmund antwortete nicht gleich. Er ging zu seiner Braut hinüber und streckte die Hand aus. Sie saß ganz regungslos da

och tycktes inte se honom. "Vill du inte säga farväl till mig, Hildur?"

Nu såg hon upp, och hennes stora ögon blixtrade kallt emot honom. "Var det med den där handen, som du förde kniven?" frågade hon. Gudmund svarade henne inte ett ord, utan vände sig till nämndemannen. "Ja, nu är jag säker på min sak," sade han. "Det tjänar inte till något att göra uppskov med bröllopet."

Härmed var samtalet slut, och Gudmund och Erland gick sin väg. De hade att gå genom flera rum och förstugor, innan de kom ut, och överallt såg de förberedelser till bröllopet. Dörren till köket stod öppen, och de såg hur en mängd människor rörde sig om varandra i ivrig brådska. Det trängde ut os av stekar och bakverk, hela spisen var full av små och stora grytor, kopparkastrullerna, som annars klädde väggarna, var nertagna och i bruk.

"Tänk, att det är för mitt bröllop, som de stökar på detta sättet!" mumlade Gudmund, när han gick förbi. Han fick liksom se en skymt av all den gamla bondgårdens rikedom, när han vandrade genom huset. Han såg matsalen, där stora bord stod dukade med en lång rad av bägare och kannor av silver. Han gick förbi klädkammaren, där golvet var täckt av stora kistor och väggarna med en oändlig massa kläder.

När han sedan kom ut på gården, såg han en mängd nya och gamla åkdon, präktiga hästar leddes ut ur stallet, och granna åkkläden lades upp i kärrorna. Han såg ut över ett par gårdar, omgivna av lagård, stall, fårhus, magasin, bodar, lador och ännu många andra byggnader. "Alltihop det här kunde ha blivit mitt", tänkte han, när han satte sig upp i kärran.

Det kom med ens en bitter ånger över honom. Han skulle ha velat kasta sig ur åkdonet och gå in och säga, att det inte var sant, det, som han hade sagt. Han hade bara velat skämta med dem och skrämma dem. Det var orimligt dumt av honom att bekänna. Vad var det för nytta med att han hade bekant? Inte blev det bättre för någon fördenskull. Den döde var ju död. Nej, den här bekännelsen förde inte annat med sig, än att också han blev fördärvad.

De sista veckorna hade han inte varit så ivrig efter detta giftermålet, men nu, när han måste försaka det, kände han först vad det var värt. Det var mycket att förlora Hildur Eriksdotter och allt det, som följde med henne.

84

und schien ihn nicht zu sehen. »Willst du mir nicht Lebewohl sagen, Hildur?«

Jetzt sah sie auf, und ihre großen Augen blitzten ihn kalt an. – »Hast du mit dieser Hand das Messer geführt?« fragte sie. Gudmund antwortete ihr keine Silbe, sondern wendete sich an den Amtmann. – »Ja, jetzt bin ich meiner Sache sicher,« sagte er. »Es hat gar keinen Zweck, die Hochzeit aufzuschieben.«

Damit war die Unterredung beendet, und Gudmund und Erland gingen ihrer Wege. Sie hatten durch mehrere Stuben und Kammern zu gehen, ehe sie hinauskamen, und überall sahen sie Vorbereitungen zur Hochzeit. Die Tür nach der Küche stand offen, und sie sahen, wie eine Menge Menschen in eiliger Geschäftigkeit durcheinanderliefen. Der Duft von Braten und Backwerk drang heraus, der ganze Herd war voll kleiner und großer Töpfe; die Kupferkasserollen, die sonst die Wände schmückten, waren herunter genommen und in Gebrauch.

»Ach, daß sie alle diese Vorbereitungen für meine Hochzeit machen!« dachte Gudmund, als er vorüberging. Er bekam Einblick in den ganzen Reichtum dieses alten Bauernhofes, wie er so durch das Haus wanderte. Er sah den Eßsaal, wo große Tische mit langen Reihen von Silberbechern und Kannen gedeckt waren. Er kam durch die Kleiderkammer, wo auf dem Boden große Truhen standen und an den Wänden Kleider in unendlicher Reihe hingen.

Als er dann in den Hof hinaustrat, sah er eine Menge alte und neue Wagen, prächtige Pferde wurden aus dem Stall geführt und schöne Wagendecken in die Kutschen gelegt. Er sah über ein paar Höfe, die von Scheunen, Ställen, Schuppen, Vorratskammern und noch vielen andern Gebäuden umgeben waren. »Das alles hätte mein sein können,« dachte er, als er sich in den Wagen setzte.

Mit einem Male kam bittere Reue über ihn. Er wäre am liebsten aus dem Wagen gesprungen und hineingelaufen, um ihnen zu sagen, es sei alles nicht wahr, was er erzählt hätte. Er hätte ja nur mit ihnen spaßen und sie erschrecken wollen. Es war doch unerhört töricht von ihm gewesen, zu bekennen. Was nützte es, daß er gestanden hatte? Dadurch wurde die Sache für keinen Menschen besser. Der Tote war ja tot. Nein, dieses Geständnis hatte nichts anderes zur Folge, als daß auch er ins Verderben gestürzt wurde.

In den letzten Wochen hatte er diese Heirat nicht mehr so eifrig gewünscht; aber jetzt, da er darauf verzichten mußte, fühlte er erst, was sie wert war. Es bedeutete viel, Hildur Erikstochter und alles, was an ihr hing, zu verlieren.

Vad betydde det, att hon var egenrådig och självgod? Hon var ändå den yppersta av alla där i trakten, och genom henne skulle han ha kommit till stor makt och heder.

Det var inte bara Hildur och hennes ägodelar, som han nu saknade, utan det var också smärre ting. I denna stund skulle han ha farit till kyrkan, och alla, som såg honom, skulle ha avundats honom. Och det var i dag, som han skulle ha setat överst vid bröllopsbordet. Det var i dag, som han skulle ha varit mitt uppe i dans och glädje. Det var hans stora lyckodag, som nu gick ifrån honom. Erland vände sig mot sonen gång på gång och såg på honom. Han var nu inte så där vacker och förklarad, som han hade varit på morgonen, utan han satt slö och tung med slocknad blick.

Fadern undrade om sonen ångrade, att han hade bekant, och ämnade fråga honom om detta, men höll det för bäst att tiga. "Vart ska vi nu fara?" sade Gudmund om en stund. "Är det inte så gott att resa till länsman med detsamma?"

"Du ska väl hem först, så att du får vila och sova ut," sade fadern. "Du har nog inte fått mycken sömn de sista nätterna."

"Mor blir väl förskräckt, när hon får se oss."

"Hon blir nog inte så förvånad," sade fadern. "Hon vet lika mycket som jag. Hon blir allt glad, att du har bekänt."

"Jag tror, att mor och ni alla där hemma är glada att få mig i fängelse," sade Gudmund bittert.

"Vi vet, att det är mycket, som du går miste om, därför att du har handlat rätt," sade fadern. "Vi kan inte låta bli att glädja oss åt att du har övervunnit dig själv."

Gudmund tyckte sig inte kunna stå ut att fara hem och höra på alla dessa, som skulle berömma honom, därför att han hade förstört sin framtid. Han sökte någon förevändning för att slippa råka någon, innan han hade kämpat sig till mera lugn. Så for de förbi stället, där stigen tog av till Stormyra. "Vill ni hålla här, far? Jag tror, att jag ska gå upp till Helga och tala med henne."

Fadern höll beredvilligt in hästen. "Kom bara hem, så fort du kan, så att du får vila ut!" sade han.

Gudmund gick inåt skogen och var snart utom synhåll. Han tänkte inte på att söka upp Helga,

Was bedeutete es, daß sie eigenwillig und selbstherrlich war! Sie war doch die erste von allen in der Umgegend, und durch sie wäre er zu großer Macht und Ehre gekommen.

Er trauerte jetzt nicht nur um Hildur und ihr Hab und Gut, sondern auch um kleinere Dinge. In diesem Augenblick wäre er zur Kirche gefahren, und alle, die ihn gesehen, hätten ihn beneidet. Und heute hätte er zu oberst an der Hochzeitstafel gesessen. Heute wäre er mitten in Tanz und Fröhlichkeit gewesen. Es war sein großer Glückstag, der ihm nun entging. Erland drehte den Kopf einmal ums andere dem Sohne zu und sah ihn an. Er war jetzt nicht so schön und verklärt, wie er am Morgen gewesen war, sondern saß stumpf und schwerfällig da mit erloschenem Blick.

Der Vater hätte wohl gerne gewußt, ob der Sohn sein Geständnis bereue, und er wollte ihn danach fragen, hielt es aber doch für richtiger, zu schweigen. »Wohin wollen wir jetzt fahren?« fragte Gudmund nach einer Weile. »Wäre es nicht das beste, gleich zu Gericht zu gehen?« –

»Du mußt zuerst nach Hause, damit du ruhen und dich ausschlafen kannst,« sagte der Vater. »Du hast in den letzten Nächten wohl nicht viel Schlaf gefunden.« –

»Mutter wird erschrecken, wenn sie uns sieht.« –

»Sie wird nicht so erstaunt sein,« sagte der Vater, »sie weiß ebensoviel wie ich. Sie wird sich freuen, daß du gestanden hast.« –

»Ich glaube, Mutter und ihr alle miteinander daheim seid froh, mich ins Gefängnis zu bringen,« sagte Gudmund bitter. –

»Wir wissen, daß du viel verlierst, weil du recht gehandelt hast,« sagte der Vater, »wir können nicht anders: wir müssen uns freuen, daß du dich selbst überwunden hast.«

Gudmund glaubte es nicht ertragen zu können, nach Hause zu fahren und allen den Leuten zuzuhören, die ihn rühmen würden, weil er seine Zukunft vernichtet hatte. Er suchte einen Vorwand, um niemand treffen zu müssen, bevor er sich mehr Ruhe erkämpft hätte. Nun fuhren sie an der Stelle vorüber, wo der Pfad zum Moorhof abbog. »Wollt Ihr hier halten, Vater? Ich denke, ich gehe zu Helga hinauf und spreche mit ihr.« –

Der Vater hielt bereitwillig das Pferd an. »Komm nur, sobald du kannst, nach Hause, damit du dich ausruhst,« sagte er.

Gudmund schlug den Weg in den Wald ein und war bald zwischen den Bäumen verschwunden. Er hatte nicht vor, Helga aufzusuchen;

var bara glad att bli ensam, så att han inte behövde lägga band på sig. Han kände en orimlig vrede mot allting, sparkade till stenar, som låg i vägen för honom, och stannade ibland för att bryta av en stor gren, bara därför att ett blad hade slagit emot hans ansikte. Han följde vägen fram till Stormyra, men gick förbi torpet och begav sig uppåt berget, som låg därovanför. Här blev det snart svårt för honom att komma fram.

Han hade villats bort från stigen, och för att nå högsta toppen måste han gå över en bred ström av kantiga klippblock. Det var en farlig vandring på vassa klippkanter, och han kunde ha brutit armar och ben av sig, om han hade stigit miste. Han förstod detta mycket väl, men gick på, som om det roade honom att utsätta sig för fara.

"Om jag faller och förstör mig, så kan ingen få reda på mig här uppe", tänkte han. "Men vad gör det? Jag kan lika gärna ligga och dö här som att sitta i åratal inom fängelsemurar." Allt gick dock väl, och ett par minuter därefter var han uppe på Storhöjden.

Det hade en gång gått skogsbrand över berget. Den översta toppen stod ännu kal, och därifrån hade man en milsvid utsikt. Han såg dalar och sjöar, mörka skogstrakter och rika bygder, kyrkor och herrgårdar, små skogstorp och stora byar. Långt bort i fjärran låg staden, höljd i en vit slöja av solrök, varur ett par glimmande torn stack fram. Vägar slingrade genom dalarna, och ett järnvägståg skyndade förbi i skogsbrynet. Det var ett helt rike han såg.

Han kastade sig ner på marken, men höll alltjämt blicken riktad mot den stora utsikten. Det var något stolt och storslaget i landskapet framför honom, som kom honom att känna sig själv och sina sorger små och obetydliga.

Han påminde sig, att när han var barn och hade läst, att frestaren förde Jesus upp på ett högt berg och visade honom all världens härlighet, hade han alltid trott, att de hade stått här uppe på Storhöjden, och han upprepade de gamla orden: "Allt detta vill jag giva dig, om du faller ner och tillbeder mig."

Då tyckte han plötsligen, att en likadan frestelse hade mött honom själv dessa sista dagar. Sannerligen hade inte frestaren fört honom upp på ett högt berg och visat honom all maktens och rikedomens härlighet. "Förtig bara det onda, som du tror att du har gjort", sade han, "och jag ska giva dig allt detta."

er war nur froh, allein zu sein, so daß er sich keinen Zwang aufzuerlegen brauchte. Er fühlte eine unvernünftige Wut gegen alles, er stieß Steine fort, die ihm im Wege lagen, und blieb zuweilen stehen, um einen großen Ast abzubrechen, nur weil ein Blatt sein Gesicht gestreift hatte. Er schlug den Weg zum Moorhof ein, ging aber an der Hütte vorbei und kletterte den Berg hinauf. Hier wurde es ihm bald schwer, weiterzukommen.

Er hatte den Pfad verlassen; und um den nächsten Gipfel zu erreichen, mußte er über ein breites Flußbett voll kantiger Felsblöcke gehen. Es war eine gefährliche Wanderung über die scharfen Felskanten, und er konnte sich Arme und Beine brechen, wenn er einen Fehltritt machte. Das wußte er sehr wohl, aber er ging doch weiter, als mache es ihm Freude, sich einer Gefahr auszusetzen.

»Und wenn ich mich zuschanden falle, so findet mich hier oben niemand,« dachte er. »Aber was macht das? Ich kann ebensogut hier liegen und sterben wie jahrelang hinter Gefängnismauern sitzen.« Doch alles ging gut , und ein paar Minuten später stand er auf der Höhe.

Über den Berg war einmal ein Waldbrand hingegangen. Die oberste Spitze war noch kahl, und von dort hatte man eine meilenweite Aussicht. Er sah Täler und Seen, dunkle Wälder und fruchtbare Äcker, Kirchen und Herrenhöfe, kleine Bauernhütten und große Dörfer. Weit in der Ferne lag die Stadt, in einen weißen Schleier von Sonnenrauch gehüllt, aus dem ein paar funkelnde Türme aufragten. Durch die Täler schlängelten sich Wege, und ein Eisenbahnzug rollte am Waldrand vorbei. Es war ein ganzes Reich, was er da sah.

Er warf sich zu Boden, hielt aber den Blick noch immer auf die weite Fernsicht geheftet. Es war etwas Stolzes und Großes in dieser Landschaft vor ihm, und er empfand sich selbst und seine Sorgen als klein und unbedeutend.

Ihm kam eine Erinnerung aus seiner Kindheit. Wenn er damals gelesen hatte, daß der Verführer Jesus auf einen hohen Berg geführt und ihm alle Herrlichkeit der Welt gezeigt hätte, so war er immer der Meinung gewesen, die beiden müßten hier oben auf dem Gipfel gestanden haben ... Und er sprach die alten Worte vor sich hin: Dies alles will ich dir geben, wenn du niederfällst und mich anbetest.

Da kam es ihm plötzlich vor, als sei ihm selbst in diesen letzten Tagen eine solche Versuchung entgegengetreten. Wahrlich, hatte ihn nicht der Verführer auf einen hohen Berg geführt und ihm alle Herrlichkeit der Macht und des Reichtums gezeigt? »Verschweige nur das Böse, das du getan hast,« sagte er, »und ich will dir dies alles geben.«

Och när Gudmund tänkte härpå, kom en liten smula tillfredsställelse till honom. "Jag har ju svarat nej," sade han, och med ens förstod han vad det hade gällt för honom. Om han hade tegat, hade han inte då måst tillbedja frestaren alla dagar? En skygg, modlös man hade han blivit, bara en slav under sina ägodelar. Fruktan för upptäckt skulle alltid ha legat över honom. Aldrig mer skulle han ha känt sig som en fri människa.

Det kom ett stort lugn över Gudmund. Han blev lycklig över att han förstod, att han hade handlat rätt. När han tänkte tillbaka på de gångna dagarna, tyckte han, att han hade famlat sig fram i ett stort mörker. Det var underbart, att han hade kommit rätt till sist. Han frågade sig själv hur det hade gått till, att han inte hade råkat vilse.

"Det var därför, att de var så goda mot mig där hemma", tänkte han, "och den bästa hjälpen var den, att Helga kom och önskade mig lycka." Han låg kvar uppe på berget än en stund, men snart tyckte han, att han måste gå hem till far och mor och säga dem, att han hade fått frid med sig själv. När han nu reste sig för att gå, fick han se, att Helga satt på en avsats ett stycke neråt berget.

Hon hade inte den stora, vida utsikten, där hon satt, bara en liten flik av dalen var synlig för henne. Det var åt det hållet Närlunda låg, och hon såg troligen en del av gården. När Gudmund upptäckte henne, kände han, att hjärtat, som hela dagen förut hade arbetat tungt och ängsligt, började klappa glatt och muntert, och på samma gång for en sådan ilning av lycka igenom honom, att han blev stående och undrade över sig själv.

"Vad är det åt mig? Vad är det? Vad är det?" tänkte han, medan blodet forsade genom kroppen, och lyckan grep honom med en sådan makt, att det nästan kändes smärtsamt. Slutligen sade han med förvånad röst till sig själv: "Men det är ju henne jag tycker om! Tänk, att det visste jag inte förrän nu!"

Det tog honom med en styrka som en lössläppt fors. Han hade varit bunden hela tiden, som han hade känt henne. Allt det, som hade dragit honom till henne, hade han hållit tillbaka. Nu först var han fri från tanken, att han skulle gifta sig med en annan, fri att hålla av henne. "Helga!" ropade han och började med detsamma klättra nerför branten till henne. Hon vände sig om med ett förskräckt utrop.

"Var inte rädd! Det är bara jag."

Wie Gudmund daran dachte, kam ein klein wenig Befriedigung über ihn. »Ich habe ja nein geantwortet,« sagte er; und plötzlich begriff er, worum es sich für ihn gehandelt hatte. Wenn er geschwiegen hätte, wäre er dann nicht all sein Lebtag verurteilt gewesen, den Verführer anzubeten? Ein scheuer, mutloser Mann wäre er geworden, ein Sklave von Hab und Gut. Die Furcht vor der Entdeckung hätte stets auf ihm gelastet. Nie mehr hätte er sich als ein freier Mann fühlen können.

Eine große Ruhe kam über Gudmund. Er wurde ganz glücklich, weil er einsah, daß er recht gehandelt hatte. Wenn er an die vergangenen Tage zurückdachte, schien es ihm, daß er in einer großen Dunkelheit getappt hätte. Es war wunderbar, daß er sich zuletzt doch zurechtgefunden hatte. Er fragte sich selbst, wie es gehen konnte, daß er nicht den Irrweg gegangen war.

»Ich danke es dem, daß sie daheim alle so gut gegen mich waren,« dachte er, »und die beste Hilfe war doch, daß Helga kam und mir Glück wünschte.« Er blieb noch eine Weile oben auf dem Gipfel liegen, aber bald sagte er sich, er müsse zu Vater und Mutter heimgehen und ihnen sagen, daß er den Frieden mit sich selbst gefunden hätte. Als er nun aufstand, um zu gehen, bemerkte er, daß ein Stück weiter unten Helga auf einem Felsenvorsprung saß.

Sie hatte dort nicht die große weite Aussicht – nur ein kleines Stückchen des Tales war für sie sichtbar. Es war die Gegend, wo Närlunda lag, und sie sah vermutlich ein Stück des Hofes. Als Gudmund sie erblickte, fühlte er, wie sein Herz, das den ganzen Tag mühsam und ängstlich gearbeitet hatte, leicht und fröhlich zu klopfen begann, und zu gleicher Zeit durchzuckte ihn ein so starkes Glücksgefühl, daß er stehen blieb und über sich selbst staunte.

»Wie ist mir denn? Was ist das? Was ist das?« dachte er, während das Blut durch seinen Körper strömte und das Glück ihn mit solcher Macht packte, daß er es beinahe schmerzhaft empfand. Endlich sagte er mit erstaunter Stimme zu sich selbst: »Aber ich hab ja sie lieb! Nein, daß ich das bisher gar nicht wußte!«

Es packte ihn mit der Stärke eines befreiten Wasserfalls. Er war die ganze Zeit, solange er sie kannte, gebunden gewesen. Alles, was ihn zu ihr hinzog, hatte er zurückgedrängt. Jetzt erst war er frei von dem Gedanken, eine andre zu heiraten, hatte er die Freiheit, sie zu lieben. »Helga!« rief er und begann zugleich den Abhang zu ihr hinunterzuklettern. Sie wendete sich mit einem erschrockenen Aufschrei um.

»Hab keine Angst! Ich bin es nur.« –

"Men är du inte i kyrkan och viger dig?" — "Å nej, det blir inte något bröllop av i dag. Hon vill inte ha mig, hon, Hildur."

Helga reste sig upp. Hon lade handen på hjärtat och slöt ögonen. Hon tänkte nog i det ögonblicket, att det inte var Gudmund, som kom. Det var väl så, att hon hade fått sina ögon och öron förvända här i skogen. Men det var ljuvt och kärt, att han kom, om än bara som en syn, och hon slöt ögonen och blev stående orörlig för att få behålla den här villan ett par ögonblick till.

Gudmund var vild och yr av den stora kärlek, som hade blossat upp inom honom. Så snart han kom ner till Helga, slog han armarna om henne och kysste henne, och det lät hon ske, för hon var bedövad och borttagen av överraskning. Det var ju alldeles för underbart att tro, att han, som just nu borde stå i kyrkan vid sidan av sin brud, verkligen skulle ha kommit dit i skogen. Det där varslet eller dubbelgångaren av honom, som hade kommit till henne, kunde väl gärna få kyssa henne.

Men med detsamma som Gudmund kysste Helga, vaknade hon upp och stötte honom ifrån sig. Och så började hon överösa honom med frågor. Var det verkligen han själv? Vad hade han i skogen att göra? Hade det hänt någon olycka? Varför hade bröllopet blivit uppskjutet? Var Hildur sjuk? Hade prästen fått slag i kyrkan? Gudmund hade inte velat tala med henne om något annat i världen än sin kärlek, men hon tvang honom att berätta hur allt hade gått till.

Medan han talade, satt hon stilla och hörde på med djup uppmärksamhet. Hon hejdade honom inte, förrän han talade om det avbrutna knivbladet. Då for hon upp och frågade om det var hans vanliga kniv, den, som han hade, när hon var i tjänst hos dem.

"Ja, just den var det," sade han. "Hur många blad var det, som var avbrutna?" frågade hon. - "Det var inte mer än ett."

Det började arbeta i Helgas huvud. Hon satt med rynkad panna och sökte påminna sig något. Hur var det? Jo visst, hon mindes tydligt, att den där kniven hade hon lånat av honom för att spänta stickor med, dagen innan hon skulle flytta. Då hade hon brutit av den, men hon hade aldrig kommit att tala om det för honom. Han hade undvikit henne och inte velat komma i samtal med henne den där tiden. Och han hade väl haft kniven liggande i fickan alltsedan och inte märkt, att den var sönder.

Hon lyfte huvudet och skulle just tala om detta för honom, men han höll på att berätta om sitt besök i bröllopsgården denna morgon,

»Aber bist du denn nicht in der Kirche und wirst getraut?« – »Ach nein, aus der Hochzeit wird nichts. Sie will mich nicht haben, die Hildur.«

Helga richtete sich auf. Sie preßte die Hand aufs Herz und schloß die Augen. Sie dachte in diesem Augenblick wohl, daß es nicht Gudmund sei, der da kam. Ihre Augen und Ohren müßten hier im Walde verhext worden sein. Aber schön und herrlich war es doch, daß er sich zeigte, wenn auch nur als Traumerscheinung; und sie schloß die Augen und blieb regungslos stehen, um das Trugbild noch ein paar Augenblicke festzuhalten.

Aber Gudmund war wild und toll von der großen Liebe, die in ihm aufgelodert war. Sobald er zu Helga heruntergekommen war, schlang er die Arme um sie und küßte sie, und sie ließ es geschehen; denn sie war ganz betäubt und benommen vor Überraschung. Es war ja zu wunderbar, daß er, der gerade jetzt in der Kirche stehen sollte, zur Seite seiner Braut, wirklich hierher in den Wald gekommen war. Dieser Geist oder Doppelgänger von ihm, der zu ihr gekommen war, durfte sie immerhin küssen.

Aber in dem Augenblick, da Gudmund Helga küßte, wachte sie auf und stieß ihn von sich. Und nun begann sie ihn mit Fragen zu überschütten. Ob er es wirklich selbst sei? Was er im Walde zu tun hätte? War ein Unglück geschehen? Warum man die Hochzeit aufgeschoben hätte? Ob Hildur krank sei? Ob den Pfarrer in der Kirche der Schlag gerührt hätte? Gudmund wollte mit ihr von nichts anderm auf der Welt sprechen als von seiner Liebe; aber sie zwang ihn, zu erzählen, wie alles zugegangen war.

Während er sprach, saß sie still da und hörte mit tiefer Andacht zu. Sie unterbrach ihn nicht, bis er von der abgebrochnen Klinge erzählte. Da fuhr sie auf und fragte, ob es sein gewöhnliches Messer sei, das er gehabt hätte, als sie noch auf Närlunda diente.

»Ja, gerade das war es,« sagte er. – »Wieviele Klingen waren denn abgebrochen?« fragte sie. – »Nicht mehr als eine.«

In Helgas Kopf begann es zu arbeiten. Sie saß mit gerunzelter Stirn da und suchte sich an etwas zu erinnern. Wie war es doch? Ja gewiß. Sie entsann sich deutlich, daß sie sich dieses Messer an dem Tage, bevor sie fortging, von ihm ausgeliehen hatte, um Holz zu spalten; dabei hatte sie es zerbrochen, aber sie war nicht dazu gekommen, es ihm zu sagen. Er war ihr damals immer ausgewichen und hatte nicht mit ihr sprechen wollen. Und nun hatte er das Messer wohl seitdem in der Tasche gehabt und gar nicht bemerkt, daß es zerbrochen war.

Sie hob den Kopf und wollte ihm dies eben sagen; doch er erzählte weiter von seinem Besuch heute morgen im Hochzeitshaus,

och hon ville låta honom komma till slut. När hon hörde hur han hade skilts från Hildur, tyckte hon, att detta var en så förfärlig olycka, att hon for ut i förebråelser mot honom. "Detta är ditt eget fel," sade hon. "Där kom du och din far och skrämde livet ur henne med den förfärliga nyheten. Så hade hon inte svarat, om hon hade varit sig själv mäktig. Det vill jag säga dig, att jag tror, att hon ångrar sig redan i denna stund."

"Hon må ångra sig så mycket hon vill för mig," sade Gudmund. "Jag vet nu, att hon är en sådan, som bara tänker på sig själv. Jag är glad, att jag har blivit fri från henne."

Helga knep ihop läpparna, liksom för att den stora hemligheten inte skulle undslippa henne. Här var mycket för henne att tänka på. Det var inte bara fråga om att rentvå Gudmund för mordet. Det hade ju också uppstått ovänskap mellan Gudmund och fästmön. Månne hon inte kunde försöka att få denna bilagd med hjälp av det hon visste? Återigen satt hon tyst och funderade, till dess Gudmund började berätta, att han nu hade vänt sin håg till henne.

Men detta tycktes henne vara den största av de olyckor, som han hade råkat ut för denna dagen. Illa var det, att han höll på att gå miste om det förmånliga giftermålet, men ändå värre, om han skulle gilja till en sådan som hon.

"Nej, sådant ska du inte komma och säga till mig," sade hon och reste sig tvärt.

"Varför ska jag inte säga det till dig?" sade Gudmund och blev blek. "Är det kanske på samma sätt med dig som med Hildur, att du är rädd för mig?"

"Nej, inte är det fördenskull." Hon ville förklara för honom, att det var sin egen ofärd han ville, men han lyssnade inte på henne.

"Jag har hört, att det fanns kvinnfolk förr i världen, som stod vid männens sida, när de kom i nöd, men sådana råkar man nog aldrig nuförtiden."

Det gick en ryckning genom Helga. Hon skulle ha velat kasta armarna om hans hals, men hon höll sig stilla. I dag var det hon, som fick vara förnuftig.

"Det är nog sant, att jag inte borde ha bett dig bli min hustru samma dag, som jag ska gå i fängelse, men ser du, om jag bara visste, att du ville vänta på mig, tills jag bleve fri igen, så skulle jag gå igenom allt det svåra med lätt mod."

und sie wollte ihn zu Ende kommen lassen. Als sie hörte, wie er von Hildur geschieden war, erschien ihr dies als ein so furchtbares Unglück, daß sie ihn mit Vorwürfen überhäufte. »Das ist deine eigene Schuld,« sagte sie. »Da kommt ihr, du und dein Vater, angefahren und erschreckt sie zu Tode mit der furchtbaren Botschaft. So hätte sie nicht geantwortet, wenn sie bei Sinnen gewesen wäre. Ich will dir eines sagen: ich glaube, sie bereut es schon in diesem Augenblick.«

»Meinetwegen mag sie bereuen, soviel sie will,« sagte Gudmund. »Ich weiß jetzt, daß sie eine ist, die immer nur an sich selbst denkt. Ich bin froh, daß ich sie los bin.«

Helga preßte die Lippen aufeinander, damit ihr das große Geheimnis nicht entschlüpfe. Sie hatte viel zu denken. Es handelte sich nicht nur darum, Gudmund von dem Mord reinzuwaschen. Es herrschte ja auch Feindschaft zwischen Gudmund und seiner Braut. Könnte sie nicht versuchen, die beiden mit Hilfe dessen, was sie wußte, zu versöhnen? Wieder saß sie stumm da und grübelte, bis Gudmund davon zu sprechen begann, daß er seinen Sinn jetzt ihr zugewandt hätte.

Aber das erschien ihr als das größte Unglück, das ihm an diesem Tage widerfahren war. Schlimm war es schon, daß die vorteilhafte Heirat zu scheitern drohte, noch schlimmer aber, daß er um eine wie sie werben wollte.

»Nein, so etwas darfst du mir nicht sagen,« rief sie und sprang plötzlich auf.

»Warum soll ich es dir nicht sagen?« fragte Gudmund und erblaßte. »Ist es mit dir vielleicht gerade so wie mit Hildur? Hast du Angst vor mir?«

»Nein, nicht deshalb.« Sie wollte ihm erklären, daß er in sein eigenes Verderben renne, aber er hörte ihr gar nicht zu.

»Ich habe gehört, daß es früher einmal Frauen gab, die den Männern zur Seite standen, wenn sie in Not kamen; aber heute trifft man solche Frauen nicht mehr.«

Helga erzitterte. Sie hätte die Arme um seinen Hals schlingen wollen, aber sie verhielt sich still. Heute mußte sie vernünftig sein.

»Es ist ja wahr, ich hätte dich nicht an demselben Tage, wo ich ins Gefängnis soll, bitten dürfen, meine Frau zu werden. Aber der Gedanke, daß du auf mich warten würdest, bis ich wieder frei wäre, hätte mich all das Schwere mit leichtem Mut erdulden lassen.«

"Det är inte jag, som ska vänta på dig, Gudmund."

"Alla människor kommer nu att betrakta mig som en missdådare, som en, som super och mördar. Men om det bara funnes någon, som kunde se med kärlek på mig! Det skulle hålla mig uppe mer än allt annat."

"Det vet du väl, att jag aldrig ska tänka annat än gott om dig, Gudmund."

Helga var så stilla. Gudmunds böner höll på att bli för mycket för henne. Hon visste rakt inte hur hon skulle undkomma honom. Men Gudmund förstod ingenting, utan började tro, att han hade tagit miste. Hon måtte inte känna detsamma för honom som han för henne. Han kom alldeles inpå henne och såg på henne, som ville han se tvärsigenom henne. — "Sitter du inte just på den här klippkanten för att kunna se ner till Närlunda?"

"Jo, det gör jag."

"Längtar du inte dit natt och dag?"

"Jo, men jag längtar inte efter någon människa."

"Och mig bryr du dig inte om?"

"Jo, men jag vill inte gifta mig med dig."

"Vem är det du tycker om då?" — Helga teg.

"Är det Per Mårtensson?" — "Ja, honom har jag ju sagt att jag tyckte om," sade hon och var alldeles utpinad.

Gudmund stod en stund och såg på henne med förgrymmat ansikte. — "Ja, farväl då! Nu får vi gå skilda vägar, du och jag," sade han. Och med detsamma tog han ett långt språng från klipphyllan ner till nästa avsats i berget och försvann därpå bland träden.

6

Inte förr var Gudmund ur sikte, än Helga på en annan väg skyndade ner från berget. Hon sprang förbi Stormyra utan att stanna och ilade så fort hon förmådde utför skogsbackarna ner till vägen. I första gård, som hon kom till, bad hon att få låna häst och kärra för att fara till Älvåkra. Hon sade, att det gällde livet, att hon kom dit, och hon lovade att betala

»Ich bin es nicht, die auf dich warten soll, Gudmund.«

»Alle Menschen werden mich jetzt als einen Missetäter betrachten, als einen, der sich besäuft und mordet. Ach, wenn es nur eine gäbe, die mich mit Liebe ansehen könnte! Das würde mich besser aufrechterhalten als alles andere.«

»Du weißt, daß ich nie etwas anderes als Gutes von dir denken werde, Gudmund.«

Helga war sehr still. Gudmunds Bitten wurden fast zu viel für sie. Sie wußte gar nicht, wie sie ihm entkommen sollte. Aber Gudmund verstand nichts, sondern begann zu glauben, daß er sich geirrt habe. Sie könnte nicht dasselbe für ihn empfinden wie er für sie. Er kam ganz dicht an sie heran und sah sie an, als wollte er mitten durch sie hindurchsehen. »Sitzest du nicht gerade auf diesem Felsen hier, um nach Närlunda hinunterzusehen?«

»Ja, das tu ich.«

»Sehnst du dich nicht Tag und Nacht hin?«

»Ja. Aber ich sehne mich nicht nach einem Menschen.«

»Und mich magst du gar nicht?«

»O ja, aber ich will dich nicht heiraten.«

»Wen hast du denn gern?« – Helga schwieg.

»Per Mårtensson?« – »Ja, ihm hab ich gesagt, daß ich ihn gern habe,« sagte sie und war ganz zermartert.

Gudmund blieb ein Weilchen stehen und sah sie mit ergrimmtem Gesicht an. »Dann also lebewohl! Jetzt gehen wir getrennte Wege, du und ich,« sagte er, und damit machte er einen gewaltigen Sprung von dem Stein zum nächsten Felsabsatz und verschwand unter den Bäumen.

6

Kaum war Gudmund verschwunden, als Helga auf einem andern Wege den Berg hinuntereilte. Sie lief am Moorhof vorbei, ohne stehenzubleiben und eilte dann, so rasch sie konnte, über die Waldhügel hinunter auf den Weg. Im ersten Bauernhof, den sie erreichte, bat sie die Bewohner, ihr Pferd und Fuhrwerk zu leihen, damit sie nach Älvåkra fahren könnte. Sie sagte, es gälte das Leben, daß sie hinkäme, und versprach, dafür zu zahlen.

hjälpen. Kyrkfolk hade redan hunnit komma hem och berätta om det inställda bröllopet. Alla var mycket upprörda och medlidsamma, och man ville inte neka att hjälpa Helga, eftersom hon tycktes ha ett viktigt ärende till bröllopsgården.

På Älvåkra satt Hildur Eriksdotter i det lilla rum i övervåningen, där hon hade klätt sig till brud. Hon hade modern och flera andra bondkvinnor omkring sig. Hildur grät inte, men hon var osedvanligt tyst och så blek, att det såg ut, som om hon när som helst skulle bli sjuk. Kvinnorna talade hela tiden om Gudmund. Alla klandrade honom och tycktes anse det för en lycka för Hildur, att hon hade blivit fri från honom.

Somliga tyckte, att Gudmund hade visat liten hänsyn till svärföräldrarna, som inte redan på pingstdagen talade om hur han hade det ställt för sig. Andra sade, att den, som hade haft en så stor lycka att vänta, borde ha förstått att ta bättre vara på sig själv. Och några lyckönskade Hildur till att hon hade sluppit att bli gift med en, som kunde dricka sig så redlös, att han inte visste vad han gjorde.

Mittunder detta tycktes Hildur bli otålig och reste sig upp för att gå ut. Så snart hon var utom dörren, kom hennes bästa vän, en ung bondflicka, och viskade till henne: ”Det är någon där nere, som vill tala med dig.”

”Är det Gudmund?” frågade Hildur och fick en stråle av liv i ögonen.

”Nej, men j ag tror, att det kan vara ett bud från honom. Hon vill inte framföra ärendet till någon annan än dig själv.”

Nu hade Hildur hela dagen suttit och tänkt, att något måste komma, som skulle göra slut på detta elände. Hon kunde inte förstå, att en så förskräcklig olycka skulle hända henne. Hon tyckte, att det borde inträffa något, så att hon åter finge sätta på sig krona och krans, så att brudtåget finge fara till kyrkan och hela bröllopet komma i gång igen. När hon nu hörde om ett bud från Gudmund, blev hon ivrig och sprang genast ut till Helga, som stod och väntade på henne i köksförstun.

Hildur undrade nog på att Gudmund skickade Helga till henne, men hon tänkte, att han kanske inte hade kunnat få något annat bud nu på helgdagen, och hälsade vänligt på henne.

Hon vinkade åt Helga att följa henne bort till mjölkkammaren, som låg tvärsöver gården.

Die Dorfleute waren schon heimgekommen und hatten von der unterbliebenen Hochzeit erzählt. Alle waren sehr bewegt und mitleidig, und man wollte Helga die Hilfe nicht verweigern, da sie eine wichtige Botschaft für die Leute auf Älvåkra zu haben schien.

In Älvåkra saß Hildur Erikstochter in einer kleinen Kammer im oberen Stockwerk, wo sie ihr Brautkleid abgelegt hatte. Die Mutter und ein paar andere Bäuerinnen waren um sie. Hildur weinte nicht, aber sie war ungewöhnlich still und blaß; es sah aus, als würde sie jeden Augenblick krank hinsinken. Die Frauen sprachen die ganze Zeit von Gudmund. Alle tadelten ihn und schienen es als ein Glück für Hildur anzusehen, daß sie von ihm befreit war.

Einige meinten, Gudmund habe wenig Rücksicht auf die Schwiegereltern gezeigt. Er hätte ihnen schon am Pfingsttage sagen müssen, wie es um ihn stand. Andere sagten, wem ein so großes Glück bevorstünde, der müßte besser auf sich achten. Und einige beglückwünschten Hildur, daß sie dem Schicksal entging, einen zu heiraten, der sich so sinnlos betrinken konnte, daß er nicht mehr wußte, was er tat.

Mitten unter diesen Reden schien Hildur ungeduldig zu werden; sie stand auf, um das Zimmer zu verlassen. Sowie sie zur Tür hinaus war, kam ihre beste Freundin, ein junges Bauernmädchen, und flüsterte ihr zu: »Unten ist jemand, der mit dir sprechen will.«

»Ist es Gudmund?« fragte Hildur, und ein Strahl des Lebens leuchtete in ihren Augen auf.

»Nein, aber, ich glaube, eine Botschaft von ihm. Sie will, was sie auszurichten hat, keinem als nur dir selbst sagen.«

Nun hatte Hildur den ganzen Tag dagesessen und gedacht, daß jemand kommen müsse, der diesem Elend ein Ende machte. Sie konnte es gar nicht begreifen, daß ein so schreckliches Unglück sie treffen sollte. Sie meinte, es müsse etwas geschehen, das es ihr möglich machte, Krone und Kranz wieder aufzusetzen, mit dem Hochzeitszug zur Kirche zu fahren und getraut zu werden. Als sie nun von einer Botschaft Gudmunds hörte, wurde sie ganz eifrig und lief eilends zu Helga hinaus, die vor der Kirchentür stand und auf sie wartete.

Hildur wunderte sich wohl, daß Gudmund Helga zu ihr schickte, aber sie dachte, er hätte vielleicht heute am Feiertag keine andere Botin gefunden, und begrüßte sie freundlich.

Sie winkte Helga, ihr in die Milchkammer zu folgen, die drüben auf der anderen Längsseite des Hofes lag.

"Jag vet inte något annat ställe, där vi kan få vara ensamma," sade hon. "Vi har ännu hela huset fullt av folk."

Så snart de var där inne, gick Helga tätt intill Hildur och såg henne i ögonen. "Innan jag säger något, får jag lov att veta om Hildur tycker om Gudmund."

Hildur ryckte till av ovilja. Det pinade henne att behöva växla ett enda ord med Helga, och bra liten lust hade hon att göra henne till sin förtrogna. Men nu var det nöd på färde, och hon tvang sig att svara: "Varför tror du att jag annars skulle ha velat gifta mig med honom?"

"Jag menar om Hildur tycker om honom ännu?" — Hildur blev som en sten, men hon kunde inte ljuga under den andras forskande blick.

"Kanske att jag aldrig förr har tyckt så mycket om honom som i dag," sade hon, men så lågt, att man kunde tro, att det gjorde ont i henne att säga fram orden.

"Kom då genast med mig!" sade Helga. "Jag har ett åkdon borta på vägen. Hildur ska bara gå in efter något att sätta på sig, så far vi genast till Närlunda."

"Vad ska det tjäna till, att jag far dit?" frågade Hildur.

"Hildur ska fara dit och säga, att Hildur vill tillhöra Gudmund, vad han än har gjort, och att Hildur vill troget vänta på honom, medan han sitter i fängelse."

"Varför ska jag säga detta?" — "För att allt ska bli gott mellan er."

"Men det är ju omöjligt. Inte vill jag gifta mig med en, som har suttit på fästning."

Helga for ett par steg tillbaka, som om hon hade törnat mot en mur. Men hon fattade raskt mod igen. Hon kunde ju förstå, att den, som var så mäktig och rik som Hildur, måste tänka så. "Jag skulle inte ha kommit och bett Hildur fara till Närlunda, om jag inte visste, att Gudmund är oskyldig," sade hon.

Nu var det Hildur, som tog ett steg fram mot Helga. — "Vet du det, eller är det bara något, som du tror?"

»Ich weiß keinen andern Ort, wo wir allein sprechen können,« sagte sie. »Wir haben noch das Haus voll Leute.«

Sobald sie drinnen waren, trat Helga dicht an Hildur heran und sah ihr ins Gesicht. »Bevor ich etwas sage, muß ich erst wissen, ob du Gudmund lieb hast, Hildur.«

Hildur zuckte vor Empörung zusammen. Es war ihr eine Qual, mit Helga auch nur ein einziges Wort wechseln zu müssen, und sie hatte wahrlich keine Lust, sie zu ihrer Vertrauten zu machen. Aber nun war die Not am höchsten, und so zwang sie sich, zu antworten: »Warum, glaubst du, hätte ich ihn sonst heiraten wollen?«

»Ich meine, ob du ihn noch lieb hast, Hildur?« – Hildur wurde wie zu Stein, aber unter dem forschenden Blick der andern konnte sie nicht lügen.

»Vielleicht habe ich ihn noch nie so lieb gehabt wie heute,« sagte sie, jedoch so leise, daß man glauben konnte, es täte ihr weh, die Worte auszusprechen.

»Dann komm gleich mit mir,« sagte Helga. »Ich habe drunten auf der Straße einen Wagen stehen. Du brauchst dich nur fertig zu machen, dann können wir gleich nach Närlunda fahren.«

»Wozu soll es gut sein, daß ich hinfahre?« fragte Hildur.

»Du mußt hinfahren und sagen, daß du Gudmund angehören willst, Hildur, was er auch getan haben mag, und daß du treu auf ihn warten wirst, während er im Gefängnis sitzt.«

»Warum soll ich das sagen?« – »Damit alles zwischen euch wieder gut wird.«

»Aber das ist ja unmöglich. Ich will doch keinen heiraten, der im Gefängnis gesessen hat.«

Helga prallte ein paar Schritt zurück, so als wäre sie an eine Mauer gestoßen. Aber sie faßte rasch wieder Mut. Sie konnte ja begreifen, daß, wer mächtig und reich war wie Hildur, so denken mußte. »Ich wäre nicht hierher gekommen und hätte dich nicht gebeten, nach Närlunda zu fahren, wenn ich nicht wüßte, daß Gudmund unschuldig ist,« sagte sie.

Jetzt war es Hildur, die einen Schritt von Helga forttrat. – »Weißt du das, oder ist es nur etwas, was du glaubst?«

"Det vore bättre, att vi genast satte oss i kärran, så kunde jag tala på vägen."

"Nej, du ska först förklara vad du menar. Jag får lov att veta vad jag gör."

Helga var i sådan brinnande iver, att hon knappt kunde stå stilla, men hon måste ändå bekväma sig att berätta för Hildur hur hon visste, att det inte var Gudmund, som var dråparen. "Sa du inte detta till Gudmund genast?"

"Nej, jag säger det nu till Hildur. Det är ingen annan, som vet det."

"Och varför kommer du till mig med detta?"

"För att det ska bli bra er emellan. Han får nog snart reda på att han ingenting ont har gjort, men jag vill, att Hildur ska komma till honom liksom av sig själv och göra det gott."

"Ska jag inte säga, att jag vet, att han är oskyldig?"

"Hildur ska komma alldeles av sig själv, aldrig låtsa om, att jag har talat med Hildur. Annars förlåter han aldrig det, som Hildur sa till honom i dag på morgonen."

Hildur hörde tyst på. Det var något i detta, som hon aldrig hade mött förut i livet, och hon strävade att reda ut det för sig. "Vet du, att det var jag, som ville, att du skulle flytta från Närlunda?

"Nog vet jag, att det inte var husbondfolket på Närlunda, som ville ha mig bort."

"Jag kan inte förstå, att du kommer hit till mig i dag och vill hjälpa mig."

"Bara Hildur följer med nu, så att allt kan bli bra!"

Men Hildur såg på Helga, alltjämt sänkt i samma begrundan. "Kanske det är så, att Gudmund tycker om dig?" framkastade hon.

Men nu brast Helgas tålamod. "Vad skulle jag vara för honom att få?" sade hon häftigt. "Hildur vet ju, att jag ingenting annat är än en fattig torpartös, och det är ändå inte det värsta med mig." De två unga flickorna smög sig obemärkta från gården och satt snart i kärran. Helga körde, och hon sparade inte hästen, utan det gick i rask fart. De var båda tysta.

»Es wäre besser, wenn wir uns gleich in den Wagen setzten, dann könnte ich es dir unterwegs erzählen.«

»Nein, erst mußt du mir alles sagen. Ich muß wissen, was ich tue.«

Helga war so voll brennenden Eifers, daß sie kaum stillstehen konnte, aber sie mußte sich doch bequemen, Hildur zu erzählen, woher sie wüßte, daß nicht Gudmund der Täter sei. »Hast du das Gudmund nicht gleich gesagt?«

»Nein, ich sage es jetzt dir, Hildur. Kein anderer weiß es.«

»Und warum kommst du mit dieser Nachricht zu mir?«

»Damit es zwischen euch wieder gut werde. Auch er wird wohl bald erfahren, daß er nichts Böses getan hat, aber ich will, daß du wie von selbst zu ihm kommst, Hildur, und es gut machst.«

»Ich soll nicht sagen, daß ich von seiner Schuldlosigkeit weiß?«

»Du sollst ganz von selbst kommen, Hildur, und ihm nie verraten, daß ich mit dir gesprochen habe. Sonst verzeiht er dir nie, was du ihm heute morgen gesagt hast.«

Hildur hörte schweigend zu. Es lag etwas in diesen Worten, was ihr noch nie im Leben begegnet war, und sie war bemüht, es sich klarzumachen. »Weißt du, daß ich es war, die verlangte, daß du aus Närlunda fortkommst?«

»Ich weiß wohl, daß es nicht die Leute auf Närlunda waren, die mich forthaben wollten.«

»Ich kann gar nicht verstehen, daß du heute zu mir kommst und mir helfen willst.«

»Wenn du jetzt nur mitkommst, Hildur, so kann alles gut werden!«

Aber Hildur sah Helga an, noch immer in dieselben Grübeleien versunken. − »Vielleicht hat Gudmund *dich* lieb,« warf sie hin.

Aber nun riß Helga die Geduld. − »Was hätte er denn an mir!« sagte sie heftig, »du weißt doch, Hildur, daß ich nichts andres bin als eine arme Häuslerdirne, und das ist noch nicht einmal das Allerschlimmste.«
Die beiden jungen Mädchen schlichen sich unbemerkt aus dem Haus und saßen bald im Wagen. Helga kutschierte, und sie schonte das Pferd nicht, sondern ließ es rasch traben. Sie waren beide stumm.

Hildur satt och såg på Helga. Det var, som om hon undrade mer på henne och tänkte mer på henne än på något annat.

När de kom i närheten av gården, lämnade Helga tömmarna åt Hildur. "Nu ska Hildur fara ensam fram till gården och tala med Gudmund. Jag kommer efter om en stund och berättar det där med kniven. Men Hildur ska inte säga ett ord till Gudmund om att det är jag, som har hämtat Hildur."

Gudmund satt i storstugan på Närlunda bredvid mor Ingeborg och talade med henne. Fadern satt ett stycke ifrån dem och rökte. Han såg nöjd ut och sade inte ett ord. Det märktes, att han ansåg, att allt nu gick, som det skulle, och att han inte behövde gripa in.

"Jag undrar, mor, vad ni skulle ha sagt, om ni hade fått Helga till sonhustru," sade Gudmund. Mor Ingeborg lyfte upp huvudet och sade med stadig röst: "Jag ska med glädje ta emot vilken svärdotter som helst, om jag bara vet, att hon tycker om dig så, som en hustru ska tycka om sin man."

Knappt var detta sagt, förrän de såg Hildur Eriksdotter köra in på gården. Hon kom strax därpå in i stugan och var sig olik på många sätt. Hon trädde inte fram i rummet med vanlig raskhet, utan det såg nästan ut, som om hon hade haft lust att stanna nere vid dörren som en fattig tiggartös.

Hon kom emellertid fram och tog mor Ingeborg och Erland i hand. Sedan vände hon sig till Gudmund. "Det är allt med dig, som jag ville tala ett par ord." Gudmund steg upp, och de gick in i lillkammaren. Han ställde fram en stol åt Hildur, men hon satte sig inte. Hon var röd av förlägenhet, och orden kom trögt och blygt över hennes läppar. "Jag var väl... Ja, det var nog alltför hårt, det, som jag sa till dig i morse."

"Vi kom så häftigt över Hildur," sade Gudmund. Hon blev ännu mera röd och skamsen. "Jag skulle ha tänkt mig för. Vi kunde ... Det skulle ju... "

"Det är nog bäst, som det är, Hildur. Det är ingenting att tala om nu. Men det var snällt, att Hildur kom."

Hon slog händerna för ansiktet, drog ett andetag så djupt som en snyftning, men lyfte huvudet igen. "Nej!" sade hon. "Det går inte för mig på det här sättet. Jag vill inte, att du ska tro, att jag är bättre, än jag är."

Hildur saß da und sah Helga an. Es war, als könne sie sich nicht genug über sie wundern, und als dächte sie mehr an sie als an irgend etwas anderes.

Als sie in die Nähe des Hofes kamen, übergab Helga Hildur die Zügel. »Jetzt sollst du allein hinfahren, Hildur, und mit Gudmund sprechen. Ich komme in einer Weile nach und erzähle die Geschichte mit dem Messer. Aber du darfst Gudmund kein Wort davon sagen, Hildur, daß ich dich geholt habe.«

Gudmund saß in der Wohnstube auf Närlunda neben Mutter Ingeborg und sprach mit ihr. Der Vater saß etwas abseits und rauchte. Er sah zufrieden aus und sagte kein Wort. Man merkte, er war der Meinung, jetzt gehe alles, wie es sollte, so daß er nicht einzugreifen brauchte.

»Ich wüßte wohl gerne, Mutter, was Ihr gesagt haben würdet, wenn Ihr Helga als Schwiegertochter bekommen hättet,« sagte Gudmund. Mutter Ingeborg hob den Kopf und antwortete mit fester Stimme: »Ich werde jede Schwiegertochter mit Freuden aufnehmen, wenn ich nur weiß, daß sie dich so lieb hat, wie eine Frau ihren Mann liebhaben soll.«

Kaum war dies gesagt, als sie Hildur Erikstochter in den Hof einfahren sahen. Sie kam gleich darauf ins Haus und war ganz anders als sonst. Sie trat nicht in ihrer gewohnten zuversichtlichen Art in das Zimmer, sondern es sah fast aus, als wolle sie unten an der Tür stehenbleiben wie ein armes Bettelmädchen.

Sie kam jedoch heran und gab Mutter Ingeborg und Erland die Hand. Dann wendete sie sich an Gudmund. »Mit dir will ich ein paar Worte sprechen.« Gudmund stand auf, und sie gingen in die Kammer. Er stellte Hildur einen Stuhl hin, aber sie setzte sich nicht. Sie war ganz rot vor Verlegenheit, und die Worte kamen langsam und scheu über ihre Lippen: »Ich war wohl ... ja, es war vielleicht zu hart, was ich heute morgen sagte.«

»Ach, wir haben dich damit so plötzlich überfallen,« sagte Gudmund. Sie wurde noch röter und beschämter. »Ich hätte es mir besser überlegen sollen. Wir könnten – es sollte doch ...«

»Es ist schon am besten, wie es ist, Hildur. Darüber ist nichts mehr zu reden; aber es ist schön, daß du gekommen bist.«

Sie schlug die Hände vors Gesicht, holte sehr tief Atem, daß es klang wie ein Schluchzen, hob dann aber den Kopf wieder. »Nein,« sagte sie. »Es geht nicht. Ich will nicht, daß du mich für besser hältst, als ich bin.

Det var någon, som kom till mig och sa, att du var oskyldig, och rådde mig att skynda mig hit och göra allt gott igen. Och jag skulle inte säga, att jag redan visste, att du var oskyldig, för då skulle du inte tycka, att det var så stort, att jag kom. Nu säger jag dig, att jag hade önskat, att jag hade kommit på den tanken själv, men det har jag inte. Men jag har längtat efter dig hela dagen och önskat, att det kunde bli bra mellan oss. Och hur det an går, så vill jag säga, att jag är glad, att du är oskyldig."

"Vem var det, som gav Hildur det där rådet?" frågade Gudmund. — "Det skulle jag inte säga."

"Jag undrar på att någon vet det. Far kom just nu ifrån länsman. Han har telegraferat in till staden. Och det har kommit svar, att den rätte dråparen redan är funnen."

När Gudmund sade detta, kände Hildur, att benen började darra under henne, och hon satte sig hastigt ner på stolen. Hon blev rädd, därför att Gudmund var så lugn och vänlig. Hon började märka, att han var alldeles utanför hennes makt. "Jag förstår, att Gudmund aldrig kan glömma hurudan jag var i förmiddags."

"Jo, nog kan jag förlåta Hildur det," sade han med samma lugna ton. "Det där ska vi aldrig mer tala om."

Hon darrade till, slog ner ögonen och satt, som om hon väntade något. "Det var bara en stor lycka, Hildur," sade han och kom fram och fattade hennes hand, "att det blev slut mellan oss, för det har blivit klart för mig i dag, att jag tycker om en annan. Jag tror, att jag har tyckt om henne länge, men jag har inte vetat det förrän i dag."

"Vem är det, som Gudmund tycker om?" kom det tonlöst från Hildur. "Det gör detsamma att tala om. Jag ska inte gifta mig med henne, för hon tycker inte om mig. Men jag kan heller inte gifta mig med någon annan."

Hildur lyfte huvudet. Det var inte lätt att säga vad som försiggick inom henne. Men hon kände i detta ögonblick, att hon, storbondedottern, med all sin fägring och alla sina ägodelar var ingenting för Gudmund. Och hon var stolt och ville inte skiljas från honom utan att lära honom, att hon hade värde i sig själv utom allt det yttre.

"Jag vill, Gudmund, att du ska säga mig om det är Helga från Stormyra, som du tycker om." Gudmund stod tyst.

Jemand kam zu mir und sagte, daß du unschuldig bist, und riet mir, hierher zu eilen und alles wieder gutzumachen. Und ich sollte nicht sagen, daß ich schon weiß, daß du unschuldig bist. Denn dann würdest du nicht soviel daran finden, daß ich komme. Jetzt sage ich dir: ich wünschte, ich wäre selbst auf den Gedanken gekommen. Doch so war es nicht. Aber ich habe mich den ganzen Tag nach dir gesehnt und gewünscht, daß es wieder gut zwischen uns werden könnte. Und wie es auch kommen mag: eins will ich dir sagen, ich freue mich, daß du unschuldig bist.«

»Wer hat dir denn diesen Rat gegeben, Hildur?« fragte Gudmund. – »Das darf ich nicht sagen.«

»Ich wundere mich, daß es jemand weiß. Vater kommt eben jetzt vom Bürgermeister. Er hat in die Stadt telegraphiert. Und es ist die Antwort gekommen, daß der wahre Täter schon gefunden ist.«

Als Gudmund dies sagte, fühlte Hildur, wie die Beine unter ihr zitterten, und sie setzte sich rasch nieder. Es wurde ihr ganz angst, weil Gudmund so ruhig und freundlich war, und sie begann zu verstehen, daß er ganz außerhalb ihrer Macht war. »Ich sehe schon, du kannst es nicht vergessen, Gudmund, wie ich heute vormittag gewesen bin.«

»O doch, das kann ich dir schon verzeihen, Hildur,« sagte er in demselben ruhigen Ton. »Davon wollen wir nie mehr sprechen.«

Sie erzitterte, schlug die Augen nieder und saß da, als wartete sie auf etwas. »Es ist nur ein großes Glück, Hildur,« sagte er und kam heran und ergriff ihre Hand, »daß es zwischen uns aus ist. Denn heute ist es mir klar geworden, daß ich eine andre lieb habe. Ich glaube, ich hatte sie schon lange lieb, aber ich weiß es erst seit heute.«

»Wer ist die, die du lieb hast, Gudmund?« kam es tonlos von Hildurs Lippen. – »Das spielt ja keine Rolle. Ich werde sie nicht heiraten, denn sie hat mich nicht lieb. Aber eine andere kann ich nicht nehmen.«

Hildur hob den Kopf. Es war nicht leicht, zu sagen, was in ihr vorging. Aber sie fühlte in diesem Augenblick, daß sie, die Großbauerntochter, mit all ihrem Reiz und allem ihrem Hab und Gut nichts für Gudmund bedeutete. Und sie war stolz und wollte nicht von ihm scheiden, ohne ihm zu zeigen, daß sie ihren Wert in sich hatte, abgesehen von allem Äußerlichen.

»Ich will, Gudmund, daß du mir sagst, ob es Helga vom Moorhof ist, die du gern hast.« Gudmund stand schweigend da.

"För om det är Helga, så vet jag, att hon tycker om dig. Det var hon, som kom till mig och lärde mig vad jag hade att göra, för att allt skulle bli bra mellan oss. Hon visste, att du var oskyldig, men hon sa det inte till dig, utan lät mig veta det först."

Gudmund såg henne stadigt in i ögonen. "Tycker du detta tyder på att hon har en stor kärlek för mig?"

"Det kan du vara säker på, Gudmund. Det kan jag vittna om. Ingen i världen kan älska dig mer än hon."

Han gick hastigt ett slag över golvet. Därpå stannade han framför Hildur. "Men du då, varför säger du mig detta?"

"Jag ville väl inte stå efter Helga i ädelmod." — "Å, Hildur, Hildur!" sade han, lade händerna på hennes axlar och skakade henne för att ge luft åt sin rörelse. "Du vet inte, nej, du vet inte hur mycket jag tycker om dig i denna stund. Du vet inte hur lycklig du har gjort mig..."

* * *

Helga satt vid vägkanten och väntade. Hon satt med handen under kinden och såg ner på marken. Hon såg Gudmund och Hildur för sig och tänkte på hur lyckliga de nu måste vara. Medan hon satt där, kom en dräng från Närlunda gående förbi. Han stannade, när han fick se henne. "Helga har väl hört det där med Gudmund?" — Ja, det hade hon.

"Det var ingen sanning, som väl var. Den rätte dråparen är redan i häkte." — "Jag visste, att det inte kunde vara sant," sade Helga."

Därpå gick karlen, men Helga satt kvar vid vägkanten som förut. Jaså, de visste det redan där borta! Hon behövde inte gå fram till Närlunda och tala om det. Hon kände sig så underligt utestängd. Förut på dagen hade hon varit så ivrig. Hon hade inte tänkt på sig själv, bara på att Gudmunds och Hildurs bröllop skulle komma till stånd.

Men nu stod det för henne hur ensam hon var. Och det var tungt att ingenting få vara för dem, som man tyckte om. Nu behövde inte Gudmund henne, och hennes eget barn hade modern gjort till sitt. Hon unnade henne knappt att se på det.

»Denn wenn es Helga ist, dann weiß ich, daß sie dich lieb hat. Sie kam zu mir und lehrte mich, was ich tun sollte, damit es zwischen uns wieder gut würde. Sie wußte, daß du unschuldig bist, aber sie sagte es nicht dir, sondern ließ es mich zuerst wissen.«

Gudmund sah ihr fest in die Augen. »Findest du darin ein Zeichen, daß sie eine große Liebe für mich hat?«

»Dessen kannst du sicher sein, Gudmund. Das kann ich bezeugen. Niemand in der Welt kann dich lieber haben als sie.«

Er ging hastig durch das Zimmer. Dann blieb er vor Hildur stehen. »Aber du? Warum sagst du mir das?«

»Ich will Helga an Edelmut nicht nachstehen.« – »Ach, Hildur, Hildur!« sagte er, legte die Hand auf die Schultern und schüttelte sie, um seiner Rührung Luft zu machen. »Du weißt nicht, nein, du weißt nicht, wie gut ich von dir in diesem Augenblick denke. Du weißt nicht, wie glücklich du mich gemacht hast ...«

*   *   *

Helga saß am Wegrand und wartete. Sie saß da, das Kinn in die Hand gestützt und sah zu Boden. Sie sah Gudmund und Hildur vor sich und dachte, wie glücklich sie jetzt sein müßten. Während sie so dasaß, kam ein Knecht aus Närlunda vorüber. Als er sie sah, blieb er stehen. »Du hast doch von Gudmund gehört, Helga?« – Ja, das hatte sie.

»Die ganze Geschichte ist ja gar nicht wahr. Der richtige Täter ist schon verhaftet.« – »Ich wußte, daß es nicht wahr sein konnte,« sagte Helga.

Dann ging der Mann, aber Helga blieb am Wegrand sitzen wie zuvor. Ja so, drüben wußten sie es schon. Sie brauchte gar nicht nach Närlunda zu gehen, um es zu erzählen. Sie fühlte sich so wunderlich ausgeschlossen. Vorhin erst war sie so eifrig gewesen. Sie hatte gar nicht an sich selbst gedacht, nur daran, daß Gudmunds und Hildurs Hochzeit zustande kommen müsse.

Aber jetzt erst stand es ihr vor Augen, wie einsam sie war. Und es war schwer, für die, die man lieb hatte, nichts sein zu dürfen. Jetzt brauchte Gudmund sie nicht, und ihr eigenes Kind hatte ihre Mutter zu dem ihren gemacht. Sie gönnte ihr kaum, daß sie es ansah.

Hon tänkte på att hon borde stiga upp och gå hem. Men backarna syntes henne långa och tunga. Hon visste inte hur hon skulle orka uppför dem.

Det kom ett åkdon från Närlundahållet. Det var Hildur och Gudmund, som satt i kärran. Nu for de väl till Älvåkra för att tala om, att de var försonade. Och i morgon blev det bröllop.

När de upptäckte Helga, stannade de hästen. Gudmund lämnade tömmarna till Hildur och hoppade ur. Hildur nickade till Helga och for vidare.

Gudmund stod kvar på vägen framför Helga. "Jag är glad, att du sitter här, Helga," sade han. "Jag trodde, att jag skulle få gå upp till Stormyra för att träffa dig."

Han sade detta häftigt, nästan hårt, och i detsamma grep han ett fast tag om hennes hand. Och hon såg i hans ögon, att nu visste han var han hade henne. Nu kunde hon inte mer komma undan honom.

Sie dachte daran, daß sie aufstehen und nach Hause gehen müsse. Aber die Hügel erschienen ihr so steil und schwer zu ersteigen. Sie wußte gar nicht, wie sie hinaufkommen solle.

Da kam ein Wagen aus Närlunda. Hildur und Gudmund saßen darin. Jetzt führen sie wohl nach Älvåkra, um zu sagen, daß sie sich ausgesöhnt hätten. Und morgen fände dann die Hochzeit statt.

Als sie Helga erblickten, hielten sie an. Gudmund gab Hildur die Zügel und sprang heraus. Hildur nickte Helga zu und fuhr weiter.

Gudmund blieb auf dem Wege vor Helga stehen. »Ich bin froh, daß du hier sitzest, Helga,« sagte er. »Ich glaubte, ich müßte nach dem Moorhof hinaufgehen, um dich zu treffen.«

Er sagte dies heftig, beinahe hart, und dabei hielt er ihre Hand fest umklammert, und sie sah es seinen Augen an, daß er jetzt wußte, wie es um sie stand. Jetzt konnte sie ihm nicht mehr entfliehen.

Vater nicht be
Monil

AF23

Monika Veit

Vater nicht bekannt

Ein historischer ROMAN
über das Schicksal der Johanna D.

DeBehr

ISBN: 978-3941758247
Copyright by: Monika Veit
Herausgeber: DeBehr Verlag Radeberg
Zweite Auflage: 2011
Umschlaggestaltung: fotolia Copyright by Brian Creswick und Tracie Grant

Vorwort

Der Leser mag sich fragen, was sich hinter diesen Worten verbirgt: unzählige Schicksale, Kinderelend, Niedertracht, Hinterhältigkeit, Verlogenheit, Grausamkeit, Armut und letztendlich Hilflosigkeit und Ohnmacht der Betroffenen. Mit drei Worten gesagt: viel menschliches Elend. Geschildert wird das Schicksal von Johanna, der Bauerntochter aus der Hasle.

Der Ort Haslach gehört zu Simonswald, ein enges Seitental des Simonswäldertales, das wiederum ein Seitental des Elztales ist. Auf der Landkarte findet man es im südlichen Schwarzwald, in der Nähe von Freiburg.

Die Erzählung beruht auf wahren Begebenheiten und spielt in den letzten drei Jahrzehnten des neunzehnten Jahrhunderts. Johanna lebte wirklich, sie wurde 1862 auf dem oberen Gefällhof geboren. Die Namen ihrer Eltern, ihrer Brüder und ihrer Schwester entstammen alle den Geburten- und Sterbebüchern von Altsimonswald. Auch die Eintragungen der Geburten ihrer unehelichen Kinder sowie der Vermerk im Kirchenbuch „Vater des Kindes nicht bekannt" sind identisch. Es war mir ein persönliches Bedürfnis, Johannas Schicksal und Lebenskampf zu schildern, nachdem ich mich einige Jahre lang intensiv mit beiden beschäftigt hatte. Es ist dies nicht Johannas Schicksal allein, was mich bewegte, es ist nur eines von vielen.

Während der Schreibphase lebte und litt ich mit ihr. Ich teilte ihre Ängste und ihre Freuden, ihre geheimsten Wünsche und auch ihre Enttäuschungen. Traurige Ereignisse machten mich betroffen. Ich versuchte, Johanna in der heutigen Zeit jung sein zu lassen.

Wie vieles hat sich doch in den letzten einhundertvierzig Jahren verändert. Wie viel leichter hat es doch die Jugend von heute. So viel Freizügigkeit erlebte noch keine Generation. Noch nie war es für junge, verliebte Leute so einfach, eine Schwangerschaft zu verhüten – dank der Pille –, die ich als riesigen Meilenstein zur persönlichen Freiheit der Frau sehe, die endlich nicht mehr nur

Gebärmaschine ist. Sie kann heute selbst bestimmen, wann und zu welchem Zeitpunkt sie ein Kind bekommen möchte.

Wenn ich in diesem Buch Missstände der katholischen Kirche in der damaligen Zeit anprangere, liegt es auch an der Örtlichkeit: Das religiöse Leben, gerade in dieser Gegend, im tiefsten Schwarzwald, bildete ein Grundelement im Volkstum. In protestantischen Gegenden war es ähnlich qualvoll, es herrschten nur andere Anordnungen. Zum Glück hat sich die Situation in unserer Zeit, dank entsprechender Gesetze, positiv geändert.

Noch nie in der Geschichte der Menschheit wurde so viel für Mutter und Kind getan wie heute. Noch nie bekamen Mütter und Kinder – überhaupt Familien – so viel Unterstützung und Mittel, um ein menschenwürdiges Leben führen zu können. Heutzutage muss keine ledige Mutter mehr aus Not und Verzweiflung ins Wasser springen. Gott sei Dank nicht mehr!

Mit diesen Zeilen möchte ich mich bei allen, die mir behilflich waren mit Probelesen und Korrigieren, die mir Ratschläge gaben, bedanken. Besonderen Dank möchte ich Herrn H.J. Wehrle, Heimatforscher aus Simonswald, aussprechen, der mich mit Informationen zu Eintragungen aus Geburten- und Sterbebüchern unterstützte, der immer eine Antwort auf meine Fragen wusste und mir wertvolles Wissen vermittelte.

Er erzählte mir vom alltäglichen Leben, den Lebensgewohnheiten der Menschen im Simonswäldertal und seinen Seitentälern, in diesem Fall besonders aus dem Ortsteil Hasle. Vor allem wusste er aus vergangenen Jahrhunderten zu erzählen, von den Menschen, die hier lebten, deren Bräuchen. Aus keinem Geschichtsbuch und keiner Chronik hätte ich mehr erfahren können. Ihm gebührt auch Anerkennung für seine eigene Forschungsarbeit, die er unermüdlich – und hoffentlich noch lange – weiterführt.

Dem Leser wünsche ich mit diesem Buch einige besinnliche Stunden.

Monika Veit

Georg und Lena

Lena beim Geissen hüten

M. Vaet 2008

Kapitel 1

Heiter, mit sich und der Welt zufrieden, trat Andreas Dorer, Bauer vom oberen Gefällhof am Dorerbühl, aus der Haustür seines Hofes. Die letzten Sonnenstrahlen schienen durch die Zweige des alten Kirschbaumes, der in diesem Jahr so viel getragen hatte wie noch nie. Große, glänzende schwarze Kirschen, die wie dicke Trauben im Geäst gehangen hatten, füllten nun die Körbe, die man nur zu zweit tragen konnte. Bauer Andreas war gut gelaunt, sein Gesicht strahlte, was nicht sehr oft vorkam. Ja, der Andres, wie ihn jeder nannte, war glücklich, er hätte die ganze Welt umarmen können an diesem Abend.

Unversehens stieß er einen Jauchzer aus, der ihn selbst erstaunen ließ. Wie lange hatte er dies nicht mehr getan. Einen Moment lang überlegte er. Heute war er zum vierten Male Vater geworden, alles hatte er nun doppelt: zwei Söhne und zwei Töchter. Und die Heuernte unter Dach und Fach – wenn das mal kein Glück war. Lange genug hatte er gebangt und das Schlimmste kommen sehen. „Ja, heute war ein guter Tag", sagte er laut zu sich selbst. „Was habt Ihr gesagt, Bauer?", fragte die Magd, die in diesem Moment auch aus dem Haus trat. Hermine, ein kräftiges, dunkelhaariges Mädchen, nicht mehr die Jüngste, so um die Mitte dreißig. Ein Typ, der immer wie frisch gewaschen aussah, gut erhalten, vom Alter her schlecht zu schätzen.

Der Bauer fuhr herum, etwas verlegen, weil er sich ertappt fühlte, womöglich hatte sie ihm noch zugehört, schwirrte ihm durch den Kopf. Hermine hatte ein weißes Blatt Papier in der Hand, sie winkte dem Bauern damit zu. „Was gibt es, Hermine?"

„Das ist für den Pfarrer, Bauer, die Angaben zur Geburt des Kindes, Eurer Tochter. Normalerweise ist das die Aufgabe der Hebamme. Doch was ist hier schon noch normal!" Bei diesen Worten grinste sie ihn schelmisch an. „Die Bäuerin wollte, dass das Kind, wenn es ein Mädchen ist, Johanna heißen sollte!"

Der Bauer nahm ihr das Blatt aus der Hand und las, was die Magd darauf notiert hatte: Johanna Dorer, geboren am 2. Juli 1862, Tochter und viertes Kind des Bauern vom oberen Gefällhof am Dorerbühl, Andreas Dorer, und seiner Frau Maria Dorer, geb. Wehrle. Schmunzelnd las dies der Bauer Andreas. „Mach ich gleich morgen."

Etwas verlegen sagte er zu der Magd: „Hermine, du bist ein Teufelsweib, ich weiß nicht, wie das alles ohne dich gelaufen wäre. So wie es heute Morgen ausgesehen hat, war mir angst und bange, das darfst du glauben.

Ich darf gar nicht mehr daran denken, ohne dich wäre ich verzweifelt. Du hast heute alles gerettet, du warst Hebamme, Magd und Knecht, Köchin und Kinderfrau – alles in einem. Ich selbst war heute in der Frühe so verzweifelt, dass ich nur noch eine Katastrophe auf uns zukommen sah!"

Noch nie hatte der Bauer eine so lange Rede gehalten, da musste schon etwas Besonderes geschehen sein. Es lag ihm nicht, sein Innerstes nach außen zu kehren oder Gefühle und Empfindungen in Worte zu fassen, lieber schwieg er.

Hermine strahlte ob des Lobes über das ganze Gesicht. „Aber Bauer", sagte sie, „Ihr müsst halt ein wenig mehr Gottvertrauen haben, nicht immer gleich schwarz sehen. Freilich hatte ich Angst, da ja eine große Last auf meinen Schultern lag. Ich war mir auch gar nicht sicher, ob ich die viele Arbeit schaffen würde; was wäre gewesen, wenn es mit der Bäuerin Probleme gegeben hätte bei der Geburt des Kindes? Da hätte man die Schuld mit Sicherheit mir zugeschoben. Da müsst Ihr Gott dafür dankbar sein, der dazu geholfen hat, dass es doch noch ein guter Tag wurde. Ich jedenfalls habe inbrünstig darum gebetet."

Hermine hielt kurz inne, sie war über sich selbst erstaunt, dass sie, die sonst so schweigsam war, so viele Worte auf einmal zusammenbrachte. „Die Buben muss ich auch loben", sagte der Bauer nicht ohne Stolz, „die haben geschafft wie noch nie. Ja, früh übt sich!" Dabei ließ er seinen Blick gefällig über den Hof schweifen.

So war es nun einmal, dass jedes Jahr, wenn zu Anfang des Monats Juli die erste Heuernte sicher unter Dach und Fach war, die Bauern erleichtert aufatmen konnten. Denn das bedeutete gutes Futter für den Winter und damit auch Sicherheit für die Existenz des Hofes und der ganzen Familie. Wie die Ernte ausfallen würde, war nie so sicher, das hing entscheidend von der Witterung ab und von der Lage der Wiesen oder Felder. Besonders bei jener Höhe, in welcher der obere Gefällhof am Dorerbühl stand.

Immer im Sommer zur Heuzeit jährte sich der Geburtstag der kleinen Johanna, dem jüngsten Kind der Bauernfamilie Dorer auf dem oberen Gefällhof. Jeder in der Familie erinnerte sich an jenen – unvergesslichen – zweiten Julitag des Jahres 1862. An diesem Tage wurde Johanna als viertes und letztes Kind des Bauern Andreas Dorer und seiner Frau Maria geboren.

Die Familie hatte schon zwei Söhne im Alter von zehn und acht Jahren und ein zweijähriges Töchterchen, die kleine Stefanie. Immer wenn sich der Geburtstag ihrer kleinen Schwester wiederholte, erzählten ihre Brüder Lambert und Andreas, die damals kleine Buben waren, was an diesem

denkwürdigen Tag geschehen war. Für sie war es ein unauslöschlicher Tag. Die Bauernkinder erlebten ja nicht so vieles in ihrem einsamen Dasein. Auf einem Einödhof ereignete sich so gut wie gar nichts. Jedes der Kinder hatte schon früh seine aufgetragenen Pflichten zu erfüllen, sofern sie nicht in die Schule mussten. Der Schulweg der Kinder hinunter ins Tal war lang und beschwerlich. Bis sie dort ankamen, waren gut eineinhalb Stunden vergangen, der Heimweg war noch mühsamer mit mehr als zwei Stunden. Den Sommer über blieben die Kinder vom Schulgang verschont, da ihre Hände überall gebraucht wurden. So kam es, dass auch Johannas Brüder, Lambert und Andreas, während der Erntezeit, so wie in diesen Tagen, hart anfassen mussten, obwohl eine Magd und ein Knecht mithalfen.

Die Buben erzählten ihrer Schwester immer wieder von der damaligen Angst der Eltern: Die Heuernte war in drohender Gefahr, weil gerade an diesem Tag vier Hände ausfielen. Auch die der Magd Hermine, die nicht mithelfen konnte, weil die Mutter an diesem Tag mit der kleinen Johanna niederkommen sollte. Der Bauer kam dadurch in große Bedrängnis, niemand hatte schon mit der Geburt des Kindes gerechnet. Er hatte Gewissensbisse, weil er seiner Frau, die in den Kindswehen lag, keine Hebamme holen konnte. Freilich hätte er Hubert, den Knecht, oder einen der Buben in das Tal hinunterschicken können, doch das wären fast eine Tagesreise und damit kostbare, verlorene Zeit gewesen – und ausgerechnet, als es um das letzte Einbringen der ersten Heuernte ging und jede Hand gebraucht wurde.

Die beiden Buben vergaßen nie, wie fieberhaft sie an diesem Tag zusammen mit dem Vater und dem Knecht arbeiteten, wie der Vater sie antrieb, bis das Heu endlich eingefahren und im Trockenen war. Alle litten unter seinem Missmut. Solange er das Gefühl hatte, dass ein Wetterumschwung bevorstand, konnte er zum Tyrannen werden.

Die Familie und das Gesinde, alle waren sie dann seiner schlechten Laune wehrlos ausgesetzt. Seltsamerweise, als hätte er einen siebten Sinn, konnte der Bauer voraussagen, wann ein Wetterumschwung oder ein Gewitter im Anzug waren. Tage zuvor schon verspürte er nämlich dieses Ziehen in seinen Knochen, in dessen Folge immer ein Wetterwechsel zu erwarten war – und wenn daraus nur ein Sommergewitter wurde.

So ein Gewitterregen genügte schon, um das mühsam getrocknete Heu den Berg hinunter-zuschwemmen. Dies wäre für einen kleinen Bauern wie ihn eine Katastrophe gewesen!

Der Andreas fürchtete sich wie jeder Bauer vor der Unberechenbarkeit der Elemente, denen der Mensch hilflos ausgeliefert war. Nicht selten musste er ohnmächtig zusehen, wie seine Arbeit binnen kurzer Zeit vernichtet wurde. Der Bauer wusste nur zu gut, dass es hier schließlich um seine Existenz und die der ganzen Familie ging. Eine vom Wasser zerstörte Ernte konnte ein ganzes Hungerjahr bedeuten oder sogar den Niedergang eines Hofes. So erging es leider nicht wenigen Kleinbauern.

In keinem Jahr zuvor war der Bauer Andreas derart in Bedrängnis gekommen, weil er nicht genug Arbeitskräfte hatte. In diesem Jahr war er von zwei Wanderarbeitern, die versprochen hatten zu kommen, im Stich gelassen worden, was er mit einem Fluch abgetan hatte: „Soll sie doch der Teufel holen!" Bald würden seine Söhne groß genug sein, dann brauchte er keine Wanderarbeiter mehr. Doch was half da alles Wehklagen, er brauchte jetzt und heute Leute.

Die Bäuerin Maria hatte nur eine ungefähre Ahnung um den Tag der Geburt ihres Kindes und erst in drei oder vier Wochen damit gerechnet. Man nahm sich damals an den Tieren ein Beispiel: Wenn es an der Zeit war, würde das Kind schon kommen. In der Nacht des zweiten Juli, um drei Uhr, setzten bei der Bäuerin die Wehen ein. Über solche Dinge hatte sich Bauer Andreas noch nie Gedanken gemacht, das waren Frauensachen, von denen er keine Ahnung hatte. Mit derartigen Situationen hatte er bis jetzt noch nie etwas zu schaffen gehabt, weil immer jemand zugegen gewesen war, um der Frau beizustehen. Bei den ersten Kindern, den Buben, hatte er beide Male das Glück gehabt, dass die Hebamme am Tag vor deren Geburt auf einem Nachbarhof und nicht weit weg bei einer Niederkunft war. Bevor sie wieder ins Tal hinunterging, schaute sie kurz vorbei. Meistens wollte es dann der Zufall, dass die gute Frau blieb, wenn sie das Gefühl hatte, dass das Kind auf dem Wege war. Als die kleine Stefanie zur Welt kam, ging alles so schnell, dass Hermine, die Magd, alles alleine bewältigen musste. Hermine war ein echter Glücksfall von einer Magd. Sie war ein fleißiges, sauberes Weibsbild, umsichtig, mit guten Nerven, nichts konnte sie so schnell aus der Ruhe bringen.

Den Bauern plagte mit Recht die Angst um seine Frau, hinzu kamen noch schlechtes Gewissen und Zweifel, ob er nicht doch jemanden ins Tal schicken sollte, um die Hebamme zu holen. Er selbst konnte nicht wegbleiben, er hatte auch keinen, den er entbehren konnte.

Das Heu musste heute eingefahren werden – komme, was wolle – er brauchte jeden Grashalm. Langsam wurde er wütend auf seine Frau und auf das Ungeborene.

„Hätte das Kind denn nicht warten können, musste es ausgerechnet heute kommen wollen, morgen wäre doch auch noch ein Tag gewesen", schalt er leise vor sich hin. Die Bäuerin, eine ruhige Frau, beschwor ihn, mit den beiden Buben und dem Knecht das Heu heimzuholen, ohne auf sie Rücksicht zu nehmen. „Da muss eben die Hermine bei mir bleiben, die kann das so gut wie eine Hebamme, Männer können wir dabei sowieso nicht gebrauchen", sagte die Hochschwangere, obwohl sie in Wirklichkeit kein gutes Gefühl bei der ganzen Sache hatte. Ungeachtet dessen, dass es ihr wirklich nicht gut ging, wollte sie noch für alle sorgen. Sie biss die Zähne zusammen und stellte sich frühmorgens an den Herd, wo sie für alle zum Frühstück eine Brennsuppe kochte. Gleichzeitig richtete sie einen Vesperkorb her mit Brot, Käse, Speck und Most. „Eine starke Frau ist sie", dachte der Bauer, während er ihrem Hantieren zusah. Trotzdem machte er sich Vorwürfe, dass keiner fortgehen konnte, eine Hilfe aus dem Tal zu holen, an einen Arzt war gar nicht zu denken. Bäuerin Maria hatte wohl bemerkt, wie ihr Mann mit sich kämpfte, dass es ihm keine Ruhe ließ. Sie klopfte ihm auf die Schulter: „Geh aufs Feld", sagte sie, „mach dir keine Sorgen um mich, es wird schon nichts passieren. Die Hermine ist ja bei mir."
Schweren Herzens trottete er aus dem Haus. „Recht hat sie ja, die Frau", dachte er. Möglicherweise dauerte es noch Stunden, bis das Kind käme, bis dahin konnten alle Erntehelfer ihre Arbeit geschafft haben. Der Knecht Hubert war schon auf dem Weg mit dem Ochsengespann, daran hatte er zwei leere Leiterwagen gehängt, worauf die beiden Buben saßen. Nachdenklich schaute der Bauer hinterher. Die beiden Kinder hatten in den letzten Tagen schwer gearbeitet, obwohl die Hermine auch mitgeholfen hatte. Ob die Kinder kräftemäßig noch einen Tag durchhalten würden?
Das Heuzusammenrechen war eine leichtere Arbeit, die schon immer von den Kindern und Frauen übernommen wurde. Andreas schulterte seufzend seine Heugabel, warf noch einen bangen Blick zurück und ging mit langen Schritten hinter dem Leiterwagen her, bis sie endlich auf der Höhe waren. Stunde um Stunde schafften sie da oben auf der Wiese, die beiden Männer und die zwei Buben, ohne eine Rast. Bis am Mittag die Sonne hoch am Himmel stand und gnadenlos herniederbrannte. Wagen um Wagen hatten sie geladen und in die Tenne gefahren, in der bei jeder Fuhre die Hermine wartete und beim Abladen half, das tat sie neben ihrer Arbeit in Haus und Hof. So ganz nebenbei versah sie noch das Amt der Hebamme. Sie war ein starkes Mädchen, das immer kräftig zupackte, nie musste sie zu etwas geheißen werden. Es machte ihr Freude, gebraucht zu werden.

Ein Zuckerschlecken war das Heuabladen freilich nicht, erforderte es doch enorme Muskelkräfte, die schweren Heugabeln auf den Boden hinaufzuheben – und für eine Frau war es doppelt so schwer. Auf dem oberen Gefällhof war die Tenneneinfahrt so wie bei den meisten Schwarzwaldhöfen. Die Bauart war über Jahrhunderte hinweg stets die gleiche geblieben. Die Einfahrt zur Tenne war meistens mit dem Weg eben. Mit der hinteren, schmalen Seite wurde das Haus in den Berghang hineingebaut und damit war eine bequeme Einfahrt in das zweite Geschoss des Hauses möglich. Über dem Tenneneingang befand sich ein großer Dachvorsprung, sodass die Einfahrt trocken und geschützt blieb.

Hermine ging jedes Mal, sobald ein Wagen abgeladen war, ins Haus zurück, da sie sich noch um die zweijährige Stefanie kümmern musste. Zwischendurch sah sie immer wieder nach der Bäuerin, bei der die Wehen inzwischen in regelmäßigen und immer kürzeren Abständen auftraten. Trotz allem Weh und Elend erkundigte sich die Frau des Bauern immer wieder danach, wie weit die Männer mit der Arbeit waren. Hermine beruhigte sie stets aufs Neue und bedeutete ihr, dass es für sie im Moment Wichtigeres gäbe und dass sie sich lieber um sich selber sorgen sollte. Die Bäuerin gab ihr recht, hatte sie noch vor einer Stunde besorgt an Mann und Kinder gedacht und daran, dass diese alles allein, ohne sie, in diesem Jahr zu bewerkstelligen hatten. Die Abstände der Geburtswehen wurden nun immer kürzer, so schnell war es noch bei keinem Kind gegangen; es kam ihr vor, als sei dieses Mal alles anders.

Inzwischen lagen höchstens zwei Minuten zwischen den einzelnen Wehen. Die Frau konnte sich kaum erholen, bis die nächste kam, bald würden die Qualen endlos werden.

Bäuerin Maria bat die Magd, sie nun nicht mehr alleine zu lassen. Hermine tupfte ihr den Schweiß von der Stirn und brachte ihr etwas kalten Tee zu trinken. „Macht Euch keine Sorgen, Bäuerin, ich habe alles schon gerichtet. Ich bringe die Stefanie zu Bett, die fällt sowieso gleich um vor Müdigkeit, dann komme ich und weiche nicht mehr von Eurer Seite." Hermine hatte kaum die kleine Stefanie zum Schlafen gelegt, als sie auf der Treppe die Gebärende schreien hörte. „Weiber sind doch die ärmsten Geschöpfe, was hat der Herrgott sich da nur ausgedacht, was für Pein und Qualen für die Frauen!

Davon sollten die Männer – wenn auch nur die Hälfte – abbekommen, während ihre Frauen Kinder zur Welt bringen!", so schalt sie laut. Sie hatte plötzlich eine Wut auf alle Männer der Welt.

Im selben Moment fuhr der Knecht Hubert mit dem Ochsengespann in die Tenne, schirrte ab und führte das Gespann zum Brunnentrog. Hermine hatte ihn bemerkt, sie rief ihm von der Haustüre aus zu, dass er mal hereinkommen sollte. „Ich weiß nicht, ob ich beim nächsten Wagen helfen kann", sagte sie zu dem Knecht, der in die Küche trat, um einen Schluck Most zu trinken. „Bei der Bäuerin ist es bald so weit, das geht keine halbe Stunde mehr. Kannst es dem Bauer sagen!" Der Hubert, ein wortkarger Mensch, erwiderte keinen Ton, er nickte nur kurz, steckte sich seine Pfeife an, schirrte die Ochsen erneut an, um gleich wieder loszueilen. Als er oben dem fragenden Blick des Bauern begegnete, bestellte er, was ihm die Magd aufgetragen hatte. Nun wurde der Bauer erst recht unruhig. Er war hin und her gerissen. Auf dem Feld wurde er gebraucht und deshalb konnte er seiner Frau nicht helfen.

„Der Wagen muss noch fertigbeladen werden, dann machen wir Mittag!", rief er den Buben zu. Diese konnten bald nicht mehr, sie waren am Ende ihrer Kräfte, doch ungeachtet dessen schafften sie noch emsig obendrauf, was Platz hatte. Dann endlich gab der Bauer das Zeichen zur Pause.

Dazu hatten sie sich am Rande der Wiese einen Apfelbaum ausgesucht. In dessen Schatten ließen sich alle nieder, um ihr Mittagsmahl zu verzehren und vor allem den Wasserkrug zu leeren. Danach streckte einer nach dem anderen die müden Glieder zu einem Nickerchen aus. Nur kurz war die Rast, der Bauer mahnte bald zum Aufbruch – nach einem bangen Blick hinauf zum Himmel, der in der kurzen Zeit nicht mehr blau strahlte, sondern grau geworden war.

In der Ferne hatten sich schon die kleinen Wölkchen zu einem Haufen zusammengeballt, so dass es fast aussah wie eine Verschwörung am Himmel. Ein dumpfes Grollen ließ sie ahnen, dass sich da oben etwas zusammenbraute; es war zwar noch weit entfernt, doch sah es nach einem sich nahenden Gewitter aus. Dem Bauern Andreas war nicht mehr ganz so wohl in seiner Haut. Schnell schätzte er das letzte liegende Heu ab. Die Gewissheit, das Heu noch trocken heimzubringen, bestand nicht mehr. „Auf geht es, Leute, wir machen weiter!", rief er. Die Buben und der Knecht wagten nicht zu widersprechen. Allzu gut kannten sie den Ton, mit dem der Bauer sie ungeduldig von der Mittagsrast aufscheuchte und an die Arbeit trieb.

Eigentlich sollte der Hubert die nächste Fuhre wieder auf den Hof bringen, doch dann entschloss sich der Bauer, selbst den hochbeladenen Wagen zurückzufahren. Die Ungewissheit, wie es um seine Frau stand, hielt er nicht mehr aus.

Er würde den Wagen einfach in der Tenne abstellen, Hauptsache, das Heu war unter Dach und Fach. „Derweil", so dachte er, „können die Buben und der Knecht den letzten Wagen noch beladen." Es war ihm klar, dass es ein Wettlauf gegen die Zeit werden würde. Doch diese Gelegenheit könnte er nutzen, um nach seiner Frau zu sehen; das Gewissen ließ ihm keine Ruhe. Mit der gewohnten Hilfe seiner sonstigen Helfer wäre das Heu um diese Zeit längst schon daheim, dachte er.

Zum Glück hatte die Hermine, die schon fast zur Familie gehörte und bei fast allen Geburten der Kinder dabei gewesen war, immer gut aufgepasst. Ihr war kein Handgriff der Hebamme entgangen.

Schon die Geburt der kleinen Stefanie hatte sie alleine bewältigen können. Die Bäuerin vertraute ihr vollkommen. Auf dem Hof angekommen, brachte der Bauer Andreas den Wagen in die Tenne, schirrte dort die Ochsen ab und führte sie hinaus an den Brunnen, wo sie Wasser saufen konnten. Er selbst eilte ins Haus, wo ihm schon die Hermine entgegenkam. Den Finger auf dem Mund, bedeutete sie ihm, ruhig zu sein. Dann flüsterte sie ihm zu: „Vor einer halben Stunde ist es gekommen, ein kleines Mädchen. Die Frau schläft, das Kind schläft und Stefanie auch." Bauer Andreas war erleichtert, nun brauchte er sich keine Sorgen mehr zu machen. „Du bist eine tüchtige Magd, Hermine, dich kann man einfach gut gebrauchen!" Hermine strahlte bei diesem Lob über das ganze Gesicht.

„Schafft Ihr es noch? Es sieht aus, als käme ein Gewitter. Ich habe es schon donnern hören!"

„Ja, es wird wohl ungefähr noch ein Wagen werden, ein großer. Ich geh dann wieder los, damit wir den noch trocken reinbekommen. Die Buben können bald nicht mehr." Daraufhin packte die Ochsen am Halfter und trieb sie zur Eile an.

Tatsächlich ballten sich die Wolken immer bedrohlicher zusammen. Nun hörte man deutlich ein dumpfes Grollen in der Ferne, welches immer näher kam. Man konnte wohl sagen, dass die beiden Kinder mit letzter Kraft arbeiteten. Seit den frühen Morgenstunden hatten der zehnjährige Lambert und der achtjährige Andreas mit dem Vater und dem Knecht Wagen um Wagen beladen. Für die Buben war das eine gnadenlose Anstrengung, da sie ja kaum die Gabeln hochheben konnten. Bauer Andreas trieb die Ochsen unbarmherzig an, ihm wurde immer banger zumute. Auf dem freien Feld da oben konnte es gefährlich werden, wenn ein Gewitter kam.

Da, der erste Blitz zuckte am Himmel und dort gleich der nächste. Das leichte Windchen, das die ganze Zeit gegangen war, hatte nachgelassen, das war nicht gut.

Der Bauer sah die drei Personen, ein große und zwei kleine. Die hatten sich mächtig angestrengt, um den letzten Wagen zu beladen. Gerade klaubten die Buben noch hier und da mit der Hand etwas Heu zusammen, als der Bauer atemlos bei ihnen ankam. Schnell schirrten sie zusammen die Ochsen wieder an. Der Knecht ließ die Peitsche knallen und los ging es. Inzwischen war es dunkel geworden, fast wie tiefste Nacht – und das im Sommer, nachmittags um vier Uhr! Von einem einzigen Blitz wurde der Himmel taghell, unmittelbar folgte ein Donner, nicht nur ein Schlag, sondern gleich mehrere. Nun zuckten überall Blitze auf, zwei und drei auf einmal, das Donnern schwoll an. Und dann herrschte plötzlich völlige Stille. Still geworden war es auch um die Heimkehrenden. Sie waren zu müde, um zu reden. Erschöpft stolperten sie neben dem Wagen her, bis sie endlich auf dem Hof ankamen.

Hermine hatte inzwischen schon begonnen, den in der Tenne stehenden Wagen abzuladen. Das Heu wurde einfach auf einen Haufen geworfen, auf den Boden hinaufschaffen konnte man es später. Gerade als der Bauer mit dem letzten beladenen Wagen auf dem Hof eintraf und in die Tenne fuhr, schossen wieder ein Blitz und ein Donnerschlag über das Tal hinweg. Stille folgte dem Zucken und Grollen, und siehe, da öffnete der Himmel seine Schleusen. Es regnete mächtige Wasserplatscher, man hätte meinen können, das wäre die Sintflut. Bauer Andreas wurde ganz blass, er bekreuzigte sich. „Gott Lob und Dank, das hätten wir geschafft, das Heu ist im Trockenen!" Alle strahlten, hatten sich doch ihre nahezu pausenlose Arbeit und Mühsal gelohnt.

Als Hermine den Buben mitteilte, dass sie ein kleines Schwesterchen bekommen hätten, sausten sie gleich los, um die neue Erdenbürgerin zu begrüßen. Vorsichtig öffneten sie die Schlafkammertüre der Eltern, ganz leise – auf Zehenspitzen – schlich einer nach dem anderen hinein und trat zu der Mutter an das Bett. Die Buben drängten sich, ihre Hände zu halten. Die Frau lächelte matt und sah zu ihrem Mann, der sich auch in der Schlafstube eingefunden hatte. „Komm mal her", flüsterte sie ihrem Mann zu, der sich nun sachte auf das Bett setzte. Zärtlichkeiten oder dergleichen wurden nicht vor den Kindern ausgetauscht.

Während die beiden Buben das Neugeborene in der Wiege andächtig betrachteten, unterhielten sich die Eltern leise.

Der Bauer ging hinaus in die Küche, um einen brennenden Kienspan zu holen, womit er die Petroleumlampe anzündete, damit es in dem Zimmer etwas heller wurde.

Auch in der Küche zündete er einen Kienspan am Herd an und zwei an der Wand. Der große Esstisch stand in der Mitte der Küche und wurde auch erhellt.

Hermine machte sich inzwischen in der Küche am Herd zu schaffen, setzte einen Riesentopf Kartoffelsuppe mit Wurst, die sie schon im Laufe des Nachmittags gekocht hatte, auf das Feuer, und rief nun zum Essen. Alle - bis auf die Bäuerin - standen um den Küchentisch, der Vater sprach ein Dankgebet, danach sagten die beiden Buben, Lambert und Andreas, das übliche Tischgebet auf. Während die anderen sich hungrig über die große Terrine hermachten, die auf dem Küchentisch stand, und daraus die Suppe löffelten, nahm Hermine die kleine Stefanie auf den Schoß und fütterte sie aus einer kleinen Schüssel. Für Minuten herrschte Stille wie in einer Kirche, wäre nicht das regelmäßige Schlürfen gewesen.

Da klopfte es an der Haustür. Alle sahen einander wie auf Kommando an. Es kam selten vor, dass jemand an die Haustür pochte. Wer mochte das wohl sein, wer war nur bei solchem Wetter unterwegs? Hermine ging und öffnete. Zwei Gestalten, eine große und eine kleine, standen draußen, triefend vor Nässe. „Ja, wo kommt denn Ihr her?", rief sie. „Kommt schnell herein! Wer seid Ihr, wenn man fragen darf?"

Es waren dies der Kranitzer Josef, ein wandernder Händler aus Krainburg in Böhmen, und Afra, die Störnäherin aus dem Tal. Die kleine Frau war allenfalls einen Meter und fünfzig groß und wurde deshalb auch nur „Kleine" genannt. Froh über die freundliche Aufnahme, traten die beiden ein. Hermine half dem Kranitzer, seine Kraxe, die mindestens zwanzig Schubladen hatte, abzunehmen und stellte sie, wie auch das Köfferchen der Afra, in den Hausflur.

Sie riet ihnen, die nassen Oberkleider abzulegen, um sie an der Herdstange zum Trocknen aufzuhängen; dann bat Hermine die beiden an den Tisch. Flink stellte sie ihnen jeweils einen irdenen Teller hin. „Esst erst mal", sagt der Bauer, „es ist genug da, vielleicht kommen noch ein paar, die vom Wetter überrascht worden sind." Neugierig wurden sie von den Kindern angeschaut, die es noch gar nicht fassen konnten, Fremde am Tisch zu sehen.

„Wo kommt Ihr denn her?", fragte die Hermine. Josef begann zu erzählen: „Wir haben uns auf dem Weg zur Schwedenschanze am Rhorhardsberg getroffen.

Dort hat uns der Wetterprophet, der schwarze Wilhelm, geraten, keine Zeit zu verlieren.

Er sagte, dass er so ein Gefühl hätte, ein schweres Gewitter wäre im Anzug. Zuerst wollten wir es nicht glauben, wir dachten, er mache Witze – da war ja das schönste Wetter, blauer Himmel und sieben Sonnen droben! Lachend haben wir uns dann auf den Weg gemacht, ohne große Eile. Doch als der Himmel immer grauer wurde, die Wolken sich zusammenballten und wir das erste Donnergrollen vernahmen, es dabei immer finsterer wurde, überkam uns ein ungutes Gefühl. Unterwegs beratschlagten wir, was wir machen sollten. Im Wald konnten wir nirgends unterstehen, das wäre zu gefährlich gewesen. Und schließlich war der Weg von da oben herab kein Katzensprung. Schließlich beschlossen wir, Euren Hof aufzusuchen, da der am nächsten lag."

Josef, den man sonst als eher wortkargen Menschen kannte, erzählte ununterbrochen. Obwohl er sich als Händler ständig mit den Leuten unterhalten musste, war es nicht seine Art, viele Worte zu machen. Irgendwie schien er mit seinen Gedanken immer weit fort zu sein. Keiner wusste genau, wie sein Familienstand war. Nie hatte er von einer Frau oder von Kindern erzählt, niemand wusste genau, wo er herkam. Als er mit seinem Bericht zu Ende war, schaute er sich suchend um und fragte erstaunt nach der Bäuerin und ihrem Verbleib. „Die Frau liegt im Bett", sagten der Bauer und die Buben wie aus einem Munde. Wir haben heute ein Kind bekommen, ein Mädchen!"

„Das ist aber schön", rief die Afra, „ein Kind ist auf die Welt gekommen, das ist ein gutes Omen!" Nun bekam die Bäuerin wieder Besuch in ihrer Kammer, das Neugeborene wollte man sehen. Der Kranitzer Josef schaukelte sanft an der Wiege, sein Gesicht war ganz verklärt und zwei Tränenbächlein liefen ihm über die Wangen, die er sich verschämt abwischte. „Liegt das Kind nicht in seinem Bettchen wie ein Pflänzchen in der Ackerfurche?", fragte er sinnig und reichte der Mutter die Hand. Dann kam die Afra dran, sie schaukelte genauso vorsichtig das Kind in der Wiege. „Du wirst einmal Stöhrschneiderin", sagte sie lachend zu dem Kind, „ich werde deine Gotti, die dafür sorgt, dass es so kommt."

Die Kleider der beiden Wanderer waren inzwischen trocken und beide beschlossen, sich wieder auf den Weg zu machen. Der Josef kramte indes noch schnell in seinen Schubladen und brachte ein Päckchen mit Litzen, Knöpfen und Garn zum Vorschein, eben alles, was man für ein Kleidchen braucht. Der Maria überreichte er ein gesticktes Taschentuch. „Aber das kann ich doch nicht annehmen, das geht doch nicht!"

„Doch, doch, wir haben bei Euch Unterschlupf vor dem Wetter bekommen, das ist nicht immer selbstverständlich.

Wenn ich wieder mal vorbeikomme, sieht man schon etwas mehr von der Kleinen; Pate kann ich nicht werden, dazu ist mein Leben zu unstet." Mit einem *Vielmals vergelt's Gott* verabschiedete sich auch die Afra. „Sagt mir rechtzeitig, wann Taufe ist, ich arbeite in den nächsten Tagen bei der Stubenbäuerin, die hat ein paar besondere Sachen für mich zu nähen. Mach es gut, Maria, ich glaub, das hat sein müssen, dass wir beide heute zu Euch gekommen sind. Wie doch manchmal das Schicksal spielt, gelt?" Draußen schien längst wieder die Sonne. Die beiden Wanderer, Afra und der Kranitzer, sprachen der Hermine und dem Bauern noch einmal ihren Dank aus und machten sich auf den Weg, um noch rechtzeitig in das Tal hinunter nach Hasle und Simonswald zu kommen. Hermine war mit der kleinen Stefanie auf dem Arm und den beiden Buben, Lambert und Andreas, auf den Hof hinausgekommen, um den Wanderern nachzuwinken. „Das war aufregend heute, gelt, Hermine?", sagten die beiden Buben einstimmig, „diesen Tag werden wir nicht so schnell vergessen." „Nein, das glaub ich auch nicht." Sie legte die Hand hinter ihr Ohr, um zu horchen. Von drinnen ertönte nämlich Kindergeschrei. Lachend setzte sie die kleine Stefanie ab und führte sie behutsam ins Hausinnere. Der Bauer aber und der Knecht Hubert saßen einträchtig auf der Hausbank, beide in sich versunken, jeder hing seinen eigenen Gedanken nach; keiner der beiden nämlich konnte seine Gefühle so richtig zeigen. Die Sonne war längst untergegangen, als sie sich erhoben und etwas von Schlafengehen brummten. Nach einem langen und schweren Tag war endlich Ruhe eingekehrt auf dem oberen Gefällhof.

Kapitel 2

Am 2. Juli 1870 jährte sich der Geburtstag der kleinen Johanna zum achten Male. Zu diesem Zeitpunkt war das Heu bereits eingefahren und in diesem Jahr durch kein Gewitter bedroht. Dafür ballten sich am politischen Horizont dunkle Wolken zusammen, Vorboten eines schweren Gewitters.

In den ersten Frühsommertagen des Jahres 1870 war das Land politisch von einer gewissen Unruhe erfüllt. Es wurde im Volke gemunkelt, der Franzose würde langsam frech werden und bald seine Kraft erproben wollen.

Nur sehr zaghaft und dünn kamen die Nachrichten in die abgelegenen Täler des Schwarzwaldes. Man wusste in den Dörfern nicht mehr als das, was an den Wirtshaustischen erzählt wurde; Tageszeitungen hielten sich die wenigsten. Daher wusste das Volk auch nichts Genaueres darüber, was sich zwischen den beiden Nationen politisch ereignet hatte. Es ging offensichtlich darum: Nachdem der spanische Thron seit September 1806 leerstand, wurde einem Hohenzollernprinzen die Kandidatur angeboten. Frankreich allerdings protestierte dagegen, vermutlich aus Furcht, dass hierdurch eine Verbindung zwischen Madrid und Berlin hergestellt wurde, von der eventuell eine Bedrohung ausgehen könnte. Prinz Leopold von Hohenzollern-Sigmaringen verzichtete jedoch am 12. Juli 1870 auf die Thronfolge. Damit gaben sich die Franzosen nicht zufrieden, sie stellten weitere Forderungen, wodurch die ohnehin schon angespannte Lage noch verschärft wurde.

Am 19. Juli 1870 erklärte Frankreich Preußen den Krieg. Die süddeutschen Staaten unterstützten den Norddeutschen Bund. Damit begann der Deutsch-Französische Krieg. Das bedeutete Mobilmachung und die vaterländische Pflicht für jeden wehrfähigen Mann, des Königs Rock zu tragen und sich unter seine Fahnen zu begeben, um für das Vaterland zu kämpfen.

Der Pfarrer verkündete am Sonntag von der Kanzel, was für die Untertanen bestehende Pflicht wäre. Für Gott, König und Vaterland – sonst gäbe es nichts Wichtigeres mehr.

Ein verhaltenes Raunen ging durch die Reihen der Kirchenbänke. Zum Schluss der Predigt wies der Pfarrer die Leute darauf hin, dass am Rathaus bereits ein Aushang wäre mit den Namen und Jahrgängen derer, die als Erste einzurücken hätten. Näheres könnte man nach dem Gottesdienst im Rathaus erfahren, das nach der Kirche geöffnet wäre.

Nach dem Gottesdienst drängten alle hinaus, man wollte Luft ablassen. Gruppenweise standen die Leute beisammen, die einen flüsternd, die anderen laut gestikulierend. Jedenfalls besprachen sie alle die Neuigkeit Krieg, dieses Wort hatte allgemein einen bitteren Nachgeschmack. Bei dem Wort Krieg war es niemandem geheuer, bedeutete der doch Tod, Not, Krankheit, Verluste in jeder Hinsicht. So manchen beschlich ein ungutes Gefühl.

Auch Bauer Andreas vom Dorerbühl las seinen Namen auf der Liste und den seines Knechtes Hubert. Alles drängte sich vor den Aushang, mancher wollte es nicht wahr haben, dass er nun auch daran glauben müsste. Andere wieder freuten sich, dass nun etwas Bewegung in ihr Leben kommen würde, das waren meist die jungen Männer. Daneben erschienen auch sorgenvolle Gesichter, die sich in Gedanken schon die Folgen ausmalten.

Während des allgemeinen Rummels, der im Dorf und um das Rathaus herum herrschte, kamen die beiden Schwestern Johanna und Stefanie den Weg vom Friedhof herunter. Sie hatten auf der Mutter Geheiß nach den Gräbern der Großeltern gesehen, hier und da etwas in Ordnung gebracht. Nun waren sie auf der Suche nach dem Vater, den sie bei der Menschenansammlung beim Rathaus trafen. Er teilte ihnen die Neuigkeit mit und befahl ihnen, sich gleich auf den Heimweg zu begeben und der Mutter mitzuteilen, dass er nicht vor dem Abend heimkehrte, da er noch auf einen Schoppen – oder auch mehrere – mit den anderen Bauern in den „Hirschen" ginge. Der Vater ließ die Mädchen einfach stehen, um mit anderen Männern den Weg in Richtung Wirtshaus zu nehmen und dort noch einmal über die Neuigkeiten zu diskutieren.

In der Wirtsstube waren Geschrei und Gejohle, kaum einer verstand noch sein eigenes Wort.

Jeder versuchte, den anderen zu übertrumpfen. Auf einmal wussten alle in der Politik Bescheid. Der Wirt stand schwitzend am Zapfhahn und kam mit dem Bierausschenken fast nicht nach. Trotzdem strahlte er über das ganze Gesicht, er schien zufrieden mit dem Sonntagsgeschäft, das freilich nicht immer so gut war. In der Wirtsstube herrschte eine Bombenstimmung, die die nächsten zwei Stunden, wie er schätzte, anhalten würde. Es sei denn, so überlegte der Wirt, das Bier würde ihm ausgehen. Vorsorglich schickte er die Kellnerin Therese in den Keller, um nachsehen zu lassen. „Ist noch genug da!", rief sie dem Wirt zu. „Bis das alles getrunken ist, können die nicht mehr stehen", rief sie lachend.

Der Bauer Andreas hatte sich sogleich in die Ofenecke zurückgezogen, nachdem er sich einen Schoppen an der Theke erkämpft hatte.

Von dieser Ecke aus hatte er einen Überblick über die halbe Wirtsstube. Er war keiner, der große Worte führte, ein wenig Rückzug und Abstand waren ihm viel lieber. So sehr ihm auch der Schreck in die Glieder gefahren war, als er seinen Namen auf der Liste gelesen hatte, er sich, dass seine beiden Söhne, Lambert und Andreas, noch nicht im wehrfähigen Alter waren. So blieben sie wenigstens auf dem Hof und die Frauen waren nicht alleine mit der ganzen Arbeit. Manchen Bauern, der einrücken musste, plagte gerade diese Sorge. Wer kein Gesinde hatte, war übel dran. Schließlich war es mitten im Sommer: Die zweite Heuzeit und Ernte standen bevor, keiner fragte, wie das gehen sollte. Wusste einer, wie lange dieser Krieg dauern würde? Keiner konnte es im Voraus sagen.

Unterdessen war die Stimmung in der nicht gerade großen Wirtsstube auf dem Höhepunkt angekommen. Der eine oder andere Schreier war müde geworden und gesellte sich zum Bauern Andreas zu einem Nickerchen in die Ofenecke. Hier schliefen sie trotz Krach und Lärm ein. Das Geschrei derer, die angeblich alles genau wussten, störte die Schläfer nicht. „Sollen sie doch schreien", dachte der Andreas, „es ändert ja doch nichts an den Tatsachen." Allmählich verliefen sich die Leute wieder im Ort, jeder musste seinem Tagewerk nachgehen.

Die beiden Mädchen hatten sich, wie der Vater befohlen, wieder auf den Heimweg gemacht. Stefanie, die an Ostern zur Ersten Heiligen Kommunion gehen sollte, war bereits zehn Jahre alt und um zwei Köpfe größer als ihre Schwester Johanna. Die beiden Schwestern verstanden sich gut, obwohl sie vom Wesen und vom Aussehen her grundverschieden waren. Stefanie hatte hellblondes lockiges Haar und hellblaue Augen. Ihre Gestalt war etwas grobknochig und derb, so war auch ihr ganzes Wesen. Johanna, ihre jüngere Schwester, war zu einem netten kleinen, drahtigen und flinken Mädchen herangewachsen. Sie hatte, im Gegensatz zu ihrer Schwester, glattes, dunkles, kastanienbraunes Haar. Aus ihrem stets rosigen Gesichtchen blickten zwei braune, schelmisch blitzende Äugelein. Johanna hatte schmale zierliche Hände, die schon früh Geschick für Nadelarbeit zeigten. Mit Vorliebe ging sie ihrer Mutter bei Näharbeiten zur Hand. Diese dachte oft an die Afra, ihre Patin, die dem Neugeborenen damals prophezeit hatte, dass es einmal Schneiderin werden würde – dafür werde sie als Gotti sorgen.

Um die Arbeit auf dem Acker allerdings kam Johanna nicht herum; Kartoffeln und Rüben hacken musste auch sie. Außerdem hatte sie sich mit Stefanie zusammen um die Geißenherde zu kümmern. Diese musste vom Frühjahr bis zum Herbst täglich auf die Weide hoch getrieben werden.

Zwischendurch wurden die Geißen gemolken, auch das war die Arbeit der Mädchen, dazu gehörte noch das Ausmisten des Geißenstalles.

So waren der Sonntag und mit ihm der Kirchgang eine willkommene Abwechslung, es gab da vieles zu sehen – auch Leute, die man unter der Woche nie sah. Die gingen beim Krämer einkaufen, all das, was sie die Woche über brauchten, und alle waren sie mit ihren besten Kleidern angetan. Was für ein ereignisreicher und geschichtsträchtiger Sonntag! Alle waren sehr aufgeregt, manche weinten gar, andere wiederum sangen und waren lustig. Die Tatsache, dass ihr Vater sie beide abgewimmelt hatte wie lästige Fliegen, das wollte den beiden Schwestern nicht in den Kopf, diese Art kannten sie nicht an ihrem Vater.

So befanden sich die beiden Mädchen an dem besagten Sonntag längst auf dem Heimweg, auf dem sie anfangs noch in Begleitung und Gesellschaft von Buben und Mädchen waren, die auf den Höfen am Wege entlang wohnte und sich nacheinander verabschiedeten. Nach der Haslebachbrücke bogen die letzten zum Brennerhaldenhof ab. Jeder hatte es an diesem Sonntag eilig heimzukommen, um die Neuigkeit zu überbringen. Zuletzt waren Stefanie und Johanna wieder alleine, vor ihnen lag der lange und einsame, ja mitunter gefürchtete Weg. Schweigend trotteten sie nebeneinander her, jede sinnierte vor sich hin. Schließlich rückte eine nach der anderen allmählich mit ihren Gedanken heraus – beide stellten sich gleichzeitig die Frage, wie sie der Mutter die unerfreuliche Nachricht schonend beibringen sollten.

„Was meinst du", begann Johanna, „wie wird die Mutter es aufnehmen, was wird sie dazu sagen?", seufzte Stefanie. „Hast du auch gerade daran gedacht?"

„Ja, ich denke die ganze Zeit nichts anderes", sagte Johanna leise. Nach diesem kurzen Dialog herrschte wieder Schweigen. „Krieg, Stefanie, was ist das eigentlich?"

„Ich kann es nicht genau sagen", antwortete Stefanie, „bestimmt wird es uns der Lehrer morgen in der Schule erklären." Die Mädchen konnten mit dem Wort Krieg nicht viel anfangen, sie kannten den Begriff zwar von der Schule her oder von älteren Leuten, die davon zu erzählen wussten. Für die Mädchen war die Tatsache schon schlimm genug, dass der Vater fortmusste, einfach so, das konnte ja nichts Gutes heißen.

Keiner wusste recht, was dieser Krieg zu bedeuten hatte oder wie es dazu gekommen war und warum nun ein friedlicher Bauer von seiner Scholle wegbefohlen wurde.

Ob er wollte oder nicht, hatte er den Soldatenrock anzuziehen und musste mit einem Gewehr mit aufgestecktem Messer auf das Schlachtfeld, um auf den unbekannten Feind loszugehen, auf ihn zu schießen. Dieser sogenannte Feind war vielleicht ein genauso ahnungsloser, argloser Bauer, dem es auch nicht anders erging.

„Meinst du, Stefanie", unterbrach Johanna das Schweigen, „unser Vater kann das, auf unschuldige Menschen einfach schießen?"

„Er wird müssen, sonst wird er selbst totgeschossen, er hat keine andere Wahl", erwiderte diese kühl und trocken. Johanna fröstelte bei Stefanies Worten, sie starrte ihre Schwester entsetzt an. Wie roh doch Stefanie manchmal sein konnte! Schaudernd dachte Johanna daran, wie ihre Schwester seelenruhig zusehen konnte, wenn ein Schwein, eine Geiß oder ein Hase geschlachtet wurden. Ja, sie traute ihrer Schwester zu, dass sie in ihrem Alter sogar schon ein Huhn töten könnte, wenn es sein müsste. Stefanie war robust und kräftig, nicht gerade zart besaitet, so richtig zur Bäuerin geboren. Johanna konnte nicht einmal die Geißen mit der Gerte fitzen, lieber klatschte sie den Tieren mit der Hand auf das Hinterteil, damit sie losliefen. Darüber konnte die derbe Stefanie nur lachen. Die beiden Mädchen waren so sehr mit sich beschäftigt, dass sie gar nicht bemerkten, wie schnell sie den langen Weg bewältigt hatten und schon fast oben am Ziel waren. Vor ihnen lag bereits der elterliche Hof, eine Kurve noch, dann hatten sie es geschafft.

Inzwischen war es Mittag geworden, die Sonne stand hoch am Himmel, ein heißer Nachmittag erwartete sie. Oben auf dem Berg konnte man die Julihitze ertragen, während die Leute unten im Tale unter der Wärme litten. Die Mädchen hatten sich auf dem Wege einiger Kleidungsstücke entledigt. Sie hatten ihre Schürzen und die Blusen unter den dunklen schweren Trachtenkleidern ausgezogen. Schuhe und Strümpfe behielten sie lieber noch an. Diese durften sie im Sommer sowieso nur am Sonntag in die Kirche tragen. Nun waren sie nur noch wenige Minuten vom Elternhaus entfernt, die Mutter winkte ihnen vom Garten aus zu. Sie hatte ihr Kommen schon lange beobachtet, immer wieder hatte sie Ausschau nach ihren Töchtern und Söhnen gehalten.

Am Sonntag widmete sich die Bäuerin Maria gerne ihrem Kräuter- und Blumengarten am Haus, ein richtiges Kleinod: bestückt mit Minze, Kamille, Rosmarin, Bohnenkraut, Melisse, Majoran, Thymian, Salbei, nicht zu vergessen Hunderte von goldgelben Ringelblumen, die den ganzen Sommer über bis zum Herbst blühten.

Einmal war auf den Hof ein wandernder Medikus und Heilkundiger gekommen, der bat, den Sommer über bleiben zu dürfen, da er die Vegetation auf dieser Schwarzwaldhöhe studieren wollte. Damals war in der Gegend um den Rhorhardsberg die Heilpflanze Arnika noch viel verbreitet. Er wies die Bäuerin auf die heilsamen, besonders die Durchblutung fördernden Wirkstoffe dieser Blume hin. Er machte sie auch aufmerksam auf die verschiedenen Wegeriche – Spitzwegerich und Breitwegerich –, die am Wegesrand unbeachtet wuchsen und blühten, die man gemeinhin als Unkraut betrachtete. Besonders bei Entzündungen im Rachen und Halsbereich, bei Erkältungskrankheiten oder Bronchitis wirkte der Spitzwegerich wie ein Wunderkraut. Breitwegerich dagegen und Frauenmantel, die Schafgarbe oder das Hirtentäschel halfen wirksam bei Frauenkrankheiten.

Das Wissen dieses Mannes hatte es der Bäuerin angetan, er weckte in ihr die Gabe und zugleich das Verlangen, sich intensiv mit den Gräsern und Kräutern zu befassen. Fortan schrieb sie alles sorgfältig auf, so oft sie Zeit dazu fand, zum Beispiel wie man Kräuter erntete, sie richtig aufbewahrte. Der Herr Stefan, so war sein Name, lehrte sie, was für Krankheiten man mit ihnen heilen konnte oder wie diese Kostbarkeiten auch vorbeugend Verwendung fänden. Immer wieder erklärte ihr der Wissenschaftler, dass in Gottes großem Kräutergarten für jede Krankheit ein Kraut gewachsen sei. Man müsste nur die Gabe besitzen, es zu erkennen und richtig anzuwenden.

Noch wichtiger - und unerlässlich für den Heilungsprozess und die Genesung - wäre der Glaube an Gott und an die Kraft der Natur.

Nicht nur auf die Kräuter im Garten war die Bäuerin stolz, sondern auch auf die vielen verschiedenen Blumen, die vom Frühjahr bis zum Herbst in vielfältigen Variationen blühten: Nelken, Sonnenblumen, Margeriten, Glockenblumen, Löwenmäulchen, Stockrosen, Vergissmeinnicht und vieles mehr. Vor ein paar Jahren hatte sie sogar einen Kletterrosenstock bei einem Gärtner erstanden, dieser war ihr ganzer Stolz und zierte die sonnigste Gartenecke, in der eine roh gezimmerte Sitzbank aus Birkenholz stand.

Es war freilich ein Wagnis, in dieser Höhenlage bei dem rauen Klima Blumen anzupflanzen und zu überwintern. Um die Pflanzen zu schützen, wurden sie im Herbst mit Tannenzweigen sorgsam abgedeckt, damit konnten Schnee, Eis und Kälte ihnen nicht viel anhaben.

Wenn dann im Frühjahr die Sonne mit ihren ersten warmen Strahlen den Schnee schmelzen ließ, die ersten grünen Blättchen sich aus dem Boden wagten, dann war die Bäuerin glücklich, sie konnte sicher sein, dass sie

auch im kommenden Sommer wieder einen blühenden Garten haben würde. Inzwischen waren die Mädchen angekommen, sie traten durch das Gartentürchen und liefen auf ihre Mutter zu, die auf der Bank neben der Rosenhecke saß. Die beiden hatten ein ungutes Gefühl, es kam ihnen so vor, als ahnte die Mutter etwas. Nach einigem Zögern platzte Stefanie heraus: „Mutter, es ist Krieg, der Pfarrer hat es heute Morgen in der Kirche verkündet!"

Die Bäuerin zuckte erschrocken zusammen, sah die Mädchen ungläubig an. „Der Vater muss auch in den Krieg gehen", führte Stefanie weiter aus, „er steht auf der Liste, die am Rathaus aushängt und der Hubert, der steht auch darauf." Über das Gesicht der Mutter war ein Schatten gefallen und in ihren Augen schimmerten Tränen. Still faltete sie ihre auf dem Schoß liegenden, abgearbeiteten Hände.

„Und die Buben?", kam es zögernd, „der Lambert und der Andreas, stehen die auch drauf?"

„Das wissen wir nicht", kam es von den Mädchen, „davon hat der Vater nichts gesagt, nur, dass der Hubert auch fortmüsse."

„Wo ist der Vater denn hin?"

„Der ist mit den anderen Bauern in den „Hirschen" gegangen, er hat uns aufgetragen, Euch zu sagen, dass Ihr nicht mit dem Essen warten sollt." Die Mutter nickte nur. Langsam hatte sie sich von der Bank erhoben und strich die Schürze glatt. „Wie ist das noch mal mit dem Krieg?", fragte sie. „Wer macht gegen wen Krieg, das habt ihr vergessen, mir zu erzählen." Gleichzeitig schritt sie langsam durch den Gartenweg dem Ausgang zu.

Stefanie, die sich bereits vor dem Gartentor befand, stellte sich wie ein Schulmeister in Positur. „Frankreich hat Deutschland den Krieg erklärt. Frankreich hat doch einen Kaiser, nicht wahr, den Napoleon III., das hat uns vor kurzem der Lehrer in der Schule vorgelesen."

Die Mutter hatte nur mit halbem Ohr zugehört, gleichzeitig ließ sie den Blick den Berg hinunterschweifen. Da entdeckte sie unten in der Kurve zwei kleine, dunkle Gestalten, in denen sie ihre Söhne erkannte. „Kommt, wir richten das Essen, der Lambert und der Andreas kommen da unten."

Keine halbe Stunde später waren die beiden da. Atemlos und mit hochroten Gesichtern kamen sie zur Mutter in die Küche gerannt. „Wisst Ihr schon, Mutter, was los ist?"

„Ja, Stefanie und Johanna haben es mir gerade erzählt, aber lasst uns jetzt erst essen." Die Gesichter der beiden Buben wurden vor Enttäuschung immer länger.

Sie hatten gehofft, dass sie die Ersten wären, die der Mutter die Nachricht bringen würden. Nach dem Tischgebet, das ein undefinierbares Murmeln war, rückten alle ganz nahe an die Schüssel heran, die mitten auf dem Tisch stand. Schweigend wurde gelöffelt, bis sie leer war. Dann konnten die Burschen ihre Ungeduld nicht mehr zähmen. Aufgeregt schwatzten sie durcheinander, jeder wollte zuerst berichten, was unten im Tale los wäre, wie aufgeregt alle im Dorf wären und wer alles fort sollte.

Schade, dass sie noch daheim bleiben müssten und nicht mitkönnten, um den Franzmann in die Mangel zu nehmen und ihm ordentlich das Fell zu gerben, die Franzosen würden bald ihr Hinterteil einziehen! Solche Sprüche brachten die Burschen daher, wie sie sie unten im Dorf gehört hatten.

„Oh, ihr Großmäuler", rief die Mutter, „seid froh, dass ihr noch bleiben dürft, die werden euch noch früh genug holen! Wer weiß denn, wie das alles ausgehen wird? Wir können nur beten, dass unser Vater und die anderen Männer, die bestimmt nicht mit Freuden fortgehen, alle wieder heil heimkommen. So, und jetzt wollen wir den Sonntagsfrieden nicht stören und ein wenig ruhen, auch du, Hermine.

Die Mädchen sollen die Küche aufräumen." Die Bäuerin ging aus der Küche hinüber in die Stube, Hermine aber blieb am Tisch in der Küche sitzen. Sie hatte die Debatte schweigend mitverfolgt.

Während sie den Mädchen beim Herumhantieren und Aufräumen in der Küche zusah, fing an zu erzählen. Sie begann damit, dass ihr die Begeisterung der Buben nur allzu bekannt vorgekommen wäre, dass sie dabei an einen Burschen erinnert wurde, der vor vielen Jahren auch lachend fortzog, aber nie mehr wiederkehrte. Mit diesem jungen Mann, Matthias hieß er, wäre sie verlobt gewesen. „Du, Hermine?", riefen die Mädchen ungläubig.

„Jawohl", eiferte sich die Magd, „ich war auch mal jung und schön und ich war nicht immer Magd. Ich wäre sogar eine reiche Bäuerin geworden!"

Sie erzählte weiter, dass ihr Verlobter Matthias während der Badischen Revolution 1848 fortgezogen wäre, mit einem Kameraden vom Ort hätte er sich einer Gruppe von Freischärlern aus Bleibach angeschlossen. „Am Tag, bevor er ging, kam er noch einmal zu mir, um Abschied zu nehmen. Lachend hatte er mir versichert, dass ich mir keine Sorgen machen sollte, er käme ja bald wieder zurück, so lange dauere die Revolution nicht. Dann ging er fort. Er ist nie mehr wiedergekommen", unterbrach sie sich, während sie ihre roten, schwieligen Hände auf dem Schoß gefaltet hielt.

„Niemand hat mehr etwas von ihm gehört oder gesehen. Einzelne, die zurückkamen, vermuteten, dass die Preußen ihn gefangen genommen hätten. Andere wiederum glaubten, dass er mit ein paar Revolutionären auf ein Schiff nach Amerika gegangen wäre. Jedenfalls kam nie eine Nachricht oder ein Lebenszeichen von ihm. Seine Mutter grämte sich fast zu Tode, Matthias war, obgleich sie noch zwei Töchter hatte, der einzige Sohn und Hoferbe. Der Vater lebte zwar noch, war aber kränklich. Ja, ein unruhiges Blut hatte er schon immer, der Matthias, und ein Hitzkopf war er obendrein. Immer spukte irgendwas in seinem Kopf herum.

Wir hatten Pläne, ach Gott, heiraten wollten wir, Kinder haben, diese sahen wir schon auf dem Hof herumspringen. Äcker und Wiesen wollte er noch dazukaufen oder pachten.

Seinen Eltern war ich als Schwiegertochter gern willkommen, obwohl ich nur von einem kleinen Gütchen stammte und daher nicht viel mitbringen würde. Es waren gute, fromme Leute." Hermine seufzte.

„Jahr um Jahr wartete ich, immer in der Hoffnung auf ein Lebenszeichen von ihm. Ich wollte keinen anderen. So ist halt die Jugend vorbeigegangen und ich bin alleine geblieben. Schließlich kam ich in den Dienst hierher auf den Hof. Eure Eltern waren jung verheiratet, ein Kind war bereits unterwegs. Das war der Lambert, später kam der Andreas und sechs Jahre danach kam die Stefanie. Ich gehörte mittlerweile zur Familie, wurde nie als Dienstmagd behandelt – deshalb hat es mich auch nie mehr fortgezogen.

Ich war bei euren Geburten dabei, habe euch gewickelt und gefüttert, für euer leibliches und seelisches Wohl gesorgt, nebenbei noch auf dem Feld und im Wald gearbeitet. Nun hoffe ich, dass ich noch ein paar Jahre gesund bleibe und arbeiten kann und wenn es Gottes Wille ist, darf ich eure Kinder noch erleben."

Bei den letzten Worten liefen der Hermine dicke Tränen über die Wangen, die sie seufzend und schnäuzend mit dem Schürzensaum abwischte. Die beiden Mädchen hatten inzwischen die Küchenarbeit beendet und standen mit betretenen Gesichtern neben der Hermine; sie waren noch zu jung, um das alles zu begreifen. Darum tätschelten sie der Magd zärtlich die Schultern und Arme. Hermine verstand, sie lächelte ihnen dankbar zu.

Die Mutter, die inzwischen in die Küche getreten war, hatte der Erzählung der Magd zugehört, während sie in der Stube auf der Ofenbank saß.

„Aber, Hermine", begann sie, „das wussten wir alles ja gar nicht, davon hast du nie etwas verlauten lassen, ich habe mich oft gewundert, dass du nie etwas von dir erzählst."

„Wen interessiert schon das Schicksal einer armen Magd? Ich selbst dachte die ganzen Jahre nicht mehr daran, ich hatte es einfach aus dem Gedächtnis verdrängt. Als die Buben heute Mittag von der Kriegerei schwärmten, ist mir alles wieder eingefallen."

Eine geraume Weile herrschte Stille in der dunklen Bauernküche.

Dann ergriff die Bäuerin, die trotz der schlechten Nachricht, die sie an diesem Tag erhalten hatte, sehr gefasst und ruhig schien, wieder das Wort.

„Lasst uns hoffen, dass dieser Krieg nicht allzu lange dauern wird, dass der Vater wieder heil und gesund zurückkommen möge. Überhaupt wollen wir hoffen, dass alle Männer, die fortmüssen, wieder gesund zu ihren Familien zurückkehren. Das Volk ist wehrlos, Kriege werden von den Regierungen gemacht, die Folgen müssen immer die Kleinen tragen. Das steht in keinem Geschichtsbuch. Kommt, gehen wir in den Garten hinaus, solange es noch so schön ist, bald ist ja wieder Zeit für die Stallarbeit."

Die beiden Frauen, Bäuerin und Magd, schritten langsam über den Hof in Richtung Hausgarten, um sich dort auf die Bank neben der Rosenhecke zu setzen. Stefanie und Johanna saßen in der Stube über ihren Hausaufgaben. Der Sonntag war der einzige Tag in der Woche, an dem sie sich einmal ohne Zeitdruck den Schulaufgaben widmen konnten.

Über dem ganzen Hof lag nun Stille, die nur von Hühnergegacker oder dem Hahnengeschrei gestört wurde, selbst der alte Hofhund Harras döste vor seiner Hütte. Lambert und Andreas hatten sich in die Scheune zurückgezogen, dort rumorten sie in des Vaters Werkstatt, wo die beiden immer eine Beschäftigung fanden und mit Hammer, Säge und Schnitzwerkzeug an irgendwas herumwerkelten. So ging dieser geschichtsträchtige Sonntag langsam seinem Ende zu, die kurze Zeit des Nichtstuns war nun wieder für eine ganze Woche vorbei.

Während die Bäuerin, die Magd und die Buben längst mit der Stallarbeit und dem Melken beschäftigt waren und Stefanie und Johanna die Geißen versorgten, danach das Abendessen richteten, traf der Bauer auf dem Hof ein.

Den Weg vom Tal herauf ging er in Begleitung des jungen Hofbauern Franz-Sepp vom großen Hof unten. Die beiden mochten sich nicht besonders, doch an diesem Sonntag war alles anders. Beide hatten sie ordentlich gebechert, so dass am Ende keiner mehr richtig auf seinen Füßen stehen konnte.

Schließlich erinnerten sie sich, dass sie ja fast Nachbarn waren, daher den gleichen Rückweg hatten. Außerdem waren sie in der nächsten Zeit Kameraden und Leidensgenossen, denn auch der Franz-Sepp musste einrücken. Man hatte sich verbrüdert und begab sich anschließend auf den langen beschwerlichen Heimweg, der in ihrem Falle fast drei Stunden dauerte.

Nachdem sich der junge Hofbauer verabschiedet hatte, legte der Andreas den Rest des Weges zum Dorerbühl mit einem strammen Spurt zurück. Der anstrengende Weg und die Wärme des vergangenen Tages hatten ihn die letzten Reste des zu viel genossenen Alkohols aus den Poren schwitzen lassen. In einer Art kindlicher Freude hielt er inne, um wieder zu Atem zu kommen. Nachdenklich stand er jetzt vor seinem Hof auf dem Vorplatz, dort, wo neben dem Milchhäuschen der Brunnen plätscherte. Solange er denken konnte, erfreute er sich dieses Anblickes, den er von Kindheit an geliebt hatte.

Während er so sinnend dastand, trat die Bäuerin mit dem Melkeimer in die Stalltüre, ihre Blicke trafen sich. „Du bist aber lange weggeblieben, ich dachte schon, es sei etwas passiert", klang sie erleichtert. „Ja, du weißt ja, wie das ist", entschuldigte er sich, „man kommt einfach nicht weg, die allgemeine Aufregung ist ansteckend!" Der Bauer brachte das so stotternd vor, als hätte er es auswendig gelernt.

„Ich habe schon gewusst, warum ich den Mädchen aufgetragen hatte, dass sie dir Bescheid geben sollen. Am Dienstag muss ich fort, zusammen mit dem Hubert und dem Franz-Sepp." Scheinbar ruhig stellte seine Frau den Milcheimer neben den Brunnen, öffnete die Tür des Milchhäuschens, holte den Krug heraus, in den sie die Milch aus dem Eimer vorsichtig hineinschüttete. „So schnell, da bleibt nicht mehr viel Zeit."

„Zeit wofür?"

„Na, ich denke, dass du mit den Buben noch die Felder abläufst, damit sie Bescheid wissen."

„Wo sind die beiden denn?"

„Der Lambert ist im Stall und der Andreas in der Scheune, ich bin mit der Hermine noch beim Melken."

„Gut so", sagte der Bauer, „nach dem Essen sollen alle in die Stube kommen, das ist die beste Gelegenheit." Er sah sich suchend um. „Wo ist der Hubert, ist der auch noch nicht da?"

„Nein, der ist seit heute Morgen fort", gab die Bäuerin zur Antwort, während sie im Milchhaus die Milch in die Krüge umschüttete.

Flink ging sie wieder in den Stall zurück und der Bauer trat mit der Joppe über der Schulter ins Haus. Der Abend begann fast wie jeder andere Sonntagabend, nur dass der Bauer alle zusammenrief, in die Stube zu kommen, alle, auch den Hubert, der gerade, ein bisschen schwankend, auf dem Hof eintraf. Alle hieß er, sich um den großen Tisch zu setzen.

„Ich habe nicht viel zu sagen", begann der Bauer, „ihr wisst ja, dass ich und der Hubert übermorgen fortmüssen und was dies bedeutet, brauche ich euch auch nicht groß zu erklären." Seinen Söhnen zugewandt, fuhr er fort. „Jetzt seid ihr die Männer im Haus und ich hoffe, dass ich mich auf euch verlassen kann. Morgen werde ich mit euch noch Felder und Wiesen ablaufen. Die Wintersaat dürft ihr nicht vergessen im Herbst. Maria, du musst auch daran denken", sagte er zu der Bäuerin. Hubert saß am Ende des Tisches und gähnte vor sich hin.

Am Morgen hatte er seinen Bruder Tobias im Dorf unten vor der Kirche getroffen, von ihm erfuhr er, weswegen das ganze Dorf in Aufregung war. Hubert dachte zuerst an einen Scherz seines Bruders und schalt ihn, dass man mit sowas keine Scherze triebe. Er glaubte ihm nicht und ließ sich erst überzeugen, nachdem der Tobias ihn bat, zum Rathaus mitzukommen, wo die Liste hing. Schreckensbleich starrte Hubert auf den Aushang, auf dem tatsächlich sein Name stand; alles Mögliche stand da geschrieben, sogar sein Geburtsdatum, das er selbst nicht so recht wusste.

Der Bruder klopfte ihm ermunternd auf die Schulter und lud ihn auf den Schrecken hin zu sich zum Essen ein. „Die Mina wird nichts dagegen haben, schließlich bist du ja mein Bruder."

Vor der Mina hatte der Hubert Respekt, weil sie Haare auf den Zähnen hatte, doch sonst war sie eine gute Frau. Zu dem bescheidenen Mahl probierten die Brüder den neuen Most. Krug um Krug wurde geleert und beim Kramen in Erinnerungen verging die Zeit sehr schnell und Hubert musste sich bald wieder auf den Heimweg machen.

Sein Bruder Tobias hatte Glück im Unglück: Er war von Geburt an verkrüppelt, mit einem kürzeren Bein geboren, daraus wurde mit der Zeit ein Hüftleiden. Daher war er für den Militärdienst untauglich. Von dem ganzen Kriegsgeschrei war der Hubert gar nicht begeistert, viel lieber wäre er ja dageblieben. „Das einzig Gute daran ist", sagte er, „dass man einmal herauskommt aus dem Trott und etwas anderes sieht, andere Orte, andere Menschen." Mit diesen Gedanken beschied er sich und beschloss, schlafen zu gehen. Er stand vom Tisch auf. „Gute Nacht", brummte er.

Mit diesen Worten verließ er die Runde. Einer nach dem anderen huschte aus der Stube, um sich zur Ruhe zu begeben. Ob sie alle Ruhe finden würden in dieser Nacht?

Sicher war, dass so mancher Bauer und Familienvater vor Sorge um die Existenz nicht zur Ruhe kam. Hatte er keine größeren Kinder oder Gesinde, dann sah es schlecht aus für den Hof. Die Sorge und die Angst davor, womöglich als Krüppel oder gar nicht mehr zurückzukommen, nagten an so mancher Bauernseele.

Den Montag verbrachte der Bauer damit, nach den notwendigen üblichen Hofarbeiten mit seinen Söhnen Felder und Wiesen abzulaufen, soweit es möglich war. Zum Schluss führte er sie noch zu dem Waldstück, in dem im kommenden Winter Holz gefällt werden sollte. Er war überzeugt, dass seine Söhne das schon richtig machten, hatte er seine Buben doch immer in alle Arbeiten von klein an mit einbezogen. Daheim ging er mit ihnen noch verschiedene Dokumente durch. Unerbittlich und schnell ging auch der nächste Tag seinem Ende zu.

Schweren Herzens packte der Andreas seinen Zwerchsack, mit allem, was ihm die Frau hergerichtet hatte.

Für die ersten Tage bekam der Bauer ein Vesperpaket mit Speck, Brot und Käse mit. Auch der Knecht bekam ein Paket in die Hand gedrückt, zusammen mit einem Bündel Wäsche. Der Bauer lud noch zum Mosttrinken in die Stube ein. Doch keinem wollte es so richtig schmecken. Ein Gespräch wollte auch nicht mehr aufkommen, da jeder den Kopf voll hatte mit ganz eigenen Gedanken.

Am Dienstag in der Frühe nahmen Bauer und Knecht Abschied, Andreas wollte nicht, dass seine Kinder ihn noch ein Stück begleiteten, wie sie es vorgehabt hatten. „Winkt mir lieber", schlug der Bauer vor. So standen sie lange, immer wieder drehte er sich nach ihnen um, bis die Gestalten winzig geworden und schließlich ganz verschwunden waren. Der Franz-Sepp wartete schon unten, auch er hatte sich ein Abschiedsgeleit seiner Familie verbeten. So wanderten die drei Männer, künftige Soldaten, wider Willen durch das Tal hinab.

Hin und wieder blieben sie stehen, um einen vorletzten und dann einen letzten Blick hinaufzuwerfen, auf das, was sie zurückließen: ihre schöne Heimat, die goldgelben Felder, die grünen saftigen Wiesen, zwischen Tälern und Höhen eingebettet, umrahmt von dunklen Tannenwäldern. Mit wehem Herzen und bangem Sinn und überschattet von der Ungewissheit, ob sie dieses Tal je wiedersehen würden, entfernten sie sich Schritt für Schritt.

Keiner von den dreien hatte jemals so intensiv seine Heimat betrachtet wie auf diesem Weg in eine fragwürdige Zukunft. Schweigend legten sie den langen Weg zurück, bis endlich in der Ferne der Kirchturm auftauchte. Bald schon tauchten die ersten Höfe und Häuser links und rechts des Weges auf, noch verschlafen um diese Zeit und menschenleer. Vor der Kirche blieben sie stehen, nahmen ihre Hüte ab und beteten ein *Gegrüßt seiest du, Maria*. Für einen Besuch auf dem Friedhof reichte die Zeit nicht mehr, sie würden jetzt schon wie immer die Letzten sein.

Als sie vor dem Rathaus im Dorf ankamen zum Treffpunkt und zur späteren Abfahrt, standen die meisten Rekrutierten schon auf dem mit zwei Rossen bespannten, blumengeschmückten Wagen.

Umringt von Menschengruppen, die alle durcheinanderschnat-terten, wo die einen lachten, andere weinten – meist Frauen und Mütter mit den Kindern, junge Mädchen, Bräute. Viele der angehenden Rekruten hatten blumengeschmückte Hüte, sangen und johlten. Es waren dies meist junge, übermütige Burschen, die den Ernst der Lage noch gar nicht richtig erfasst hatten, denen war ein solches Spektakel herzlich willkommen. Recht scharf wollten sie ihre Säbel schleifen, so dass man mit einem Hieb zwei Franzosen zugleich die Köpfe abschlagen könnte. Andere dagegen, die still auf den Wagen gestiegen waren, erschienen nicht gerade heldenmütig, sie wären lieber daheim geblieben bei Frau und Kindern, bei Haus, Hof und Feld.

So manchem Bauern war es nicht ums Lachen und Lustigsein, ihn plagte neben all dem Übermut die Sorge um sein Hab und Gut und um die anstehenden Arbeiten, jetzt mitten im Sommer und im kommenden Herbst. Doch bei so viel Jubel und Freude und wo so viele beieinander waren, da wurde auch der Zaghafteste ein bisschen mitgerissen. Man hatte noch auf die Obertäler gewartet, die mit einem geschmückten Wagen endlich eintrafen. Mit großem Hallo und Hurra wurden diese empfangen. Auf dem Wagen saßen nur fünf Mann, die einrückten und eine Musikkapelle mit drei Mann, die Krach machten für eine ganze Armee.

Inzwischen drängte die Zeit zum Abfahren, es sollten ja unterwegs noch einige zusteigen. Der Wagen mit den Musizierenden stellte sich an die Spitze, dann kam der Startschuss und los ging es. Alle sangen: „Es braust ein Ruf wie Donnerhall, wie Schwertgeklirr und Wogenprall" oder „Zum Rhein, zum Rhein, zum deutschen Rhein! Wer will des Stromes Hüter sein?" und „Lieb Vaterland, magst ruhig sein, fest steht und treu die Wacht am Rhein, die Wacht am Rhein."

So klang es aus der Männer Kehlen, man konnte sie immer noch singen hören, als sie schon nicht mehr zu sehen waren.

In Bleibach gesellten sich noch ein paar junge Männer zu ihnen. Die nächsten kamen von Siegelau und vom Elztal herunter.

Die Stimmung auf allen Wagen schien ausgelassen und übermütig, so dass inzwischen selbst die sorgenvollsten Gesichter etwas heiterer dreinschauten angesichts der vielen Leidensgenossen. Die Fahrt ging über Waldkirch, Suggenbad nach Denzlingen, dort sollten die Männer später in einen Zug verladen werden, mit dem Ziel Offenburg oder Kehl. Keiner wusste etwas Genaueres. In Denzlingen erfuhren sie dann mehr, es wurde erzählt, dass Straßburg belagert und Kehl bereits unter Beschuss wären. Folglich könnte der Zug nicht bis Kehl, sondern nur bis zu der Ortschaft Kork fahren. Bis eine endgültige Entscheidung getroffen wurde, blieben die neuen Rekruten vorläufig in Denzlingen zur Ausbildung.

Keiner von den Männern kannte die Orte, die wenigsten hatten einmal in der Zeitung über sie gelesen. Die Simonswälder waren schon gespannt darauf, wie so ein Zug wohl aussehen könnte, gezogen von einer Dampfmaschine, mit Kohlen oder Holz beheizt, fauchend wie eine Höllenmaschine. Noch wollte keiner so richtig daran glauben, dass sie noch heute ein solches neumodisches Gefährt besteigen würden. Die Aussicht darauf kam den Männern einem Abenteuer gleich. Wenn die Daheimgebliebenen das wüssten, die hatten ja keine Ahnung, dass es so etwas gab! Denn bis dahin hatten die wenigsten einen Zug gesehen oder waren gar mit ihm gefahren. Die Bahnstrecke von Denzlingen nach Waldkirch wurde erst viel später gebaut wie auch die Bahnstrecke nach Elzach, nämlich erst um 1900. So viel Zeit sollte noch vergehen.

Nachdem die Soldaten in Denzlingen auf dem Sammelplatz angekommen waren, wurden sie mit Stiefeln, Hosen und Rock eingekleidet und mit entsprechendem Marschgepäck ausgestattet. Zwei Wochen lang sollte die Ausbildung für gediente Soldaten dauern und vier Wochen für die jungen Burschen, die noch keinen Militärdienst geleistet hatten. Während dieser Zeit sollten die Soldaten in Zwanzig-Mann-Zelten schlafen.

Preußischer Drill und Sport waren angesagt. Das bedeutete stundenlanges Hinlegen, Aufstehen, Rennen, Hinlegen, Aufstehen, Rennen, …, querfeldein über Stock und Stein, bis der Schweiß tropfte und die Zunge zum Hals heraushing. Vor der Mittagspause wurde den Männern gestattet, sich zu waschen. Ein Riesengedrängel an einem Brunnentrog! Ein Vorgeschmack auf die Feldkost kam aus der Gulaschkanone.

Das war eine Portion Erbswurstsuppe mit Speck im Kochgeschirr, dazu zwei Scheiben Brot. Sofern noch etwas übrig war, konnte Nachschlag geholt werden.

Nachmittags ging es kompanieweise im Marschschritt zu Schießübungen. Die Männer litten sehr unter diesen harten Bedingungen, diesem gnadenlosen Drill – auch der Bauer Andreas und der Franz-Sepp. Beide hatten nach den ersten Tagen schon genug. Erst abends im Zelt fanden sie Gelegenheit, sich gegenseitig ihren Unmut mitzuteilen. Eine Woche später fiel jeder nur noch wortlos auf sein Lager. Gab es mitunter eine freie Stunde – eine Seltenheit –, waren die Landser damit beschäftigt, Läuse zu fangen, oder sie schliefen auf der Stelle ein, kaum dass sie sich auf dem Lager ausgestreckt hatten.

Der letzte Tag ihrer Ausbildung war gekommen, nun sollte es ernst werden. Wieder bestiegen sie einen Zug, der sie dem Kriegsgeschehen näher bringen sollte, nämlich nach Kehl, das bereits unter Beschuss stand. Daher musste der Zug in einem kleinen Ort vor Kehl halten. Waren die Soldaten bei der Abfahrt noch guter Laune gewesen, hatten gesungen und Witze gemacht, so wurde es von Station zu Station stiller in den Waggons, die fröhliche Stimmung schien der Angst gewichen zu sein.

Der gemeine Soldat wusste nicht, was auf ihn zukam und warum Krieg geführt wurde. Er wusste nur, dass es da einen Feind gab, doch der Feind, wer war das? War das nicht auch ein Mensch, dem genauso ein Feindbild eingetrichtert worden war? Dem es in der Seele zuwider war, auf Befehl zu hassen und zu töten. Schwere Gedanken plagten den Bauern Andreas, dem in diesen Tagen die Sinnlosigkeit dieses wahnsinnigen Krieges immer bewusster wurde. Ohnmächtig hatte er von jetzt an Befehle auszuführen – zu kämpfen, zu töten, für Gott, König und Vaterland und noch ein paar andere, die sich ein goldenes Röckchen verdienen wollten.

„So eine Vermessenheit", dachte Andreas, „die schrecken nicht zurück, unseren Herrgott mit hineinzuziehen!"

Mit vielen anderen noch hinzugekommenen Soldaten marschierten nun der Andreas und der Franz-Sepp Ende Juli – unter unablässigem Beschuss – hinüber ins Franzosenland. Hinter Straßburg wurde der Feind zurückgetrieben oder befand sich längst auf der Flucht. Tage später fand die erste große Schlacht bei Wörth statt, bei der unsere Soldaten zum ersten Mal die Schrecken eines Schlachtfeldes erlebten. Es endete mit einem entsetzlichen Blutvergießen – das Ergebnis: viele tausend Tote. Die feindlichen Geschütze hatten große Lücken in die Reihen der Deutschen gerissen.

Ende August fanden noch einmal tagelange blutige Kämpfe statt, bis es dann am 2. September 1870 zu der entscheidenden, für die deutschen Armeen siegreichen Schlacht bei Sedan kam. Die französische Hauptarmee kapitulierte und Kaiser Napoleon III. kam in deutsche Gefangenschaft.

Nun galt es noch, Paris einzunehmen, doch diese Stadt sollte für die Deutschen eine harte Nuss zum Knacken werden. Lange zog es sich hin, schwere Gefechte und blutige Schlachten hielten die Belagerer immer wieder in Atem. Der Krieg dauerte fort und erst am 16. Januar 1871 überließen die Franzosen nach harten, gnadenlosen Kämpfen den Deutschen die Stadt Belfort. Am 18. Januar wurde König Wilhelm I. von Preußen im Spiegelsaal des Schlosses Versailles zum Deutschen Kaiser ausgerufen. Paris kapitulierte am 27. Januar. Der am 26. Februar abgeschlossene Friede von Versailles beendete die Kampfhandlungen. Der Deutsch-Französische Krieg wurde am 10. Mai 1871 in Frankfurt am Main offiziell beendet und das Friedensfest in ganz Deutschland ausgiebig gefeiert.

Kapitel 3

Überall, selbst in den einsamsten Tälern, im Elztal und im Simonswäldertal, brannten auf den Bergeshöhen Freudenfeuer und die Festbankette nahmen kein Ende. Von nun an gedachten die Menschen alljährlich der siegreichen Schlacht von Sedan und zur Erinnerung an diesen Tag sangen die Kinder in den Schulen das Lied „Die Wacht am Rhein". Oder ein ganz neues Lied, das in aller Eile komponiert worden war: „Zu Sedan auf den Höhen". Von den Siegesfeierlichkeiten, die im ganzen Land anlässlich des glorreichen Sieges abgehalten wurden, war allerdings nicht viel zum Dorerbühl in der Hasle durchgedrungen.

Da oben sorgte man sich um den Vater, der, seit er fort war, nur ein einziges Mal geschrieben hatte. Auch die Angehörigen von Franz-Sepp lebten in Ungewissheit, sie hatten auch nur einmal einen Brief von ihm bekommen. Niemand wusste etwas Genaueres über den Verbleib der Männer, nicht einmal von amtlicher Seite gab es etwas zu erfahren. Die einzigen Nachrichtenträger, die von außen Neuigkeiten auf die einsamen Höfe brachten, waren der Uhrenträger Jockel aus Furtwangen oder der Kranitzer, der vorbeikam, vielleicht auch mal ein Viehhändler.

Im September klopfte der Stoff- und Posamentenhändler David Fischmann an, der wie jedes Jahr im Frühjahr und vor Herbstbeginn erschien. Er handelte mit Stoffen, Posamenten, Knöpfen, Haften, Schnallen, Hosenträgern, auch Hüte konnte man bei ihm bestellen und bekam sogar Kredit. Ab und zu kaufte ihm die Bäuerin Schürzenstoff ab oder Hemdenstoff für die Männer. Doch in den Zeiten der Unsicherheit und Ungewissheit wollte sie nicht unnötig Geld ausgeben, dieses Mal kaufte sie nichts. „Im Frühjahr dann wieder", sagte sie zu ihm.

Die wandernden Händler bekamen bei ihr immer eine kleine Brotzeit, währenddessen sie dann mit ihren Neuigkeiten herausrückten. Fischmann, der in Waldkirch ein Lager hatte, schwärmte in den höchsten Tönen davon, wie am 4. September in Waldkirch der Sieg bei Sedan gefeiert worden war:

„Denkt Euch, immerzu Böllerschüsse und Glockengeläut! Und am Abend ein Fackelzug mit der Feuerwehr und der Kapelle! Die fuhren einem riesigen Menschenzug, feierlich beflaggt, voran."

Der Kriegsverlauf hatte bei der Bevölkerung großen Eindruck hinterlassen, die Menschen schwelgten in Euphorie.

Auch alle anderen Siege lösten im Städtchen und überhaupt im ganzen Lande gleichfalls Hochstimmung aus. Von der Kastelburg dröhnten ständig Böller und an vielen Häusern hingen Flaggen.

Fischmann hatte während seiner Botschaften ein mächtiges Stück Speck und einen viertel Laib Brot verdrückt und einen Krug Most getrunken. Alle hörten ihm gespannt zu, die Augen von Lambert und Andreas wurden immer größer und leuchteten gefährlich. In ihren Köpfen schien es zu arbeiten, die Mutter hatte das wohl bemerkt. Mit einer Andeutung, dass die Arbeit wartete, gab sie dem Händler das Zeichen zu gehen. Sie hatte eine unbestimmte Angst, dass ihre Buben auf dumme Ideen kommen könnten. War es nicht schon schlimm genug, dass man vom Vater nichts hörte?

Der Sommer war wie im Fluge vergangen, die Schwalben und andere Zugvögel hatten sich längst gesammelt und waren hinter dem entschwundenen Sommer her in ferne, warme Länder gezogen. Inzwischen ging auch schon der Herbst seinem Ende zu und mit Riesenschritten nahte der Winter. Der Himmel hing täglich grau, wie mit Löschpapier überzogen, und die Erde schien still und ausgestorben, wenn nicht ab und zu ein Windstoß durch die dürren Blätter an den Ästen gefahren wäre.

Anfang Dezember fiel der erste Schnee und Weihnachten stand vor der Tür. Zwei Wochen vor Weihnachten kam endlich Nachricht von Bauer Andreas. Es kam ein Brief, vermutlich von einem Kameraden geschrieben. Der Schreiber teilte mit, dass er für einen verletzten Kameraden, Andreas D., schreibe, da dieser derzeit nicht in der Lage sei, weil er seit einigen Wochen mit einer schweren Kopfverletzung in einem Spital bei Belfort liege. Eine Beinverletzung hätte er auch, doch das wäre nicht so schlimm. Er hätte noch Glück gehabt, das Bein brauchte nicht amputiert zu werden. Außerdem teilte der Verfasser mit, dass er sich auf Bitten des verletzten Soldaten nach einem gewissen Franz-Sepp erkundigt hätte, der laut Auskunft noch im Felde stände, es ging um die Belagerung von Paris, die Stadt, die sich noch immer verbissen wehrte. Der Soldat Andreas D. hoffte, irgendwann im Januar mit einem Verwundetentransport heimzukommen.

Es war ein Tag vor Weihnachten, da traf noch einmal ein Brief ein, diesmal vom Andreas selbst, mit ungelenker Hand geschrieben. „Das Weihnachtsfest müsst ihr ohne mich verbringen", schrieb er. Doch im Januar dürfte er endgültig in die Heimat. Er hätte sich nach Hubert erkundigt, da er ihn schon in den ersten Wochen aus den Augen verloren hatte, doch niemand konnte oder wollte ihm genauere Auskunft geben.

Was der Bauer Andreas nicht wissen konnte, war die Tatsache, dass der Hubert schon im September in den schweren Kämpfen bei Wörth gefallen war.

Sein Bruder, der Tobias, erhielt im Oktober die Nachricht. Da er nicht den Berg hinaufgehen konnte und auch sonst keine Gelegenheit gefunden hatte, der Bauersfamilie die Nachricht zu überbringen, hatte er den Bachsepp aus der Hasle dazu beauftragt. Er sollte den Mädchen, wenn sie auf dem Schulweg vorbeikämen, die Nachricht übergeben. Dieser erfüllte den Auftrag gerne. Er wartete einfach am Gartenzaun, wenn ein paar Kinder des Weges kamen, so lange, bis die abgesprochenen dabei waren.

Der Bachsepp bewohnte mit seiner Frau ein kleines Tagelöhnerhäuschen, nicht weit weg von der Kirche. Er lebte von allerlei Arbeiten wie der Herstellung von Reisigbesen, Besenstielen, Stielen für Mistgabeln und Heurechen. Den Winter über fertigte er Holzschindeln und im Frühjahr bekam er genug Aufträge zum Flicken von Gartenzäunen. Zweimal im Jahr fuhr er nach Waldkirch auf den Markt, wo er seine Arbeiten feilbot.

Schwere Waldarbeiten konnte der Bachsepp in seinem Leben noch nie verrichten, da er von Geburt an verkrüppelt war. Dieses schmächtige Männlein hatte dafür andere Vorzüge. Er war in der ganzen Gegend als Wetterprophet bekannt. Seine Voraussagen bewahrheiteten sich immer. Dabei nahm er alles zu Hilfe, Umgebung und Natur dienten ihm zur Vorhersage.

Alle Elemente – Wasser Luft, Feuer und Erde –, auch das Verhalten der Tiere, hielt er für sehr aufschlussreich. Wenn die Katze auf dem Rücken lag, mit dem Kopf auf dem Boden, deutete er dies als Zeichen dafür, dass ein Sturm im Anzug wäre oder sonst ein Unheil nahte. Oder wenn die Krähen aufgeregt umherflogen, unruhig von einem Baum auf den anderen, dann galt dies als sicheres Zeichen für lang anhaltendes Regenwetter. Wenn aber sein Eheweib tagelang keifend im Hause herum-polterte, kein vernünftiges Wort hervorbrachte, dann stand ein baldiges Donnerwetter bevor. Vor einem solch bevorstehenden Wettersturz machte er sich rechtzeitig aus dem Staube. Dann nämlich flüchtete er in sein geliebtes Gärtchen, dies war seine Leidenschaft und Zuflucht, wenn ihm seine Frau gar zu sehr zusetzte. Von Bäuerinnen, die oft anerkennend vor seinem Garten standen, bekam er Samen, Setzlinge oder manchmal sogar Blumenzwiebeln. Sein ganzer Stolz waren seine Pfingstrosen. Fast jeder, der vorbeiging, blieb am Gartenzaun stehen, um diese dunkelrot glühende Pracht zu bewundern.

Stolz saß er sonntags auf seiner alten Gartenbank und betrachtete die bescheidene Blumenpracht. Dabei entging ihm keine Biene und jedem Schmetterling, der von Blüte zu Blüte flatterte, schenkte er seine Aufmerksamkeit. Hinter dem Haus, im Garten am Zaun, stand ein Vogelbeerbaum, darin jagten sich sämtliche Vogelarten – Amseln, Spatzen, Meisen. Diesen zwitschernden Gesellen war der Bachsepp besonders gesonnen. Er und seine Frau hatten nur einen einzigen Sohn, Karl, der schon zwei Jahre beim Militär in Offenburg diente. Zu Kriegsbeginn musste Karl mit den ersten Truppen nach Frankreich. Drei Wochen nachdem Huberts Bruder Tobias die Nachricht vom Tode seines Bruders überbracht hatte, bekamen die Bachsepps die traurige Nachricht, dass der Karl gefallen sei, ihr einziger Sohn. Nicht im Kampfe war er gefallen, sondern er wurde meuchelmörderisch aus dem Hinterhalt erschossen.

Diese Nachricht war für die Eltern ein schwerer Schlag, wurden sie doch dadurch all ihrer Hoffnungen und ihres einzigen Glückes beraubt. Dieser unselige Krieg hatte damals im Dorf Gott sei Dank nur zwei Opfer gefordert.

Nach der badischen Revolution, in den fünfziger Jahren des neunzehnten Jahrhunderts, wurden in ganz Deutschland, so auch im Südbadischen, Militärvereine gegründet. Diese waren Vorläufer des Roten Kreuzes, das von dem Schweizer Arzt Henri Dunant später ins Leben gerufen wurde. Die Organisation trat allerdings erst mittels der Genfer Konvention um die Jahrhundertwende in Kraft.

Die Militärvereine kümmerten sich in erster Linie um die Soldaten, Verwundeten, Vermissten und um deren Familien, Witwen und Waisen, besonders um die Invaliden, die oft in ausgloses Elend und Armut gerieten. Der Militärverein sah seine Aufgabe darin, diese armen Teufel zu unterstützen. Die Unterstützung war gering, doch linderte sie die schlimmste Not. Damals gab es keine Witwen- und Waisenrenten, auch keine Invalidenrenten. Die heute noch existierende Sozialversicherung und Altersrente wurde erst später, im Jahre 1895, durch Bismarck in Leben gerufen.

Alljährlich am 17. Januar gedachten die Mitglieder des Militärvereins der siegreichen Einnahme der Stadt Belfort, am 18. Januar 1871 ging Kaiser Wilhelm I. aus dem einstigen Preußenkönig Wilhelm hervor. Zu den großen Siegesdaten nach der Schlacht bei Sedan am 2. September kam letztendlich die Kapitulation von Paris.

Inzwischen rückte Weihnachten immer näher, auf allen Höfen wurde geschlachtet, so auch auf dem Dorerbühl. Wenn auch der Vater nicht dabei sein konnte, sollte alles seinen gewohnten Gang gehen. Die beiden Söhne des Hauses – Buben konnte man schon nicht mehr sagen – gingen an alles bedächtiger heran. Durch die Verantwortung, die sie in der letzten Zeit zu tragen gehabt hatten, waren sie um vieles gereifter.

Sie bestellten den Hausmetzger so wie in jedem Jahr. Die Bäuerin ließ sie in allem gewähren.

Sie war stolz auf ihre Buben, wie sie die beiden immer noch nannte. Für den Christbaum wurde im Wald eine kleine Tanne geschlagen. Diese sollte in diesem Jahr zum ersten Mal im Herrgottswinkel aufgestellt werden und nicht, wie sonst, mitten in der Stube an der Decke aufgehängt. Die beiden Mädchen bestimmten es so.

Das Schmücken übernahmen die beiden auch. Sie hängten bunte Krallen dran, dazu rote Äpfelchen; Martinskracher nannte man diese, da sie erst im November geerntet wurden. Ein Winterapfel, den man eigentlich vom Boden auflas, dann erst war er reif. Diese wurden als Farbtupfer mit Wollfäden an den Ästen befestigt. Zuletzt kamen noch ein paar Kerzen an den Baum, nur an die vorderen Äste, wegen der Brandgefahr. Ganz stolz hüpften Stefanie und Johanna in der Stube herum. Zu all dem Glück fehlte nur noch der Vater.

Am frühen Abend des 24. Dezember, nachdem das Vieh versorgt und in Stall und Scheune die Arbeit getan war, wusch man sich und zog ein sauberes Gewand an. Danach versammelten sich alle in der Küche um den Tisch. Zuerst wurde gebetet, dann ein einfaches Mahl gegessen. Danach durften alle in die warme Stube, wo die Mutter inzwischen die Kerzen am Christbaum angezündet hatte. Auf dem Tisch stand ein großer Teller, gefüllt mit Pfeffernüssen und Lebkuchen, Äpfeln und Nüssen. Dazu stellte sie eine Kanne mit duftendem Honigwein auf den Tisch, von dem sich jeder einen irdenen Becher füllen durfte. So, mit einem Becher in der Hand, saßen sie alle andächtig auf der Ofenbank, bis die Mutter das Zeichen gab, ein Lied zu singen.

Man einigte sich, das Weihnachtslied „Stille Nacht" anzustimmen. Die Mädchen hatten es in der Schule gelernt, deshalb wollten sie es auch singen. Es war so feierlich, dass der Hermine die Tränen über die Wangen liefen, selbst die Mutter war gerührt. Sie war in Gedanken bei ihrem Mann, der irgendwo im Feindesland in einem Spital oder Lazarett lag und da vielleicht in diesem Augenblick an sie alle dachte.

Wie er wohl den heutigen Abend verbrachte? Rasch schob sie die schweren Gedanken beiseite und fing an, Geschenke zu verteilen.

Jeder bekam ein Leinensäckchen, in dem die Gaben drin waren. Lambert und Andreas fanden in ihren jeder ein Taschenmesser, dazu ein neues Halstuch. Die Mädchen freuten sich über Zopfbänder und neue Haarspangen, dazu bekam jedes der beiden Strohschuhe, die nur im Haus getragen wurden.

Nun war die Reihe an den Mädchen, die Mutter zu beschenken; sie überraschten sie mit einem gehäkelten Umschlagtuch. Zu zweit hatten die beiden den ganzen Herbst daran gehäkelt. Die Hermine bekam gestrickte Pulswärmer. Von den Brüdern erhielt die Mutter ein neues, aus Kirschbaumholz geschnitztes Buttermodel, das sie sich schon lange kaufen wollte, doch immer den Kauf verschoben hatte, weil ihr das Geld dazu fehlte. Ihre Söhne machten ihr nun die Freude mit etwas Selbstgeschnitztem. Zufrieden ruhten der Mutter Augen auf ihren Kindern. Allein schon die Gewissheit, dass der Vater lebte und wiederkäme, gab ihr die Ruhe zurück.

Alle blieben noch am warmen Ofen sitzen, bis dann die letzte Kerze am Baum erloschen war. Dann wurde es Zeit, schlafen zu gehen. Denn in der Früh, noch vor vier Uhr, wollten sie aufstehen, um gemeinsam die Weihnachtsmessen zu besuchen. Das religiöse Leben in den ländlichen, vorwiegend bäuerlichen Landstrichen war gleichmäßig verwachsen mit den häuslichen als auch den öffentlichen Gewohnheiten.

Der Anfang des Tages, damit auch der Arbeit, war begleitet mit Versen und Sprüchen, die auf ein höheres Wesen, eine andere Welt außer der Menschheit hindeuteten. Kein Knecht, nicht einmal der roheste, betrat morgens die Stube, ohne „Gelobt sei Jesus Christus" zu sagen, um dann mit gewaschenen Händen in den Weihwasserkessel zu langen und sich mit angedeutetem Kreuzzeichen zu besprengen. In Gottes Namen begann der Bauer sein Tagwerk oder beendete dieses damit. Mit den Worten „Glück im Stall" betrat er einen fremden Hof oder Viehstall.

So gingen die vier Kirchgänger am Weihnachtsmorgen nicht aus dem Hause, ohne zuvor in den Weihwasserkessel neben der Haustüre hineingelangt und das Kreuzeichen auf Stirn und Brust gezeichnet zu haben.

Hermine erklärte sich bereit, das Haus zu hüten, Stall- und Melkarbeit zu verrichten, das Mittagessen vorzubereiten.

So wanderte früh um vier Uhr am Weihnachtsmorgen eine Menschengruppe bei klirrender Kälte vom Dorerbühl talabwärts. Voran eine Fackel und am Schluss eine Fackel, bewegten sich die vier Geschwister mit der

Mutter auf dem steilem Weg abwärts in Richtung Brennerhalde. Noch waren sie allein. Doch allmählich leuchteten aus verschiedenen Richtungen Lichter. Das waren Stall-Laternen und Fackeln, getragen von Leuten, die sich ihnen nun anschlossen. Alle hatten sie das gleiche Ziel, hinunter in das Tal zur Weihnachtsmesse. Gesprochen wurde wenig, die meisten kämpften noch mit Müdigkeit. Nachdem die Gruppe, die sich verdreifacht hatte, die kleine Weberei S'Weber Vitte links am Weg passierte, begannen die Glocken der Dorfkirche zu läuten, den Kirchturm konnte man nun auch sehen. Die einzigen Lichter in der Dunkelheit waren die Sterne am Himmel und das Licht, das aus der Kirche drang.

Die Gruppe war inzwischen vor der Kirche angekommen und die Burschen steckten ihre Fackeln in den Schnee, damit sie verlöschten. Nacheinander traten sie in die festlich geschmückte Kirche, empfangen vom Weihrauchduft, der sehr feierlich stimmte. Johanna und Stefanie gingen in die Bänke vor zu ihren Schulkameraden. Die Mutter fand noch einen Platz in der Bank bei den Frauen. Lambert und der Andreas hatten schon drüben auf der Jungmännerseite Platz genommen. Alles hatte seine Ordnung.

Der Kirchenchor sang zuerst ein lateinisches Lied. Wie immer wurde das Engelsamt lateinisch gebetet oder gesungen. Das war so feierlich, dass sich mancher im Vorhimmel wähnte, schöner hätte es in Rom im Petersdom nicht sein können.

Nach dem Deo Gracias ging der Pfarrer fast nahtlos zum Hirtenamt über; es folgte die Lesung aus dem Brief des Hl. Apostels Paulus an Titus: „Erschienen ist die Güte und Menschenfreundlichkeit Gottes, unseres Heilands, und hat uns das Heil gebracht."

Es folgte ein altbekanntes Weihnachtslied: „Es ist ein Reis entsprossen" (neuer: Es ist ein Ros entsprungen). Danach wurde das Weihnachtsevangelium nach Lukas verkündet:

„In jener Zeit erging vom Kaiser Augustus der Befehl, das ganze Reich aufzuzeichnen, es war die erste Aufzeichnung (Volkszählung), die unter Cyrenius, dem Statthalter von Syrien, stattfand. Alle gingen hin, sich aufzeichnen zu lassen, ein jeder in seine Vaterstadt …" Nach dem Evangelium sang die Gemeinde feierlich: „Es kam die gnadenvolle Nacht, die uns den hellsten Tag gebracht, wie freute sich der Engel Schar, da Gottes Sohn geboren war."

In der Predigt hatte der Pfarrer den fast beendeten Krieg angesprochen, der den Ort, Gott sei Lob und Dank, nur zwei Menschenopfer gekostet hatte.

Die Gemeinde könnte sich darob glücklich schätzen, da so viel andere Menschenleben aus dem Lande unschuldig daran glauben mussten. „Gott schütze den König und unser Vaterland, Amen." Als die Kommunionausteilung beendet war und sich der Gottesdienst langsam dem Ende näherte, stimmte die Orgel dasselbe Weihnachtslied an, das die Bauersfamilie am Abend zuvor gesungen hatte. Ein Weihnachtslied, das aus Österreich stammte. Es wurde von einem Schullehrer Namens Gruber und dem Dorfpfarrer Mohr in Hallein bei Salzburg komponiert. Stille Nacht, heilige Nacht – dieses Weihnachtslied war damals fast fünfzig Jahre alt. Und überall in der Welt, wo Christen Weihnachten feierten, wurde dieses Lied gesungen. Auch die Kirchengemeinde in Simonswald sang es am Weihnachtstag des Jahres 1870 im Hirtenamt andächtig und voller Seligkeit.

Nach zwei Stunden Kirchenluft, dem Abschlussgebet und dem feierlichen Segen des Pfarrers drängten sich die Menschen durch die Kirchentüren hinaus in die frische, kalte Winterluft, um tief einzuatmen. Die einen eilten ohne Aufenthalt gleich ihren Wohnstätten zu, die meisten aber besuchten noch Gräber ihrer verstorbenen Angehörigen auf dem Friedhof neben der Kirche. So auch die Bauersfamilie vom Dorerbühl, dies war so der Brauch.

Auf dem Friedhof trafen sie mit der Afra, Johannas Gotti, zusammen, die alle zu sich zum Morgenessen einlud, das freilich niemand ausschlug, denn allen knurrte der Magen. Damals musste man noch nüchtern den Leib des Herrn empfangen. Da Johanna noch nicht zur Kommunion ging, war es ihr allein erlaubt gewesen, etwas zu essen.

Bei der Afra in der warmen Stube duftete es schon nach Kaffee und ein großer Gugelhupf stand auf dem Tisch, alles war schon bereit. Afras Bruder Albin war gleich nach der Kirche heimgelaufen, hatte Feuer im Küchenherd gemacht und den Zichorienkaffee aufgebrüht. Selbst den Tisch hatte er gerichtet, als Afra mit den Gästen heimkam. Alle langten auf Geheiß fleißig zu, ein Zeichen, dass es schmeckte. „Wie gut doch so ein heißer Kaffee tut auf den nüchternen Magen", sagte die Bäuerin Maria und nickte der Afra zu, diese strahlte über das ganze Gesicht.

„Nun müssen wir aber wieder aufbrechen, damit wir bis zum Mittag daheim sind, die Hermine wird dann schon mit dem Essen warten, vielmals Vergelt's Gott und ein gesegnetes Weihnachten wünschen wir Euch!" Gemeinsam, wie sie heruntergekommen waren, gingen sie wieder hinauf zum Dorerbühl.

Wenn sie unterwegs jemanden trafen, entboten sie ihren Weihnachtsgruß, nickten hier und dort, fragten, wie es denn so ginge und erkundigten sich nach dem Befinden – ob mit dem Vieh alles in Ordnung wäre, ob noch Schnee käme. Damit würde man auch noch rechnen müssen. Der Weihnachtstag ging zu Ende wie jeder andere Sonntag. Man hatte daheim seine Arbeit in Stall und Scheune, wie immer.

Am Tag darauf, dem zweiten Weihnachtstag, dem Stefanstag, genannt auch Bündelestag, wurde in Simonswald den Knechten und Mägden, überhaupt dem Gesinde, der Jahreslohn ausgezahlt. Wer blieb, bekam 5 Mark Haftgeld, wer die Dienststelle wechselte, packte sein Bündel und ging in eine neue Stellung. Auf dem Dorerbühl fand kein Wechsel statt. Hermine blieb, sie bekam ihren Lohn samt Haftgeld. Sie wollte nirgendwo anders mehr hin.

Da sie keine Angehörigen mehr besaß, wollte sie bis an ihr Lebensende bleiben.

Am Ende der Woche war schon Neujahr, man schrieb dann 1871. Der Krieg war noch nicht zu Ende. Paris hatte sich immer noch nicht ergeben. In den Vororten tobten erbitterte Kämpfe. In der zweiten Januarwoche kam endlich vom Militärverein die lang ersehnte Nachricht, dass, noch bevor der Monat zu Ende ginge, ein Zug in Denzlingen eintreffen würde mit heimkehrenden Soldaten. Der Vater wäre dabei, außerdem der Franz-Sepp vom großen Hof unten. Ein genaues Datum wüsste man allerdings noch nicht. Der Militärverein würde die Heimtransporte übernehmen und in den Gemeinden noch Bescheid gegeben, wann es soweit wäre.

Jetzt wurde es rührig auf dem Dorerbühl, Haus und Ställe wurden auf Hochglanz gebracht. Wie im Fieber arbeiteten sie alle, Lambert und Andreas sägten und spalteten um die Wette Holz, damit der Vater ja nichts zu beanstanden hätte.

Johanna und Stefanie gingen jeden Tag nach der Schule zum Rathaus und fragten nach, bis sie endlich am 20. Januar den Bescheid erhielten, dass tags darauf der Transport käme. So war es dann auch, am späten Nachmittag kamen die Heimkehrer an. Franz-Sepps Vater holte die Männer, die sich beide auf Krücken stützten, mit dem Fuhrwerk ab. Gegen Abend war der Vater dann daheim. Er hinkte an einer Krücke und um den Kopf trug er noch einen Verband, den man in ungefähr einer Woche abnehmen könnte, so hatte der Militärarzt in einem Brief geschrieben. Sonst müsste er sich noch etwas schonen, gute Kost sollte er zu sich nehmen und eben noch viel ruhen.

Seine Familie jedoch kannte ihn nicht wieder, er sprach so gut wie nichts, gab auch kaum Antworten auf Fragen. Tagsüber saß er auf der Ofenbank, mit der Krücke zwischen den Händen und starrte teilnahmslos in eine Ecke; auf Fragen seiner Frau reagierte er mit einem Brummen oder Seufzen. Die Bäuerin sprach angstvoll zu Hermine: „Er wird doch hoffentlich nichts abbekommen haben da oben im Kopf?"

Allgemein herrschte Bedrückung, keiner wusste recht, wie er sich dem Vater gegenüber verhalten sollte. Seine Kinder waren enttäuscht und die Mutter machte sich Sorgen, was es mit ihrem Mann auf sich haben könnte. Sie versuchte bei jeder Gelegenheit, ihn aufzuheitern, erzählte ihm, wie fleißig und brav die Buben geschafft hätten, die Mädchen auch, und wie sie sich gefreut hätten, als die Nachricht von seinem Kommen eintraf. Ein um das andere Mal rief sie verzweifelt: „Sag doch was, Andres, was ist denn los mit dir?" Auch die Söhne waren enttäuscht von ihrem Vater und seiner Teilnahmslosigkeit. „Wir müssen halt noch Geduld haben", meinte die Mutter. „Wer weiß, was er erlebt hat, vielleicht gar etwas Schlimmes!"

Von den neuerlichen Siegesfeiern und dass aus dem König ein Kaiser geworden war, erfuhr man erst allmählich – weit da oben auf den Höhen und in den einsamen Tälern.

Kapitel 4

Dem Bauern ging es endlich besser, inzwischen war es Mitte Februar. Er probierte, mit seiner Krücke in der Stube auf und ab zu gehen, ging gelegentlich in die Küche und sah dort nach dem Feuer. Eines Tages stellte er die Krücke beiseite und versuchte, ohne sie zu laufen, erst an der Wand entlang, dann frei. Von diesem Tag an trug er sogar Brennholz in die Küche.

Eines Abends, als sie alle zusammen in der Stube um den Ofen versammelt saßen, räusperte er sich kurz und begann zu sprechen. Alle sahen sich überrascht an. War nun ein Wunder geschehen? Ja, der Bauer fragte seine Söhne, wie es mit der Arbeit im Wald voranginge, ob sie die Arbeit noch bis zum März schafften. Die beiden waren derart überrascht, als der Vater sie ansprach, dass sie zuerst keine Worte fanden. Sie berichteten ihm, dass alles planmäßig liefe, dass der Bauer vom großen Hof ihnen ab und zu geholfen und der Förster auch mal einen Mann geschickt hätte. Alle freuten sich nun, dass der Vater endlich wieder am Leben teilnahm, dass er sich wieder an etwas erfreuen konnte und wenn es nur ein Sonnenstrahl war.

Als in den ersten Märztagen um die Mittagszeit die Sonne durch die kleinen Fenster in die Stube schien, verließ er die Ofenbank und ließ sich von diesen ersten sanften Strahlen durch die Scheiben wärmen. Ja, sie zauberten ihm sogar ein Lächeln auf die Lippen! Mit Freuden stellte dies die Bäuerin fest, als sie unerwartet in die Stube trat.

An einem der nächsten Tage, als wieder die Sonne vom blassblauen Himmel schien, bat er seine Frau, ihn hinaus in den Garten zu führen. Und wenige Tage darauf ging er sogar alleine in den Stall, klopfte jedem Tier auf den Rücken oder strich ihm über den Kopf. Erstaunt standen seine Söhne in der Stalltüre, der Bauer nickte ihnen lächelnd zu: „Gut habt ihr geschafft", sagte er zu den beiden, die einander ungläubig ansahen. Solches Lob hätten sie nicht erwartet.

Ende März wurden die Felder gepflügt, da ging der Andreas, auf einen Stock gestützt, hinaus, um die Äcker zu begutachten: Er war mit der Arbeit seiner Söhne zufrieden, jedenfalls hatte er nichts gegen deren Arbeitsweise einzuwenden. Inzwischen war Ostern schon vorüber und im Mai war der Bauer fast wieder der alte. Die Kraft war wieder zurückgekehrt. Wenn auch oft bei Wetterwechsel die Wunden an Kopf und Bein schmerzten, schob er das mit einem Scherz von sich, als wäre nichts gewesen.

Nur vom Krieg erzählte er nie. Keiner fragte ihn danach, sie scheuten sich alle, weil sie nicht an Wunden rühren wollten. So war es auch besser. Allmählich hatte nun alles wieder seine Ordnung und nahm seinen gewohnten Lauf. Im Herbst musste der Lambert zum Militär einrücken, zuerst nach Freiburg, dann nach Rastatt zur Kavallerie.

Ostern 1872 ging Johanna zur Erstkommunion. Zu diesem Fest bekam sie keine neuen Kleider, sie trug die ihrer Schwester Stefanie. Ihre Gotti, die Afra, ließ es sich nicht nehmen, ihr einen neuen Kranz dazu zu kaufen. Johanna kam sich vor wie eine Königin.

In all dieses Glück fiel ein Wermutstropfen, der ihr die Freude an dem Fest trüben sollte. Johannas Banknachbarin und Freundin in der Schule, die kleine Friedel, armer Leute Kind, kam in einem schäbigen Kleidchen, das ihre Schwestern schon zur Kommunion getragen hatten. Mit rotgeweinten Augen betrat sie das Schulhaus, in dem sich die Erstkommunikanten aufstellten. Auf Johannas leise Frage, was denn geschehen wäre, brach Friedel erneut in Tränen aus: Der Vater hätte ihr gestern Abend gesagt, dass sie morgen fort müsste, er habe für sie eine Dienststelle auf einem Bauernhof in St. Märgen gefunden. Da sie ja nun alt genug wäre – neun Jahre immerhin – könnte sie ihr Brot ab sofort selbst verdienen. Schließlich wäre jeder Esser am Tisch einer zu viel.

Johanna war fassungslos, schließlich weinte auch sie. Fortmüssen von daheim, das konnte sie sich gar nicht vorstellen. Während der ganzen Zeremonie in der Kirche konnte sie an nichts anderes mehr denken. So viel Leid und Schmerz, dagegen müsste man doch etwas tun können? Für Friedel aber gab es keine Gnade, der Vater führte sie am anderen Tag kreuz und quer durch den Wald hinauf, damit sie den Rückweg nicht mehr fände, sollte es ihr einfallen, heimkommen zu wollen.

Dies erfuhr Johanna später von den jüngeren Geschwistern Friedels. Von Friedel selbst hörte sie nie mehr etwas, die blieb verschwunden – wie auch ihre älteren Schwestern in den Jahren zuvor.

Kapitel 5

Man schrieb inzwischen das Jahr 1881, Johanna war gerade neunzehn Jahre alt geworden und zu einer schönen jungen Frau herangewachsen. Anlass, noch einmal Revue passieren zu lassen, was in den letzten elf Jahren nach dem Kriege alles geschehen war:
1872 musste Johannas ältester Bruder, Lambert, zum Militär, im folgenden Jahr wurde auch der zweite Bruder, Andreas, rekrutiert.
1874 wurde die Bahnstrecke von Denzlingen aus nach Waldkirch weiter ausgebaut.
Im Januar 1875 gab es in Süddeutschland eine Währungsreform, gleich der im Norden Deutschlands 1871. An Stelle der alten süddeutschen Guldenwährung wurde die Mark offizielles Zahlungsmittel: für 1000,00 Gulden erhielt man 1724,29 Mark.
Außer der damaligen Guldenwährung gab es noch den Florin, mit denen meist bei Grundstückskauf von Ackerland oder Wald gerechnet wurde, die aber dem Gulden im Wert gleichstanden.
Das Jahr 1875 wurde auch für die Landwirtschaft ein fruchtbares und segensreiches Jahr. Das Getreide gedieh recht gut und von Unwettern blieb man weitgehend verschont. Auch die Winzer im Lande konnten nicht klagen, denn die Weinlese lieferte ein gutes Ergebnis.
Ostern 1877 war für Johanna die Schulzeit zu Ende. Sie trat eine Schneiderlehre bei der Stubenbäuerin an. Unter deren Anleitung lernte sie das Herstellen von Trachten, mit allem, was dazu gehörte. Für Johanna war die Näherei nicht ganz neu. In den letzten Monaten vor der Schulentlassung hatte sie immer mal wieder in die Schneiderstube hereingeschaut. Stets bot sie ihre Hilfe an, selbst wenn es nur kleine Handgriffe waren. Ihre Neugier kannte keine Grenzen, dabei hatte sie ihre Augen überall, sie konnte nicht genug mitbekommen. Der Lehrmeisterin war längst klar geworden, dass Johanna für diesen Beruf geradezu geboren war, und für das Mädchen selbst kam keine andere Tätigkeit infrage.
In allem war sie äußerst geschickt und sehr genau, jeder Stich musste exakt sein. Johanna stickte gern Blumenmotive auf die festlichen Sonntags- oder Hochzeitskleider. Diese Blumen wurden meist mit Metallgoldfaden gearbeitet. So etwas wünschten sich die reicheren Bäuerinnen. Solche Arbeiten, die zierliche und knifflige Stickereien bedurften, nahm sie meist über den Sonntag mit heim, dazu brauchte sie Ruhe.

Was Johanna vor allem in der Werkstatt der Meisterin faszinierte, war die neumodische Nähmaschine, nur hatte sie bislang nicht daran nähen dürfen; nach Abschluss ihrer Lehre würde sie die Meisterin mit der Maschine vertraut machen.

Dieses Wunderwerk, das man mit einer Kurbel betätigte, nähte zehnmal so schnell, als es mit der Hand ging, dazu noch viel schöner und genauer. da war jeder Stich wie der andere. Freilich war trotzdem noch viel Handarbeit nötig, gerade bei den Trachtenkleidern und Blusen. Das bedeutete Fälteln, Biesennähen, Säumen, auch das versteckte Einnähen der unzähligen Haften. Die vielen kleinen Knöpfe an den Kleidern und die Bordüren als Feinheiten bedeuteten ohnehin allesamt Handarbeit.

Wenn man bedenkt, wie viele Handgriffe allein für einen Tschoben – eine zur Tracht gehörenden Spenzerjacke – nötig waren! Als Winterjacke wurde diese wattiert und gefüttert; die Frauen dieser Gegend trugen sie statt eines Mantels, der damals nicht üblich war. Über diesen Tschoben wurde um den Hals ein Schal gewickelt, entweder gestrickt oder aus Pelz, dazu gehörten Pulswärmer. Im Frühjahr und Sommer ersetzten diese die Spenzerjacken, in anderen Dörfern auch Peter genannt, die nur einfach gefüttert waren.

Zu der Trachtennäherei gehörte auch das Sticken. An den Samtleibchen wurden am Vorderteil dekorative Stickereien angebracht. Für diese Arbeit hatte die Stubenbäuerin ein oder zwei Frauen, die solche Feinheiten in Heimarbeit verrichteten.

Johanna lernte nicht nur Kleider nähen, sondern auch das Anfertigen von Männerhemden, Leibwäsche und Kinderwäsche sowie Schürzen.

Ja, sie lernte, ganze Aussteuern herzustellen – Bettwäsche und Weißzeug. Als zukünftige Stör musste sie dies alles können. Denn auf großen Bauernhöfen gab es so vieles zu tun, da musste man auch mit Flickarbeiten rechnen, die häufig anfielen.

Im Frühjahr 1881 war sie fertig mit der Lehre, die etwas länger als normal gedauert hatte, weil Johanna immer wieder für ein paar Wochen auf dem elterlichen Hof hatte helfen müssen. Trotz dieser Umstände schloss sie ihre Lehre erfolgreich ab. Ihre Patin, die Afra, war mit Recht stolz auf sie.

Jetzt machte das Nähen erst richtig Spaß, weil man dafür bezahlt wurde. Johanna ging ganz in ihrer Arbeit auf. Jeden Kniff und jeden Trick hatte sie ihrer Meisterin abgeschaut.

Die Stubenbäuerin war sehr zufrieden mit Johannas Leistungen, sie bot ihr an, als ihre rechte Hand bleiben zu können – die Afra fiel gesundheitlich ja immer öfter aus.

Johanna versprach, nach der Lehre so lange zu bleiben, bis sie sich eine eigene Nähmaschine kaufen konnte. Ja, arbeiten wollte sie, viel arbeiten, und jeden Groschen zur Seite legen, um sobald wie möglich die ersehnte Maschine kaufen zu können. Nur mit einer solchen war es möglich, rentabel zu nähen, vor allem blieben die zerstochenen Finger aus! Schließlich konnte man ja nicht an jeden einen Fingerhut stecken – mit Grauen dachte sie an die blutenden Finger zu Beginn ihrer Lehrzeit zurück. Und außerdem könnte sie noch viel lernen und vor allem sorglos arbeiten.

Johanna hatte schöne Hände, ungewöhnlich weiche und schöne Hände für ein Bauernmädchen. Auch wenn sie ab und zu einmal zu Mistgabel oder Rechen greifen musste, hatte das ihren Händen nicht geschadet. Mit rauen und rissigen Händen wäre feine Näharbeit unmöglich gewesen.

Johanna hatte sich ihr erstes Ziel gesteckt, auf das sie ehrgeizig hinarbeitete und brachte jedes Opfer dafür. Fieberhaft grübelte sie, wie sich ihr Wunsch am schnellsten erfüllen ließe. David Fischmann, der Stoffhändler, ja, der musste ihr behilflich sein! Der war der richtige Mann, er war Händler und hatte Beziehungen.

Als er wieder einmal in die Schneiderei kam, sprach Johanna ihn ob ihres Herzenswunsches an. Sogleich war er Feuer und Flamme und bot ihr an, eine Nähmaschine für sie zu besorgen. Die konnte sie dann bei ihm abzahlen. Er schwärmte dem Mädchen vor, wo und an wen er schon überall eine solche Nähmaschine verkauft hätte. Eine Erfindung, die wirkliche Zukunft hätte und eine Erleichterung für die Schneiderinnen sei!

„Nicht nur das", so prophezeite Fischmann, „in einigen Jahren wird vielleicht sogar in jedem oder in fast jedem dritten Haushalt eine solche Maschine stehen." Der Händler Fischmann war nun in seinem Element. Da er ein Geschäft witterte, wollte er nicht lockerlassen. Er lobte diese neue technische Errungenschaft in den höchsten Tönen. Die beste und bekannteste Marke käme aus Amerika. Dazu gäbe es auch Ersatzteile, wenn nötig, und Nadeln in verschiedenen Stärken, alles nach Bedarf.

Die Firma hätte inzwischen Niederlassungen in Deutschland, das wäre sehr vorteilhaft. Inzwischen wäre auch sein Sohn, von Beruf Mechaniker, in das Geschäft eingestiegen, um sich auf Reparaturen der begehrten Nähmaschinen zu spezialisieren. Deshalb wollte er, der Fischmann, sich auch in Zukunft auf diesen neuen, Fortschritt verheißenden Handelszweig konzentrieren. Johanna hörte dies alles nicht mehr, für sie war nur noch wichtig, dass ihr Wunsch und Traum langsam Gestalt annehme und damit auch ihre Selbstständigkeit. Nach einem weiteren Jahr durfte sie die Maschine bestellen.

Ihr Vater hatte ihr dazu zwanzig Mark versprochen, zwanzig hatte sie selbst in ihrer Büchse, sechzig oder fünfundsechzig sollte sie kosten. Einige Wochen vergingen, bis Fischmann wieder in die Werkstatt kam. Er schien so seltsam und wortkarg, sprach nur mit der Stubenbäuerin. Johanna beachtete er gar nicht, ihr kam es vor, als würde er sie meiden. Dieses Verhalten passte gar nicht zu ihm. Hatte er doch sonst immer seine Späßchen gemacht, für jeden ein Wörtchen übrig und manchmal augenzwinkernd unter den Mädchen und Frauen bunte Bänder verteilt.

Johanna nahm sich ein Herz und ging auf ihn zu. Sie sprach ihn wegen der Nähmaschine an, wann sie denn einträfe, sie sei doch schon so lange bestellt. Daraufhin benahm sich Fischmann sehr sonderbar. Seine wasserblauen Augen wurden eisig, er schielte nach rechts und nach links, schließlich putzte er umständlich seine große rote Nase und blickte wieder nach links und nach rechts. Schließlich wurde Johanna ungeduldig. „Was ist denn los, Herr Fischmann?", sprach sie ihn an, „so redet doch endlich!" Sie bekam es langsam mit der Angst zu tun. Schließlich flüsterte er ihr hinter vorgehaltener Hand zu: „Tja, tja, hm, hm, dein Vater, der Bauer Andres, soll erst einmal seine Schulden bei mir begleichen, schließlich bekomme ich auch nichts geschenkt." Johanna fühlte das Blut in den Kopf steigen, sie hatte das Gefühl, als würde dieser im nächsten Augenblick zerspringen. Was sagte der Fischmann da? Ihr Vater hätte Schulden bei ihm?

Der Fischmann musste bemerkt haben, wie betroffen Johanna war und wie sehr sie sich schämte, weil ja die anderen mitgehört hatten. Johanna war zumute, als hätte man ihr ins Gesicht geschlagen. Sie wusste nichts davon, niemand daheim hatte etwas verlauten lassen. „Herr Fischmann", sagte sie flehend, „ich zahle Euch sofort zwanzig Mark an, ich habe das Geld. Und ich habe Arbeit, ich brauche die Maschine, um nähen zu können, nur so kann ich Geld verdienen."

Dass der Vater ihr auch noch zwanzig Mark versprochen hatte, behielt sie für sich. Der Fischmann stand da und hatte seinen Kopf in die Hand gestützt, als würde er nachdenken. Schließlich machte er Johanna folgenden Vorschlag: „Ich weiß, dass du ein fleißiges, gutes Mädchen bist, deshalb sollst du die Maschine bekommen. Doch da ist ein Problem: Du bist noch nicht volljährig und kannst deshalb auch keinen Kaufvertrag abschließen. Wann wirst du einundzwanzig, Johanna?"

„Nächstes Jahr am zweiten Juli", sagte sie schüchtern.

„Also gut", ereiferte sich Fischman, „in einem Jahr, wenn du volljährig bist, bringe ich sie dir. Vorher kannst du sowieso nicht auf die Stöhr gehen.

Du musst einen Gewerbeschein beantragen, den du erst bei Volljährigkeit bekommst." Johanna sah ein, alles musste seine Ordnung haben, daher akzeptierte sie seine Argumente. Da blieb ihr ja noch Zeit, Geld zu sparen. „Schlau ist der Fischmann schon", dachte sie, „und gut überlegt hat er auch."

Pünktlich an ihrem einundzwanzigsten Geburtstag, der fiel sogar auf einen Sonntag, fuhr der Fischmann mit einem zweirädrigen Holzkarren auf dem oberen Gefällhof vor. Auf dem Wagen stand eine große Holzkiste. Diese schien aber nicht schwer zu sein, denn er trug sie allein hinein in die Stube, dort stellte er sie auf den Tisch. Umringt von der ganzen Familie, packte er nun die Kiste aus; zuerst einmal kam viel Holzwolle zum Vorschein.

Johanna war indessen in ihre Kammer geeilt, um die Büchse mit ihren Ersparnissen zu holen. Stolz schüttete sie das Geld auf den Tisch. Ungläubig wurde sie von allen angestarrt. Fünfunddreißig Mark, ganz genau. „Quittiert mir das bitte", sagte sie zu Fischmann. „Fünf lege ich noch dazu", sagte die Mutter und klaubte aus ihrer Rocktasche ein Silberstück. Johanna versuchte, die misstrauischen Blicke des Vaters und ihrer Schwester zu ignorieren, in deren Augen sie sogar einen Anflug von Ärger und Neid zu sehen glaubte.

Die allgemeine Verblüffung tat ihr gut. Längst hatte sie bemerkt, dass jemand regelmäßig ihre Kammer und ihre persönlichen Sachen durchsuchte, deshalb bewahrte sie zur Sicherheit ihr gespartes Geld nicht mehr daheim auf. Das Geld in der Büchse hatte sie vorsichtshalber bei der Meisterin in der Werkstatt versteckt, ihr vertraute sie. Von ihr wusste auch der Fischmann, dass er keine Angst haben müsste, sein Geld nicht zu bekommen. Ansonsten hätte er ihr dieses wertvolle Stück nicht ins Haus gebracht.

„Johanna, die gehören dazu, heb sie gut auf", sagte der Fischmann. Er überreichte ihr zwei kleine Schlüssel aus Messing an einem Ring. Johanna wusste schon damit umzugehen, blitzschnell hatte sie den Deckel aufgeschlossen und abgehoben. Mit strahlenden Augen betrachtete sie das Prachtstück, das da vor ihr auf dem Tisch stand und nun ihr gehören sollte.

Die Maschine war auf einem massiven, polierten Buchenholzpodest montiert, schwarz lackiert, mit stilisierten Kornblumen bemalt und goldfarbenen Ornamenten, golden erstrahlte auch die verschnörkelte Firmenaufschrift. Sie berührte ehrfürchtig das chromglänzende Schwungrad mit der sich darin befindlichen abnehmbaren Kurbel. Gleichfalls verchromt blitzten die Arbeitsplatte und der Schiebedeckel zur Unterfadenspule.

Keiner von den Umherstehenden stellte eine Frage. Knisternde Spannung lag in der Luft. Johanna kam es fast wie ein Vorwurf vor. Sie hatte das Gefühl, man gönne ihr die Errungenschaft nicht. Flink holte sie aus ihrem Nähkorb ein Stückchen Stoff und eine Garnrolle, die sie fachgerecht aufsteckte, den Faden einfädelte und den Unterfaden aufspulte. Ohne die geringste Unsicherheit richtete sie nun die Maschine zum Nähen ein. Bevor sie die Kurbel einsetzte, suchte sie Fischmanns Blick. Dieser zwinkerte ihr aufmunternd zu. Ihm wurde ganz warm ums Herz, er fühlte sich als ihr Wohltäter. Das war er ja in gewissem Sinne auch. Zwar schuldete sie ihm noch Geld, das er praktisch ausgeliehen hatte, doch hatte er das gute Gefühl, diesem Mädchen geholfen zu haben. „Also, Johanna, los geht es, zeig, was du kannst mit diesem Maschinchen da!"

Johanna legte, nachdem sie das Nähmaschinenfüßchen hochgehoben hatte, ein doppeltes Stück Stoff darunter, dann kam es wieder herunter, ihre rechte Hand bewegte nun langsam das Schwungrad an der rechten Seite der Maschine, um die Nadel einzuführen, danach drehte sie mit der Hand die Kurbel. Schön machte sie das und die Maschine brachte ganz exakt einen Stich nach dem anderen hervor. In kurzer Zeit hatte sie ein Säckchen genäht. Fischmann schmunzelte nur, Hermine klatschte, die Mutter lächelte ihr zu. Der Bauer druckste nur herum, ob das Geld da auch wieder hereinkäme und ob sich so eine teure Maschine überhaupt lohnen würde. Der Fischmann beruhigte ihn, dass das Geld mit Gewissheit tausendfach zurückfließe.

Die Bäuerin hatte sich schnell noch in der Küche zu schaffen gemacht und rief nun zum Essen, auch den Fischmann lud sie ein. Dieser sorgte für allgemeine Heiterkeit an der Tafel. Dass der Bauer ihm noch Geld schuldete, davon ließ er sich nichts anmerken, ja, er tat, als wäre alles in wunderbarster Ordnung! Dieser Augenblick jetzt eignete sich nicht zum Geldeintreiben, dazu gab es noch Gelegenheit genug. Was jetzt gefeiert wurde, war Sache der Tochter, ihr gönnte er die Freude – dazu an einem solch schönen Tag wie diesen Sonntag, der auch noch ihr Geburtstag war.

Johanna war so glücklich, nun hatte sie eine Existenz, jetzt brauchte sie nur noch genügend Aufträge.

Dabei, so hoffte sie, würde ihr die Patin bestimmt behilflich sein. Wenige Tage später ließ Afra ihr Patenkind zu sich rufen. Johanna wusste, dass ihre Gotti schon länger krank und bettlägerig war, hatte sie auch schon des Öfteren besucht. Wie oft war Afra dem Tod von der Schippe gesprungen, wie sie es selbst scherzhaft nannte.

Doch dieses Mal schien es ernst zu sein. Als Johanna an die Türe klopfte, öffnete Afras Bruder Albin. „Gut, dass du kommst", sagte er leise, „Afra wartet schon lange auf dich, ständig fragt sie nach dir." Die beiden flüsterten vor der Kammertüre. „Wie geht es ihr denn?"

„Schlecht, sehr schlecht, sie hat eine Lungenentzündung, der Doktor war hier, er macht nicht viel Hoffnung." Der alte Mann fuhr sich mit dem Ärmel über die Augen, die schon ganz rot waren vor Übermüdung oder von Tränen. Rührend kümmerte er sich um seine Schwester und duldete niemand anderen an ihrem Bett. „Afra möchte dir was geben, komm herein!" Er öffnete leise die Kammertüre und Johanna trat ein in die winzige Kammer, die wie eine Puppenstube aussah. Alles darin war weiß gestrichen.

An den zwei kleinen Fensterchen hingen blauweiß gewürfelte Vorhänge, aus dem gleichen Stoff waren auch der Bettbezug und das Kissen auf dem Stuhl am Bett. Johanna fand dies entzückend, so was hatte sie noch nie gesehen! Ihre eigene Kammer war dunkel, blankes Holz an den Wänden, fingerbreite Ritzen zwischen den Dielen am Boden; an den Fenstern hingen ein paar weiße Fetzen. Kein Mensch hatte sich je die Mühe gemacht, richtige Gardinen anzubringen, solche gab es nur in der Stube.

Das Mädchen sah staunend um sich, so ein schönes Stübchen würde ihr freilich auch gefallen, für solche Dinge hatte sie Sinn. Wäre ihr nicht in diesem Moment in den Kopf gekommen, aus welchem Grund sie hier war, hätte sie ihre Überraschung und ihr Erstaunen laut geäußert. Doch dafür war jetzt nicht der richtige Zeitpunkt. Schließlich kam sie ja, ihre todkranke Gotti zu besuchen, die nach ihr verlangt hatte. Die Meisterin hatte ihr eigens für diese Zeit freigegeben.

Afra lag auf den blau gewürfelten Kissen, ihr Gesichtchen war schmal und durchsichtig geworden, die Lippen vom Fieber aufgerissen und ihre Augen von dunklen Schatten umrahmt. „Komm, Johanna, setz dich, brauchst dich nicht zu erschrecken, ich weiß, ich mach's nicht mehr lange. Komm, schieb mir doch noch ein Kissen unter den Kopf!" Johanna stützte der Patin den Rücken, um das Kissen unterzuschieben. Ach, wie leicht war sie doch geworden; sie glaubte fast, ein Kind im Arm zu haben.

„Weißt du, Johanna, ich möchte dir was geben, es ist nun an der Zeit, morgen kann es schon zu spät sein. Lang mal unter das Bett, da ist eine Kiste, zieh sie vor und mach sie auf!" Johanna tat, wie ihr geheißen. Die Kiste allerdings entpuppte sich als Köfferchen, mit einem Nicken bedeutete ihr die Patin, dieses zu öffnen. „Da drin findest du, was eine Störnäherin für ihre Arbeit braucht, auch Werkzeug. Johanna, du bist meine Nachfolgerin, du musst dir diese ganze Ausstattung nun nicht erst teuer kaufen!"

„Mein Gott, und das alles soll mir gehören?"

„Ja, Kind, das soll alles dir gehören, mehr kann ich dir nicht geben, halt es in Ehren! Damit kannst du immer dein Brot verdienen, eine gute Schneiderin muss selten hungern." Nach diesen Worten sank die Kranke erschöpft in die Kissen zurück.

„Liebe Gotti", hauchte Johanna, „wie soll ich Euch nur danken, wie kann ich das nur gutmachen?" Afra winkte müde ab, dann raffte sie sich wieder auf. „Im Koffer links, da muss mein Auftragsbuch stecken mit sämtlichen Namen und Maßen meiner Kunden." Wieder hielt sie erschöpft inne. „Welche ich unterstrichen habe, sind die, zu denen du zuerst gehen musst. Ich will, dass du den Koffer mit allem darin heute mitnimmst, sonst kann ich nicht garantieren, dass du ihn auch wirklich bekommst. Du weißt ja, kaum hat man die Augen zugemacht, kommt sie, die liebe Verwandtschaft; die kann alles gebrauchen, die gönnen dir nicht mal das Hemd auf dem Leib. Und mein Bruder, der Albin, der ist ein wenig langsam, so schnell könnte der gar nicht schauen, wie das alles wegkäme. Nur, eine Nähmaschine hab ich nicht mehr, die habe ich vor längerer Zeit verkauft."

„Macht nichts, Gotti, ich hab eine gekauft, letzte Woche hat sie mir der Fischmann gebracht. Ungefähr die Hälfte hab ich schon bezahlt." Afra lag wieder erschöpft in ihren Kissen, sie lächelte müde. Sie hatte sich etwas übernommen durch das viele Reden. „Weißt du, Johanna, damals, als du auf die Welt gekommen bist und ich gerade an dem Tag mit dem Kranitzer zu euch auf den Hof kam, war das einfach Schicksal. Und es war für mich keine Frage, dass ich deine Patin werden würde." Sie berührte für einen Augenblick Johannas Hand. „Ich mochte Kinder immer, hatte mir immer Kinder gewünscht, leider aber nie das Glück gehabt, heiraten zu können. Der, den ich wollte, den hab ich nicht bekommen und einen anderen mochte ich nicht. So bin ich halt alleine geblieben. Ja, meinem Bruder ist auch nur ein kurzes Glück beschieden gewesen, dem ist die Frau im Kindbett gestorben, samt dem Kind."

Johanna fasste nach den Händen der Afra, die waren glühend heiß. „Liebe Gotti, ich möchte Euch tausendmal Vergelt's Gott sagen für all das", dabei wies sie mit der Hand auf das Köfferchen. „Wenn ich nur daran denke, wie viel eine Schere kostet, das ist ja ein Vermögen hier!" Afra lächelte sanft mit geschlossenen Augen, als wäre sie schon auf dem Weg ins Paradies. Johanna nahm noch einmal die heißen Hände der Kranken in die ihren, sie ahnte, dass sie ihre Gotti zum letzten Male sähe. In der Woche darauf trug man die Afra zu Grabe.

Johanna war nun die neue Störschneiderin in der Hasle. Noch in der gleichen Woche beantragte sie bei der Gemeinde einen Gewerbeschein. Alles musste seine Ordnung haben. Johanna gelobte, ihrem Beruf alle Ehre zu machen.

Gewissenhaft nahm sie sich das Auftragsbüchlein vor und suchte sich die nächsten Termine heraus. Bald hatte sie sich eingearbeitet und es machte ihr Spaß, die Selbstständigkeit hob ihr Selbstwertgefühl. Niemand hatte ihr mehr etwas vorzuschreiben. Sie musste nur Aufträge bekommen, das war das Wichtigste. Freilich war ihr Beruf kein Zuckerschlecken, schlecht ausgebaute Wege zu ihren Arbeitsstellen erwiesen sich oft als mühsam und zeitraubend; noch beschwerlicher aber war es, bei schlechtem Wetter auf die abgelegeneren Höfe zu gelangen. Johanna selber war ja gut zu Fuß, doch brauchte sie immer jemanden, der ihr die Nähmaschine an Ort und Stelle brachte, alles konnte sie nicht tragen.

Im Frühling war es fast unmöglich, unbeschadet an einem Hof anzukommen, da der Boden oft noch aufgeweicht war. Sobald es auf den Sommer zuging, besserte sich Johannas Lage. Wenn sich Herbst und Winter ankündigten, die Stürme durchs Tal fegten, hielt es Johanna, wie die Afra ihr geraten hatte: Sie nähte zu Hause. Dafür hatte sie sich rechtzeitig genügend Arbeit mit heimgenommen. Auch schaute sie hin und wieder bei der Stubenbäuerin herein, ob die Arbeit für sie hatte.

„Vermeide ja nur, im Winter auf einen Hof zu gehen, da sind die Kammern kalt und klamm!", so hatte ihr die Afra immer geraten. „Und der Bauer hat da zu viel Zeit", zwinkerte sie ihr zu. Ein leiser Wink, den das Mädel zu diesem Zeitpunkt noch nicht verstand.

Johanna arbeitete bis in den späten Herbst. Mitte November hatte sie noch mal auf einem Hof zu tun; trübes, nasskaltes Novemberwetter begleitete sie auf ihrem Fußmarsch dahin. Der Regen peitschte und schon nach kurzer Zeit waren Schuhe und Strümpfe nass und durchweicht.

Zimperlich und empfindlich durfte man da nicht sein. Johanna war das auch nicht, sie hatte eine robuste Gesundheit, was man hinter ihrer zarten Statur nicht vermutete. Trotzdem, dieses ungemütliche Novemberwetter war ihr alles andere als angenehm! Da konnte einem die gute Laune schon vergehen, wenn man an den warmen Kachelofen daheim dachte, wo man sich auf die Ofenbank kuscheln und dem Wetter da draußen entziehen konnte!

An solchen Gedanken wärmte sich Johanna auf ihren endlos langen Wegen. Wie tröstlich war es, endlich das Bauernhaus in unmittelbarer Nähe zu sehen, noch besser, es auch gleich zu betreten! Die Aussicht, bald in einer warmen Küche zu sitzen, Schuhe und Strümpfe auszuziehen und die klammen, schmerzenden Füße und Hände in unmittelbarer Nähe des Herdes wärmen zu können, während die nassen Sachen an der Herdstange trockneten, ließ sie manche Erschwernisse ihres Wanderberufes wieder vergessen.

Auf dem Hof schien man schon auf sie zu warten. Kaum hatte sie das Haus betreten, ertönte die Stimme des Bauern: „Guten Morgen, Schneiderin", rief er gut gelaunt, als Johanna die Stube betrat. „Ich habe dich schon das Tal heraufkommen sehen. Die Bäuerin richtet gerade eine Suppe. Und deine Nähmaschine ist auch schon da." „Soso, dann ist es ja recht."

Johannas heimliche Hoffnung erfüllte sich im Nu, als sie eine stattliche Schüssel voll dampfender Milchsuppe hingestellt bekam. Dass der Dummis, eine schmarrnähnliche Mehlspeise, zum Mittagessen nicht fehlen würde, wusste sie aus Erfahrung. Es war hier allerorts Sitte, dem ins Haus gekommenen Störschuster, der Störnäherin oder einem wandernden Händler eine Mahlzeit zu servieren.

Drei Wochen, schätzte sie, hatte sie auf dem Hof zu tun, als ihr die Bäuerin die Stoffe gezeigt hatte, die zu verarbeiten waren: Jeder Dienstbote sollte etwas Neues zum Anziehen bekommen, die Männer Hemden und die Mägde Blusen oder Schürzen. Diese Sachen waren als Geschenke zu Weihnachten bestimmt. Die Bäuerin wünschte sich einen neuen Wintertschoben, der Bauer brauchte ein neues Sonntagshemd und zwei, drei Arbeitshemden. Für die anderen Familienmitglieder war nichts Neues vorgesehen. „Die Kinder bekommen im Frühjahr neue Sachen, die wachsen noch den Winter über", sagte die Bäuerin. Von den Kindern wäre genug Flickwäsche da, diese sollte zuallererst gemacht werden. Vier Kinder hatten der Bauer und die Bäuerin und das fünfte war unterwegs. Dies sah man noch nicht, aber die Frau hatte es Johanna anvertraut.

Eine Woche vor Weihnachten wurde Johanna fertig. Das war gerade richtig, denn in der folgenden Woche wurde geschlachtet. Da hatte niemand mehr Zeit für sie. Sie nahm alle Stoffreste zusammen, überreichte sie der Bäuerin zum Aufbewahren, sollte mal ein Flick nötig werden. Die Rechnung hatte sie auch schon gemacht, bekam das Geld gleich auf die Hand, was nicht selbstverständlich war. Oft musste sie mehrmals mahnen oder anfragen.

Mit der Zeit hatte sie ihre Kunden kennen gelernt. Mancherorts ließ sie sich bei großen Aufträgen Stück für Stück sofort bezahlen. Dies kam zwar selten vor, aber es war ihr schon passiert, dass sie nach wochenlanger Arbeit noch wochenlang das Geld eintreiben musste. Johanna nahm Abschied, wünschte der Bäuerin noch eine gute Zeit, auch für das kommende Kind, und wenn es wieder was zu nähen gäbe, sollte sie rechtzeitig Bescheid geben.

Der Bauer selber hatte sich angeboten, Johanna in die Hasle zu fahren, weil es sehr kalt war und auch schon Schnee lag. Nun kam das, was sie eigentlich vermeiden wollte, und ihr war nicht geheuer zumute. Denn dass sie sich vor dem Bauern in Acht nehmen musste, war ihr von Anfang an klar geworden. Nicht nur einmal hatte er zweideutige Anspielungen gemacht. Johanna fiel Afras Auftragsbüchlein ein: Hinter den Namen dieser Kunden hatte sie drei Kreuze gesetzt, was Achtung bedeutete! Bei denen, die beim Zahlen nicht spurten, standen zwei Kreuze und bei den Geizhälsen, die vor allem am Essen sparten, stand ein Stern. Doch die Warnung allein nützte nichts, man musste sich einer kritischen Situation auch erwehren können. Nun ja, Johanna hatte sich schon, bevor sie zu ihm auf den Kutschbock gestiegen war, auf Übergriffe eingestellt, wenn es nötig sein sollte, würde sie sich verteidigen.

Tatsächlich hielt er hinter einem Dickicht in einer Waldeinfahrt, er grinste Johanna listig an. „Was ist?", fragte Johanna. „Was soll schon sein, komm, sei halt ein wenig nett zu mir!" Schon packte er das Mädchen und wollte es von der Bank zerren. Johanna jedoch war gefasst. „Was ist, Bauer, ist Euch nicht gut?"

„Weißt du", entschuldigte er sich verlegen, „es ist halt über mich gekommen, du bist eben ein herrliches Weib, da kann man sich schon mal vergessen!"

„Hoffen wir nur, dass Ihr das nächste Mal daran denkt, übrigens hab ich schon einen Schatz."

„Na, das hab ich mir schon gedacht. Vergiss es, Johanna, es ist besser so."

„Es bleibt unter uns, Bauer, aber versucht es nicht wieder!"

Wie erleichtert Johanna war – sie wusste gar nicht, wie ihr geschah! Es hätte freilich anders ausgehen können. Manche Herren wurden sehr grob, wenn man sich ihnen verweigerte. Er lachte nur, als er ihren Erleichterungsseufzer vernahm, klopfte ihr noch kräftig auf den Schenkel, das konnte er sich nicht verkneifen.

Daraufhin trieb er den Gaul an und weiter ging es. Am Pfefferhäusle in der Hasle stieg sie ab, trug die Nähmaschine zu ihrer Tante hinein und verabschiedete sich dann. „Bis zum nächsten Jahr", rief er und zwinkerte ihr listig zu. „Ein schönes Weihnachtsfest wünsch ich, sag daheim einen Gruß!"

Zu diesem Zeitpunkt war die Welt für Johanna noch in Ordnung, noch war sie die anständige, fleißige Schneiderin, die bis jetzt jeder Versuchung widerstanden hatte. Noch ahnte sie nicht, dass ein Jahr später um die gleiche Zeit ihr Leben aus den Fugen geraten sollte, dass es nie mehr so sein würde, wie es gewesen war.

Den Heiligen Abend verbrachte Johanna wie immer zusammen mit den Eltern und dem noch unverheirateten Bruder Andreas, Schwester Stefanie, und der Magd Hermine. Im Elternhaus war es still geworden, da Johanna durch ihre Arbeit wochenlang unterwegs war. Der älteste Sohn, Lambert, hatte sich nach Oberwinden verheiratet, wo er das ererbte Gütchen seiner Frau bewirtschaftete. Einen Knecht hatte der Bauer vom Dorerbühl schon lange nicht mehr, da er sich einen solchen nicht mehr leisten konnte.

Wie immer wurde auch an solch einem Tage bis zum Abend gearbeitet, dann wusch man sich und zog ein sauberes Gewand an. Anschließend gab es das übliche Essen, das noch in der großen Küche eingenommen wurde. Dann begaben sich Bauer und Bäuerin, im Gefolge die Familie, in die warme Stube, in der bereits die Kerzen an der Weihnachtstanne brannten, von Stefanie und Johanna angezündet.

Stefanie setzte sich zu den Eltern an den Tisch, über dessen Mitte von der Decke herab eine Öllampe ihr mageres Licht spendete. Sie las, so war es Brauch, aus der Bibel die Weihnachtsgeschichte vor. Danach stimmten die Frauen das Lied „Stille Nacht" an, begleitet von den tiefen Stimmen der Männer. Johanna hatte noch vor dem Abendessen ein paar Äpfel ins Ofenrohr geschoben, die jetzt ganz verführerisch zu duften begannen.

Zuerst, so bestanden die beiden Schwestern darauf, sollten die – kleinen und bescheidenen – Geschenke verteilt werden, die jeder irgendwann erstanden hatte. Das waren meist Dinge für den täglichen Gebrauch wie Socken, Pulswärmer, Ohrenschützer.

Vater und Sohn bekamen eine neue Halsbinde, dazu jeder noch ein paar neue Strohschuhe, Tabak und Seife zum Rasieren. Johanna und Stefanie schenkten sich gegenseitig Spangen, Kämme und Haarbänder. Hermine wurde von Johanna mit einer neuen, seidenen Schürze beschenkt, ebenso die Mutter.

Nachdem jeder seine Geschenke andächtig vor sich hingelegt hatte, brachten die Mädchen die köstlich duftenden, mit Nüssen und Zimt gefüllten Bratäpfel auf den Tisch. Der Abend wurde noch einmal mit einem gemeinsamen Gebet beschlossen, wonach sich jeder in seine Schlafkammer begab.

Wie in jedem Jahr am Weihnachtsmorgen, in der Früh um vier, stiegen der Bauer und die Bäuerin vom Dorerbühl mit ihren Töchtern Stefanie und Johanna in das Tal hinunter. Jedes Mädchen trug eine Laterne, die Mutter hatten sie in ihrer Mitte und der Bauer ging voraus mit einer Fackel. Unterwegs überholten sie Bauer und Bäuerin vom großen Hof, die mit Sohn, Schwiegertochter und Knecht auch auf dem Weg zur Kirche waren.

Von der Brennerhalde an gesellten sich aus jedem Haus noch weitere Leute zu ihnen, die sich nach kurzer, wortkarger Begrüßung dem Zug anschlossen.

So trotteten die Leute frierend unter dem funkelnden, sternenklaren Himmel, dem keiner der Dahinwandernden Beachtung schenkte, talabwärts in Richtung Kirche. Als die Gruppe den Friedhof erreichte, ertönte von der Dorfkirche her das feierliche Geläut der Glocken. Jetzt kam Bewegung in den Zug, es schien, als wären die Menschen aus einer Lethargie erwacht. Die Laternen wurden nacheinander gelöscht, vor der Kirche steckten die Männer die Fackeln in den Schnee. Die Kirche war wie gewöhnlich vollbesetzt, doch rückte jeder willig zur Seite für die Letzten, die vom Berg heruntergekommen waren. Sie hatten den längsten Weg hinter sich gebracht. Das wusste auch der Pfarrer und er sah großzügig über die kleinen Störungen durch die Nachzügler hinweg.

Nach den beiden festlichen Messen, die immer gut zwei Stunden dauerten, war jeder froh, wieder hinaus an die frische Luft zu kommen. Vor dem Eingang zum Friedhof warteten Bauer und Bäuerin vom Dorerbühl auf ihre Töchter, die hier und da noch jemanden getroffen hatten, mit dem sie schwatzten. Gemeinsam besuchte die Familie die Gräber der verstorbenen Eltern, Großeltern und anderer Angehöriger.

Anschließend folgten sie, wie in jedem Jahr, einer Einladung zum Morgenkaffee, die der Bruder von Johannas Patin, Albin, aussprach.

Er wollte den Brauch beibehalten – auch nach dem Tode seiner Schwester. Im Gedenken an Afra und ihrem Patenkind Johanna zuliebe hatte Albin Eltern und Kinder weiterhin jedes Jahr zum Weihnachtsfrühstück eingeladen. Das war ein willkommener, wenn auch bescheidener Imbiss. Wie wärmte doch dieser Kaffee und weckte alle Lebensgeister! Und wie zu Afras Zeiten stand ein Gugelhupf auf dem Tisch. Bäuerin Maria genoss diese willkommene Abwechslung, lebte sie doch sehr abgeschieden da oben am Dorerbühl. Nach einer guten Stunde verabschiedete man sich mit einem „Vergelt's Gott" und den besten Wünschen für das kommende Jahr. Vor allem wünschte jeder jedem, dass er gut über den Winter kommen solle.

Den Heimweg musste die Mutter mit ihren Töchtern wieder einmal alleine antreten, denn Vater und Sohn wollten noch einen Schoppen trinken gehen und ein wenig die Gesellschaft anderer Bauern suchen. Die Bäuerin zeigte dafür Verständnis; solange die beiden in normalem Zustand wieder heimkämen, hatte sie nichts dagegen, doch war das leider nicht immer so. Nicht nur einmal waren Vater und Sohn an einem Gartenhang hängen geblieben, und keiner von ihnen kam mehr weiter. Das konnte im Winter gefährlich werden!

Die Bäuerin dachte dabei an einen Urgroßvater ihres Mannes, der, wie man erzählte, auf solche Weise ums Leben gekommen war. Ihr war nie so recht wohl dabei; sie gönnte ihrem Mann und dem Sohn wohl den Schoppen, doch meistens blieb es nicht bei dem einen und die Folgen waren ihr nur zu bekannt.

Bauer Andreas und sein Sohn waren an diesem Weihnachtstag wohlbehalten heimgekommen, schließlich hatten sie eine schwere Woche Waldarbeit vor sich, bei der auch die Töchter würden mithelfen müssen. Waldarbeit war im Winter doppelt so mühsam und wenn Schnee lag, erforderte das alle Kräfte und legte sich schwer auf die Knochen. Ausgefüllt von schwerer Arbeit, war auch diese letzte Woche des Jahres vorbeigegangen. Der letzte Tag des Jahres ging seinem Ende zu. Er war ein Arbeitstag wie jeder andere. Zu dieser Zeit wurde in bäuerlichen Kreisen Silvester noch nicht gefeiert. Da fand eine Andacht statt in der Kirche, um den letzten Tag des Jahres zu verabschieden.

Am Neujahrsmorgen nach dem Kirchgang war es Brauch, dass man sich zu den Großeltern, Tanten, Onkel, Basen und Vettern oder anderen Verwandten begab, Gotti und Götti, um ihnen ein gutes neues Jahr zu wünschen.

Die Verwandtschaft erwartete dieses Neujahrsanwünschen besonders von den Kindern; ja, die Alten betrachteten es als ganz besonderes Glück, wenn morgens am Neujahrstag als erster Besucher ein Kind auf ihrer Schwelle stand – das bedeutete nämlich Glück.

Die Kinder scheuten sich aber eher davor. Allerdings wussten sie auch, dass, wenn sie ihre guten Wünsche anmutig hervorgebracht hatten, hier und da mal ein Fünfer oder gar ein Zehner für sie heraussprang. Manchmal gab es auch nur ein oder zwei Pfennige. Glück hatte bei seiner Neujahrsrunde, wer überhaupt etwas bekam, denn die Leute waren im Durchschnitt arm. Da kam freilich nie viel zusammen. An diesem Neujahrstag feierten Stefanie und Pius F. auf dem elterlichen Dorerbühl Verlobung.

Stefanie hatte die ewige Einsamkeit und Stille da oben satt, sie wollte hinunter in das Tal unter Menschen, wie sie immer sagte. Außerdem wollte sie endlich einen eigenen Hausstand haben. Pius, der Rechenmacher, wohnte mit seiner alten Mutter, einer Witwe, in einem kleinen Häuschen in der Hasle. Der guten Frau war die junge Stefanie sehr willkommen, denn die Hauswirtschaft und die Bearbeitung von zwei Äckern und einem Garten wurden für sie immer beschwerlicher. Daneben besaßen sie noch Hasen, zwei Geißen und eine Sau im Stall. Die alte Frau schleppte sich mit ihrer Gicht mühsam durch die Tage. Stefanie dagegen war kräftig und konnte wie ein Mann arbeiten.

Nachdem ihr ältester Bruder, Lambert, drei Jahre zuvor geheiratet hatte, bat sie den Vater, ihren Pius im nächsten Jahr auch heiraten zu dürfen, am besten schon gleich nach Ostern. Dem Bauern kam das gar nicht gelegen, nicht nur, weil ihm das Geld dazu fehlte, er würde auch eine weitere Arbeitskraft verlieren. Auch der Mutter wurde es angst und bange, sie wusste, was das bedeutete, nämlich, dass sie nun mehr im Wald und auf dem Felde einspringen und überhaupt eine ganze Arbeitskraft praktisch würde ersetzen müssen. Darum zögerte auch die Bäuerin, ihr Einverständnis zu geben. Stefanie aber ließ nicht locker, sie versprach, soweit es möglich werden würde, zusammen mit Pius während der Ernte- und Heuzeit zu helfen; da endlich gab der Vater seinen Segen. Nun strahlte Stefanie wieder, nachdem sie in den letzten Wochen unausstehlich und denkbar schlechter Laune gewesen war.

Es wurde beschlossen, dass Johanna den Winter über die Aussteuer nähen sollte und alles, was eben zur Hochzeit gebraucht wurde. Leinwand hatte die Mutter genug gelagert, die sie, so wie es ihr möglich war, beim Weber in der Hasle ballenweise gekauft hatte.

Die Mutter hatte jahrelang jede Mark, die sie erübrigen konnte, gespart, immer die Aussteuer ihrer Töchter im Auge.

Im Herbst wurde abends fleißig Wolle gesponnen, damit im Winter genug Garn vorhanden war, um für alle Socken zu stricken; Socken wurden auch für die Aussteuer gestrickt und gekappt. In den letzten zwei Adventwochen mussten auch ein paar Schweine und ein Rind daran glauben. Überall auf den Höfen wurde geschlachtet. Da wurden Würste gekocht, Fett ausgelassen, Fleisch eingelegt, Speck, Schinken und Würste in den Rauchfang geschafft und Brot gebacken, als Vorrat für mehrere Wochen.

Für die Jugend waren die langen Wochen zwischen dem Erntedankfest und der Kirchweih, an denen das letzte Tanzvergnügen stattfand, unendlich düster und trostlos. Den ganzen Advent hindurch bis Weihnachten fand keine Vergnügung statt. Allein der Aussicht wegen auf den nächsten Tanzabend sehnte sich die Jugend ungeduldig das Weihnachtsfest herbei. Da durfte man sich wieder bis zur Fastenzeit des Lebens freuen.

Der Höhepunkt der Weihnachtsfeiertage für die Jugend war der Dreikönigstanz in der Krone-Post. Johanna besuchte ihn in Begleitung von Stefanie und Pius. Hier traf sie auch endlich wieder ein paar Freundinnen, mit denen sie ausgelassen lachen und scherzen konnte.

Alle Mädchen waren aufgeregt und ein Rätselraten begann, wer von der männlichen Dorfjugend ihnen an dem Abend wohl die Ehre eines Tanzes geben würde. Die Burschen des Dorfes galten als sonderbar. Tagsüber taten sie, als sähen sie die Mädchen nicht, doch sobald es schummerig wurde, entpuppten sie sich als Schürzenjäger. Die Burschen lauerten auch jedem Fremden auf, so dass keiner sich einem Mädchen aus dem Dorf zu nähern wagte, obwohl mancher selbst an der weiblichen Person gar nicht interessiert war. Das hatte oft zur Folge, dass Generationen lang kein neues Blut unter die Bevölkerung kam – Befürchtungen lagen auf der Hand. Die Spannung stieg, die Jugend hatte ihre Plätze eingenommen.

Auch die Alten hatten sich einen guten Blick auf die Tanzfläche gesichert, nichts sollte ihnen entgehen. Denn es war dies nicht nur ein Fest für die Jugend, sondern auch für die älteren Gemeindemitglieder, die sich genauso des Lebens erfreuen wollten. Sie kannten diese Vergnügungen aus ihrer eigenen Jugend, daher rief ein solcher Tanzabend immer wieder pikante Erinnerungen hervor und bot Nahrung für Gesprächsstoff. Kein Paar blieb unbeobachtet, es knisterte förmlich im Saal. Noch wurde Theater gespielt, noch wurde Abstand gehalten.

Kaum aber hatte die Musikkapelle den Auftakt zum ersten Tanz gespielt, begann der Wettlauf um einen bestimmten Partner, den man ins Auge gefasst hatte, und schon drängten sich die Paare auf dem Tanzboden. Johanna selbst kam gar nicht so schnell dazu, sich nach einem Burschen umzusehen. Sie wollte sich gerade an den Tisch zu ihrer Schwester setzen, da stand plötzlich das Schicksal in Gestalt eines flachsblonden, blauäugigen jungen Burschen vor ihr.

Im ersten Moment war sie sichtlich verdutzt, wusste nicht, wie ihr geschah. Sie ertappte sich dabei, dass sie den Burschen von Kopf bis Fuß musterte. Sein Äußeres hob ihn von den anderen jungen Männern etwas ab. Er trug einen modischen Anzug, dazu blitzblanke Schuhe, was auf Johanna Eindruck machte. Das einzige, was nicht so elegant an ihm war und nicht so recht zu dem noblen Aufzug passte, waren die großen roten Pratzen, die aus den Ärmeln herausschauten. „Den Händen nach ist er eher kein Beamter", ging es Johanna sogleich durch den Kopf, „und aus der Gegend hier ist er auch nicht." Aber er gefiel ihr, sie nickte ihm zu als Zeichen des Einverständnisses. Er reichte ihr gekonnt seinen Arm und wie in Trance schwebte sie mit ihm auf die Tanzfläche.

Die Neugier plagte sie schon ein wenig, zu gerne hätte sie gewusst, wer er war und wo er herkam. Schließlich fasste sie den Mut und fragte einfach. „Wo seid Ihr denn her, von hier bestimmt nicht?"

„Ihr seid überhaupt nicht neugierig, warum wollt Ihr das unbedingt wissen?", antwortete er ihr grinsend. Besonders das Ihr betonte er.

„Ja, es würde mich schon interessieren, mit wem ich da tanze!"

„Ich komme aus einem kleinen Ort in Vorarlberg."

Johanna hatte das Gefühl, dass aller Augen auf sie beide gerichtet waren. Das war freilich keine Einbildung, jeder ihrer Schritte wurde von dem aufmerksamen Publikum beobachtet. Neidisch verfolgte die beiden so manches aufflackernde Augenpaar. Es erregte Aufsehen, wenn ein Fremder im Ort war und sich gar noch um eines der schönsten Mädchen bemühte. Da konnte es leicht geschehen, dass gegen Ende des Abends eine Rauferei nicht ausblieb.

Johanna aber schien nichts davon wahrzunehmen und war auch weit entfernt von solchen Gedanken; bisher war sie noch nicht der Grund einer Rauferei gewesen. Doch ungeachtet all dessen tanzten die beiden den ganzen Abend zusammen. Sie ließen keinen Tanz aus, und kaum dass die Kapelle zu spielen begann, stand der blonde Bursche schon wieder vor ihr. „Der hat scheinbar angebissen", zischelte Stefanie dem Pius zu, „der hat ein Auge auf unsere Kleine geworfen."

Noch hatte sich Johanna und ihrem Tänzer keine Gelegenheit für ein richtiges Gespräch geboten. Sie war ganz unruhig und ihr Herz pochte bis zum Hals, Johanna war es peinlich. „Hoffentlich sieht man das nicht", dachte sie bei sich. In einer längeren Pause führte er sie zur Seite und stellte sich vor. „Alois heiß ich, Loisel werde ich daheim gerufen."
„Und ich bin die Johanna."
„Haben wir uns nicht schon irgendwo gesehen? Ich überlege die ganze Zeit."
Diese Bemerkung war keine der üblichen Phrasen, Johanna kam es plötzlich in den Sinn, dass sie ihn auch schon gesehen hatte. Auf einem Dach hatte er gestanden, ja, das stimmte. Aber so einfach wollte sie ihm das nicht machen. „Wo sollen wir uns denn gesehen haben?", fragte sie geziert.
„Seltsam, als ich Euch vorhin erblickt habe, glaubte ich, Euch wiederzuerkennen". Johanna dachte nach. Er sprach weiter: „Vom Dach herunter kann man zwar nicht so genau sehen, doch der Anblick eines so netten Mädchens entgeht einem unmöglich."
„Was machst du denn auf einem Dach?"
„Ich bin Zimmermann, weißt du, wie der heilige Josef, nur nicht so heilig."
Johanna tat so, als würde sie überlegen.
„Ja, kann schon sein, dass ich dich mal gesehen habe, ich erinnere mich."
Ihr war aufgefallen, dass sie sich auf einmal duzten. „Naja, macht nichts, bei uns duzt sich auch jeder", dachte sie. „Auf welchem Hof war ich da nur?", dachte sie weiter nach. „Ist ja gleich, wahrscheinlich ist mir dein blonder Schopf aufgefallen, von unten kann man so schlecht auf das Dach sehen", lachte sie schelmisch. Dann lachten sie beide herzlich, dabei zeigte er zwei Reihen tadelloser weißer Zähne.
Der Abend ging viel zu schnell zu Ende, Stefanie bedeutete Johanna ungeduldig, dass sie heimwollte, schließlich dauerte die Abschiedsszene mit dem Pius immer eine Ewigkeit. Johanna erbat sich dennoch noch eine Tanzrunde von ihrer Schwester. „Ich muss nun gehen, meine Schwester wartet auf mich." Alois machte ein gekonnt langes Gesicht. „Musst du mit deiner Schwester heimgehen?"
„Ja, wir haben einen weiten Weg. Wir müssen hoch zum Dorerbühl, das sind gut zwei Stunden Wegzeit." Johanna hatte mehr Neugierde von ihm erhofft. Sie war etwas enttäuscht darüber, dass er so gar keine Anstalten machte, ihr zu sagen, dass er sie wiedersehen wollte.

Ziemlich nüchtern verabschiedete er sich von ihr. „Schade", sagte er, „vielleicht sehen wir uns mal wieder bei einer Tanzveranstaltung, vielleicht am Ostermontag?"

„Nicht vorher?", fragte Johanna etwas enttäuscht. „Nein, leider nicht", bedauerte er. „Ich arbeite im Winter nicht auf dem Bau, sondern im Wald. Schließlich bin ich hier zum Geldverdienen, auch am Sonntag."

„Wo arbeitest du den Winter über?"

„Da bin ich bei einem Bauern und wohne auch dort. Sonntags schlafe ich auch nicht, da säge oder spalte ich meistens Holz, erledige alles, was es sonst noch zu tun gibt."

Das imponierte Johanna, doch wollte sie es nicht recht fassen, dass er sie nicht schon eher wiedersehen wollte; sie hatte Mühe, ihren Groll darüber zu verbergen. Wie dumm, dass sie ausgerechnet jetzt heim musste! Trotz der Enttäuschung, die sie aus Stolz nicht zeigen wollte, lachte und winkte sie ihm noch beim Abschied zu. „Vielleicht muss es so sein", dachte sie, „möglicherweise laufen wir uns vorher schon mal über den Weg. Oder ist da nicht gar ein Hindernis, hat er schon eine Braut in seiner Heimat? Möglich ist alles, weil er ja gar so erpicht ist aufs Geldverdienen." Damit tröstete sie sich.

Die folgenden Tage und Wochen erschienen Johanna unendlich lange. Die Zeit wollte nicht vergehen, Minuten kamen ihr vor wie Stunden und die Stunden erschienen ihr, trotz drängender Arbeit, wie Ewigkeiten, sie wollten einfach nicht vergehen. Noch nie dauerte ein Winter so lange. Manchmal kam sie sich vor wie in einem Gefängnis. Schon weil das ganze Tal wochenlang eingeschneit war und sie niemanden außer ihrer Familie zu Gesicht bekam. Mit ihrer Schwester Stefanie, die sie ständig kontrollierte, lag sie in anhaltendem Streit; diese nörgelte immerzu an irgendwas herum, ihr gingen Johannas Näharbeiten nicht schnell genug; sie konnte Stefanie einfach nichts recht machen.

Johanna dachte oft, wenn sie nicht die Aussteuer ihrer Schwester zu nähen hätte, würde sie hinunter zu der Stubenbäuerin zum Arbeiten gehen und, zu ihrer Freude, ab und zu mal andere Leute treffen. Dort könnte sie hin und wieder einen Gang ins Dorf machen zur Krämerin – und vielleicht so auf den Alois treffen. Es kam einfach nicht so, wie es sich Johanna erträumt hatte, dass die beiden sich, wie im Märchen, einander einfach begegneten. Die einzige Möglichkeit war, ihn auf dem Hof zu besuchen, wo er in Arbeit stand. Doch so was verbot ihr der Stolz.

Sie überlegte auch, wie sie ihm mitteilen lassen könnte, wo sie gerade arbeitete; natürlich verwarf sie diese Idee wieder. Vielleicht sollte es auch gar nicht sein, dass sie mit ihm wieder zusammentraf? Schließlich tröstete sie sich damit, dass sie zusammen einen schönen Abend gehabt hattcn, an den sie sich unheimlich gern erinnerte. Eine gewisse Verbitterung aber konnte Johanna nicht unterdrücken, nämlich darüber, dass sie hier am Ende der Welt wohnte, wo kein Mensch hinkam. Was sollte sie machen, sie musste sich abfinden mit ihrem Los; was für ein großes Glück war es andererseits, einen Beruf zu haben! Stets hatte sie Arbeit, saß in einer warmen Stube, wo sie gutes Geld verdiente. Im Frühjahr, da würde sie ihr Köfferchen packen, um wieder ihre Arbeit auf all den umliegenden Bauernhöfen aufzunehmen – und kein Mensch konnte sie daran hindern! In diesem Winter allerdings war nichts mit Geldverdienen, da sie für ihre Schwester nähte; das war Ehrensache, aber damit würde sie bis weit hinaus ins Frühjahr beschäftigt sein.

Um Johannas Laune etwas zu heben, schickte sie die Bäuerin, als gegen Ende Februar das Wetter besser und beständiger wurde, hin und wieder hinunter ins Tal, um Besorgungen zu machen. Das war, wenn Schnee lag, ein ziemliches Unterfangen, das meist einen ganzen Tag dauerte. Nach einem solchen Ausflug, bei dem Johanna andere Menschen getroffen hatte, war sie wieder die alte und mit neuem Elan stürzte sie sich daheim in die Arbeit. Nun konnte sie schon die Tage zählen bis Ostern. Da würde sie beim Ostertanz den Alois wiedertreffen. Der Gedanke daran ließ sie Luftsprünge machen und wieder singen und heiter sein. Obwohl die Familie sich über die wechselnde Stimmung Johannas wunderte, kam keiner auf den Gedanken, dass sie verliebt sein könnte.

Johanna schaffte von früh bis spät, unermüdlich. Die Aussteuer hatte sie fertig und nun nähte sie am Hochzeitskleid ihrer Schwester, immer in Gedanken dabei an den Einen, der nahe und doch so fern war, unerreichbar für sie.

Johanna hatte nicht daran gedacht, dass irgendwas dazwischenkommen oder eintreten könnte, was ihr Vorhaben verhindern könnte. Den ganzen langen Winter über war sie gesund geblieben, nicht einmal einen Schnupfen oder ähnliches hatte sie bekommen.

In der Karwoche jedoch überfielen sie Schnupfen und Halsweh, bald konnte sie sich nicht mehr auf den Beinen halten. Mit Gliederschmerzen und hohem Fieber lag sie im Bett – und der Tanz am Ostermontag ging ohne sie über die Bühne.

Wütend schrie sie in die Kissen und zog sich das Deckbett weit über den Kopf, damit niemand hören konnte, wie sie heulte. Weil das alles nichts an der Wirklichkeit änderte, tröstete sie sich damit, dass der Sommer nahte, die Tage länger würden, dass es da eher eine Möglichkeit gäbe, den Alois zu treffen.

Bald darauf bekam Johanna einen großen Auftrag, bei dem sie mehr als vier Wochen Arbeit haben würde. Das war allerdings ungewöhnlich, im Sommer war die Auftragslage nie besonders gut. Doch in diesem Fall handelte es sich um die Aussteuer für eine Hochzeit, die im Spätsommer stattfinden sollte. Auf einem Hof für eine Hochzeit nähen zu können war begehrt! Im Herbst sollte das Fest stattfinden, aber schon jetzt wurden Vorbereitungen getroffen. Aus diesem Anlass holte man auch Zimmerleute, um den Dachstuhl ausbessern und verschiedene Änderungen vornehmen zu lassen. So ergab es sich, dass Johanna, als sie auf dem Hof eintraf, den blonden Zimmermann oben auf dem Dach stehen sah. Freudige Erregung erfasste sie, ihr Herz klopfte bis zum Hals. Im Stillen schalt sie sich eine dumme Gans: „Johanna, behalte deine Sinne zusammen, alles schön der Reihe nach und nur nichts überstürzen!"

Nach dem Mittagsmahl setzte sie sich kurz auf die Hausbank, um etwas auszuruhen. Da stand er plötzlich vor ihr, die blonden Haare zerzaust, die blauen Augen strahlten schelmisch und die Zähne blitzten in seinem vom Wetter gegerbten Gesicht. „Sieh an", rief er, „die Schöne von Dreikönig! Wo warst du denn an Ostern? Wir wollten uns doch treffen, ich habe mir die Augen nach dir ausgeschaut", erzählte er.

Johanna wusste genau, dass er log, denn man hatte ihr sehr wohl zugesteckt, dass ihr Tänzer von Dreikönig sich beim Ostertanz prächtig amüsiert hätte.

„Seit wann duzen wir uns denn?", fragte Johanna, weil ihr nichts anderes einfiel und sie ihn ein wenig necken wollte. Er pfiff vor sich hin und tat, als hätte er gar nicht gehört, was sie sagte. Sie aber dachte: „Warte, ich kann auch beißen." Nun log auch sie. „Ich hatte ganz vergessen, dass ich mit dir etwas ausgemacht hatte, ich war auch schon verabredet. Und glaubst du, ich hätte die ganze Zeit an dich gedacht, als wenn nichts anderes für mich zu tun gewesen wäre?"

„Johanna, so heißt du doch? Ich entsinne mich wohl richtig. Das ist ja eine Überraschung! Was machst du hier auf dem Hof?"

„Ich arbeite hier, bin erst heute hergekommen, habe mindestens vier Wochen zu tun."

„Soso", begann er zu spötteln, „in welchem Stall hast du denn Dienst?"

Johanna wurde wütend, nur mit Mühe beherrschte sie sich. „Dieser Laffe", dachte sie, „denkt wohl, ich wäre eine gewöhnliche Stallmagd?"
„Ich bin Störschneiderin", entgegnete sie und warf den Kopf in den Nacken. Ein paar geringelte kastanienbraune Löckchen umspielten dabei ihre Stirn. „Eine was? Das hab ich noch nie gehört!"
„Eine Schneiderin, die nicht ständig an einem Arbeitsplatz ist, sondern von einem Hof zum anderen geht mit ihrer Nähmaschine. Das ist so ähnlich wie bei dir. Du bist ja auch nicht immer nur auf einer Baustelle, oder?"
„Aha, hm, hm, soso, wusste gar nicht, dass es so etwas gibt, und du wohnst hier auch?"
„Ja, klar, das ist doch selbstverständlich!"
„Na, dann sehen wir uns ja, ich muss wieder an die Arbeit, sonst gibt's Ärger", und schon war er weg.
Die Zeit verging wie im Fluge, drei Wochen arbeitete Johanna schon auf dem Hof. Immer wieder fand die Bäuerin noch ein Stückchen Stoff, aus dem sie etwas genäht haben wollte. Zwischendurch hatte Johanna auch mal den Holzrechen genommen und war mit zum Heuen gegangen.
Das zweite Heu, Oehmd oder Grummet genannt, wurde im August eingefahren. Das musste immer ganz schnell geschehen, weil das Wetter nicht mehr so beständig war wie im Juni oder Juli, deshalb wurde jede Hand gebraucht.
Johanna sah Alois täglich beim Mittagessen, das die Männer im Sommer draußen im Hof, im Schatten unter der Linde, zu sich nahmen. Aus Mangel an Zeit kam es da allerdings nie zu einem ernsthaften Gespräch; es reichte immer nur für ein paar Scherze, etwas Geplänkel hin und her. In der folgenden Woche sollten die Zimmerleute fertig werden.
Die zweite Heuernte sowie die Getreideernte waren zum größten Teil unter Dach und Fach. Aus diesem Anlass wurde ein Fest gefeiert, an dem alle, die mitgeholfen hatten, die Ernte einzubringen, teilnehmen durften. Das waren Helfer vom Wald oben, die von Schonach oder St. Märgen gekommen waren, deren Ernte erst etwas später stattfand, oder es halfen Tagelöhner und deren Kinder zusätzlich zu dem Gesinde vom Hof, Mägde, Knechte und Hirten.
Der Ernteabschluss war stets eine willkommene Abwechslung nach wochenlanger harter Arbeit. Heugaus nannte man das Fest nach der Heuernte, Sichelhenkete nach der Getreideernte.
Alle freuten sich auf das Fest, war es doch der Höhepunkt einer arbeitsreichen Zeit, die beendet werden sollte mit zünftigem Essen und Trinken,

mit Gesang und Musik. So fand das Fest am letzten Arbeitstag, in diesem Falle an einem Freitag, statt, damit die Zimmerleute auch dabei sein konnten, da diese, wie auch die Wanderarbeiter, am nächsten Tag weiterzogen. Die Zimmerleute mussten fort, um sich auf der nächsten Baustelle einzufinden.

Heitere Unruhe breitete sich über den ganzen Hof aus und erfasste seine Bewohner; auf dieses Fest hatten sich alle die ganze Ernte über gefreut. Johanna bekam aus diesem Anlass die Erlaubnis, die Näharbeiten zur Seite zu legen und die Anweisung, bei den Vorbereitungen fürs Fest mitzuhelfen. Für sie war das eine willkommene Abwechslung, dem heute so emsigen Gesinde zu helfen. Alle erschienen ihr so verändert, es lag eine knisternde Spannung in der Luft.

Unter dem Jungvolk wurde gelacht und geschäkert, alle rannten durcheinander, es kam fast dem Gewimmel in einem Bienenstock gleich. Die Feststimmung stieg schon bei den Vorbereitungen, das konnte ja heiter werden! Wer nicht wusste, dass dies ein Fest war zum Ernteabschluss, hätte meinen können, es würde zu einer Hochzeit gerüstet.

Unter der riesigen Linde vor dem Hof wurde ein großer Tisch aufgebaut und drumherum stellte man Bänke so auf, dass alle daran Platz haben würden, vor allem keiner dem anderen den Rücken zuwenden müsste. In Windeseile stand Geschirr auf dem Tisch, Teller, Messer, Gabeln und Krüge in jeder Größe. Sogar ein Gebinde aus Ähren, Kornblumen und Margeriten hatte irgendein Schöngeist in der Eile mitten auf den Tisch gestellt. Oben am Tisch saßen der Bauer und die Bäuerin, welche stets darauf achtete, dass jeder genug auf dem Teller hatte und dass auch immer ein voller Mostkrug auf dem Tisch stand. Es sollte ein gelungenes, ein schönes Fest werden. Die Stimmung wurde erst recht angeheizt, als einer der Erntehelfer eine Mundharmonika aus der Hosentasche zog, daraufhin holte einer der Zimmermänner unter dem Tisch eine winzig kleine Ziehharmonika hervor. Nun kam Leben in die Runde. Da wurde gesungen, getanzt, gegessen, getrunken und was nicht ausblieb – poussiert.

Weiblein und Männlein fast jeden Alters, die mit am Tisch saßen, strahlten über das ganze Gesicht. Für die armen Leute war dieses seltene Vergnügen ein Licht in ihrem sonst so eintönigen und grauen Dasein. Alle taten fleißig mit und beim Singen hängten sie sich einander an den Armen ein. So manches Pärchen verschwand in der Dunkelheit, um nach einer gewissen Zeit kichernd wieder zurückzukehren.

Johanna war dem Alois den ganzen Abend nicht von der Seite gewichen, irgendwie hatte sie es einrichten können, an seiner Seite zum Sitzen zu kommen. Eifrig war sie darauf bedacht, dass keine der jungen Mägde Gelegenheit bekam, ihm nahe zu kommen. Zu vorgerückter Stunde sang der Alois wunderschöne, von Liebe und Leid, von Sehnsucht nach der Heimat, zuletzt jodelte er sogar.

Die wenigsten verstanden zwar den Dialekt, in dem er die Lieder vortrug, doch irgendwie erahnte fast jeder, um was es ging. Der Bäuerin, die sonst eine stille Frau war und kaum einmal Gefühlsregung zeigte, gefiel der Gesang, manchmal summte sie sogar mit. Ganz entrückt beugte sie sich zu ihrem Mann: „Ist schön, die Musik, gelt? Und singen kann der!" Dabei nickte sie dem Alois anerkennend zu, was ihn sogleich zum Weitermachen ermunterte.

Alois war nun so richtig in Fahrt, er sang ein Schnaderhüpferl nach dem anderen, versäumte dabei nicht, den Mädchen am Tisch rundherum schöne Augen zu machen. Damit hatte er bereits den Unmut der Burschen geweckt. Einer der Zimmerleute rief ihm hämisch zu: „Jetzt musst du bald lernen, amerikanisch zu jodeln, bei den Cowboys wirst du dich in Amerika anpassen müssen." Die Runde lachte verhalten. „Bald geht er nämlich übers große Wasser, in die neue Welt!", sagte ein anderer. „Da wollt ich am liebsten mitgehen", meinte scheu der kleine Heiner, ein Hirtenbub. „Erst mal können", kam es bitter von einem der Knechte zurück. Die meisten hielten es für einen Spaß, doch Alois warf seinem Kameraden, der das ausgeplaudert hatte, einen bösen Blick zu.

Johanna bekam dies alles nur am Rande mit. Der ungewohnte Weingenuss zeigte bereits seine Wirkung, hinzukam noch das berauschende Gefühl, blind verliebt zu sein. Sie freute sich, dass alle so lustig waren; was sie so redeten, bekam sie nur noch am Rande mit, darüber machte sie sich weiter keine Gedanken.

Sie war zu verliebt und berauscht, zu verwirrt, als dass sie noch einen klaren Gedanken hätte fassen können. Für sie existierte nur noch der Alois, der seinen Arm um ihre Taille gelegt hatte und sie immer wieder an sich drückte. Heidelbeerwein und Most zusammen konnten eine gefährliche Mischung werden. „So mancher, der die Wirkung nicht kannte und das süffige Getränk unterschätzte, befand sich plötzlich in der prekären Lage, dass er sein Schlafquartier auf allen vieren aufsuchen musste, wenn er es überhaupt noch fand.

Der Höhepunkt des Festes war längst überschritten und näherte sich seinem Ende.

Nach einem langen Arbeitstag zogen sich vor allem die Älteren nacheinander zum Schlafen zurück. Der Tisch war teilweise abgeräumt. Bauer und Bäuerin hatten sich schon länger zurückgezogen. Nur von den Mägden saßen noch ein paar unentwegte, die immer wieder ein neues Lied anstimmten, solange sie noch Gesellschaft hatten, die mithielt. Wer nicht mehr singen konnte, summte oder brummte trotzdem mit. Längst war Mitternacht vorbei, zuletzt saßen nur noch Johanna und der Zimmermann, in seliger Umarmung und endlosen Küssen, auf der Bank unter der Linde. Verzückt blickten sie hinauf in den Sternenhimmel, der aussah wie ein funkelnder Diamant. Die beiden vergaßen Zeit und Raum vor lauter Glückseligkeit. Johanna lehnte sich zufrieden an Alois' starke Schulter. Nun war sie am Ziel ihrer Sehnsucht angelangt, lange hatte sie auf diesen Augenblick gewartet.

Die vielen bangen Wintermonate lang hatte sie sich ausgemalt, wie es wäre, wenn sie endlich diesen Alois wieder träfe – und nun lag sie sogar in seinen Armen und wurde von ihm geküsst. Ab und zu öffnete sie vorsichtig die Augen, doch es drehte sich sofort alles im Kreis, so das Geäst des Baumes über ihr, erst langsam, dann immer schneller. Da machte sie die Augen rasch wieder zu. „Johanna, Johanna, das ist sehr gefährlich", trommelt es in ihrem Kopf, doch schnell scheuchte sie solche Gedanken weit fort wie lästige Fliegen. Sie, die sonst immer nüchtern und klar denkend war und nie den Kopf verlor – in dieser schwülen Sommernacht vergaß sie all ihre guten Vorsätze und ließ sich vom Zauber und Rausch des Verliebtseins davontragen.

Morgens wachte Johanna mit einem schweren Kopf auf, der vibrierte, als wollte er jeden Augenblick zerspringen. „O Gott", stöhnte sie, „was ist nur los?" Sie versuchte, sich zu erinnern, was geschehen war. Sie sah an ihren Kleidern herunter. „So bin ich ins Bett gekrochen? Wie bin ich nur hineingekommen?"

Sie erinnerte sie sich an den vergangenen Abend, ihr wurde heiß und kalt. War der Wirklichkeit gewesen oder hatte sie ihn geträumt? Schnell sprang sie auf und rannte an den Waschständer, tauchte ihr Gesicht ganz tief hinein.

Jetzt wurde sie langsam wach und die Gedanken begannen zu rasen. „Alois", dachte sie, „dieser Alois hat mich, charakterlos, verführt." Oh, wie schnell die wenigen sorglosen Stunden im Leben doch vorbeigehen konnten! Sie besann sich an den Schluss des Abends einfach nicht mehr. Der Blick in die kleine Scheibe des geöffneten Fensters, die ihr als Spiegel diente, sagte ihr alles.

Müde Augen blickten ihr entgegen, ein übernächtigtes Gesicht. So schön solche Feiern auch sein mochten, am nächsten Morgen wurde man unerbittlich vom Alltag eingeholt: Vor glücklichen Erinnerungen an die vergangenen Stunden fiel dann der Vorhang und im grellen Tageslicht begegnete einem die raue Wirklichkeit, der zu entgehen unmöglich war. Mit dieser Erkenntnis begab sich Johanna nach unten in die Küche, wo Marie, die alte Magd, am Herd stand und irgendwas in der Pfanne brutzelte. „Guten Morgen, Marie, bin ich die Letzte?"

„Ja, es wird Zeit", sagte sie schneidend, „alle sind schon an der Arbeit. Die Zimmerleute gehen auch gerade."

„Alois", entfuhr es Johanna. Die Magd kicherte leise.

Der Bauer hatte schon frühmorgens die Erntehelfer ausbezahlt, die längst weitergezogen waren. Die Zimmerleute waren tatsächlich im Aufbruch, mit ihren Zwerchsäcken voller Werkzeug auf dem Rücken nahmen sie gerade Abschied von den Bauersleuten, als Johanna aus dem Haus rannte, ein feuchtes Tuch an die Stirne gepresst.

„Geht ihr schon?", rief sie den Zimmerleuten zu. „Aber ja, der nächste Dachstuhl wartet schon!" Alois kam noch einmal zurück, reichte Johanna die Hand. „Servus, Hannerl, mach's gut!" Er neigte sich zu ihr herunter und flüsterte ihr noch etwas zu, dass sie über beide Ohren rot wurde und verschämt zur Seite sah. „Ich besuch dich am nächsten Sonntag, gelt?", rief er ihr noch zu und rannte hinter den anderen Männern her, die inzwischen schon losgelaufen waren.

Die Mägde hatten längst Bänke und den Tisch wieder weggeräumt, die Bäuerin schaffte im Haus herum und Johanna setzte sich wieder in die Stube an ihre Nähmaschine.

Bis zum Freitag der nächsten Woche wollte sie mit ihrem Auftrag fertig sein. Sie schaffte es.

Tatsächlich stand der Alois am Sonntagmorgen vor der Haustüre des Gefällhofs am Dorerbühl. Allerdings nicht in seinem feinen Anzug. Er trug eine braune Cordsamthose, über die Schulter hatte er lässig eine Jacke gehängt.

Ohne Scheu stellte er sich vor, begrüßte den Bauern, Johannas Vater, dann die Mutter. In der Hand trug er ein kleines Päckchen, aus dem er später eine blaue Arbeitsschürze auspackte, die er sich umband. Alle schauten ihm gespannt zu, was das nun werden sollte. „Habt Ihr was zu arbeiten für mich, schließlich möchte ich mir mein Mittagessen verdienen." Im ersten Moment herrschte allgemeine Verblüffung, darauf folgte ein Schmunzeln aller.

Johanna hatte den Alois nicht aus den Augen gelassen. „Ein schlauer Fuchs ist er schon", dachte sie, „deswegen quartiert er sich den Winter über bei einem Bauern ein, damit er Kost und Logis frei hat in dieser Zeit und so bis zum Frühjahr ohne große Kosten über die Runden kommt." Vielleicht sparte er auf ein Häuschen? Und damit er keinerlei Lebensmittel kaufen musste, arbeite er auch sonntags. Freilich konnte man da einen schönen Batzen Geld zusammensparen. Auf jeden Fall war das besser, als was viele junge Männer taten: das Geld ins Wirtshaus tragen, um es zu versaufen. Der Bauer schien auch verstanden zu haben, er klopfte dem Burschen auf die Schulter. „Schlau bist ja, das muss ich schon sagen! Heute ist zwar Sonntag, da arbeiten wir nur das Nötigste, aber ich hätte schon was zu reparieren. Meine Buben haben das früher immer gemacht, seit die beiden fort sind, ist halt alles liegengeblieben."

So brachte es der schlaue Alois fertig, Bauer und Bäuerin um den Finger zu wickeln, sich einzuschmeicheln. Von da an kam er jeden Sonntag, blieb bis zum Abend. Er hämmerte oder sägte, reparierte dies und jenes, alles konnte er, sogar Schuhe besohlen. Selbst mit der Sense konnte er geschickt umgehen und er mistete ganz selbstverständlich den Stall.

Listig und immer ein Lächeln auf den Lippen, verstand er es, sich bei Johannas Eltern einzuschmeicheln, mit deren stillem Einverständnis war er längst ein Familienmitglied, ja, sie betrachteten ihn bereits als zukünftigen Schwiegersohn. Das ging so bis Ende November, vier Wochen vor Weihnachten. Um diese Zeit suchten sich die meisten Bauarbeiter oder Zimmerleute wie der Alois eine Arbeit für den Winter. Auch Alois hatte sich, wie er sagte, bei einem Bauern zur Waldarbeit verdingt.

Kapitel 6

Der Spätsommer ging seinem Ende zu, herrlich sonnige, warme Septembertage beschlossen den Monat. Der Oktober wurde auch noch ungewöhnlich warm. Den Bauern war dies freilich recht, konnten sie doch unter besten Wetterbedingungen ihre Ernte einbringen. Johanna indessen würde für die nächsten vier Wochen als Hausschneiderin auf einem Hof beschäftigt sein.

Während der letzten Septemberwoche fühlte sie sich ungewöhnlich matt und müde und den ganzen Monat Oktober über ging es ihr täglich schlechter. Mit jedem Tag wurde sie blasser und schmaler, die Haut im Gesicht wurde fleckig, dazu überfiel sie mehrmals täglich Übelkeit.

Das fing schon morgens an, wenn sie von ihrem Lager aufstehen wollte. Kaum hatte sie den Kopf aus den Kissen gehoben, drehte sich die ganze Kammer um sie herum wie ein Karussell. Hatte sie sich endlich mühsam aufgerappelt und saß auf der Bettkante, wurde ihr ein zweites Mal übel. Beim ersten Mal schaffte sie es gerade noch zu dem Holzkübel neben dem Stuhl, auf dem ihre Waschschüssel stand. Am Boden kniend würgte sie die letzten Reste aus ihrem Magen. Ausgepumpt und schweißgebadet, zitternd am ganzen Körper, erhob sie sich, nahm einen Schluck aus der Waschschüssel und rieb sich, in Ermangelung einer Zahnbürste, mit Zeigefinger und Daumen die Zähne sauber. Dann wusch sie sich von Kopf bis Fuß mit Seife.

Johanna genoss unter all den Bedientesten ein besonderes Privileg: eine eigene Schlafkammer. Das war nicht selbstverständlich. Die Dienstboten des Hofes wuschen sich, wenn überhaupt, unter der Woche am Brunnentrog vor dem Haus. Das junge Mädchen jedoch mochte das nicht, es scheute sich, sich in Gesellschaft anderer zu waschen, da es die Körperpflege peinlich genau nahm und dabei wollte es keine Zuschauer haben.

Diese Marotte, wie man ihre Eigenart nannte, wurde allgemein belächelt. Johanna scherte das wenig, sie ärgerte sich am Anfang darüber, aber mit der Zeit hatte sich das Gelächter über sie gelegt.

Johanna blieb ihrer Gewohnheit weiterhin treu. Still, scheinbar in sich gekehrt, fast teilnahmslos nach außen hin, verrichtete sie ihre Arbeit. In ihrem Kopf jedoch arbeitete es auf Hochtouren, ihre Gedanken überschlugen sich. Irgendwie kam sie sich selbst etwas seltsam vor. Dieser Zustand, dann noch die Tatsache, dass im September ihre Monatsblutung ausgeblieben war und im Oktober wieder, beunruhigte sie heftig.

Allerdings konnten ja Störungen in der Regel vorkommen.

Dann überlegte sie wieder, ob nicht doch etwas Verdorbenes schuld sein könnte an ihrem Zustand. Den Gedanken verwarf sie aber wieder. Das ging nun schon einige Wochen so. „Es wird doch nicht", fuhr es ihr durch den Kopf. Nein, das konnte doch nicht sein, das durfte nicht sein! Doch all diese Torturen morgens waren allzu typisch. „Oh, Johanna, da steht dir was bevor", sagte sie laut zu sich.

Ihre Ahnungen wurden schließlich durch das wiederholte Ausbleiben der Regel im folgenden Monat bestätigt, ein untrügliches Zeichen dafür, dass sie schwanger war; bei dem Gedanken daran wurde ihr ganz heiß. Was nützte es jetzt, sich verrückt zu machen?

„Das schleckt keine Geiß mehr weg", so hörte sie manchmal verheiratete Frauen sprechen. Johanna überlegte hin und her, was sie tun sollte. Dies war nun das Ergebnis einer einzigen leidenschaftlichen Stunde, in der sie vor lauter Verliebtheit den Kopf verloren hatte! „Wie konnte ich nur?", schalt sie sich. Wie sollte sie es dem Alois beibringen und wie ihren Eltern? Davor hatte sie eine heillose Angst. Vielleicht freute er sich auch, doch da war sie sich nicht sicher.

Irgendwas musste sie unternehmen – das Beste wäre, zu heiraten. Wenn sie dann verheiratet wären und einen eigenen Hausstand zusammen hätten, müsste er nicht mehr als Untermieter in einem Zimmer hausen. Schaffen tut er ja, der Alois, und sicher hat er auch etwas Gespartes, wie sie selbst auch. Und sie könnte daheim nähen, müsste nicht mehr auf Wanderschaft gehen. Der Wechsel von Hof zu Hof gefiel ihr schon, nur für ein Kind wäre solch ein unstetes Leben nicht gut und für sie selbst auch nicht, dazu musste man unabhängig sein.

„Ei, das wäre ja schön", dachte Johanna für sich, „wenn ich daheim nähen könnte, stets in der Wärme und im Trockenen." Es würde dann so werden, wie sie es sich im Geheimen gewünscht hatte. Im Geiste sah sie sich schon in der Stube sitzen, die Nähmaschine auf dem Tisch und ein kleines Kind, das ihr um die Füße krabbelte. Für einen kurzen Moment hatte sie den Ernst der Lage vergessen und träumte einen Traum, der für sie nie Wirklichkeit werden sollte.

Einen Blick auf den Eimer und das Gefühl der zittrigen Beine, die ihr nicht gehorchen wollten, genügten, um in die Wirklichkeit zurückzukehren. Wie würde der Alois auf diese Neuigkeit reagieren? Sie musste es ihm sagen, je eher, desto besser.

Johanna machte sich keine Illusionen, sie hatte schon genug erlebt und mitbekommen, wie sich die Mannsleute gebärdeten, wenn sie mit solch einer unliebsamen Tatsache konfrontiert wurden.

Nie gaben die Männer zu, dass es ihre Pflicht gewesen wäre, sich in der Gewalt zu haben, das Ganze zu steuern, nicht die Frauen.

Schon immer war es leichter, dem Schwächeren dann die Schuld zuzuschieben. Die Unterlegenen waren schon immer die Frauen. Johanna wollte sich nun nicht weiter mit diesem Problem befassen, da es sie nur immer wieder zornig machte und dieser Zorn an dem ganzen Unrecht nichts ändern würde. Vielleicht, so hoffte sie, kommt einmal eine Zeit, in der die Frauen selber bestimmten, ob und wann sie gebären, wenn überhaupt; sie, Johanna, würde das nicht mehr erleben. Eines wusste sie, sie musste irgendwie mit ihrer jetzigen Situation fertig werden, es war an der Zeit, eine Lösung zu finden, und zwar schnell.

Zwei Wochen noch sollte sie noch im Tal beschäftigt sein. Da würde es sich schon noch einmal fügen, den Alois zu treffen, so wie am Sonntag, ihrem Ankunftstag auf dem Hof; da waren sie zusammen auf dem Friedhof. Von dort verabschiedete er sich bald von ihr mit der Begründung, dass er mit den anderen jungen Männern ein Bier trinken gehen wollte.

„Es ist doch seltsam", dachte Johanna für sich, „wir waren ein Paar!" So glaubte sie wenigstens und doch kam Alois ihr manchmal seltsam vor.

Er suchte so selten ihre Nähe und wenn er bei ihr war, kam er ihr manchmal erschreckend fremd vor. Ein anderes Mal konnte er sich vor Leidenschaft überschlagen.

Allein gelassen, entschied sich Johanna, in Richtung Hasle aufzubrechen, wo sie ihre Schwester Stefanie besuchte, die sie hin und wieder zum Mittagessen einlud. Dass diese Einladungen nie ganz selbstlos waren oder rein auf Schwesternliebe beruhten, war Johanna schon klar. Dafür besserte sie dann den ganzen Sonntagnachmittag Kleidungsstücke aus oder nähte auch ab und zu etwas Neues für den Nachwuchs. Das tat sie gerne, doch ausnutzen lassen wollte sie sich auch nicht länger, deshalb nahm sie die Einladungen immer seltener an. Sie ging dann lieber in ihre Kammer, die sie bei der Stubenbäuerin hatte, da bekam sie immer noch eine Suppe und die reichte ihr.

Johanna fühlte sich keineswegs einsam bei der Stubenbäuerin, denn da ging man ein und aus, Jung und Alt saßen in der Stube abends zusammen. Es wurde gesungen, erzählt, geschäkert, getratscht und viel gelacht. Da wurde das Neueste vom Neuen berichtet und nebenbei noch gearbeitet. Die Mädchen hatten alle eine Strickarbeit oder etwas zum Nähen dabei, es wurde auch Wolle gesponnen. In der Ofenecke saß der alte Knecht Karle, der stellte Strohschuhe her.

Fast alle werkelten etwas, sogar die jungen Burschen, welche meist nichts zum Arbeiten mitgebracht hatten, sie wurden zum Wollewickeln angestellt. Die Burschen mussten die Wollstränge halten, während die Mädchen Knäuele davon abwickelten.

Diese geselligen Abende liebte Johanna, jedenfalls waren sie kurzweiliger, als wenn sie bei den Eltern oder der Hermine oben saß. Und doch wünschte sie sich nichts sehnlicher, als den Alois an ihrer Seite; er konnte doch so schön singen und jodeln und erzählen, ja, das konnte er!

Johanna genoss die freie Zeiteinteilung, die sie als Hausschneiderin hier am Hof hatte; so gönnte sie sich ab und zu einen kurzen, wohltuenden Schlaf in ihrer Kammer. Sie nahm sich für den Nachmittag vor, ein paar eigene Kleidungsstücke auszubessern. Das war eine Arbeit, bei der sie nicht sehr überlegen brauchte, vielmehr konnte sie ihren eigenen Gedanken nachgehen.

Gegen Abend, kurz vor der Vesperzeit, kam tatsächlich der Alois vorbei und blieb eine Stunde. Unter irgendeinem Vorwand ging er dann wieder fort. Manchmal fragte sich Johanna, ob er sie wirklich so mochte, wie er vorgab; nicht zum ersten Mal hegte sie Zweifel. Wie ein verliebter Mann benahm er sich jedenfalls nicht, sonst hätte er sie doch bei jeder Gelegenheit bei sich haben wollen und ihre Nähe gesucht. Er wusste doch, dass sie sich vor Sehnsucht nach ihm verzehrte; für ihn wäre es eine Leichtigkeit gewesen, öfter einmal zu ihr zu kommen! Gerade die Wintermonate eigneten sich doch bestens für zwei Verliebte, um sich auf der Ofenbank zärtlich näherzukommen.

Einmal schrieb sie ihm einen Brief, in dem sie ihm ihre Sehnsucht mitteilte und stellte die Frage, warum er nur so wenig Zeit für sie übrig hätte. In seiner Antwort schob der Alois wieder die Arbeit vor und dass er eben Geld verdienen müsste und keine Zeit vertrödeln könnte und Johanna sollte das doch verstehen. „Das ist ja alles recht und schön", dachte Johanna, „nur sehr seltsam."

Manchmal fragte sie sich, ob es sein könnte, dass er ein anderes Mädchen hätte. Sie beschloss, zu ihm hinzugehen, jetzt wollte sie Klarheit haben. Zumindest sollte er nun wissen, dass sie schwanger war und er der Vater des Kindes.

Dies wollte sie nicht mehr länger für sich behalten, schließlich musste ja darüber gesprochen werden. Möglicherweise freute er sich sogar, er stammte ja auch aus einer großen Familie, wie er ihr erzählt hatte.

Vielleicht könnten sie beide schon nach Weihnachten heiraten, so träumte Johanna vor sich hin. Ihre Gedanken wirbelten durcheinander wie die Schneeflocken draußen vor dem Fenster.

Inzwischen war Johanna wieder in ihrer gewohnten Umgebung, im Haus der Stubenbäuerin. Seit dem frühen Morgen schneite es ununterbrochen. „In diesem Jahr haben wir einen ungewöhnlich frühen Wintereinbruch", sagte die Stubenbäuerin, um ein Gespräch zu beginnen. „Ja, ja, das wird wieder ein langer Winter!" Mit dieser einsilbigen Antwort von Johanna gab sich die Stubenbäuerin nicht zufrieden. Sie beobachtete das Mädchen aus den Augenwinkeln, in ihrem Kopf arbeitete es. Sie hatte da etwas zugetragen bekommen, etwas Ungeheuerliches, das ihr zu schaffen machte und ihr keine Ruhe mehr ließ, etwas, das sie sich unbedingt von der Seele reden musste.

Längst ahnte sie, was mit Johanna los war, es schien ihr kein Rätsel mehr, warum das Mädchen in letzter Zeit so blass und krank aussah. Dieses stundenlange Schweigen und Grübeln, so kannte sie Johanna nicht. Was die Arbeit anging, war der Meisterin aufgefallen, dass in den letzten Tagen auch noch eine gewisse Fahrigkeit in ihrer Arbeitsweise hinzugekommen war. Die Meisterin machte sich ehrlich Sorgen um das Mädchen: Wo war nur das fröhliche Lachen geblieben, ihr stets munteres Wesen, ihr Humor? Nichts war mehr davon übrig. Die Stubenbäuerin blieb am Fenster stehen, die Arme verschränkt, sah sie dem Schneetreiben draußen zu. „Da fahren doch morgen tatsächlich ein paar junge Leute aus dem Tal fort", begann sie, mit einem Seitenblick auf Johanna, die vollkommen in ihre Arbeit vertieft gebückt dasaß und scheinbar gar nicht zuhörte. „Die wandern aus nach Amerika", begann die Stubenbäuerin wieder, „mitten im Winter, Nerven haben die schon. Was denkst du, wie es auf dem Schiff kalt ist! Was meinst du, Johanna, das sind doch sicher alles Abenteurer oder haben sie etwas auf dem Kerbholz?" Johanna gab keine Antwort, sie stichelte emsig an ihrer Näharbeit, sah nicht nach links und nicht nach rechts. Nur am Rande bekam sie mit, was ihre Meisterin sprach, und das nur in Bruchteilen, da sie mit ihren Gedanken ganz woanders war. Johanna hatte nämlich einen Entschluss gefasst, der ließ ihr nun keine Ruhe mehr. Nachdem sie die letzten Stiche an der Näharbeit beendet hatte, räumte sie alles zur Seite. Zur Meisterin sagte sie nur: „Meisterin, ich muss schnell fort, gebt mir für den Rest des Tages frei!"

„Bei diesem Wetter?", fragte diese entsetzt. „Ich gehe nach Ettersbach zum Alois, ich habe etwas mit ihm zu besprechen, ich muss, glaubt mir!"

Die Meisterin sah ihre Ahnung bestätigt, nämlich dass hier etwas im Busch war. Sie hegte, auch im Zusammenhang mit den Auswanderern, einen bestimmten Verdacht. „Armes Mädchen", dachte sie, „in deiner Haut möchte ich jetzt nicht stecken."

Johanna warf einen kurzen Blick aus dem Fenster, dann schlüpfte sie in ihre hohen Stiefel, schnürte diese zu, warf sich einen mantelartigen Umhang aus warmem Wollstoff über und band sich ein Kopftuch um. Warm angezogen war sie ja. Die Idee mit dem Umhang stammte vom Alois. Er erzählte ihr einmal, dass die Frauen in seiner Heimat solche Kotzen aus Lodenstoff über ihren Kleidern im Winter trügen. Diese seien bequem und schützten vor Wind und Wetter. Johanna war begeistert! Sofort hatte sie sich dunkelgrauen Mantelstoff besorgt, der für ihre Verhältnisse eine Menge Geld kostete, und sich dieses praktische Kleidungsstück, das den ganzen Körper einhüllte und wärmte, genäht. So verpackt, nahm sie den Schirm und machte sich auf den Weg in Richtung Ettersbachtal, wo Alois zusammen mit einem Kameraden bei einer Witwe zur Untermiete wohnte.

Der Weg in dieses schattige Tal kam ihr so endlos vor wie noch nie. Oder bildete sie sich das nur ein? War es vielleicht die innere Unruhe, die sie so ungeduldig werden ließ? Insgeheim schalt sie sich eine dumme Gans. Unterwegs formulierte sie fieberhaft eine Rede, mit der sie vor den Alois treten wollte, ohne lächerlich zu wirken; das musste sie unbedingt vermeiden. Er konnte nämlich unbarmherzig und rücksichtslos seine Schadenfreude hinauslachen. Gedankenlos konnte er jemanden mit solcher Taktlosigkeit verletzen. Johanna war sich dessen bewusst und genau dies wollte sie bei ihrem Besuch vermeiden, solche Entgleisungen konnte sie im Moment weiß Gott nicht ertragen.

In diesem Fall kam es auf die richtigen Worte an: „Johanna", sagte sie zu sich, „reiß dich bloß zusammen!" Was aber sollte sie tun, wenn er böse werden würde? Auf gar keinen Fall durfte sie weinen, denn das konnte der Alois auf den Tod nicht leiden. Wenn man ihm mit Tränen kam, da wurde er fuchsteufelswild.

Nein, sie musste nun stark sein und bleiben und durfte keinen Fehler machen in ihrem Eifer. Sie musste ihn bei Laune halten.

Mit solch guten Vorsätzen bepackt, wünschte sie sich Flügel, um schneller vorwärtszukommen.

Die Schneeflocken fielen immer dichter, wie Wattebäusche so groß, und auf dem Weg war die Schneedecke bereits knöcheltief. Wenige Schritte hatte sie noch auf dem schmalen Pfad zu gehen, der zum besagten Haus führte.

Auf der ausgetretenen Treppenstufe stehend schüttelte sie Schuhe und Schirm vom Schnee frei, dann klopfte sie an die Türe, wartete aber keine Antwort ab, sondern trat gleich in den Hausflur, in dem ihr eine ältere Frau entgegenkam. „Ja, wer ist bei so einem Wetter unterwegs?", rief diese aus. „Grüß Gott, Ihr kennt mich doch, ich möchte zum Alois. Ich muss ihn unbedingt sprechen!" Die Frau reagierte zuerst nicht und sah Johanna nur an, als hätte sie nichts verstanden. „Der Alois ist doch da, sagtet Ihr." Noch einmal wiederholte sich Johanna. Das Gesicht der Frau veränderte sich in Sekundenschnelle. „Bist du gekommen zum Abschiednehmen?"

„Abschied", lachte Johanna, „wieso Abschied? Ich geh doch erst am Sonntag wieder heim!" Die Frau sah Johanna verdutzt an. „Irgendwie ist da etwas verkehrt gelaufen", dachte sie, „das Mädchen und ich, wir reden total aneinander vorbei." Sie nickte ihr zu. „Geh halt hinauf, er ist in seiner Kammer oben, wird bald fertig sein!" Johanna, die aus dem seltsamen Gerede nicht klug wurde, stieg nachdenklich die steile Treppe hoch und ging an der Wand entlang durch den dunklen Flur. Wo war die Kammer noch gleich? Die letzte Tür da hinten war es, ja, da schimmerte ein Licht. Da stand sie nun davor.

Zuerst legte sie den Kopf an und horchte, ihr Herz pochte bis zum Hals und in der Magengegend fühlte sie einen Druck. Zaghaft klopfte sie an, wartete die Antwort aber nicht ab, sondern drückte die Klinke herunter und trat ein und schloss die Türe hinter sich. Die kleine Kammer war erhellt durch eine Petroleumlampe, die auf einem Tisch stand und gespenstische Schatten warf.

Einmal nur war sie hier gewesen, bei Tag, doch jetzt, durch den Schein der Lampe, sah alles so ganz anders aus. Alois selbst stand da wie zu einer Salzsäule erstarrt, wie eine Fremde blickte er sie an.

„Guten Tag, Alois, da schaust du, gelt? Mit mir hast du nicht gerechnet heute!" Er räusperte sich. „Nein, bei dem Wetter ist doch kein Mensch unterwegs!" Johannas Blick fiel auf das Bett, auf dem Kleidungsstücke, Hemden und Unterwäsche bereitlagen, dann wanderte ihr Blick weiter zu der Truhe in der Zimmerecke, deren Deckel offenstand.

An der Wand über der Truhe hingen an einem Kleiderrechen Alois' Mantel und Hut. In wenigen Sekunden hatte sie dies alles registriert. Er selbst schien gerade damit beschäftigt, einen auf dem Boden stehenden Holzkoffer zu packen. „Johanna, wieso kommst du daher?", stammelte er verblüfft. „Wenn du nicht kommst, dann muss ich eben kommen!"

„Willst du verreisen?" Sie wies dabei auf den am Boden stehenden Koffer. „Davon hast du mir gar nichts gesagt, wo willst du denn hin mitten im Winter?" Er hüstelte verlegen, druckste herum und tat, als hätte er sich verschluckt. Dann aber fasste er sich wieder und sagte, ohne ihrem Blick auszuweichen: „Ja, ich will verreisen."

„Ja, aber wohin denn?", fragte Johanna. „Warum hast du mir nichts gesagt, das geht doch aber nicht!", stammelte Johanna fassungslos. „Warum sollte das nicht gehen, ich bin niemandem Rechenschaft schuldig und bin an niemanden gebunden. Ich fahre morgen fort von hier, ich wandere aus nach Amerika."

„Nach Amerika!", rief sie ungläubig. Gleichzeitig fiel ihr ein, was die Stubenbäuerin morgens erzählt hatte, sie konnte sich noch schwach an ein paar Wortfetzen erinnern, sie hatte eigentlich nicht hinhören wollen. „Warum hast du nie etwas davon gesagt, wie lange weißt du das schon?"

„Seit drei Jahren plane ich das schon, ich habe diese ewige Armut hier in Europa satt. Drüben – in der neuen Welt –, wie man zu Amerika sagt, braucht man Leute wie uns.

Da wird unendlich gebaut: Maurer, Schreiner, Zimmerleute, Handwerker eben, sind gesuchte Leute. Wir haben drüben Möglichkeiten, die wir hier in diesem elenden Europa nie haben werden. Da kommt man nie auf einen grünen Zweig; hier mal ein Dachstuhl, dort mal einer, zwischendurch vielleicht eine Aushilfsarbeit, wenn's hoch kommt – und im Winter gar nichts. Da musst du diese Jahreszeit über immer bangen, ob du dich durchbeißen kannst, ob du ein Unterkommen findest, damit du im Frühjahr nicht ganz mittellos dastehst. Noch habe ich die Möglichkeit, Johanna, noch habe ich keine Klötze am Bein und bin frei, habe niemandem Rechenschaft abzulegen!"

„So einfach ist das für dich, ja? Und ich, Alois, hast du denn nicht an mich gedacht? Ich dachte, du liebst mich – nun wärst du fortgegangen, ohne mir etwas zu sagen!" Alois lief im Gesicht rot an, er druckste verlegen herum und gebärdete sich wie ein kleiner Junge, den man auf frischer Tat ertappt hatte.

„Ich wollte es dir ja schon lange sagen, Johanna, ich habe mich nur nicht so richtig getraut; ich schreibe dir, sobald ich drüben bin", stammelte er verlegen, „noch besser, du vergisst mich!"

Johanna glaubte sich in einem bösen Traum, ihr war, als hätte sie einen Keulenschlag erhalten. Einen Moment schwankte sie, ihr wurde heiß und kalt, sie zitterte plötzlich, als hätte sie Fieber. All ihre guten Vorsätze, wo waren sie geblieben?

Alle Mühe war umsonst gewesen. „Alois", flüsterte sie. Während sie näher zu ihm herantrat, berührte sie mit den Fingerspitzen seinen Arm. „Alois, weißt du, warum ich hier bin? Ich wollte dir sagen, dass ich ein Kind bekomme – von dir, du bist der Vater. Du kannst doch nicht einfach fortgehen, als wäre nichts gewesen, was soll denn aus dem Kind und aus mir werden?"

Alois, von dem sie nur ein klein wenig Freude erhofft hatte, wurde kreidebleich im Gesicht, das sich augenblicklich veränderte, das plötzlich wutverzerrt war. Seine sonst so strahlenden blauen Augen verdunkelten sich und wurden immer enger, zuletzt bleckte er sogar die Zähne und ballte seine Hände zu Fäusten. Dann brüllte er los, dass Johanna vor Schreck zusammenzuckte.

„Was sagst du da, ein Kind von mir, und das soll ich glauben? Das kannst du sonst wem erzählen! Glaubst du, du kannst mich hier in diesem elenden Nest festhalten, mit einem solchen Trick? Glaube nur nicht, dass ich deswegen dableibe; jahrelang habe ich für diesen Augenblick gearbeitet, geschuftet, verzichtet – und jetzt kommst du und willst mir alles versauen?"

Johanna wusste gar nicht mehr, wie ihr geschah. Angesichts dieser schrecklichen Verwandlung ihres Geliebten konnte sie nicht einmal weinen. „Wer weiß", brüllte er weiter, „womöglich ist da noch ein anderer im Spiel, einer von den Bauern, der dir dieses Balg gemacht hat. Bei denen arbeitest du doch immer, und ich soll nun als Sündenbock herhalten!"

„Ach, Alois, du weißt genau, dass es nicht so ist, das weißt du sehr wohl!", rief Johanna. „Ich hoffe nur, dass es eine Gerechtigkeit gibt, dass du eines Tages dafür büßen musst, dein Kind und seine Mutter im Stich gelassen zu haben!"

„Pah, hab ich dir jemals etwas versprochen? Ich wüsste nicht, also lass mich nun in Ruhe!" Mit diesen Worten knallte er den Deckel seines Koffers zu. „Lebe wohl, wirst schon einen anderen finden!" Dann wandte er sich einfach von ihr ab, zog gemächlich seine Taschenuhr auf, die er an einer silbernen Kette an seinem Gilet befestigte.

„Geschickt", dachte Johanna, „alles ist schon vorbereitet fürs Abhauen." Auf einmal empfand sie nur noch Hass für ihn. Nun hatte er sein wahres Gesicht gezeigt, dass er immer hinter einer schönen Maske verborgen hatte.

„So einfach ziehen sich die Mannsleute aus der Affäre", dachte Johanna bitter. Sie fühlte sich sterbenselend. Ihr war plötzlich, als schwinde der Boden unter den Füßen, dann wurde ihr schwarz vor den Augen, sie hielt

sich schnell an der Türklinke fest. „Nur jetzt nicht zusammenbrechen", ging es ihr durch den Kopf, „schnell weg von hier, bevor ich mich vergesse, dieser Mensch ist doch verachtenswert!" Sie wusste nicht mehr, wie sie die Treppe hinunter und aus dem Haus auf die Straße gelangt war. Inzwischen lag der Schnee doppelt so hoch und es schneite immer noch. Johanna achtete nicht darauf, sie ging so schnell, als wäre jemand hinter ihr her, auf dem Weg das Ettersbachtal hinunter. Noch hatte sie kein Ziel, wusste noch gar nicht, wohin sie gehen sollte, es war ihr nicht möglich, einen klaren Gedanken zu fassen. Wenigstens traf sie bei dem Schneetreiben niemanden, so konnte sie unbeobachtet weinen, ja, hemmungslos weinen, ihren Tränen freien Lauf lassen.

Am Ende des Tales, wo auf der linken Seite das Gasthaus zum Bären stand, bog sie rechts ab und nahm den Weg talaufwärts. Auf der Brücke hielt sie inne, lehnte sich über die Brüstung und sah hinunter in den Aubach, der gemächlich darunter durchfloss. „Wenn er tief genug wäre und etwas reißender", dachte sie, „würde ich mich hinunterstürzen und alles wäre vorbei." Sie dachte an das arme Dienstmädchen, von dem sie gehörte hatte, dass es Dienst bei feinen Leuten getan hatte und vermutlich von ihrem Dienstherrn verführt und geschwängert worden war.

Als ihr Zustand bekannt geworden war, jagte die Herrschaft das Mädchen fort. Daheim wurde das junge Ding auch nicht aufgenommen; eine mitleidige Verwandte erbarmte sich zu guter Letzt des Mädchens, doch nur für kurze Zeit. Zum Glück konnte sie in einem Haus in Freiburg, das von barmherzigen Schwestern geführt wurde, das Kind zur Welt bringen. Dieses so genannte Geburtshaus war von einer kirchlichen Institution eigens für ledige Schwangere zur Entbindung eingerichtet worden, damit sie nicht in einem Stall oder gar auf der Straße ihre Kinder zur Welt bringen mussten. Nach ein paar Tagen Aufenthalt wurde den Mädchen geheißen, das Haus wieder zu verlassen, mit dem Hinweis, sich sofort in ihrer Heimatgemeinde mit dem Kind zu melden.

Nun war eben dieses arme, verzweifelte Mädchen mit dem Kind weder in seinen Heimatort noch zu seinen Verwandten gegangen, sondern aus Verzweiflung und Angst in die Elz gesprungen, die zu diesem Zeitpunkt Hochwasser führte. Bei Riegel fischte man sie später, mit dem Neugeborenen, das sie an ihrem Leib unter der Kleidung befestigt hatte, tot aus dem Wasser. Johanna schauderte bei dem Gedanken daran.

„Nein", dachte sie, „ich will leben und mein Kind soll auch leben, es hat ein Recht darauf. Schließlich kann ich arbeiten: Ich kann nähen. Wenn es sein muss, kann ich aus einem Mehlsack ein Hemd machen.

Jawohl, ich will leben!" Laut sprach sie mit sich selber: „Der Alois, wenn er nun fortgeht, ist er ein Lump, er soll meinetwegen zum Teufel gehen oder wenn es einen gerechten Gott gibt, dann wird der ihm die passende Strafe schicken!" Nach diesem befreienden Selbstgespräch weinte sie aber wieder, die Enttäuschung tat so weh.

Johanna dachte an ihre Eltern, was sie wohl dazu sagten, wenn sie dies nun erführen. Zu den Eltern musste sie gehen, wohin denn sonst? Der Vater würde sie schon nicht totschlagen. Aber sie erinnerte sich auch daran, dass er seinen Töchtern bei jeder Gelegenheit angedroht hatte, dass, wenn eine mit einem ledigen Kind heimkäme, er sie zum Hause hinausprügeln würde. „Nein", dachte Johanna, „das wird der Vater bestimmt nicht tun." Die Mutter war in dieser Hinsicht schon anders; ihre Meinung war, dass es ein noch schlimmeres Verbrechen wäre und noch mehr Unglück brächte, wenn man ein Kind wegen eines Fehltrittes auf die Straße jagte. Johanna glaubte zwar nicht, dass der Vater seine Drohung wirklich wahr machen würde, doch war sie sich nicht ganz sicher. Denn bis dahin war in der Familie, soviel sie wusste, so etwas noch nicht vorgekommen.

Bei der Krone angekommen, beschloss sie, den Weg durch die Hasle hinauf auf den Dorerbühl zu nehmen und nirgendwo sonst hin, auch nicht zu ihrer Schwester Stefanie, was ja eigentlich nahe liegend gewesen wäre. Johanna blieb bei dem Vorsatz, zu den Eltern zu gehen, ihnen zu beichten. Vielleicht böten sie ihr sogar Hilfe an? Jedenfalls war es besser, als ins Wasser zu gehen!

Auf dem Weg durch den Ortsteil Hasle traf Johanna auf keinen einzigen Menschen, darüber war sie freilich froh. Sie hätte jetzt niemanden mit neugierigen Fragen ertragen können. Außerdem, wer sollte auch bei solchem Wetter unterwegs sein? Das würde nun noch ein anstrengender Marsch werden, wenn es so weiterschneien würde!

Ihren Schirm hatte sie nicht mehr aufgespannt – seit sie das Dorf verlassen hatte, benutzte sie ihn als Stütze. Als sie an der Kirche vorbeikam, die man in dem Schneegestöber nur noch schattenhaft erkennen konnte, bekreuzigte sie sich am Friedhof noch einmal. „Ich bin eine Sünderin, Herr, sei meiner armen Seele gnädig."

Ununterbrochen rannen ihr die Tränen, die sich mit den Schneeflocken vermischten, über das Gesicht.

Die Schuhe waren längst durchgeweicht, so stapfte sie Schritt für Schritt, auf den Schirm gestützt, der Brennerhalde entgegen. Langsam spürte Johanna, wie ihre Kräfte nachließen, der Magen knurrte schon seit Langem

– sie überlegte, welche Tagesstunde jetzt sein könnte. Kurz vor Mittag war sie aufgebrochen nach Ettersbach. Sie hatte keine Ahnung, wie lange sie dort gewesen war, ihr fehlte seitdem jedes Zeitgefühl. Es musste Nachmittag sein, denn der Magen knurrte immer ungeduldiger. Seit dem frühen Morgen hatte sie außer der Milchsuppe nichts mehr gegessen. Suchend fuhr sie mit der Hand in ihre Rocktasche, darin hatte sie gelegentlich einen getrockneten Birnen- oder Zwetschgenschnitz zum Naschen zwischen den Mahlzeiten. Doch heute waren die Taschen leer, sie hatte am Morgen nicht mehr daran gedacht, sich etwas einzustecken. Was half es, sie musste weiter, es gab kein Zurück.

Johanna kämpfte sich vorwärts. Bis über die Knie steckte sie im Schnee, es wurde immer mühsamer, die Beine zu heben, bei jedem Schritt sank sie ein. Dazu kam noch, dass sie nichts mehr sehen konnte. Alles um sie herum war weiß, sie konnte keine Konturen mehr erkennen. Sie hatte keine Orientierung mehr und keine Ahnung, wo sie ungefähr war. „Das gibt es doch nicht", sagte sie immer wieder zu sich, „wie ist so etwas möglich?" Den Weg und die ganze Gegend kannte sie doch, solange sie denken konnte. „Lieber Gott", betete sie laut, „lass mich auf dem richtigen Weg sein!" Wenn nur dieser Nebel nicht wäre, irgendwo musste doch der Wald sein; wenn sie den wenigstens sehen könnte, dann wüsste sie genau, wo sie war.

Inzwischen schneite es nicht mehr, dafür war aber der Nebel dichter geworden, so dicht, dass er alles einhüllte.

Johanna wurde immer schwächer, ihre Beine wurden immer schwerer und kraftloser. Sie hatte kaum noch Kraft, sich zu vorwärtszubewegen. Vor ihren Augen war es nicht nur weiß, nein, es flimmerten tausend glitzernde Sternchen. „Wie einfach wäre es jetzt, liegen zu bleiben", dachte sie, „und einfach einzuschlafen und morgen wäre alles vorbei."

Sie hatte einmal gehört, dass Erfrieren ein schmerzloser Tod wäre. Doch bis jetzt war noch kein Lebensmüder zurückgekommen und hatte darüber berichtet. Mit einem Mal bekam Johanna unheimliche Angst vor dem Sterben, vor einem Tod im Schnee. Nein, nur das nicht, sie wollte ja leben. Der Tod ihres Urgroßvaters, eines gewissen David Dorers, kam ihr in den Sinn, von dem die Eltern erzählten, dass er in einer kalten Januarnacht des Jahres 1783 auf dem Heimweg zum Dorerbühl erfroren wäre. Dies wurde sogar im Kirchenbuch vermerkt. Vermutlich hatte er nach reichlichem Alkoholgenuss die Orientierung verloren und war vor Erschöpfung nicht mehr weitergekommen und liegen geblieben. Am Morgen des folgenden Tages fand man ihn erfroren, steif und entseelt.

Während Johanna des tragischen Todes ihres Urahnen gedachte, hatte sie sich etwas ausgeruht und wieder Kräfte gesammelt. Von Neuem raffte sie sich auf, sie wollte leben; nein, sie wollte nicht im Schnee sterben! Da, mit einem Male, als sie auf allen vieren vorwärtskroch, riss die Nebelwand auf, dies geschah jedoch nur für einen kurzen Augenblick. Es war, als würde diese Wand von unsichtbarer Hand zur Seite geschoben, es war wie ein Wunder!

Johanna glaubte ihren Augen nicht zu trauen, was sie da sah: Nicht weit weg stand der vertraute Kirschbaum vom elterlichen Hof! War sie also doch auf dem richtigen Weg gewesen? Sie atmete erleichtert auf, neue Kraft durchströmte sie und vor Freude und Erleichterung rannen ihr erneut die Tränen über das Gesicht. Mit dem Handrücken fuhr sie sich über die Augen – und schon war die Nebelwand wieder vor ihr. Doch nun gab es kein Verweilen mehr, nur noch ein Vorwärts.

Mit letzter Kraft kam sie oben an und stolperte über den Hof und zur Haustüre hinein, geradewegs in die Küche, wo die Eltern zusammen mit der Hermine am Tisch bei der Abendsuppe saßen. Die staunten nicht wenig und riefen wie aus einem Mund: „Johanna, wo kommst denn du her?" „Was ist geschehen?", fragte die Mutter. Sie verstanden nur die undeutlich gemurmelten Worte Alois und Amerika. Nach diesen Worten verließen das Mädchen endgültig die Kräfte und die Sinne, ohnmächtig sank sie zu Boden. Der Vater trug sie in die Kammer neben der Küche, das war die Schlafkammer der Eltern im Winter. Er legte sie auf das Bett. Die Mutter und Hermine zogen ihr zuerst den tropfnassen Umhang aus, Schuhe und Strümpfe, zuletzt die übrigen feuchten Kleidungsstücke.

Anschließend wickelten sie die erschöpfte Johanna in warme Decken, versorgten sie mit warmen Kirschkernsäckchen aus dem Ofenrohr, zum Schluss wurde sie noch mit einem schweren Federbett zugedeckt.

Zwei volle Stunden schlief Johanna tief und fest. Als sie erwachte, wusste sie erst gar nicht, was geschehen war und wo sie sich befand. Erst nach einer Weile erkannte sie die Schlafkammer der Eltern und alles kam ihr wieder in den Sinn. „O Gott", betete sie, „es war also kein Traum, sondern ist Wirklichkeit!" Wieder stand die Frage im Raum, wie sie es den Eltern beibringen sollte.

Als sie sich aufsetzte, bemerkte sie, dass sie ein Hemd ihrer Mutter trug, hatte man sie ausgezogen? Dann brauchte sie nicht mehr viel zu erklären, dann wusste die Mutter Bescheid. Langsam kroch sie aus dem Bett, wickelte sich in eine der Decken und ging hinaus in die Küche.

Dort hantierte die Bäuerin am Herd herum, als sie Johanna bemerkte, drehte sie sich um und sah sie ernst an. „Ich hab dir eine Hühnerbrühe gekocht, die gibt Kraft, damit du wieder auf die Beine kommst, setz dich nur hin!" Johanna ahnte schon, dass die Mutter Bescheid wusste, sie glaubte, einen Unterton herausgehört zu haben, als sie sprach.

Sie setzte sich an den großen Küchentisch an ihren Platz, wo bereits ein gefüllter Teller stand. Gierig schlürfte Johanna die heiße Brühe, in die die Mutter noch ein Ei geschlagen hatte.

Wie gut das doch tat, ein wenig bemuttert zu werden! Wohlige Wärme durchströmte ihren Körper, sie fühlte sich wie neu geboren. Plötzlich wünschte sie sich, wieder ein Kind zu sein.

Währenddessen setzte sich die Mutter zu ihr an den Tisch, mit seltsam prüfendem Blick betrachtete sie Johanna. Diese sah kurz auf von ihrem Teller, beide sahen einander in die Augen, fragende Blicke: „Hast du mir nichts zu sagen, Johanna?"

„Ach, Mutter, Ihr wisst ja schon Bescheid, gelt? Ich bekomme ein Kind – vom Alois. Heute Morgen war ich bei ihm, kurz vor Mittag, und hab es ihm gesagt. Ich kann Euch gar nicht sagen, wie ungehalten er reagierte! Stellt Euch vor, der wandert aus nach Amerika! Er war gerade beim Kofferpacken, als ich hinkam." Nun rollten wieder die Tränen. „Der geht einfach fort und lässt mich sitzen. Ich konnte ihn nicht zur Umkehr bewegen. Morgen schon fährt er los, noch ein paar andere auch."

Die Mutter hörte ihr stumm zu und schüttelte bekümmert den Kopf. Johanna weinte weiter, dass es Gott erbarmte. Schlagartig verstummte sie, als der Vater mit einem Riemen in der Hand vor ihr stand. Johanna ahnte, was nun kommen würde, sie sah den Vater erschrocken an. Der zuckte nur kurz mit der Hand und ließ den Riemen wortlos über ihren Rücken niederklatschen, immer wieder. Beim ersten Hieb stieß sie einen markerschütternden Schrei aus, die anderen ließ sie stumm über sich ergehen, während die Mutter kreidebleich, die Hände gefaltet, am Tisch saß und entsetzt ihren Mann ansah, unfähig abzuwehren.

„Das hätte der Vater nicht tun dürfen", ging es Johanna durch den Kopf, „noch nie hat er mich geschlagen, noch nie in meinem ganzen Leben!" Die Schläge selbst hatten ihr körperlich nicht so weh getan; es waren die tiefen Wunden, die in ihre Seele geschlagen worden waren. Dies war die schlimmste Demütigung, die sie erfahren hatte, noch dazu vom eigenen Vater.

War sie nicht eine erwachsene Frau, die sich ihren Lebensunterhalt selbst verdiente? War sie bisher nicht fleißig und immer anständig gewesen?

Stets hatte sie die Eltern nach besten Kräften unterstützt, ihnen nie Kummer bereitet.

Und jetzt, da sie von einem Manne, von dem sie glaubte, geliebt zu werden und von dem sie ein Kind unter dem Herzen trug, enttäuscht und verlassen worden war, wurde sie dafür nun noch von ihrem eigenen Vater mit Schlägen bestraft?

Zum ersten Mal in ihrem Leben wünschte sie sich, keine Frau zu sein; sie fühlte nur noch Hass für den Vater, Hass auf alle Männer. Waren es nicht die Männer, die dieses Elend in der Welt verursachten, weil sie endlos, gedankenlos Kinder zeugten, ohne sich einen Gedanken über Verantwortung zu machten? Waren es nicht auch jene, die sich das Recht nahmen, ihre Frauen, diese oft unterernährten, von schwerer Arbeit erschöpften Gebärmaschinen, zu allem Überfluss noch zu züchtigen?

Johanna hatte in der kurzen Zeit ihrer Wanderschaft genug mitbekommen. Ob arm, ob reich, die Struktur war überall die gleiche. Lediglich, dass die Reichen mit Geld und anderen Gütern ausgleichen konnten. Die Lage der Armen aber wurde immer hoffnungsloser, ja schier aussichtslos. Johanna wusste noch nicht, ob sie ihrem Vater jemals würde verzeihen können, er hatte sie bitter enttäuscht. Sie hatte ihn immer als guten Menschen, als guten und gerechten Vater gesehen – Johanna war immer sein liebstes Kind gewesen. Sie lehnte immer noch am Tisch und weinte, nicht vor Schmerz, nein, jetzt weinte sie aus Enttäuschung.

Die Mutter raffte sich auf, legte ihr die Hand auf die Schulter: „Geh, Johanna, zieh dir etwas an, dem Vater tut es jetzt schon leid, musst ihm nichts nachtragen!" Daraufhin stand Johanna auf und ging zur Küche hinaus, die Stiege hoch in ihre Kammer. Dort nahm sie sich etwas Warmes zum Anziehen aus der Truhe, wusch ihr von Tränen aufgequollenes Gesicht, kleidete sich an und flocht die Zöpfe frisch, die sie wieder um den Kopf legte.

Später saßen sie, Vater, Mutter und Johanna, zusammen am Tisch, in dessen Mitte eine brennende Petroleumlampe stand. Es war eine Seltenheit, dass die Lampe angezündet wurde; normalerweise begnügte man sich mit einem oder zwei Kienspänen. Hermine hatte sich aber, da sie sich mit einem Strickstrumpf in die Ofenecke zurückgezogen hatte, einen angezündet.

Stumm saßen die Eltern ihrer Tochter gegenüber und hörten zu, was Johanna erzählte. Sie fühlte sich so richtig erleichtert und war froh, sich endlich einmal aussprechen zu können.

Ja, wie sehr sie gehofft hatte, dass der Alois sich wie ein ganzer Mann benehmen und handeln würde, dass er zu dem Kind stehen und die Mutter heiraten würde, damit alles seine Ordnung hätte.

„Eine Kiste, einen Koffer hat er gepackt", setzte Johanna nach einer kurzen Pause fort und kämpfte ständig mit den Tränen. „Morgen in der Frühe fahren sie fort, mehrere junge Männer, wer genau dabei ist, weiß ich nicht. Haut einfach ab nach Amerika! Deshalb brauchte er Geld, darum hat er sich auch überall durchgefressen, um Geld zu sparen! Und ich dachte immer, er sparte auf einen Hausstand." Die Eltern saßen immer noch schweigend, nur ab und zu hörte man einen schweren Schnaufer. Johanna berichtete weiter von ihrer Enttäuschung: wie sie dann aus dem Haus wieder fortgelaufen wäre, vom Ettersbachtal hinten raus, dann am Bären vorbei und auf der Brücke gestanden und sich überlegt hätte, ob sie sich jetzt in den Aubach stürzen sollte. So verzweifelt wäre sie gewesen.

Schließlich traf sie eine andere Entscheidung: Trotz des starken Schneefalls wollte sie nach Hasle laufen. Unterwegs musste sich aber mehr und mehr durch den hohen Schnee heraufkämpfen, dass sie fast nicht mehr konnte, so erschöpft war sie. Am liebsten wäre sie liegen geblieben, doch dann war ihr der Urgroßvater wieder eingefallen, da hatte sie eine unheimliche Angst bekommen, im Schnee zu sterben.

In ihrer Verzweiflung betete sie zu Gott, und siehe da, wie durch ein Wunder wurde die weiße Nebelwand wie von Geisterhand weggeschoben, da erschien ihr der Kirschbaum vor dem Elternhaus. „Da wusste ich, dass ich es geschafft hatte, ich war fast daheim, ich war auf dem richtigen Weg!" Jetzt waren es ihre Eltern, die Bauersleute, die Tränen in den Augen hatten, und verschämt wegwischten. „Dieser elende Kaib", begann der Vater, „wenn der mir in die Quere kommt, dem breche ich sämtliche Knochen, den schlag ich windelweich!"

Johanna musste schmunzeln, obwohl ihr gar nicht danach war, doch diese Rede ihres Vaters war die längste, die sie je von ihm gehört hatte. „Morgen in der Frühe", sagte er, Johanna zugewandt, „gehe ich mit dir hinunter nach Ettersbach, vielleicht treffe ich ihn doch!"

„Das glaub ich nicht, Vater, soviel ich weiß, fahren die entweder heute Nacht oder Morgen ganz früh."

„Trotzdem gehe ich mit dir hinunter!"

Die Mutter, die sich zu der Hermine auf die Ofenbank gesetzt hatte, schüttelte immer wieder den Kopf. „Wie man sich derart in einem Menschen täuschen kann, der hat uns doch alle zum Narren gehalten!"

Johanna und die Eltern gingen sehr bald schlafen und am nächsten Morgen brachen sie schon lange, bevor es Tag wurde, auf. Gemeinsam wanderten Vater und Tochter hinunter ins Tal. In der Hasle trennten sie sich, Johanna ging wieder an ihren Arbeitsplatz bei der Stubenbäuerin, die sich schon Sorgen gemacht hatte und eine schlaflose Nacht hinter sich, vor lauter Ungewissheit, wo die Johanna abgeblieben war.

Der Bauer Andreas aber nahm denselben Weg wie am Tag zuvor seine Tochter, er ging in Richtung Ettersbachtal. Doch weit brauchte er nicht zu gehen, auf halbem Wege traf er den Gemeindediener, der ihm wichtigtuend die jüngsten Neuigkeiten mitteilte: Die Auswanderer wären schon um vier Uhr früh aus dem Tal gefahren, unter ihnen der Schatz von der Johanna, dieser Österreicher. Er sah den Bauern Andreas listig an und lauerte, als wartete er auf etwas. Dann fuhr er fort: „Es waren allesamt Handwerker, Zimmerleute, Schreiner, Steinhauer, Maurer, so stand es auf der Liste. Junge Männer, die wir selber im Land gebrauchen könnten! Auf die Frage, warum sie den fortwollten, antworteten sie, dass sie in Amerika Schwarzwaldhäuser bauen wollten und dass sie dieses Hungerleben in Deutschland satt hätten."

„Soso", antwortete der Bauer Andreas, „die Jahreszeit ist aber schlecht, die haben keinen guten Zeitpunkt gewählt.

Um diese Jahreszeit gibt es viele Stürme auf dem Ozean und Eisberge hat es auch, da ist schon manches Schiff verschollen oder untergegangen!" Bauer Andreas sprach zu dem Gemeindediener, der ihm staunend zuhörte, als läse er aus einer Zeitung vor. Der Gemeindediener sah den Bauern etwas verdutzt an, womöglich hatte er von ihm einen Zornausbruch oder sonst eine Entgleisung erwartet – die er hätte weitertragen können. Bauer Andreas sah ihm in die lauernden Augen, hob die Hand zum Gruß und wünschte ihm noch gute Zeit, drehte sich auf dem Absatz um und ging wieder talaufwärts, in den Hirschen. Da wollte er sich einen Schoppen genehmigen, den brauchte er jetzt.

Vor Johanna lag ein langer und trostloser Winter. Sie war traurig und wollte immer noch nicht fassen, dass sie von Alois im Stich gelassen worden war, das Herz tat ihr weh, wenn sie daran dachte. Solch eine Schmach, ob sie diese jemals würde verwinden können? Immer öfter wurde sie daran erinnert: Das Kind in ihr wuchs und bewegte sich und obwohl sie diese zarten Regungen glücklich machten, stieg doch hin und wieder Wut in ihr hoch, hinzu kamen endlose Vorwürfe, die sie sich selber machte. Vor allem bekam sie Angst, wenn sie daran dachte, wie es mit dem Kind weitergehen sollte. Vorwürfe machte sie sich auch wegen ihres

Leichtsinns, ihrer Naivität und Einfalt; solche Gedanken ließen sie des Nachts oft nicht schlafen.

An manchen Tagen überlegte sie, was der Alois in diesem Augenblick wohl machte; sie hatte keine Ahnung, in welchem Teil Amerikas er lebte. Ob er wohl auch manchmal an sie dachte, so wie sie an ihn? Immer und immer wieder musste sie an ihn denken, oft wurde sie so wütend, dass sie ihm Tod und Teufel an den Hals wünschte! Dieser Mensch war keinen Gedanken wert, schließlich war er ja an ihrem ganzen Unglück und Elend schuld.

Wie anders wäre es gewesen, wenn sie beide geheiratet hätten! Für den Anfang hätten sie ja noch bei den Eltern wohnen können. Vielleicht hätte sie sogar mitgekonnt nach Amerika, das wäre doch auch eine Möglichkeit gewesen.

Gegenüber solch einer Gelegenheit wäre sie nicht einmal abgeneigt gewesen. Das Kind wäre in geordnete Verhältnisse hineingeboren worden, stattdessen stand ihm ein fragwürdiges Schicksal bevor. Und sie, Johanna, war nun eine von denen, auf die man mit dem Finger zeigte, eine von den vielen verlassenen Müttern.

Kapitel 7

Den Winter über nahm Johanna jeden Auftrag an, der sich ihr bot. Sie arbeitete fast pausenlos, um ja nicht ins Nachdenken oder Grübeln zu kommen und vor allem wollte sie sich Reserven schaffen. Für den März hatte Johanna einen Auftrag auf dem Sommerberg, um für eine Hochzeit zu nähen, die zwischen Ostern und Pfingsten stattfinden sollte. Solch ein Auftrag war immer gut und brachte Geld ein, das sie gut gebrauchen konnte.

Inzwischen war ihr Zustand unübersehbar und nicht selten bekam sie die Anspielungen und Bissigkeiten boshafter Menschen zu spüren. Längst war ihr bewusst geworden, dass man ihr nicht mehr so begegnete wie früher, als sie noch die ehrsame Jungfrau Johanna war. Nun fiel schon manchmal hier und da eine eindeutige Bemerkung, die sie ohnmächtig hinnehmen musste. Dank ihres sonnigen Gemütes und ihrer Freundlich-keit zu jedermann, vor allem der Kundschaft gegenüber, schaffte sie so manche Hürde. Die Auftraggeber, die sich ihr anfangs gegenüber miss-trauisch verhielten, veränderten ihr Verhalten, sobald Johanna die Arbeit zu ihrer Zufriedenheit ausgeführt hatte.

Trotz ihres Unglücks wirkte sie unverwüstlich. Nie oder nur selten zeigte sie nach außen hin, was sie in ihrem Innersten bewegte. Da war sie näm-lich tieftraurig, insgeheim haderte sie sogar mit Gott. Mit einem Male konnte Johanna nachvollziehen, wie es den armen Mädchen erging, die kein Zuhause hatten, in welches Elend und Abhängigkeit sie gerieten, nirgendwo hingehen konnten, keinen Ort hatten, den sie ihr Heim nennen durften, überall nur geduldet waren. Sie hatte wenigstens noch Vater und Mutter und ein Elternhaus, in das sie zurückkehren konnte.

Dort hatte sich den Winter über auch Verschiedenes verändert, dieses Gefühl hatte sie wenigstens. So ganz hatten die Eltern ihren Zustand noch nicht akzeptiert, ihr Fehltritt richtete sich nun mal gegen die gängige Mo-ralauffassung.

Darunter litten die braven Leute, sie wurden in der Kirche und auf dem Friedhof schief angesehen. Da wurde getuschelt und viel geredet. Man mied sie sogar zeitweilig.

Johanna selbst machte sich nicht so viel aus dem Gerede der Leute, deren Entrüstung nur Schein war. Was sollte sie jetzt noch ändern? Solange sie arbeiten konnte und niemandem zur Last fiel, brauchte sie sich keine Sor-gen zu machen.

Sie hatte einen Beruf gelernt – Schneiderinnen brauchte man immer. Dafür war sie ihren Eltern dankbar, dass sie ihr die Möglichkeit gegeben und sie dabei unterstützt hatten, etwas Brauchbares zu lernen. Dadurch entging sie dem schweren Schicksal, als Magd arbeiten zu müssen.

Johanna bemerkte die Veränderung der Eltern ihr gegenüber immer mehr, sie hielt sich aber geflissentlich mit Fragen zurück, jammern durfte sie schon gar nicht, um nicht einen Stein ins Rollen zu bringen oder irgendwelche Aggressivitäten zu wecken. Schließlich war es nicht selbstverständlich, dass sie das Kind daheim zur Welt bringen konnte. Das war auch der Ort, an dem sie bleiben durfte, bis sie kräftig genug war, um ihre Arbeit wieder aufzunehmen. Sogar das Kind würde sie vorläufig in der Obhut der Mutter lassen können, Hermine war ja auch noch da. Wenn sie daran dachte, wie ihre Leidensgenossinnen, die armen Mädchen, geschunden wurden von früh bis spät mit schwerer Arbeit! Kein Mensch fragte nach ihnen, nach ihrem Ergehen oder Befinden. Oftmals kamen sie im Stall nieder in einer denkbar unhygienischen Umgebung. Und nicht selten war das Neugeborene krank oder kam mit einer Behinderung zur Welt.

Nun konnte Johanna verstehen, dass so manches arme Mädchen eine Verzweiflungstat beging, da es oft nicht mehr ein noch aus wusste. Himmelschreiend war, dass die Mädchen selbst noch halbe Kinder, gegen ihren Willen geschwängert und dann fallen gelassen wurden, letztendlich auf Gnade und Barmherzigkeit Fremder angewiesen waren. Ohne Recht und Unterstützung gerieten sie als ledige Mütter in totale Abhängigkeit ihrer Brotgeber und waren deren gnadenloser Willkür ausgeliefert.

Bei jeder Gelegenheit wurde ihnen das so genannte Verbrechen auf das Brot gestrichen, sofern sie welches hatten. Nicht weniger grausam erging es den vaterlosen Kindern, die meist sehr bald nach der Geburt in fremde Hände kamen, wo sie ein armseliges, elendes Leben erwartete.

Am 18. April 1886 brachte Johanna in den frühen Morgenstunden einen gesunden Buben zur Welt. Hermine, deren Wunsch nun in Erfüllung gegangen war, die Kinder der Kinder noch erleben zu dürfen, leistete Johanna in der schweren Stunde Beistand. Vor lauter Glück rannen ihr Tränen über die Wangen, während sie den Kleinen badete und, in warme Tücher eingewickelt, der jungen Mutter in den Arm legte. Johanna war währenddessen ermattet eingeschlafen. Zwei Tage verbrachte sie im Bett, darauf hatte die Mutter bestanden. Am dritten Tage stand sie wieder auf und versorgte ihr Kind selbst.

Schließlich, so sagte sie, dürfte sie sich ja nicht verwöhnen, sie sei ja keine feine Dame, die sich erlauben könnte, acht Tage im Wochenbett zu liegen.

Wovor sich Johanna noch mehr fürchtete als vor der Geburt, das kam nun auf sie zu. Sie musste das Kind zur Taufe anmelden. Diesen Gang wollte ihr der Vater schon abnehmen, doch er bekam eine ordentliche Abfuhr, als er beim Dorfpfarrer vorsprach. „Die Mutter des Kindes oder der Vater haben bei mir zu erscheinen, nicht der Großvater oder sonst wer", schimpfte der Geistliche. Zehn Tage nach der Geburt stieg Johanna hinunter ins Tal, um im Pfarrhof vorzusprechen.

Es war zwar üblich, dass ein Kind am zweiten oder dritten Tag getauft wurde, doch das war bei einem so weiten Weg nicht immer möglich. Hermine gab deshalb jedem Neugeborenen auf dem Hof gleich nach der Geburt die Nottaufe.

Johanna wurde nicht gerade freundlich von der Haushälterin empfangen. Noch frostiger ging der Geistliche mit ihr ins Gericht. Er hielt ihr zuerst einmal eine Strafpredigt. Dann fragte er nach dem Vater des Kindes. „Wer ist der Vater, Name bitte."

„Alois Gabler", kam es kleinlaut von Johanna. „Wer ist das, wo wohnt er?"

„Nicht mehr da!"

„Was heißt nicht mehr da?"

„Abgehauen ist er, nach Amerika", kam es wütend von Johanna. „Wie, was, abgehauen, was soll das, damit kann ich nichts anfangen!"

„Ausgewandert ist er halt, schon im vorigen Jahr!" Streng schaute er Johanna über seine Brille hinweg an. „Der Alois ist der Vater, Herr Pfarrer, wir waren so gut wie verlobt!"

„Das muss ich schriftlich haben, von ihm selbst beglaubigt. Da könnte ja jede kommen und behaupten, der und der wäre der Vater!" Johanna verzweifelte fast, verstand denn dieser Mensch gar nichts? Er war doch eine erfahrene Person! Und wo sollte sie jetzt eine Beglaubigung von Alois herbekommen. Sie wusste ja nicht einmal, ob er sich überhaupt in Amerika aufhielt; das ist doch alles Unsinn, dachte Johanna. „Wo ist dieser Alois Gabler?", hörte Johanna den Pfarrer wieder ungeduldig fragen. „Der ist schon im letzten Jahr, Anfang Dezember, fort nach Amerika mit ein paar anderen jungen Männern, mehr weiß ich nicht. Am Tag davor war ich noch bei ihm und hab ihm das gesagt mit dem Kind. Ich hab ja auch nicht gewusst, dass er solche Pläne hatte!"

Der Pfarrer stand auf, ging zum Fenster seiner Studierstube, nahm seine Brille ab, putzte sie mit seinem blütenweißen Taschentuch, setzte sie wieder auf die Nase und trat zurück an sein Schreibpult. „Na gut", begann er wieder, „dann hat das Kind halt keinen Vater!"

„Aber, Herr Pfarrer", rief Johanna, „sicher hat das Kind einen Vater, sonst wäre es doch nicht da!"

„Schweig!", schrie er wutschnaubend, zog die Schublade auf, um ihr ein Notizbuch zu entnehmen; darin blätterte er, suchte nach etwas Bestimmtem. „Aha, da hab ich es, Markus soll der Bub heißen!"

Mit seinen rosaroten aufgequollenen Fingern schlug er das Geburtenbuch auf und schon begann er mit dem Federhalter, den er sorgsam in das Tintenfass getaucht hatte, exakte Buchstaben ins Geburtenbuch zu malen.

„Ich wollte ihm aber einen anderen Namen geben, Herr Pfarrer! Das wäre doch mein gutes Recht, nicht wahr?"

„Du", dabei zeigte er mit dem Zeigefinger auf sie, „hast überhaupt nichts zu wollen! Du bist eine Sünderin, die froh sein kann, wenn ich sie nicht im Kirchengang stehen lasse, dass jeder sie sehen kann und gleich weiß, was das für eine ist. Lieber Gott, nein, hast du ein Glück, dass du nicht die Einzige bist! Wenn ich das jedes Mal anordnen würde, da ständen ja mehr Weiber im Kirchengang, als in den Bänken knieten!"

Johanna saß steif auf ihrem Stuhl, ihr Gesicht war so weiß wie Leinen, die Lippen zuckten, aber in ihrem Kopf arbeitete es ununterbrochen. Auf einmal wurde ihr bewusst, wie ohnmächtig sie gegen solche kirchliche Willkür war. Demütig, zumindest nach außen hin, musste sie die Schmährede des Pfarrers über sich ergehen lassen. Sie ärgerte sich furchtbar über sich selber und darüber, wie gelähmt und unfähig sie war, auch nur ein Wort der Verteidigung hervorzubringen. Der Geistliche kratzte mit seiner Feder in fein säuberlicher Handschrift in das Buch: Markus Dorer, geboren am 18.4. 1886 in Haslach/Simonswald, Sohn der ledigen Johanna Dorer, Störnäherin vom Dorerbühl in Simonswald, Ortsteil Haslach. Vater des Kindes nicht bekannt.

Ein knallhartes Urteil über ein unschuldiges Kind, das von nun an rechtlos und gebrandmarkt fürs ganze Leben war. Johanna wischte sich heimliche Tränen aus den Augen. Wütend sah sie zu, wie dieser Gottesmann selbstgefällig mit dem Löschpapierroller über das Geschriebene ging. „Wie gnadenlos der ist, dieser Diener des Herrn und Menschenhirte! Ob Jesus auch so gehandelt hätte?", versank sie in Gedanken. „Einen Tauftermin gebe ich dir noch, gelt?", hörte sie aus weiter Ferne.

Er hatte bemerkt, dass sie nicht bei der Sache war. „Johanna, hast du gehört, was ich sagte? Nächsten Sonntag im Glockenturm vor dem Hochamt taufe ich das Kind." Im Glockenturm wurden alle unehelichen Kinder getauft.

„Normalerweise hättest du das Kind mitbringen können, dann hätten wir es jetzt und hier taufen können, ohne großen Aufwand, wie es bei unehelichen Kindern üblich ist. So, nun kannst du gehen!"

„Gehen, das ist gut", dachte Johanna und blitzschnell stand sie auf und ging zur Türe, dort drehte sie sich noch einmal um und sagte: „Gelobt sei Jesus Christus", und schon war sie fort. Draußen auf dem Hof atmete sie erst einmal kräftig durch, nun ging es ihr bedeutend besser. Erleichtert begab sie sich auf den Heimweg. Auf dem langen und einsamen Wege hatte sie Zeit, sich das Geschehene noch einmal durch den Kopf gehen zu lassen. Sie war wütend auf diesen christlichen Hirten. „Dass ich nicht lache!", rief sie laut, wer war er denn, war er vielleicht Gott, dass er sich anmaßte, ein Urteil über etwas zu fällen, wovon er selbst keine Ahnung hatte?"

Arme Johanna, noch ahnte sie nichts davon, wie das Schicksal sie die nächsten Jahre beuteln würde und wie viel Erniedrigendes noch auf sie zukommen sollte. Vor ledigen Müttern hatte man keine Achtung. Geringschätzig und verächtlich ging man auch mit den Kindern um. Völlig rechtlos waren diese und schutzlos dazu. Oft verfuhr man mit ihnen schlimmer als mit Tieren.

Die Mütter, die sich um den eigenen Lebensunterhalt kümmern mussten, waren gezwungen, ihre Kinder, schon wenige Wochen nach der Geburt, in fremde Hände zu geben oder sie der Obhut der Gemeinde zu überlassen, die für die armen Würmer den vorgeschriebenen Aufzuchtplatz in einer Familie finden mussten. Sobald diese bedauernswerten Geschöpfe arbeiten konnten, so mit fünf oder sechs Jahren, wurden sie an Bauern verdingt. Glück hatten sie, wenn sie in der Familie, in der sie aufgewachsen waren, bleiben konnten.

Noch bis ins Jahr 1876 führte die Gemeinde bei Gemeinderatssitzungen diese so genannten Versteigerungen von Arbeitskräften durch. Auf diesen Sitzungen wurden elternlose Kinder oder Kinder aus Tagelöhnerfamilien, wo jeder Esser zu viel war, von Bauern ersteigert – als billige Arbeitskräfte oder bessere Sklaven oder Leibeigene.

Verurteilt zu einem schweren Leben – zunächst als Hirten, später als Knechte und Mägde im Haus, auf dem Hof, auf dem Feld und im Wald. Von einer glücklichen oder sorglosen Kindheit konnten sie nur träumen.

Johanna wünschte sich nichts sehnlicher, als dass ihrem Sohn ein solches Schicksal erspart bliebe, dafür würde sie sorgen. Wenige Wochen nach der Geburt des kleinen Markus ging sie wieder auf die Stör. Ihr tat jedes Mal das Herz weh, wenn sie Abschied von dem Kind nehmen musste. Sie wusste es zwar in guten Händen bei der Mutter und der Hermine, doch fehlte ihr der Kleine sehr. Doch was half es, sie musste ja ihrem Broterwerb nachgehen.

Wenn sie dann nach ein, zwei Wochen wieder für ein paar Tage heimkam, stellte sie schmerzlich fest, wie sehr das Kind sich inzwischen verändert hatte und fremdelte. Manchmal weinte es sogar, wenn sie es auf den Arm nahm, das tat ihr besonders weh. Dann herzte sie den Kleinen wieder und trug ihn herum, sang ihm vor, und wenn er sich endlich wieder an sie gewöhnt hatte, dann hieß es für sie meist, erneut fortzugehen.

Gerade zu der Zeit, als der kleine Markus knapp drei Jahre alt war, bekam Johanna wieder einen Auftrag zum Nähen, auf einem ihr wohlbekannten Hof. Sie wusste aus der Vergangenheit, dass sie sich vor dem Bauern in Acht nehmen musste. Johanna betrat nun zum zweiten Mal den Hof. Auch dieses Mal wurde sie von einem seltsamen Gefühl beschlichen – der Bauer tat gar zu freundlich, schwänzelte immer um sie herum und machte ihr schöne Augen, sogar in Anwesenheit seiner Frau. Die nahm sein Verhalten scheinbar gar nicht wahr.

Wortkarg blieb Johanna meist im Hintergrund und trat nur zum Essen oder zu einer Anprobe in Erscheinung; sie wusste, dass er sie ständig im Visier hatte. Lieber heute als morgen hätte sie alles zusammengepackt und wäre fortgegangen, wenn das so einfach gewesen wäre! Sie war auf die Arbeit und den Verdienst angewiesen.

Obwohl sie pünktlich bezahlt wurde und das Essen auch gut und reichlich war, zufriedenstellend die Unterbringung, arbeitete sie manchmal bis spät in die Nacht, um ja bald fertig zu sein und fortzukönnen.

Mit der Bäuerin kam sie ja gut zurecht, diese war eine lebhafte, großzügige Frau, wie man sie selten fand, und sie suchte immer eine Gelegenheit, um mit der Schneiderin zu schwatzen. Alles wäre recht angenehm gewesen, doch da war diese störende Aufdringlichkeit des Bauern. Während des Essens saß sie ihm sogar gegenüber, keinen Augenblick ließ er sie aus den Augen. Sie selbst bemühte sich zwanghaft, an ihm vorbeizusehen, irgendetwas anderes in Augenschein zu nehmen, so zu tun, als wäre sie mit den Gedanken woanders.

Doch er schaute sie nicht nur unentwegt an, sondern stellte ständig irgendwelche dümmlichen Fragen, auf die sie manchmal keine Antwort wusste.

Als sie das erste Mal auf den Hof gekommen war, ja, da war alles anders gewesen, da war sie noch das brave Mädchen gewesen, dem niemand etwas nachsagen konnte. Doch dies hatte sich ja nun geändert, das spürte sie deutlich im Verhalten ihr gegenüber. Sogar das Gesinde hatte schon Bemerkungen über sie verlauten lassen, die sie zuerst geärgert hatten, doch dann tat sie, als hätte sie nichts gehört. Sie wollte ihnen kein Wasser auf die Mühle liefern. Mit der Tatsache, dass sie nicht mehr so respektvoll wie früher behandelt wurde, hatte sie sich längst abgefunden. Es war nun mal eine Schande, eine ledige Mutter zu sein, die für ihr Kind nicht einmal einen Vater vorzuweisen hatte.

Unverhohlen stellte ihr der Bauer nach, sie fühlte sich nirgends mehr sicher. Eines Abends, als sie auf dem Weg zu ihrer Kammer war, passte er sie ab. Johanna erschrak sich fast zu Tode, als plötzlich die massige Gestalt aus dem Dunkel auftauchte. „Was willst du, Bauer?", brachte sie hervor, als sie sich wieder gefasst hatte. „Na, was schon", grinste er und begann, sie zu betatschen. Johanna zuckte augenblicklich zusammen. „Lass mich bloß in Ruhe, geh zu deiner Frau!" Doch er ließ nicht von ihr ab, nun wurde er handgreiflich.

Johanna wusste gar nicht mehr, wie und wo sie sich zuerst wehren sollte, es kam zu einem regelrechten Ringkampf. Wut und Ekel stiegen in ihr hoch, gaben ihr Bärenkräfte, Kräfte, deren sie sich bis dahin nicht bewusst gewesen war.

Doch langsam spürte sie, dass sie dem starken Manne nicht mehr lange gewachsen sein würde, die Kräfte ließen nach, sie ermattete, hinzu kam die Angst. Sie wusste nicht mehr aus noch ein, schließlich rief sie in ihrer Verzweiflung: „Heilige Maria, Mutter Gottes, hilf mir doch!" Und siehe da, ruckartig ließ die Bestie sie los, bleckte die Zähne und ihre Augen blitzten böse. „Du, ausgerechnet du musst die Mutter Gottes zu Hilfe anrufen, wo du doch schon einen Bankert hast! Hast du damals auch nach ihr gerufen, hä?" Als er dann endlich die Stiege hinunterging, zischte er noch einmal herauf: „Ich krieg dich noch, wart nur!"

Mit zitternden Händen brachte Johanna ihre Kleidung in Ordnung und strich sich die Haare aus dem Gesicht. Hierher würde sie nicht mehr kommen, das wusste sie ganz fest. Hier war sie auf keinen Fall sicher und diese Angst immer, nein das wäre nicht zu ertragen!

Vorsichtig näherte sie sich der Kammer, die sie mit einer jungen Magd teilte. Die kleine Lisbet hatte eine brennende Kerze auf die Fensterbank gestellt. Zitternd saß sie auf ihrem Strohsack, sie hatte alles mit angehört. Fragend und ängstlich zugleich sah sie Johanna an, die sich müde auf ihr Lager setzte, wortlos die Schuhe auszog. Noch immer zitterte sie am ganzen Leib. Dann erst löste sie sich aus ihrer Erstarrung, nun brach alles aus ihr heraus, alles, was sich die ganze Zeit angestaut hatte. Sie weinte jämmerlich, ihr Gesicht in den Händen vergraben. Lisbet setzte sich zu ihr und strich ihr tröstend über den Rücken.

Daraufhin beruhigte sich Johanna langsam wieder, sie zog sich ein Schnupftuch aus der Rocktasche und schnäuzte hinein. Zuletzt tupfte sie noch die Augen damit. Dann tätschelte sie dem blassen Mädchen die Hand. „Wie hältst du es hier nur aus?"

„Weißt du", sagte das zarte Mädchen, „dass ich jeden Abend fast sterbe vor Angst? Ich habe mich schon vor lauter Furcht unter das Bett gelegt, wenn ich den Bauern kommen hörte. Ich habe auch schon ein Kind von ihm.

Seine Frau hatte ihm damals schwer zugesetzt, ihn ein Schwein gescholten. Damals hat sie sofort ein Schloss anbringen lassen an der Türe und hat mir einen Schlüssel gegeben. Das war auch noch wegen der Knechte, die auf dumme Gedanken kommen konnten!"

Johanna hatte dem Mädchen entsetzt zugehört, erstaunt fragte sie dann: „Wie alt bist du denn?"

„Ich werde zwanzig."

„Und das Kind, wo hast du das Kind?"

„Das Kind ist nicht weit von hier, bei einer Tagelöhnerfamilie, denen muss ich halt etwas bezahlen. Bis jetzt hat die Bäuerin das für mich übernommen. Wenn ich das Kind besuchen gehe, gibt mir die Bäuerin auch immer einen Korb mit Esswaren mit: Eier, Butter, Käse, Brot, jede Woche eine Kanne Kuhmilch und Mehl für das Kind. Es ist ihr ja auch nicht recht, dass ihr Mann solch ein Lustmolch ist. Ich glaube, dass die Frau jedoch froh ist, wenn er sie in Ruhe lässt."

Johanna, die sich inzwischen wieder beruhigt hatte, zog sich langsam aus. Behutsam legte sie nacheinander jedes Kleidungsstück auf den Stuhl, der neben ihrem Bett stand.

Langsam löste sie die Haarnadeln und Spangen, flocht aus den Zöpfen die schwarzen Schleifen und begann mit einer Bürste, sorgfältig ihre Haare zu bürsten, systematisch vom Scheitel abwärts bis zu den Spitzen. Das gab ihr ein bisschen Ruhe zurück und entspannte.

Johanna blies die Kerze auf der Fensterbank aus. „Gute Nacht, Lisbeth", flüsterte sie ins Dunkel, „Gute Nacht", kam es schwach aus dem Nichts. Dann streckte sich Johanna auf dem Strohsack aus, sprach noch ein kurzes, selbst erdachtes Dankgebet und schlief ein.

In den folgenden Tagen schien es zunächst, als könnte sie ungestört arbeiten; bald würde sie mit ihrem Auftrag fertig sein, diesen Tag sehnte sie ungeduldig herbei.

Der Bauer hatte sich rar gemacht, doch Johanna wusste, die Ruhe war trügerisch, sie musste auf der Hut sein. Sie würde erst aufatmen können, wenn sie ihren Lohn in der Tasche und das Haus verlassen hätte. Der Bauer tat ihr gegenüber gleichgültig, auch bei Tisch sah er geflissentlich an ihr vorbei. „Vorsicht, Johanna", sagte sie sich, „der will mich täuschen und in Sicherheit wiegen."

Erneut stieg die Angst in ihr hoch. An diesem Abend arbeitete sie noch spät bis in die Nacht hinein, sie wollte unbedingt fertig werden. Da waren noch ein paar Knöpfe anzunähen, dort noch Haften oder ein Faden zu verwahren. Obwohl ihr vor lauter Müdigkeit die Augen zufielen, spürte sie eine innere Unruhe, diese steigerte sich so, dass sie schweißnasse Hände bekam und es ihr unmöglich wurde, zu arbeiten. Schließlich räumte sie alles zusammen. „Morgen früh", so dachte sie, „werde ich die Arbeit zu Ende bringen, da fällt es mir wieder leichter." Eines war sicher, dass sie morgen Abend nicht mehr hier sein wollte, und wenn sie jemals wieder von diesem Hof einen Auftrag erhielte, dann holte sie sich die Arbeit heim. Denn mit diesem Bauern wollte sie keinen Tag länger mehr unter einem Dach verbringen.

Die letzten Tage hatte er sich sichtbar rar gemacht, doch wer wusste schon? Auf dem Hof war es schon seit Stunden still, alle schienen seit einer Ewigkeit zu schlafen, nur die Schneiderin Johanna hatte die Gewänder noch mit letzten Stichen versehen. Morgen wollte sie den Hof verlassen. Nachdem sie die Petroleumlampe in der Stube gelöscht hatte, stieg Johanna die knarrenden Holzstufen hinauf zu den Schlafkammern. Sie hatte kein Licht bei sich, es war ja Vollmond, der würde zum Kammerfenster hereinscheinen und etwas Helligkeit spenden.

Sie überlegte, ob die Lisbet wohl abgeschlossen hatte; vorsichtig nestelte sie in ihrer Rocktasche nach dem Schlüssel, da spürte sie Bewegungen hinter sich. Während sie sich umdrehte, fiel ihr vor Schreck der Schlüssel aus der Hand. Da stand ein riesiger Schatten vor ihr, der Bauer.

Leibhaftig stand er da und grinste sie böse und gierig an, sein Gesicht war eine einzige Fratze. „Mein Gott", ging es ihr durch den Kopf, „wie Luzifer in Person!"

Wie vom Schlag gerührt stand Johanna, unfähig, an Gegenwehr zu denken. In Sekundenschnelle hatte der Bauer das geschockte Mädchen überwältigt; nach Luft ringend lag Johanna unter dem Koloss, der sie wie ein Schraubstock festhielt. In den Mund hatte er ihr einen Lappen gestopft, so dass sie nicht einmal schreien konnte. Er geiferte auf sie herab und stieß wilde, tierische Laute aus. Als er dann endlich wieder von ihr abließ und ihre Arme freigab, nahm sie sich den dreckigen Lappen aus dem Mund und spie voller Ekel vor ihm aus. „Du Drecksau", brachte sie nur hervor, „hätte ich ein Messer dabei gehabt, dann hätte ich dich abgestochen!" Er aber grinste nur; während er seine Hose hochzog und sich die Hosenträger überstreifte, ging er die steile Stiege hinunter.

Johanna hatte sich derweil mühsam aufgerafft, sie weinte vor Wut, Scham und Ekel, alles kam da zusammen. Wehrlos war sie dieser Wildsau ausgeliefert gewesen. Sie beschloss, ab sofort ständig eine Schere oder ein Messer in der Rocktasche mit sich zu tragen, nur um damit zu drohen, ohne Tötungsabsichten. Männer waren ja so wehleidig, bei denen genügte schon ein Kratzer, der etwas blutete, dann jammerten sie schon. In der Kammer spülte sie zuerst den Mund aus, entkleidete sich und wusch sich. „Wenn nur dieser Überfall keine Folgen hat!", kreiselten ihre Gedanken. Die ließen sie, trotz ihrer Müdigkeit und Erschöpfung, lange nicht zur Ruhe kommen.

Der Überfall hatte Folgen – neun Monate später musste Johanna einen Sohn gebären. Der Pfarrer gab ihm den Namen Philipp und in das Kirchenbuch folgte wieder der Eintrag „Vater des Kindes nicht bekannt".

Dieses zweite Kind durfte sie nicht daheim auf dem elterlichen Hof zur Welt bringen, der Vater zeigte seine ganze Härte. Sie hatte ihm erklären wollen, dass der Bauer Gewalt angewendet hatte und sie gar nichts dafür konnte – sie war ja wehrlos gewesen. Doch der Vater hörte ihr gar nicht zu. Nun wurde es hart für Johanna.

Wenige Wochen vor der Geburt schilderte sie Albin, dem Bruder ihrer Patin Afra, ihre Misere.

Der gute Mann hatte Mitleid mit dem Mädchen, deshalb bot er ihr an, eine Kammer an sie zu vermieten. Das hätte auch für ihn etwas Gutes, dann wäre er nicht immer alleine. Johanna nahm dankbar an, eine andere Möglichkeit gab es nicht. Sie konnte das Kind hier, in einer vertrauten Umgebung, zur Welt bringen.

Das Neugeborene würde sie bei ihrer Tante Line unterbringen, die bereit war, für ein paar Mark, die sie gut gebrauchen konnte, den Buben zusammen mit ihren eigenen Kindern aufzuziehen. In dem kleinen Pfefferhäuschen ging es zwar schon eng genug zu, doch auf ein Kind mehr oder weniger kam es nicht an. Außerdem versicherte Johanna, ab und zu etwas für sie zu nähen und selbstverständlich für das, was der Bub brauchte, aufzukommen.

Ihre Eltern traf Johanna meist sonntags nach der Predigt auf dem Friedhof; alle paar Wochen stieg sie hinauf zum Dorerbühl, um den kleinen Markus zu sehen. Das Kind war ihr längst fremd geworden. Es war ängstlich und scheu geworden und versteckte sich in Hermines Rockfalten, wenn sich seine Mutter ihm nähern wollte. Johanna tat dies unsäglich weh, doch was sollte sie auch tun, sie musste ja froh sein, dass der Vater das Kind auf dem Hof duldete! Noch mehr litt die Mutter unter diesem Zustand, sie hätte liebend gerne auch das Neugeborene zu sich genommen; ihr tat das Wissen darum so weh, dass es in fremden Händen aufwachsen musste. Doch sie musste sich dem Willen ihres Mannes beugen und der war unerbittlich und hart. Der kleine Markus gedieh trotzdem in der Obhut von Hermine und der Großmutter, er entbehrte nichts, die Mutter fehlte ihm nicht.

Hermine allerdings war in letzter Zeit immer etwas kränklich und die Kräftigste war sie auch nicht mehr, da sie vor Schmerzen oft nicht schlafen konnte. „Gicht", sagte einmal der Doktor. Hermine selbst konnte nur hoffen, dass es nicht schlimmer würde und dass sie der Herrgott nicht allzu lange leiden ließe. Dies war ein schwacher Trost. Doch Hermine hielt sich tapfer: Wenn sie den Kleinen auf den Arm oder Schoß nahm, versuchte sie, ihre Schmerzen zu vergessen. Johanna war zufrieden, wenn sie sah, dass es ihrem Buben gut ging.

Auch wenn er ihr fremd geworden war, wurde ihr jedes Mal leichter ums Herz und fast unbeschwert konnte sie ihrer Arbeit nachgehen.

Auch der kleine Philipp im Pfefferhäusle bei der Line wuchs zu einem netten Kerlchen heran, er tapste vorsichtig auf seinen krummen Beinchen und kreischte dabei vor Freude.

Für Johanna war es besonders schlimm, wenn sie das Kind ansah, dass es seinem Erzeuger wie aus dem Gesicht geschnitten war. Wenn er sie mit seinen dunklen Augen anblickte, fuhr ihr jedes Mal der Schrecken in die Glieder. Dann erinnerte sie sich wieder an jenen unseligen Abend, an dem dieser rohe Mensch sie überfallen und ihr Gewalt angetan hatte.

Manchmal fragte sie sich, ob jener nicht ab und zu mal Gewissensbisse gehabt oder sich wenigstens einmal Gedanken darüber gemacht hätte, dass er ein armes Weib ins Unglück gebracht hatte?

Ende Juni nun hatte Johanna ein paar Tage Zeit, um sich wieder mal um ihre Kinder zu kümmern. Zuerst besuchte sie die Mutter, Hermine und ihren Buben, den Markus, der inzwischen schon auf das fünfte Jahr zuging. „Wenn ich mal ein paar Tage Zeit habe", versprach sie, „werde ich ihn mitnehmen hinunter ins Tal, damit er auch mal seinen Bruder sehen kann." Das tat sie dann auch noch innerhalb der nächsten vier Wochen. Es war sehr mühsam, mit dem Kind den steilen, unebenen Weg hinunterzukommen. Oft musste sie mit ihm stehen bleiben. Für den Buben selbst war dieser unwegsame Abstieg ein Erlebnis! Zum ersten Mal kam Markus nun mit Kindern zusammen; mit seinem Brüderchen selbst konnte er nicht viel anfangen. Johanna beschloss, diese Besuche zu einer Tradition werden zu lassen.

Inzwischen waren drei Jahre ins Land gegangen. Markus war inzwischen sechs Jahre alt und sollte zur Schule gehen. Johannas Bruder Lambert in Oberwinden holte den Buben noch vor Ostern zu sich. Dies war in gemeinsamer Absprache schon vor Längerem vereinbart worden.

Sie holte ihn an einem freien Tag noch einmal hinunter ins Pfefferhäuschen zu seinem Bruder Philipp, der inzwischen drei Jahre alt war. Gegen Abend brachte Johanna das Kind wieder hinauf und blieb selbst über Nacht. Als sie erwachte, küsste sie, etwas scheu, noch einmal den neben ihr liegenden, schlafenden Markus. „Wie lange wird es dauern, bis ich ihn wiedersehen darf?", flüsterte sie zu sich selbst.

Im Morgengrauen war sie bereits auf dem Weg zu einem Hof, wo sie für die kommenden Wochen einen großen Auftrag angekündigt bekommen hatte. Es war gerade Heuzeit, da musste sie damit rechnen, wieder mithelfen zu müssen. Damit die Ernte rechtzeitig ins Trockene kam, wurde jede Hand gebraucht, selbst die der Schneiderin. Johanna deutete der Bäuerin an, dass sie nicht so lange beispringen könnte, sonst bliebe die Näharbeit liegen, sie hätte die Zeit dafür knapp kalkuliert.

Sie hatte ja noch mehr Termine, die sie berücksichtigen musste! Drei Tage sollte sie nun doch mithelfen, sie würde es auch gesondert bezahlt bekommen. Johanna stimmte zu. Das Geld konnte sie schon brauchen, allerdings würde sie Überstunden leisten müssen, um mit ihrer Arbeit termingerecht fertig werden zu können. Die ungewohnte Arbeit in der Julihitze machte ihr zu schaffen, doch sie biss tapfer die Zähne zusammen. „Diese drei Tage werden auch vorbeigehen", dachte sie.

Nach dem ersten konnte sie fast nicht mehr die Arme heben – zuerst waren es nur die Arme. Am zweiten Tage konnte sie sich nur noch mühsam vorwärtsbewegen, dann plagten sie schreckliche Kreuzschmerzen, die sie nicht schlafen ließen. „Nein", dachte sie, „zur Bäuerin hätte ich nie getaugt!" Sie fühlte sich nach den zwei Tagen von der ungewohnten Arbeit müde und ausgelaugt. Wie schön war es doch in der kühlen Stube hinter der Nähmaschine!

Die Frauen mussten in der Landwirtschaft oft schwere Arbeit leisten, auch wenn sie schwanger waren; es gab keine Schonung für sie, auch nicht nach einer Geburt. Es gab viele Totgeburten und nicht wenige Kinder kamen verkrüppelt zur Welt. In der Regel mussten die Frauen auf dem Lande fast jährlich ein Kind zur Welt bringen.

Nicht grundlos sahen sie in kurzer Zeit nicht mehr aus wie Frauen, sondern wie ausgelaugte geschlechtslose Wesen mit knochigen, von schwerer Arbeit zerstörten Händen.

Am Morgen des dritten Heutags schwor sich Johanna, nachdem sie sich mühsam von ihrem Lager erhoben hatte und jede Stelle ihres Körpers schmerzte, dass sie sich zu dieser Arbeit nie mehr überreden lassen würde; den heutigen Tag musste sie aber noch überstehen. Da wurde dann auch das Ende der ersten Heuernte ausgerufen, abends sollte ein kleines Fest – die Heugaus – für alle, die mit geholfen hatten, stattfinden.

Fieberhaft wurde am letzten Tag geschafft, fast ohne Pause, denn jeder hoffte auf einen zeitigen Feierabend. Schließlich wollte man sich noch von Schmutz und Staub befreien, sich waschen und etwas Sauberes anziehen. Johanna war überhaupt nicht nach Feiern zumute, sie fühlte sich total matt und ausgelaugt. Sie wusch sich gerade mal am Brunnen den Staub aus dem Gesicht, noch lieber hätte sie sich hingelegt und die Glieder ausgestreckt. Dann raffte sie sich doch noch auf, ging hinauf in die Kammer, um sich ein frisches Gewand anzulegen, die Haare frisch zu bürsten und zu flechten, und ging wieder hinunter. Müde setzte sie sich auf die Hausbank, während die anderen alle hin und her rannten.

Die Mägde und Knechte hatten in Windeseile einen großen Tisch aufgestellt, worauf Krüge und Becher gestellt wurden. Des Weiteren wurden Teller und Schüsseln und große Brotleibe aus dem Haus getragen, keiner blieb untätig. Nur Johanna zeigte sich teilnahmslos an dem ganzen Treiben. Die Erinnerung an jenes Fest im August 1885 wurde wieder lebendig, alles, was damals geschah, kam ihr wieder in den Sinn. Sie dachte an Alois – wie glücklich war sie doch damals gewesen, wie jung und sorglos. Acht Jahre waren seitdem vergangen, so schnell war die Zeit verflogen.

Wie sehr hatte sie sich doch selbst verändert in diesen Jahren! Heute war sie nicht mehr das unbeschwerte junge Mädchen, das sich eine ungetrübte Zukunft erträumte. „Ja, das war damals im August", seufzte Johanna, und über ihre Wangen kullerten Tränen, die sie mit dem Handrücken abwischte.

„Johanna!", rief es im Chor. Sie schreckte auf, rief man nach ihr und machte sich lustig, dass sie so müde und abgeschafft dasaß? Alle saßen schon am Tisch und langten kräftig zu. Johanna musste neben der Bäuerin Platz nehmen, ihr gegenüber saß der Bauer selbst, neben ihm der Großknecht, daneben die Großmagd, dann ging es immer weiter abwärts in der Rangfolge. Ganz unten am Ende saßen die Jungmägde, Tagelöhner, Wanderarbeiter und die Hirtenbuben.

„Es ist genau wie damals", dachte Johanna, „die Feste ähneln sich alle." Die Bäuerin ermunterte sie, ebenso kräftig zuzulangen wie die anderen und legte ihr immer wieder ein Stück Fleisch auf den Teller. Dazu gab es Pfludden, ein mit Mehl gesteifter Kartoffelbrei, der mit zwei Löffeln auf eine Platte gesetzt und abgeschmälzt und mit in Schmalz gebratenen Zwiebeln übergossen worden war. Zu dem gab es reichlich Weiß- und Sauerkraut. Auf dem Tisch standen Krüge mit Apfelmost – später sollte noch Heidelbeerwein aufgetragen werden – und nach dem Essen gab es zur Verdauung einen Schnaps. Über all der Schmauserei und dem Geschnatter der anderen hatte Johanna längst ihre Müdigkeit vergessen.

Was sie die ganze Zeit nicht bewusst wahrgenommen hatte, waren die anzüglichen Blicke des Bauern. Dem blickte sie an diesem Abend zum ersten Mal genauer ins Gesicht und in die Augen. Im ersten Moment erschrak sie, weil sie den aufblitzenden Funken darin allzu gut kannte. „Nein, nicht schon wieder, lieber Gott", dachte Johanna. Die ganze Zeit schien der Bauer sie nicht wahrgenommen zu haben und hatte so getan, als würde sie schon ewig zum Hausgesinde gehören.

Und nun musste sie feststellen, dass er die ganze Zeit ein Auge auf sie geworfen hatte! Wer wusste, was der ausheckte?

Johanna fühlte sich auf einmal nicht mehr wohl, ihr wurde immer unbehaglicher zumute, daran änderten auch nichts der fröhliche Gesang und das überschwängliche Gekicher und Geschnatter um sie herum. Die frohen Weisen, die einer der Knechte auf seiner Mundharmonika spielte, machten sie höchstens traurig.

Einer der Erntehelfer, ein junger strohblonder Mann, der sie so an den Alois erinnerte, holte aus seinem Zwerchsack ein Bandoneon. Das war eine kleine Handharmonika mit Knöpfen auf beiden Seiten.

Der Bursche spielte das Instrument, als hätte er in seinem Leben nie etwas anderes getan. Der lustige Kerl hüpfte zu den Melodien um den Tisch herum, blieb bei Bauer und Bäuerin stehen und bat sie um einen Musikwunsch. Diese stimmten für den Kronenwirt. Alles jauchzte und lachte – und tanzte. Auf einmal wandte sich der Bauer an Johanna: „Na, Schneiderin, wie wäre es mit einem Tänzchen?" Johanna erschrak und schaute die Bäuerin fragend an, welche ihr lachend zunickte.

Etwas linkisch hopste Johanna mit dem Bauern, der sie wie in einem Schraubstock hielt, auf dem unebenen Boden herum. Er war ihr wahrlich nicht geheuer, außerdem hatte er schon ordentlich dem Heidelbeerwein zugesprochen. „Der wird nicht mehr lange auf den Beinen stehen", dachte sie. „Ich möchte mich wieder hinsetzen", erklärte sie ihm atemlos. Seine Wildheit ängstigte sie zunehmend.

Nach ein paar Unflätigkeiten, die er von sich gab, ließ er sie endlich los und Johanna flüchtete an den Tisch, wo noch ein paar müde Anwesende saßen, die mit dem Schlaf kämpften. Schließlich hatten sie alle schwerste Arbeit geleistet in den letzten Wochen und die nächste Ernte stand bevor. Johanna unterhielt sich noch mit dem einen oder anderen, die meisten waren bereits schlafen gegangen. Die Bäuerin hatte sie schon eine Weile nicht mehr gesehen, die war sang- und klanglos verschwunden. Junge Leute kicherten irgendwo herum, die waren noch nicht müde genug. Schließlich hielt Johanna es vor Müdigkeit nicht mehr aus, sie beschloss, nun auch schlafen zu gehen. Bevor sie das Haus betrat, ging sie noch zum Brunnen, um sich etwas zu erfrischen. „Nächste Woche wird der Mond voll sein", dachte sie, als sie die bleiche Sichel durch die Zweige des Nussbaumes, der auf dem Hof stand, hindurch leuchten sah.

Johanna stieg zwei Treppen hinauf zu ihrer Kammer, die sie alleine bewohnte. Eine Kammer ganz für sich, doch die konnte sie nicht abschließen. Es war zwar ein Riegel daran, der schloss aber nicht. „Der war schon immer defekt", hatte die Bäuerin geantwortet, als Johanna sie darauf hingewiesen hatte. Sie stieg nun mühsam die zweite Treppe hinauf, noch nie war ihr der Weg in ihre Kammer so lang vorgekommen. Sie freute sich auf den Strohsack, auf dem sie endlich die schmerzenden Glieder ausstrecken konnte. „Morgen", so dachte sie, „werde ich die Arbeit ruhig und gelassen angehen, so groß ist der Verzug auch wieder nicht." Vorsichtig tastete sie sich im Dunkeln an der Wand entlang, fand ihre Türe, trat ein und schloss sie wieder. Ein Licht brauchte sie nicht anzuzünden, der Mond schien durch das kleine Fensterchen.

Johanna begann, ihre Schürze abzulegen, das Kleid, dann die Schuhe. Plötzlich hatte sie das dumpfe Gefühl, sie würde beobachtet. Da! Ein Räuspern, was war das? Vor Angst hielt sie den Atem an, trat einen Schritt rückwärts zu ihrem Bett und wollte sich gerade setzen, da kam ein riesiger Schatten aus der Ecke. „Der Leibhaftige!", ging es ihr durch den Kopf. Vor Schreck blieb ihr fast das Herz stehen. Hatte dieses Ungeheuer von Bauer sich tatsächlich bei ihr eingeschlichen? Immer näher kam der riesige, grinsende Schatten, beißender Alkoholgeruch drang zu ihr. In Johannas Kopf raste es, was sollte sie nur tun, laut schreien? Dazu kam sie nicht mehr, er griff schon nach ihr. „Bauer, lass mich, sonst steche ich dich ab!"

„So, mit was willst du mich abstechen, drohen willst du mir? Stell dich lieber nicht so an, sonst kannst du in Zukunft schauen, wo du Arbeit bekommst, schließlich bist du ja nicht die einzige Störnäherin in der Gegend. Du solltest froh sein, dass man so einer wie dir Arbeit gibt!" Dieser Ausspruch konnte Johanna nicht erschrecken, zu oft hatte sie Ähnliches in der letzten Zeit gehört. Außerdem wusste sie, dass sie ihre Konkurrenz nicht zu fürchten brauchte. Die andere arbeitete zwar billiger, doch dafür ließ die Genauigkeit ihrer Arbeit zu wünschen übrig. Immer wieder kam man auf Johanna zurück, ihre Kundschaft war stets zufrieden.

Das, was der Bauer da vorbrachte, sollte ihr nur Angst machen, damit wollte er sie gefügig machen. Aber durch dummes, erlogenes Geschwätz konnte viel verdorben werden, wenn jemand einem anderen schaden wollte. Dies traute sie auch diesem grobschlächtigen Menschen zu, der sowieso überall ein großes Maul führte, wie sie schon erfahren hatte.

Johanna war längst bewusst geworden, dass sie tatsächlich schon in Abhängigkeit geraten war, unfähig, sich zur Wehr zu setzen. Ohnmächtig war sie diesem Scheusal ausgeliefert. Sie wehrte sich verzweifelt, bis die Kräfte sie verließen und am Ende war sie, Johanna, wieder einmal die Unterlegene.

Von einem Weinkrampf geschüttelt, schleppte sie sich zu ihrem Bett, auf dem sie irgendwann einschlief.

Am nächsten Morgen sah die Bäuerin Johanna, die mit verweinten Augen am Tisch in der Küche saß, seltsam an. Entgegen ihrer sonstigen Art der Hausherrin gegenüber blieb sie stumm. Später, als sie weinend an ihrer Arbeit saß, fragte sie die Bäuerin direkt, was am Abend vorgefallen sei. Johanna erzählte ihr, wie der Bauer sie bedroht und genötigt und letztendlich brutal überwältigt hatte. „Ich komme nicht mehr zu Euch."

Die Bäuerin hörte stumm zu, schließlich legte sie Johanna tröstend die Hand auf die Schulter.

„Dafür kann ich mir nichts kaufen, Bäuerin, von Eurem Trost. Was tue ich, wenn nun wieder ein Kind kommt?" Darauf konnte ihr die Bäuerin keine Antwort geben. Schließlich vertraute sie ihr an, dass sie selbst schwanger wäre. Johanna interessierte das wenig, schließlich war diese Frau ja in Sicherheit, hatte Vermögen und war verheiratet. Fortan setzte sie sich nicht mehr an den Mittagstisch, sie wollte dem Bauern nicht mehr begegnen und schon gar nicht mit ihm zusammen die Mahlzeit einnehmen.

Die folgenden Tage tat sie still ihre Arbeit, schnitt zu, passte an, steckte ab, nähte oft bis spät in die Nacht hinein, um ja bald fertig zu sein. Am Ende eines langen Tages schlich sie dann müde – und ängstlich – über die Stiegen hinauf, bewaffnet mit einer Schere, gefasst auf das Ungeheuer – hinter einem Balken oder in einer Ecke. Doch der Bauer lauerte ihr nicht mehr auf.

Als sie am nächsten Tag mit dem Auftrag fertig war und ihre Nähmaschine abgeholt wurde, war sie erleichtert und konnte endlich Adieu sagen.

Vier Wochen später schon bekam sie die Folgen des Überfalls zu spüren. Allmorgendlich wurde ihr übel, wochenlang fühlte sie sich elend – Johanna empfand es immer stärker als Fluch, eine Frau zu sein. „Das werdende Kind, lieber Gott, dieser Elendswurm, lass ihn sterben!", betete sie allabendlich. Dem Albin, bei dem sie seit Philipps Geburt eine Kammer gemietet hatte, war Johannas Veränderung nicht entgangen.

Ihr blasses Gesichtchen, das immer schmaler und verhärmter wurde, die dunklen Ringe um ihre Augen sprachen Bände. Eines Abends lud er sie ein, mit ihm das Nachtmahl einzunehmen, bei dieser Gelegenheit sprach er sie auf seine Vermutung hin an. Johanna weinte bitterlich. Albin tröstete sie und bot ihr ein Taschentuch an. „Komm, setz dich her zu mir und schütte dein Herz aus, das hilft ein bisschen."

Die beiden saßen auf der Ofenbank und Johanna erzählte ihm alles. Es war schon fast Mitternacht, als sie geendet hatte. Schweigend hatte Albin ihr zugehört, dabei immer wieder mit dem Kopf geschüttelt. „Ich muss immer an Vater und Mutter denken, was ich denen wieder antue. Ich bin ja so froh, dass ich bei Euch wohnen kann, Albin, ich wüsste ja sonst nicht, wo ich hingehen sollte."

„Ja, ja", sagte der Albin nur, „da kannst du froh sein, an mir soll's nicht liegen. Du kannst bei mir wohnen bleiben, solange du willst, nur Kinder kann ich halt keine hüten!" Erleichtert atmete Johanna auf. „Johanna",

begann Albin wieder, „du kannst auch darum froh sein, dass du keine schwere Arbeit verrichten, auf dem Feld oder im Stall schaffen musst."

„Ja, das hab ich meiner Gotti zu verdanken, der Afra, das ist wahr. Und darum schäme ich mich ja so! Ich hatte stille Pläne und bescheidene Wünsche an das Leben, nie wird es so kommen, wie ich es mir erhofft habe."

Was wünschte sich Johanna schon? Einen guten Mann, einen festen Wohnsitz, eine warme Stube im Winter.

Sie wünschte sich, nie mehr mit nassen Strümpfen und Schuhen zwischen den Höfen hin und her wandern zu müssen. Sie träumte von einem Ort, an dem sie ihre Kinder bei sich haben konnte. Eine Stube, in der ihre Nähmaschine bereitstand, wo ihr die Kinder während der Arbeit zwischen den Füßen hindurchkrabbelten, sie anstrahlten, wenn sie mit ihnen sprach oder etwas vorsang. Sie könnte zusehen, wie sie wuchsen und gediehen! Wie wäre das schön, wenn sie nicht mehr auf Wanderschaft gehen und ihre geliebten Kinder in fremder Menschen Obhut geben müsste, die sie allenfalls duldeten. Aber so würde es nie werden, derlei Wünsche an ihr Leben rückten in immer weitere Ferne.

Kapitel 8

Johannas ältester Bruder, Lambert, hatte sich bekanntlich schon vor Jahren nach Oberwinden im Elztal verheiratet. Die Ehe war kinderlos geblieben, darum hatte er seiner Schwester angeboten, ihren Buben Markus an Kindes statt zu sich zu nehmen. Längst war das ja vereinbart gewesen. Nun wollte Lambert den Jungen noch vor Ostern abholen, weil der bereits im schulfähigen Alter war. Für Markus bedeutete dies ein ungeheures Glück! Für ihn wäre das Leben bei den drei alten Leuten und seinem Onkel Andreas da oben auf dem Dorerbühl auf Dauer zur Qual geworden, er hätte weiß Gott keine hoffnungsvolle Zukunft gehabt! So würde ihm auch der lange und mühsame tägliche Schulweg den Berg hinunter ins Tal erspart bleiben.

Nun hatte Johanna diese eine Sorge schon nicht mehr; es tat allerdings etwas weh, weil es im Grunde nicht ihren Wünschen entsprach. Doch für den Markus, so fand sie, war es das Beste, davon war sie überzeugt. Er würde auf dem Hof bei seinem Onkel leben und arbeiten und es bliebe ihm erspart, von fremden Menschen ausgenutzt zu werden. Sie schrieb ihrem Bruder, dass sie mit seinem Vorschlag einverstanden wäre und dass er den Buben holen könnte; sie hoffte, dass er es gut bei ihm haben würde. „Der Philipp ist nun auch schon vier Jahre alt. Ja, und dann kommt demnächst ja wieder ein Kind", dachte sie für sich, schrieb es aber nicht. Lambert würde es noch früh genug erfahren.

Am 19. März 1894 gebar Johanna ein Mädchen. Ein winzig kleines Menschlein. „Viel zu klein zum Überleben", hatte die Hebamme gemeint. Ins Kirchenbuch trug der Pfarrer den ausgesuchten Namen Magdalena mit den üblichen Zusätzen ein: uneheliches Kind der Störnäherin Johanna Dorer von Simonswald, Ortsteil Haslach. Vater des Kindes nicht bekannt. Dieses Mal protestierte Johanna nicht bei dem Namen, sie hatte es aufgegeben, so sehr sie die Demütigung auch traf, da es ja doch nichts genützt hätte. Am Ende wäre sie wieder die Verliererin gewesen – das würde immer so bleiben.

Auch dieses Mal konnte sie wieder nur wenige Wochen bei ihrem Kind bleiben – solange sie es stillte. Dann brachte sie es ins Pfefferhäuschen zu der Tante Line. Was blieb ihr anderes übrig, sie musste wieder auf Wanderschaft gehen!

Wie immer sah sie ihre Kinder wochenlang nicht, es gelang ihr manchmal – nur mit Mühe – sich die kleinen Gesichter vorzustellen. Hinzu kam noch eine andere Sorge, die sie nicht wenig belastete: Immer wieder, wohin sie

kam, wurde ihr zugetragen, der Bauer vom Dorerbühl, ihr Vater, hätte schon wieder einen Acker verkaufen müssen.

Die Nachricht, dass die gute Hermine gestorben war, traf Johanna besonders; die Magd hatte ihr sehr nahe gestanden, wie eine zweite Mutter. Sie konnte sich ihr Elternhaus gar nicht ohne Hermine vorstellen! Was ihr am meisten wehtat, war, dass sie nicht einmal zur Beerdigung hatte gehen können, weil sie viel zu spät davon erfahren hatte. Keiner wusste, wie man sie erreichen konnte.

Wie verabredet, holte ihr Bruder Lambert den Markus noch vor Ostern zu sich. Schwester Stefanie ließ es Johanna ausrichten, bei ihr hatte er kurz vorbeigeschaut. Die alte Mutter hätte sich auch nicht mehr alleine um das Kind kümmern können. Sie hatte genug in Haus und Stall zu tun. Und Johanna konnte es wieder einmal nicht ermöglichen, zu den Eltern zu kommen.

Mit all ihrer vielen Arbeit war sie Woche um Woche voll eingespannt, es blieb ihr kaum Zeit zum Verschnaufen. Trotzdem machte sie sich um die Mutter Sorgen, die nun so vieles am Hals hatte, zudem ihre Gesundheit in letzter Zeit auch zu wünschen übrig ließ. An die arme Mutter musste sie immer wieder denken, die mit den beiden Männern nun da oben ganz allein lebte und seit Hermines Tod kein vertrautes Wesen mehr in ihrer Nähe hatte, mit dem sie einmal reden konnte.

Für Johanna war jeder Tag wie der andere, immer dasselbe. Sie kannte nur noch die Arbeit. Oft gab es wochenlang auf einem Hof zu tun, weil die Bäuerin immer noch alle möglichen Wünsche hatte und immer wieder ein neues Stück Stoff hervorzauberte.

Wieder sah sie ihre Kinder wochenlang nicht, konnte nur von ihrer letzten gemeinsamen Begegnung zehren. Wie wohl die kleine Magdalena in ihrem Körbchen lag?

Wie oft hatte sie sich schon vorgenommen, an einem Sonntag mal hinzugehen in die Hasle zu der Tante Line. Doch es war fast unmöglich, ohne Fuhrwerk wegzukommen – es sei denn, der Bauer oder ein Knecht hätten sie hingefahren. Doch diesen Wunsch brauchte sie nicht vorzubringen, schließlich war sie ja zum Arbeiten hier und nicht zum Spazierenfahren. So musste sie sich beharrlich gedulden, bis die Zeit um war und sie ihren Auftrag zu Ende gebracht hatte.

Johanna hatte sich in dem Jahr nach der Geburt von Magdalena erstaunlich gut und schnell erholt. Sie begann sogar, Zukunftspläne zu schmieden. Am liebsten hätte sie gerne eine eigene Schneiderwerkstatt gehabt!

Doch solch ein Vorhaben war mit Geld verbunden, Geld, das sie nicht hatte, vielmehr erst mühsam verdienen musste. Sie beschloss, jeden Pfennig, den sie erübrigen konnte, eisern dafür zu sparen. Jede Arbeit wollte sie annehmen, die etwas einbrachte. Ihrer Rechnung nach, vorausgesetzt, dass nichts dazwischenkäme, konnte sie bei guter Auftragslage in vier Jahren so weit sein. Sie plante und rechnete und sah sich schon in ihrer eigenen Werkstatt.

Doch wieder einmal machte ihr das Schicksal einen dicken Strich durch die Rechnung. Ob sie jemals aus diesem Teufelskreis herauskommen würde? Wochenlang hatte ihr die Bäuerin, deren Mann der Vater der kleinen Magdalena war, Bescheid geben lassen, dass sie Arbeit für sie habe. Jedes Mal schrieb Johanna zurück, dass sie es ablehnte, noch einmal auf dem Hof zu arbeiten, aus auch der Bäuerin bekanntem Grunde. Die Bäuerin sollte doch dafür Verständnis zeigen.

Doch die Frau blieb hartnäckig. Mit unermüdlichem Betteln brachte sie es fertig, dass Johanna den Auftrag annahm. Schweren Herzens trat diese ihren Weg an. Sie dachte dabei an den notwendigen Verdienst und an ihre Pläne. Da durfte man nicht wählerisch sein!

Ihre kleine Magdalena war zu diesem Zeitpunkt fünf Monate alt, der Sohn des Bauern drei Monate älter. Johanna hatte für das Kind nur einmal Geld von dem Bauern bekommen. Damals war der Pfarrer an ihn herangetreten und hatte ihn gebeten, doch etwas für das Kind zu tun, da die Kindesmutter schon genug Sorgen hätte.

Mit gemischten Gefühlen nahm Johanna ihre Arbeit auf dem Hof auf. Erleichtert stellte sie gleich in den ersten Tagen fest, dass der Bauer keine Absichten hatte, ihr nachzustellen wie vor einem Jahr. Sie hoffte, dass würde so bleiben. Oder spielte er die Gleichgültigkeit nur? Wollte er sie wieder in Sicherheit wiegen, bis sie mit ihrer Arbeit fertig war? Kannte sie diese Masche nicht schon an ihm? Möglicherweise hatte ihm die Bäuerin zugesetzt. „Warte, du Schlitzohr, ich werde auf der Hut sein", dachte Johanna und steckte sich jeden Abend, wenn sie spät in ihre Kammer hinaufstieg, eine Schere in die Rocktasche. Sollte es ihm einfallen, ihr zu nahe zu kommen, würde sie ihm einen Denkzettel verpassen, ihn zeichnen.

Doch wieder sollte es anders kommen. Die letzten zwei Tage im Juli musste noch das zweite Heu eingefahren werden. An diesen Tagen fiel ausgerechnet eine Magd aus und die Bäuerin kränkelte, da bat sie die Schneiderin, doch zwei Tage auszuhelfen. Johanna passte das eigentlich nicht, da sie fürchtete, mit ihrer Arbeit in Verzug zu kommen.

Außerdem hatte sie ständig Angst! Aus diesen Gründen wollte sie auch nicht länger als nötig auf dem Hofe bleiben.

Am ersten Tag half sie zusammenrechen und abends noch Heu aufhäufen, am nächsten Tag hieß man sie, sich auf die Heubühne zu stellen und beim Abladen zu helfen. Dies gefiel ihr gar nicht, da man bei dieser Arbeit sehr staubig wurde. Doch da es der letzte Tag sein sollte, sagte sie: „In Gottes Namen, steh ich halt auf der Heubühne!" Da stand sie nun da oben ganz alleine und nahm das Heu ab, das ihr von unten hochgereicht wurde. Bei jedem vollgeladenen Wagen hoffte Johanna auf die letzte Fuhre.

Während der Knecht wieder mit dem Wagen aus der Tenne fuhr, beschloss sie, ein wenig Luft zu schnappen, solange bis er mit dem nächsten Wagen wiederkäme. Johanna begann, ihre Kleider abzuklopfen, als sie mit einem gewaltigen Stoß in den Rücken in den Heuhaufen geworfen wurde. Zum Schreien kam sie nicht, weil ihr eine grobe Männerhand Heu in den Mund stopfte. Über Johanna, die wehrlos versunken in dem Heuhaufen zappelte, fiel er nun her, dieser Satan. Sie glaubte zu ersticken mit dem Heu im Mund, aus ihren Augen rannen Tränen, Tränen der Wut und Ohnmacht. Oh, wie sie diesen Menschen hasste – und sie hatte keine Schere dabei! Endlich ließ er von ihr ab.

Während sie das Heu aus dem Mund nahm, musste sie sich vor lauter Ekel übergeben. Er lachte nur hämisch und stieg wieder die Leiter hinunter. „Du Drecksack, du elender, warte, ich werde es deiner Frau sagen!" Weinend und in ohnmächtiger Wut rief sie ihm das noch nach. Sie hatte beschlossen, auf dem Heuboden keine Hand mehr zu rühren. „Ich bin doch eine dumme Gans, dass ich mich immer wieder zu Arbeiten überreden lasse, die mich gar nichts angehen!" Sie stieg die Leiter hinunter und ging sofort in ihre Kammer, um sich zu waschen und die Kleider wieder in Ordnung zu bringen. Der Gedanke an das Geschehene ließ sie erschauern: „Oh Gott, wo warst du mit deinem allmächtigen langen Arm, mit dem du ihm doch leicht einen Schlag hättest versetzen können?"

Vor dem Abendessen noch bat sie die Bäuerin um eine Unterredung, bei der sie ihr den Überfall mitteilte.

Sie mochte so schnell wie möglich den Hof verlassen, da sie sich nicht mehr sicher fühlte! „Was ist, wenn ich nun wieder ein Kind bekomme, wer nimmt mir das dann ab, hab ich nicht schon genug am Hals?" Johanna begann wieder zu weinen, sie konnte sich nicht beruhigen.

Die Bäuerin hatte mit unbewegtem Gesicht zugehört. Das Gesicht der Frau war so blass und starr, als wäre es aus Stein gemeißelt.

Sie versprach Johanna Hilfe, auch für die kleine Magdalena, es wäre ihr ja so peinlich, sie schämte sich für ihren Mann. „Wie wollt Ihr mir denn helfen? Ich stehe immer alleine da!

Wenn immer alle Versprechungen eingehalten worden wären, könnte ich sorgloser leben, das dürft Ihr mir glauben, Bäuerin. Für mich gilt in Zukunft nur, was ich tatsächlich auf die Hand bekomme, und das ist meist wenig genug!"

Johanna beendete eine Woche später ihre Arbeit. Sie legte der Bäuerin die Rechnung hin, die diese sofort bezahlte. Dazu gab sie ihr noch zwanzig Mark zusätzlich. „Mehr kann ich im Moment nicht hergeben, ich werde dir zu Weihnachten immer etwas schicken." Während Johanna ihre Kammer räumte und ihr Werkzeug zusammenpackte, lud der Knecht ihre Nähmaschine auf den Wagen. Johanna verabschiedete sich von der Bäuerin mit dem festen Vorsatz, nie mehr diesen Hof zu betreten. Irgendwie tat ihr die Frau leid; nein, nie hätte sie mit ihr tauschen wollen! Während sie zu dem Knecht auf den Wagen stieg, drehte sie sich noch einmal nach ihr um. Da sah sie, wie die Bäuerin sich verschämt mit dem Handrücken über die Augen wischte.

Wochen später konnte Johanna sicher sein, dass der letzte Gewaltakt wieder einmal nicht ohne Folgen geblieben war. Sie fühlte sich wochenlang so elend, dass sie sich kaum auf den Beinen halten konnte. Hinzu kam noch ein schweres Fieber, das sie in das Bett zwang. Albin kümmerte sich rührend um sie, versorgte sie immerzu mit Tee, gab ihr löffelweise wie einem Kind das Essen, da sie zu allem zu schwach war. Längst hatte er bemerkt, was mit ihr los war. Er bebte innerlich vor Wut auf diese rücksichtslosen Menschen – und die Ohnmacht ihrer Opfer.

Vorsichtig tastete er sich bei Johanna vor und fragte: „Wie konnte das nun wieder passieren, Mädel?" Sie erzählte ihm daraufhin, was auf der Heubühne geschehen, wie heimtückisch der Bauer über sie hergefallen wäre. Und dass sie ja keinerlei Möglichkeit gehabt hätte, sich zu wehren. „Du bist doch ein armes Weib, das muss man schon sagen; wer so vom Unheil verfolgt ist wie du!

Die schönste Zeit deines Lebens über hast du doch nur Pech gehabt. Wenn ich an die armen Würmer, deine Kinder, denke, die musst du doch alle irgendwie unterbringen.

Ach, Johanna, ich wollte, ich könnte dir helfen, aber ich bin ein alter Mann, dem nicht mehr viel Zeit bleiben wird."

„Ihr seid ein guter Mensch, Albin, wenn Ihr nicht gewesen wäret, ich hätte gar nicht gewusst wohin. Für mich war es die ganzen Jahre ein Glück,

dass ich bei Euch wohnen konnte. Ihr wart immer für mich da, wenn ich am Boden war. Ich hatte bei Euch immer einen Ort, an dem ich zu Hause sein konnte, hatte eine Heimat, wo ich immer Ruhe fand. Wenn ich daran denke, dass ich meine Kinder hier zur Welt bringen durfte! Für mich wart Ihr immer wie ein Ersatzvater, der mir in der Not half, der mich in meinem Elend verstand. Glaubt mir, Ihr steht mir näher als mein eigener Vater." Albin wischte sich verschämt eine Träne aus dem Auge und räusperte sich.

„Weißt du, Johanna, meine größte Sorge ist, wenn ich einmal nicht mehr bin, wo gehst du dann hin?" Die junge Frau hatte sich wieder in die Kissen zurückfallen lassen und seufzte schwer. „Daran wollen wir lieber nicht denken. Vorläufig lebt Ihr noch und hoffentlich noch lange. Meine größte Bürde im Moment ist, wo ich die Kinder unterbringen könnte, das liegt mir wie ein Klotz auf der Seele."

Sie erzählte Albin, dass sie im Frühjahr auch den Philipp zu ihrem Bruder nach Oberwinden bringen würde, somit wüchsen die beiden Brüder wenigstens zusammen auf. Das Neugeborene würde sie wieder zu der Tante bringen müssen, obwohl diese ihr auch schon angedeutet hatte, dass es langsam schon eine Last für sie wäre, da sie ja bereits die kleine Magdalena versorgte. Johanna konnte sie gut verstehen, deshalb brachte sie ihrer Tante auch immer etwas mit, Dinge, die sie selbst geschenkt bekommen hatte – Speck, Brot, ab und zu ein Säckchen Mehl oder Butter und Schmalz. Das waren alles Kostbarkeiten, Lebensmittel, die in einem Tagelöhnerhäuschen eine Rarität waren.

„Wenn ich wieder auf den Beinen bin", dachte Johanna, „werde ich der Line ein Gewand nähen, sie hat es verdient. Ja, wenn ich wieder auf den Beinen bin." Alles, was sie nicht gebrauchen konnte, war Krankheit. „Um Gottes willen, Herr im Himmel", betete sie, „lass mich nicht krank werden!" Daraufhin schlief sie ein.

Albin war wieder an seine Arbeit gegangen, als Johanna eingeschlafen war. Es war für sie ein heilsamer Schlaf und als sie nach zwei Stunden erwacht war, versuchte sie aufzustehen, nun hielt es sie nicht mehr in den Federn. Viel zu lange hatte sie tatenlos hier gelegen. Mit etwas Mühe gelang es ihr, sich auf den Bettrand zu setzen; vor sich hin grübelnd saß sie nun und ließ ihre Beine baumeln. Ihr Blick fiel dabei auf ihre ausgetretenen, ausgelatschten Schuhe – hohe, schwarze Schnürstiefel mit schiefen Absätzen.

Dringend benötigte sie ein paar neue Schuhe, doch dazu fehlte ihr das Geld. Zuerst sollte der Philipp ein Paar bekommen, dann sie selbst; bis dahin müssten die Latschen noch halten. Philipp, den sie im nächsten Jahr zu ihrem Bruder Lambert bringen wollte, müsste sie grundsätzlich neu einkleiden: na ja, wenigstens mit einer Hose, dazu eine Jacke, damit er anständig daherkäme. Dies sollte noch geschehen, bevor sie das neue Kind zur Welt brächte. Bis dahin war noch etwas Zeit, fast sieben Monate, ein ganzer Winter lang.

Dieses Ungeborene war für sie wie ein böser Traum, der ihr zusetzte und aus dem sie nur zu gerne erwacht wäre. Wie oft wünschte sie, dass sie sich alles nur eingebildet hätte. Leider war es harte Wirklichkeit und alles andere Wunschdenken. Johanna wollte stark sein, das war sie, auch wenn das Schicksal sie noch so beutelte.

Selbst wenn ihr das Leid fast das Herz abdrücken wollte, hatte sie nie den Boden unter den Füßen verloren. Trotz vieler Zweifel an Gott und seiner Gerechtigkeit, gepaart mit erbitterten Seelenkämpfen und im Hinterkopf stets die Angst vor einer ungewissen Zukunft, glaubte Johanna im hintersten Winkel ihres Herzens doch noch an einen Gott, der die Geschicke seiner Geschöpfe lenkte. Dem Menschen blieb nichts anderes übrig, als sich zu fügen, sich Gottes Willen zu beugen, wie es seine Bestimmung war. Es war Johanna auf wundersame Weise die Kraft und die Fähigkeit gegeben worden, stets auf die Füße zu fallen. Nicht nur dies, sie verstand es, aus dem Instinkt heraus zu handeln und im richtigen Augenblick das Richtige zu tun.

Johanna blieb trotz des Unglücks, das sie hartnäckig in der Blütezeit ihres Lebens heimsuchte, eine starke Persönlichkeit. Dies zeigte sich allein schon an ihrer Erscheinung, die stets, trotz Ärmlich- und Schäbigkeit, peinlich sauber und adrett war. Johanna war sich im Klaren darüber, dass die Zukunft für sie alles andere als ein Honigschlecken bedeutete.

Sie hoffte inständig, dass sie stets gesund und arbeitsfähig bleiben würde. Krankheit wäre weiß Gott das Schlimmste, mit dem sie geschlagen werden könnte.

Vor ihr lag nun wieder ein dunkler Winter, der in diesem Jahr besonders lange und hart wurde. Während in anderen Jahren im März bereits alles grün war, vieles schon blühte, schien es, als käme in diesem Jahr alles zu spät. Mitte April sollte Ostern sein und in der Woche danach wollte sie Philipp zu ihrem Bruder nach Winden bringen. Sie hatte sich schon bei der Krämerin für eine preisgünstige Mitnahme mit einem Fuhrwerk in das obere Elztal vormerken lassen

Am Dienstag nach Ostern war es dann soweit. Johanna holte den Philipp im Pfefferhäusle ab. Sie wanderte mit ihm hinauf zum Dorerbühl. Die Großeltern sollten ihren Enkel nun endlich einmal aus der Nähe sehen können! Außerdem wollte sie dem Buben die Haare waschen und schneiden und seine Kleider in Ordnung bringen. Der Vater würde schon nichts dagegen haben, wenn sie den Philipp für zwei Tage auf den Hof brächte.

Der Bauer Andreas tat zuerst so, als sähe er den Buben gar nicht, als wäre dieser Luft. Am nächsten Tag saßen die beiden einträchtig zusammen hinter der Scheune, wo der Großvater seinem Enkel beibrachte, wie man aus einem Haselstock eine Pfeife schnitzte, mit der man den Kuckuck nachmachen konnte. Philipp gefiel es, bisher hatte sich noch niemand die Zeit genommen, ihn solche Basteleien zu lehren. Ehrfürchtig sah Philipp zu seinem Großvater auf, er hing förmlich an dessen Lippen.

Der Junge hatte sich in den zwei Tagen, die er zum ersten Mal auf dem Hof seiner Großeltern verbrachte, mit dem Hofhund, dem alten Sultan, angefreundet.

Der ließ sich willig streicheln, während er sonst jedem anderen Fremden mit Knurren oder gar bellend begegnete. Der Bauer sah schmunzelnd zu, wie der Hund sich mit dem Jungen auf dem Boden in der Sonne räkelte oder wie der Kleine mit den Kätzchen spielte, furchtlos eines nach dem anderen auf den Arm nahm. Ab und zu rannte Philipp los und kam mit einem Arm voll Löwenzahnblättern zurück, die er in den Hasenstall stopfte. Dafür strich ihm der Großvater lobend über den Kopf: „So ist es recht, Philipp, bring den Hasen nur was zu fressen!"

Johanna, die all das vom Stubenfenster oder von der Küche aus beobachtet hatte, wurde ganz traurig: Könnte es denn nicht so bleiben, warum sollten gerade die unschuldigen Kinder immer leiden?

Sie hegte den Verdacht, dass ihr Vater sein Verbot längst bereut hatte, ihre Kinder, außer den Markus, hinauf auf den Hof zu bringen, weil er keine ledigen Bälger in seinem Haus haben wollte. Manchmal verstand sie ihren Vater nicht – warum konnte er denn nicht zeigen, was er fühlte?

Am nächsten Tag schenkte er Philipp sogar ein Taschenmesser, damit der Junge sich selber an einer Pfeife versuchen konnte. Das Bürschchen war gelehrig, schon am zweiten Tag hatte es mit Hilfe des Großvaters eine Pfeife als Geschenk für seinen Bruder hergestellt. Die zwei Tage gingen schnell vorbei, am Freitagmorgen musste Johanna den Buben für immer fortbringen. Sie hatte sich für sieben Uhr mit dem Küfer Hannes aus dem Obertal verabredet, welcher eine Fuhre in das obere Elztal hatte.

Um sieben Uhr morgens musste sie also mit dem Kind im Tal unten sein, das bedeutete, dass sie spätestens halb fünf Uhr früh vom Hof losgehen musste.

So trat Johanna an dem erwachenden kalten Aprilmorgen aus dem Elternhaus, ihren Sohn Philipp an der Hand, der sich schlaftrunken die Augen rieb. Als sie die Haustüre zuziehen wollte, zögerte sie kurz, da sie glaubte, aus dem Hausinnern einen Laut vernommen zu haben. Sollte sie doch noch einmal nachsehen? Eigentlich war sie ja in Eile, vorsichtig öffnete sie noch einmal die Türe.

Tatsächlich stand da die Mutter, angezogen zur Stallarbeit, im Hausflur und blickte sie mit seltsam starren Augen an. Johanna hielt kurz den Atem an. „Aber, Mutter", flüsterte sie ihr zu, „was steht Ihr denn schon so früh auf dem kalten Gang herum?"

„Ich wollte euch beiden noch einmal alles Gute auf den Weg wünschen. Und pass auf dich auf, Johanna!"

„Ja, Mutter, es ist schon recht, macht Euch um mich keine Sorgen!"

„Wie seltsam sie geworden ist", dachte Johanna bei sich, „sie wird doch nicht wunderlich werden?" Viel Zeit zum Nachdenken blieb ihr nicht, die Zeit drängte. „Komm, wir müssen uns sputen, wir haben noch einen weiten Weg vor uns", sagte sie zu Philipp, der, auf dem Boden kniend, den alten Sultan streichelte; es fiel ihm schwer, sich von dem Tier zu trennen. Johanna wurde ungeduldig. „Philipp, komm doch jetzt endlich, wir müssten längst auf dem Weg sein, komm, lauf jetzt zu!" Trotzig erhob sich der Junge, rückte seinen Rucksack zurecht und folgte mürrisch seiner Mutter.

„Weißt du, wir haben mit gut zwei Stunden Wegzeit zu rechnen und wenn wir nicht da sind, wenn der Hannes mit dem Fuhrwerk kommt, dann fährt der glatt ohne uns los!"

Philipp ging nun folgsam voraus. Zuerst lief er immer schön den Weg entlang. Doch dann, nach einer gewissen Zeit, kam das kleine Kind in ihm zum Vorschein, das viele unnötige Schritte machte. Mal hüpfte der Junge nach rechts, dann auf die linke Seite des Weges. Und immer wieder blickte er hinunter auf seine neuen Schuhe, als wollte er sich vergewissern, dass diese Wirklichkeit und kein Traum waren. Schließlich besaß er jetzt seine ersten neuen Schuhe!

Schuhe waren Luxus und durften sowieso nur während der kalten Jahreszeit oder sonntags getragen werden. Im Sommer gingen die Kinder grundsätzlich barfuß. Philipps neue Schuhe schienen wahrlich Wunder zu wirken, er flog damit förmlich über den holprigen Weg. Johanna konnte nur mühsam mit ihm Schritt halten.

Nach einer halben Stunde flotten Marschierens wurde ihr langsam warm. Sie hatte sich ein dunkles, gestricktes Dreieckstuch um Schultern und Leib geschlungen, sei es, um sich vor der Morgenkühle zu schützen oder um ihren Zustand etwas zu verhüllen.

Johanna war inzwischen hochschwanger und stand wenige Wochen vor der Niederkunft. Für sie war dies allerdings kein Grund zur Freude, oh nein, sie hatte Sorgen! Sie hatte eine Last zu schleppen, die sie manchmal fast zu erdrücken drohte. Oder war es mehr der Schmerz, der auf ihrer Seele lastete, der ihr Leben vergiftete, der ihre frühere Fröhlichkeit und ihr Lachen hatte verstummen lassen?

Trotz der drei Kinder, die sie geboren hatte, und der bevorstehenden Geburt eines vierten Kindes, war sie immer noch eine ansehnliche Frau von dreiunddreißig Jahren. Ihr kastanienbraunes, kräftiges Haar trug sie in zwei dicken Zöpfen, mit eingeflochtenen schwarzen Bändern um den Kopf gelegt und mit Spangen befestigt. Die restlichen Bänder waren im Nacken zu einem straffen Maschen gebunden, wie es der Brauch war und zur Tracht gehörte. Aus ihrem schmalen Gesicht blickte ein Paar trauriger Augen und um die Mundwinkel spielte ein herber, trotziger Zug. In den letzten Jahren hatte ein Hauch von Verhärmtheit und Müdigkeit das ehemals frische, muntere Gesicht leicht entstellt. Jeder, der Johanna kannte, wusste, dass sie in ihrer Jugend ein stolzes, schönes Mädchen gewesen war. Zehn Jahre zuvor blitzten die Augen noch voller Übermut und Lebensfreude!

Ihr Leben hatte doch so gut begonnen: Von Eltern und Geschwistern wurde sie geliebt, ihr mangelte es im Grunde an nichts. Johanna wurde es sogar ermöglicht, einen Beruf zu erlernen – den der Schneiderin.

Das hatte den Vorzug, dass sie nicht, wie andere Bauernmädchen, ihr Leben lang bei Wind und Wetter schwere Arbeit in Feld und Wald verrichten musste. Sie arbeitete als Störschneiderin, die von einem Hof zum anderen wanderte, was wiederum zu ihrem Unglück geführt hatte.

Inzwischen hatten die beiden, Mutter und Sohn, das steilste Stück des Weges, vom Kostgefäll hinunter zur Brennerhalde, hinter sich. Philipp blickte stolz zurück. Trotz der morgendlichen Kühle war er ins Schwitzen gekommen, auch Johanna spürte die Anstrengung in den Gliedern; jeder Schritt abwärts war in ihrem Zustand doppelt anstrengend. Auf dieser ersten kurzen Wegstrecke hatten die beiden kaum miteinander gesprochen. Ab und zu beantwortete Johanna Philipps kindliche Fragen, dann folgte wieder Stille, jeder schien seinen eigenen Gedanken nachzuhängen.

Das einzige Geräusch, das man hin und wieder vernehmen konnte, war das Geklapper von Philipps genagelten Schuhen. Dann kamen schon die ersten Häuser zum Vorschein.

Sie liefen am Lochhof und Lochhäusle vorbei, dann folgten der Gernsepplehof und weiter der S'Hannoverers, wo das Gelände zum Begehen etwas flacher und bequemer wurde. Johanna erklärte ihrem Sohn, wer in den Häusern wohnte, wie die Leute richtig hießen, dass dies ja nur die Hausnamen wären, die oft durch viele Generationen hindurch vererbt worden waren. Zwischendurch wurden sie wieder abgelenkt von Vogelgezwitscher oder einem Hasen, der über den Weg hüpfte, oder von einem kreisenden Bussard oben am Himmel.

Der Weg führte hier durch eine herrliche Berglandschaft mit saftigen grünen Wiesen, die gerade zu dieser Jahreszeit mit einem gelben Teppich von Löwenzahnblüten bedeckt waren und zum Verweilen einluden. Ein Augenschmaus für einen Maler und Inspiration für einen Poeten!

Johanna versuchte immer wieder, sich mit Philipp zu unterhalten, sie hatte das Gefühl, dass er langsam müde wurde. „Sind nicht im Sommer auch Gäste in die Gegend gekommen?", begann sie. „Du hast diese fremden Leute sicher auch schon gesehen, wenn sie bei der Tante Line vorbeispaziert sind."

„Ja", sagte Philipp, „die Leute fragten die Tante meistens, wohin der Weg ginge, wie lange man auf die Schwedenschanze laufen müsste. Zuerst sind sie dann munter zugelaufen, kehrten aber bald wieder um, weil es ihnen zu weit und zu steil wurde. Wo wohnen die Leute denn?", fragte er daraufhin.

„Die wohnen unten im Dorf, denk ich mir, in Altsimonswald, in einem Gasthaus, dem Hirschen oder der Kronen-Post", erklärte sie dem Buben, „von da aus machen sie dann ihre Ausflüge." Philipp nickte.

„Die meisten kommen aber nur im Sommer, darum heißen sie Sommergäste", sagte er wichtig. „Die Fremden sind auch schon mit Pferden geritten gekommen. Die Frauen mit ihren feinen Kleidern haben manchmal ganz komisch auf den Pferden gesessen, nicht so wie die Männer", kicherte der Junge, während er sich verschämt die Hand vor den Mund hielt.

„Auf einem Damensattel, Philipp", belehrte ihn die Mutter.

Insgeheim staunte Johanna über seine Beobachtungsgabe. Hatte der Kleine dies alles schon mitbekommen? „Hast du auch schon Gäste in Kutschen fahren sehen?", befragte sie ihn weiter. „Manche fahren auch in offenen Wagen, Landauer heißen diese." Philipp musste verneinen, das hatte er bisher noch nicht gesehen. Johanna indes schwärmte weiter.

„Das muss schön sein, in solch einem offenen Wägelchen sitzend durch die herrliche, anmutige Hasle zu fahren!" Philipp sah seine Mutter groß an, eine solche Seite kannte er gar nicht an ihr, solche Worte hatte er noch nie von ihr gehört – mit welch verzücktem Gesicht sie gesprochen hatte!

„Merke dir gut, Philipp", sprach sie weiter zu ihm, „vergiss nie deine Heimat, ich meine dieses Tal, die Hasle, wenn du in Oberwinden bist." Hier hielt sie inne: Ihr war eingefallen, dass der Bub ja noch gar nicht wusste, dass sie ihn zur Stunde aus seiner Heimat fortführte, vielleicht für immer. Bis jetzt hatte sie noch nicht den Mut gefunden, ihm zu sagen, dass er seine Heimat verlassen müsste, den Ort, an dem er geboren worden war – um in ein anderes Tal überzusiedeln. Johanna überfiel Traurigkeit, was würde er nur von ihr denken?

Einen Augenblick hielten sie an, um zu verschnaufen, dann ging es weiter. Johanna, die sonst ein waches Auge hatte für alles, was in der Natur vor sich ging, was am Wegrand blühte oder herumkroch, nahm an diesem Morgen allerdings die Schönheit dieser Landschaft nicht weiter wahr.

Sie sah nicht die bewaldeten Höhen oder die gelben Blumenwiesen, sie hörte weder das Gezwitscher der Vögel, noch bemerkte sie die ersten flatternden Schmetterlinge.

Nur das Plätschern des Haslebachs erweckte an diesem Morgen ihre Aufmerksamkeit – das lebhafte Bächlein, das sich, versteckt hinter Hecken und Gestrüpp, an der linken Talseite bergabwärts schlängelte und dann munter unter der Brücke durchlief, um an der anderen Seite des engen Tales, am Sommerberg entlang, weiter in die Ebene hinauszufließen.

Später wurde aus dem Haslebach der Aubach. Beim Betrachten des Bächleins wollte Philipp wissen, woher denn der Haslebach käme. Johanna deutete zum Berg hinauf: „Von da oben, wo wir hergekommen sind, aber von viel weiter oben noch! Genauer gesagt, entspringt der Haslebach am Rhorhardsberg und mündet beim Stabhalterhof unten in Altsimonswald in die Wilde Gutach."

Philipp staunte nur, dies hatte ihm bis jetzt noch niemand erklärt. „Das werdet ihr schon noch in der Schule lernen, in Heimatkunde." Philipp nickte, dann begann er zu erzählen: „Einmal, da ist der Haslebach übergelaufen und überall auf den Matten ist das Wasser gewesen und hat das Heu weggeschwemmt."

„Oh, ja", erwiderte Johanna, „es gab Zeiten, da wurde der Haslebach im Frühjahr zur Zeit der Schneeschmelze auf den Höhen zu einem reißenden Ungeheuer, das nicht wenig Schaden anrichtete!

Einmal riss er sogar ein Haus mit, da gab es Opfer zu beklagen. Da endlich beschloss die Gemeinde, den Bach umzuleiten."

„Was sind Opfer?", fragte Philipp. „Das sind Menschen oder Tiere, zum Beispiel Schafe, manchmal auch Geißen", erklärte sie ihrem Sohn, „die vom Wasser fortgerissen wurden und ertrunken sind." Der unebene Weg wollte kein Ende nehmen, selbst Johanna kam er unendlich lang vor. Sie wurde innerlich unruhig, weil sie keine Zeitorientierung mehr hatte. Und Philipp fing an zu jammern, er war es nicht gewohnt, solche Wege zurückzulegen. Immer wieder fragte er, wie lange es denn noch dauerte, bis sie endlich unten im Tal wären.

„Stell dir mal vor, Philipp, du müsstest diesen Weg jeden Tag zweimal laufen. Morgens zur Schule hinunter und am Nachmittag wieder hinauf – vom Frühjahr bis zum Herbst, ohne Schuhe! Was meinst du, wie meine Füße geblutet haben, und nicht nur die meinen. Auf diesem Wege sind gar viele Kinder gegangen oder mehr gestolpert und machten sich ihre Füße kaputt. Zuerst waren es blutende Wunden, um die wir Lappen banden. Daraus wurden dann Schwielen und mit der Zeit Hornhaut an unseren Fußsohlen." Der Bub hörte ihr mit großen Augen zu. „Hattet ihr und die anderen Kinder denn keine Schuhe?"

„Doch, ja, aber die mussten geschont werden, Schuhe waren und sind immer teuer. Die durften wir nur am Sonntag zum Kirchgang anziehen oder erst, wenn das Wetter unwirtlich, kalt und regnerisch geworden war, so dass man nicht einmal einen Hund hinausließ.

Erst dann erlaubte die Mutter, die Holzschuhe anzuziehen, in denen wir auch nur mit gekappten Strümpfen gehen konnten."

Was gekappte Strümpfe waren, konnte Philipp freilich nicht wissen, er fragte deshalb: „Was sind denn gekappte Strümpfe?" Johanna erklärte ihm: „Das waren handgestrickte Strümpfe, an deren Fersen und Spitzen Stoffstücke aus Zwilch oder ähnlichem Material angenäht wurden – zur Schonung der Strümpfe, weil sie länger halten sollten. Schön sah das ja nicht aus, doch was blieb einem anderes übrig, als sie anzuziehen? Wenn es richtig kalt war, wurden diese Strümpfe auf den weiten Wegen wohl geschätzt. Was meinst du, was dieser lange, einsame Weg erzählen könnte von den vielen kleinen Kinderfüßen?

Wie gehetzt rannten sie auf diesem Weg, um noch rechtzeitig in die Schule hinunterzukommen, wo dann die armen Tröpfe nicht gerade freundlich empfangen wurden! Umgekehrt konnte es wieder sein, wenn die Kinder nicht schnell genug zurückkamen und der Bauer schon mit der Arbeit auf sie wartete, dass er sie mit einem Stock begrüßte.

Oh, dieser Weg, was könnte der erzählen von den bitteren Tränen, die von den armen Kindern geweint wurden!"

Philipp hatte nun Tränen in den Augen, er fühlte richtig mit. „Und Ihr, Mutter, wart Ihr auch unter den armen Kindern?"

„Ich lief mit ihnen hinunter, doch arm war ich nicht. Mein Vater hatte ja einen Hof, zu essen hatten wir genug. Doch diese anderen Kinder hatten kein Zuhause, sie waren von daheim weggebracht worden, weil die Eltern nicht genug zu essen für sie hatten. Meistens waren es so viele Geschwister, wenn die alle am Tisch saßen, wurde keines von ihnen satt. So kam es, dass immer wieder ein Kind weggegeben wurde zu einem Bauern. Die Schar wurde jedoch nicht kleiner, immer wieder kam ein neues Kind dazu. Die Eltern wurden immer ärmer; so mussten oft die Ältesten fort, um sich als Mägde oder Knechte zu verdingen. Zu diesem Dasein waren sie von Geburt an schon verdammt."

Johanna erzählte Philipp weiter, dass sie diesen Weg mit Kindern gegangen war, deren Leben eine einzige Hetze war. „Bevor sie sich morgens auf den Weg zur Schule machen konnten, mussten sie noch den Stall ausmisten und in der Morgendämmerung das Vieh auf die Weide treiben. Sie hatten kaum Zeit, richtig zu essen oder sich zu waschen. Keine Mutter war da, die für sie sorgte, ihnen mal über den Kopf strich oder sie einmal tröstete."

Philipp schluckte hart bei dem Gehörten. Inzwischen hatte er sogar seine Hand in die der Mutter geschoben. Johanna fuhr fort: „Weißt du, Philipp, dass im Gasthaus zum Bären unten im Dorf von der Gemeinde regelmäßig Kinder an Bauern versteigert wurden? Von den Eltern verkauft, weil diese sie nicht mehr ernähren konnten. Meistens waren es Kinder, die keinen Vater hatten und wo die Mutter alleine dastand; die konnte sich nicht mehr um sie kümmern, da sie ja ihren eigenen Lebensunterhalt verdienen musste." Philipps Hände waren inzwischen feucht geworden. „Werden jetzt immer noch Kinder verkauft?", fragte er ängstlich. „Nein, das wurde inzwischen verboten. Vor zehn Jahren, das war 1885, da wurde von der Regierung ein Gesetz erlassen, das den Verkauf und das Feilbieten von Kindern untersagte." Von Philipp kam ein Seufzer der Erleichterung. „Was hast du, Bub?"

„Ich hatte schon Angst, dass Ihr mich verkaufen wollt, Mutter, ich bin doch bei der Line auch ein Esser zuviel!"

Johanna zuckte bei diesen Worten zusammen. „Wer sagt das, Philipp?" Zögernd rückte er mit der Sprache heraus, er hätte von Line diese Worte an den Onkel gehört.

„So, das hat die Line gesagt? Na, vielleicht hat sie dies auch gar nicht so gemeint. Schließlich habe ich ihr ja immer Geld gegeben für dich." Schmerzvoll dachte Johanna an das, wovor sie sich immer gefürchtet hatte: ihre Kinder in fremde Hände geben zu müssen. Nun war das eingetroffen, was sie ihren Kindern niemals hatte antun wollen – sie fremdes Brot essen zu lassen. Allmählich wurde ihr immer klarer und schmerzlicher bewusst, dass auch ihre Kinder ein solches Dasein erwartete.

Drei Kinder hatte sie und für keines einen Vater. Eines um das andere würde sie weggeben müssen. In wenigen Wochen würde sie ein viertes Kind zur Welt bringen und die kleine Magdalena würde sie auch eines Tages irgendwohin in den Dienst auf einen Hof geben müssen. Johanna mochte sich noch nicht den Kopf zerbrechen, es tat weh genug und sie konnte daran nichts ändern! Ihr blieb, wenn es so weit war, keine Wahl.

Ihr selbst war in der Kindheit ein solches Los erspart geblieben. Sie war das jüngste von vier Kindern, wurde daher von allen ein wenig verwöhnt. Deshalb traf sie jetzt all dies umso schmerzlicher. Stets hatte sie sich für ihre Kinder alles Erdenkliche, nur kein solches Schicksal gewünscht! Was hatte der Philipp da gerade gefragt, ob sie ihn verkaufen wollte, was hatte er sich nur gedacht? Mit Sicherheit machte er sich schon seine Gedanken, sonst hätte er nicht gefragt.

Philipp hatte sich so auf den heutigen Tag gefreut und fest daran geglaubt, dass dies ein gemeinsamer Ausflug werden sollte. Jetzt war es an der Zeit, ihm die Wahrheit zu sagen, ihm dennoch eine – unberechtigte – Angst zu nehmen. Fieberhaft überlegte sie, wie sie mit ihrer Erklärung beginnen sollte. „Philipp, du hast mich vorhin gefragt, ob ich dich auch verkaufen würde. Das brauchst du nicht zu befürchten, so arm bin ich noch nicht. Ich bringe dich zu deinem Onkel Lambert, bei dem auch schon dein Bruder Markus ist. Onkel Lambert ist mein Bruder und der Sohn von deinem Großvater und der Großmutter.

Er hat in Oberwinden einen kleinen Bauernhof, eine Frau hat er auch, nur keine Kinder. Wenn du willst, kannst du dort bleiben und mit Markus zusammen zur Schule gehen. Wäre das nicht schön?" Philipp nickte müde, dies alles und was ihm da die Mutter noch erzählte, musste er erst verkraften.

„Dauert es noch lange?", fragte Philipp. „Nein, bald sind wir an der Brücke unten, die kann man schon fast sehen, dort vorn machen wir Rast, siehst du, das ist schon der Lochbur.

Und da links, wo die Wege sich kreuzen, am Läger, da haben sich die Kinder morgens oder mittags getroffen, um gemeinsam zur Schule zu gehen. Auf alle konnten wir allerdings nicht warten, die kamen dann hinterhergerannt."

„Schau nur, da unten kommt schon das Brückle!", rief Philipp und lief nun so schnell, dass Johanna nicht mehr mithalten konnte. Keuchend kam sie dort an und stellte ihre Stofftasche auf den Holzbohlen ab. Müde lehnte sie sich, die Hände ins Kreuz stützend, rückwärts an das Geländer. Philipp schien nicht mehr müde zu sein, er war plötzlich hellwach. Diesen Platz kannte er, hier war er aufgewachsen, nicht weit von der Brennerhalde unten im Pfeffer- oder auch Baderhäusle. Zusammen mit seiner Schwester Magdalena wurde er von Johannas Onkel, dem Bruder ihres Vaters und dessen Frau Lina aufgezogen. Philipp hüpfte vor der Mutter auf und ab: „Gehen wir noch bei der Magdalena vorbei?", bettelte er.

„Nein, Philipp, da können wir jetzt nicht hingehen, dazu haben wir keine Zeit mehr. Du weißt doch, wenn das Fuhrwerk kommt, müssen wir da sein, Hannes wartet nicht auf uns, der hat es sowieso immer eilig." Enttäuscht und traurig blickte er seine Mutter an, die schon in diesem Moment ihre Barschheit ihm gegenüber bereute. Sie sah zu ihm hinab in seine dunklen Augen. „Ein hübscher Bub", dachte sie, „er hat die gleichen Augen wie ich, doch auch die gleichen Gesichtszüge wie sein teilnahmsloser Vater."

Ihr war bewusst, dass sie den Buben wenige Stunden später aus den Händen geben würde – wie zwei Jahre zuvor seinen älteren Bruder Markus. Der war auch ein schmucker Bub, seinem Vater Alois, der in Amerika verschollen war, sehr ähnlich.

Markus war blond und hatte glattes Haar im Gegensatz zu seinem Bruder Philipp, der das kastanienbraune, kräftige und lockige Haar seiner Mutter geerbt hatte.

Johanna lehnte noch immer am Geländer und sah den Weg hinunter, gleich würden sie wieder aufbrechen müssen. Dann wandte sie sich Philipp zu, der auf dem Hosenboden, am Geländer angelehnt, saß und die Beine von der Brücke baumeln ließ. In einer Hand hatte er lauter kleine Kieselsteine, die er gezielt in den Bach warf. „Weiß Gott, wo er die wieder herhat", dachte Johanna, „er ist halt doch ein lebhafter Bub."

Wie hatte sie sich gefreut, als ihr Vater erlaubt hatte, ihren Buben für zwei Tage auf den Hof zu bringen! Sie musste ja bekanntlich seine Kleider in Ordnung bringen. Bei dieser Gelegenheit hatte das Kind wenigstens einmal seine Großeltern kennen gelernt.

Bisher hatte ihr Vater, nachdem der Markus fort war, keines von ihren Kindern mehr auf dem Hof geduldet. Er konnte ihr einfach die uneheliche Existenz der Kinder nicht verzeihen! Der Vater verzieh auch seinem Sohn Lambert nicht, dass dieser hinauf nach Oberwinden geheiratet hatte. „Was musste der da hinauf, er hätte hier im Tal auch eine Frau gefunden!" Und die Johanna, die brachte auch keinen Bauern bei, die bekam bloß Kinder. „Soll sie die dahin bringen, wo der Pfeffer wächst, hier im Haus will ich keines sehen!", so schalt er immer und immer wieder. Es blieb dabei, keines von Johannas Kindern duldete er auf dem Hof. Dass der Philipp zwei Tage oben sein durfte, war ein unbegreifliches Wunder gewesen.

Sie ließ die letzten drei Tage und den jetzigen Morgen noch einmal vor ihrem inneren Auge vorüberziehen. Wie war das noch mal, als sie mit dem Philipp vor drei Tagen auf dem Dorerbühl oben ankam? Zuerst hatte ihr Vater den Buben gar nicht beachtet und behandelt, als wäre er Luft – unbeobachtet ließ er später kein Auge mehr von ihm. Ja, er hatte dem Philipp sogar freundlich zugenickt, wenn dieser den Hund oder die Katze streichelte, auch beim gemeinsamen Viehfüttern im Stall.

Der Vater hatte sich sogar zwischendurch die Zeit genommen, um seinem Enkel zu zeigen, wie man aus einer Haselrute mit einem Taschenmesser eine Pfeife herstellte. Die gab Töne von sich wie ein Kuckuck, wenn man beim Hineinblasen die Hülse hin und her bewegte!

Für diese Mühe hatte ihm der Bauer sogar ein Taschenmesser geschenkt, mit dem sich Philipp sogleich an einer zweiten Pfeife versuchte, unter fast fürsorglicher Anleitung seines Großvaters. Für seinen Bruder sollte sie sein und er war unbändig froh gewesen, diesem etwas mitbringen zu können.

Philipp konnte sich zwar nur schwach an Markus erinnern, doch für ihn war es schon etwas Aufregendes, an einem anderen Ort und in einem anderen Tale einen Bruder zu haben. Bisher war er in seinem Leben noch nicht weiter als in die Kirche und auf den Friedhof gekommen oder mal schnell ins Dorf hinunter zum Krämer. Wie sehr sich sein Großvater doch um ihn bemüht hatte, ihm sogar etwas gelehrt hatte!

Gleich am ersten Abend war der Bub von Johanna in einen Zuber mit warmem Wasser gesteckt worden, sie hatte ihn gründlich mit einer Wurzelbürste und grüner Seife abgeschrubbt, ihm danach Haare und Nägel geschnitten. Spät abends waren noch Strümpfe zu stopfen, seine Hosen zu flicken, eine Jacke an den Ärmeln auszubessern gewesen. Am zweiten Tage hatte sie ihm aus grünem Zwilch einen Rucksack genäht, welcher gleich mit seinen wenigen Habseligkeiten gefüllt wurde.

Ausgebesserte Wäsche, Hosen, Socken, von der Großmutter eine Zipfel-
mütze – dazu noch ein paar runzlige Äpfel und etwas Kandiszucker auf
der Schnur in den Sack! „Für den Markus", hatte Johanna lächelnd gemeint. Vom Großvater war noch eine zweite Pfeife hinzugekommen.
„Doppelt genäht hält besser", hatte er dem Philipp zugezwinkert. So viel
Entgegenkommen auf einmal war der Bub nicht gewohnt. Am Abend
hatte er vor lauter Aufregung nicht einschlafen können; vielleicht war er
auch nur so unruhig wegen des Vollmondes oder aufgeregt ob der vielen
Veränderungen von nun ab.

Aufgewühlt, hatte er sich lange auf dem Strohsack hin und her gewälzt
und war dann später gänzlich von Müdigkeit übermannt worden. Am
Morgen hatte ihn seine Mutter wachrütteln müssen. Noch schlaftrunken,
war er mit seinen Kleidern, die er am Abend sorgfältig hingelegt hatte,
unter dem Arm die steile Treppe heruntergekommen.

Johanna, in der Küche am Herd hantierend, hatte ihn geheißen, sich draußen am Brunnentrog zu waschen. Philipp war zwar hinausgegangen, aber
sich waschen hatte er nicht im Sinn. Welches Kind wäscht sich schon
gerne? Der besondere Tag heute hatte ihn dann doch aufmerken lassen!
Vorsichtig die Fingerspitzen in das eiskalte Wasser getaucht und über die
Augen gewischt!

Dann war der Junge zu seiner Mutter in die Küche gegangen, um sich
fertig anzukleiden. Mit der Hand die lockigen Haare gerichtet, seine neuen
Schuhe zugeschnürt, hatte er sich zu seiner Mutter und einer Schüssel
Brennsuppe an den Küchentisch gesetzt.

Die Bäuerin war unterdessen aus der Schlafkammer gekommen und hatte
ihre Finger in den Weihwasserkessel getaucht, der neben dem Türrahmen
hing. Dann war sie zu Philipp geschlurft und hatte ihm ein Kreuz auf die
Stirne gezeichnet. „Gott behüte dich, Büble, und bleib gesund", hatte sie
ihm leise zugeflüstert. „Legt Euch doch noch ein wenig hin, Mutter", hatte
Johanna zu ihr gesagt. Die Frau, sich wortlos umdrehend, war zurück in
ihre Kammer gegangen. Philipp hatte noch erwartungsvoll in Richtung
Türe geschaut, doch der Bauer erschien nicht mehr.

Philipp hatte nochmals den Löffel in die Suppe getaucht und an seinem
Brot weitergekaut. Schließlich war es Zeit zum Aufbruch. Johanna hatte
Philipp den Rucksack aufgeholfen, ihre gepackte Stofftasche umgehängt,
sich dabei noch einmal vergewissernd umgeschaut. Sie hatte einen Finger
mit Weihwasser benetzt, sich bekreuzigt, den Kienspan am Herd ausge-
blasen und war dann aus der Küche durch den Flur zur Haustüre hinausgegangen.

Mit geschlossenen Augenliedern hatte der alte Sultan, unter der Bank neben der Haustüre, leise knurrend, Philipps liebevolles Kraulen zum Abschied genossen, sie schließlich dankbar für einen kurzen Augenblick geöffnet. Während Johanna die Türe leise zuziehen wollte, hatte sie von drinnen ein unerwartetes Geräusch wahrgenommen. Um sich zu vergewissern, war sie noch einmal eingetreten – da stand die Mutter tatsächlich im Flur, vollständig angekleidet, den wirren Blick auf die Tochter gerichtet. Der Gedanke, dass mit der Mutter etwas nicht in Ordnung sein könnte, hatte Johanna die ganze Zeit nicht losgelassen. Ja, sie würde sich darum kümmern, sobald sie wieder im Tal war, spätestens am nächsten Tag.

Die Rast auf der Brücke musste nun auch beendet werden. „Komm, Philipp, wir müssen wieder weiter, sonst wird es eng mit der Zeit!" Etwas zu hastig bückte sich Johanna nach ihrer Tasche, da schoss es ihr ins Kreuz, sie stützte sich mit einer Hand, langsam setzte sie einen Fuß vor den anderen, dann ging es wieder. „Das wird doch nicht, nein, das kann ich jetzt noch nicht gebrauchen, mach langsam!", so schalt sie sich leise.

Ungefähr hundert Schritte nach der Brücke, rechts oben an der Halde, stand der Brennerhaldenhof im Schatten von hohen Laubbäumen, als erwartete er die ersten morgendlichen Sonnenstrahlen.

Die beiden schlichen am Pfefferhäusle vorbei. Erstaunlicherweise drehte sich der Philipp nicht mehr um nach dem Ort, wo er seit seiner Geburt gelebt hatte. Er blieb tapfer an der Seite der Mutter.

Vorbei führte sie der Weg an S'Amande, dann kam der Wehrlehof, wo der Hund an der Kette bellte und wild hin und her rannte. Davon ließen sie sich aber nicht stören. Weiter ging es auf dem Weg immer tiefer das Tal hinunter, an dessen linker Seite sich steile Grashänge erhoben, die weit oben von Tannenwald begrenzt wurden. Dazwischen lugte ab und an ein Gehöft hervor oder ein kleines Tagelöhnerhaus, die waren meist nur auf schlechten Wegen erreichbar. „Sieh dir alles noch einmal an, Philipp", flüsterte Johanna ihm zu. Da kam schon das Gasthaus zum Schwanen, wo eine schläfrige Katze am Fenster saß und gähnte, dann folgte der Wanglerhof und nun hatten sie schon den längsten Weg hinter sich.

Weiter unten wanderte Johannas Blick hinüber zum Sommerberg, der stolz und majestätisch inmitten des Tales thronte. Die großen Bauernhöfe da drüben, die kannte sie alle. In jedem Hof hatte sie schon genäht, da war sie immer gerne hingegangen. Solche Arbeitsplätze schätzte sie, wo man ordentlich arbeiten konnte, ein sauberes Bett hatte und vor allem genug zu essen bekam.

Unterhalb des Sommerberges zogen sich Obstwiesen bis hinunter zum Haslebach, der sich hier in das Tal vorschlängelte. Das Gasthaus zum Schwanen lag nun auch hinter ihnen, nun kam noch S'Weber Vitte, die kleine Weberei, ein Familienbetrieb. Johanna nahm sich vor, auf dem Rückweg noch vorbeizugehen, um nach ein paar fehlerhaften Leinenstücken zu fragen, die sie billig erwerben konnte; davon wollte sie Kinderhemdchen nähen.

Jetzt tauchte schon der Kirchturm auf, wohin sie einen schnellen Blick warf. Noch einen weiteren scharfen Blick auf die Uhr am Turm oben, worauf sie zufrieden feststellte, dass sie gut in der Zeit waren. Vor dem Friedhof an der Halde passierten sie bereits das Murerhäusle und S'Totengräbers. Die Häuschen kannte der Philipp, hier war er ja aufgewachsen. Er kannte die Hausnamen und die Namen der darin wohnenden Familien, deren Kinder er nun alle beim Namen nannte.

Beim Anblick des Kirchturmes fielen Johanna alle Todsünden ein. Vor allem graute ihr davor, wenn sie beim Pfarrer wieder ein uneheliches Kind anzumelden hatte. Würde er wieder ein Donnerwetter über sie niederlassen, wenn sie erneut mit einem Kind der Sünde und Schande, wie er es nannte, kam?

Doch unter welchen Umständen es zustande gekommen war, das hatte der Pfarrer nie hören wollen! Nicht nur einmal hatte ihr der geistliche Herr mit Bloßstellen in der Kirche gedroht. Doch davor fürchtete sich Johanna nicht mehr.

Vielleicht sollte sie selbst all die Väter der Kinder, die sich ehrbare Bürger nannten, ja sogar die Unverfrorenheit besaßen, bei der Fronleichnamsprozession unter dem Himmel neben dem Allerheiligsten zu spazieren, bloßstellen?

Sie verwarf jedoch gleich wieder diesen Gedanken – sie nähme wohl eher selbst mehr Schaden bei all dem.

Von solchen Gedanken getragen, schlich Johanna mit Philipp im Schlepptau an Friedhof und Kirche vorbei. Sie war heilfroh, dass ihr niemand, keine Menschenseele, auf dem Weg begegnet war. Nun hatten sie es ja bald geschafft, gerade gingen sie durch die Gasse, in der die Häuser am dichtesten standen. Das waren ein paar Handwerkerhäuschen, dazwischen standen geduckt armselige Hütten, irgendwo krähte ein Hahn, dann bellte wieder ein Hund. Das Leben erwachte hier unten allmählich.

Nun betraten Johanna und Philipp die Straße, gingen beim Gasthaus Hirschen vorbei in Richtung Krone-Post. Johanna ließ sich auf den Wurzeln der alten Linde bei der Krone, ihrem Lieblingsplatz, nieder.

Philipp entledigte sich des Rucksacks und sprang auf die Straße, um nach dem Fuhrwerk Ausschau zu halten, das vom Obertal herunterkommen sollte.

Die Rast tat Johanna gut, es war so früh am Morgen und sie war schon jetzt müde. Die Fenster der Wirtsstube waren weit geöffnet, drinnen hasteten einige Mädchen emsig hin und her, um sauberzumachen. Alles sollte blitzblank sein, wenn den Hausgästen das Frühstück serviert wurde. „Der Zeit nach", dachte Johanna, „muss jetzt eine Postkutsche kommen." Wie oft hatte sie schon hier an der Stelle gesessen, um sich auszuruhen? Schon als Kind hatte sie diesen Platz wahrgenommen, um vor dem langen Heimweg wieder Kräfte zu sammeln. Oft musste sie nach der Schule noch zum Krämer, um der Mutter verschiedene Sachen mitzubringen. Auch später, wenn sie unterwegs war von einem Hof zum anderen, schätzte sie die alten Wurzeln als Ort zum Ausruhen. Zu sehen gab es hier immer etwas, der eine oder andere kam, hielt an und grüßte, fragte nach diesem oder jenem. Hier informierte man sich auch, wer mit dem Wagen aus dem Tal führe, wenn man eine Fahrgelegenheit suchte, so wie sie heute

Zufällig erfuhr Johanna am Sonntag auf dem Friedhof von der Krämerin, dass der Küfer-Hannes vom Obertal in dieser Woche noch mit Fracht nach Elzach führe.

Gleich hatte sie dem Hannes Bescheid geben lassen und ihrem Bruder eine Karte nach Oberwinden geschickt, dass sie den Philipp am heutigen Tage brächte. Für sie war es eine günstige Möglichkeit und ihr Bruder brauchte nicht einen ganzen Tag von seinem Hof fortbleiben.

So war jedem geholfen und bei dieser Gelegenheit sah Johanna ihren Markus einmal wieder. Zufrieden saß Johanna da an den Baum gelehnt, sie hatte einen Apfel aus ihrer Tasche geholt, den sie nun verzehrte. „Wie ruhig es doch heute ist", dachte sie, „sonst ist doch hier immer ein Umtrieb und Leben!" Das halbe Dorf schien sich am Tage hier zu treffen.

Ein Erlebnis war es auch immer, wenn die Postkutsche aus dem Tal kam. Da gab es was zu sehen und zu staunen, wenn die fein gekleideten Damen und Herren, die zur Sommerfrische kamen, ausstiegen, um im Hirschen oder in der Krone Quartier zu nehmen; da konnte es schon sein, dass etwas Neid hochkam. „Eine Fahrt in der Postkutsche, ja, das wäre schon mal schön", dachte Johanna. Aber sie konnte sich das nicht leisten. So eine Fahrt würde sie einen ganzen Taglohn kosten.

Wie sorglos doch diese Herrschaften leben konnten! Sie standen morgens ausgeschlafen aus ihren Betten auf, während ihre Bediensteten längst schon arbeiteten, damit der Herrschaft an Behaglichkeit nichts abging.

Ob diese feinen Leute auch einmal an die Menschen dachten, die ihr Leben lang für einen Hungerlohn viele Stunden am Tag schwer arbeiten mussten? Ein graues Heer von Menschen mit grauen, müden Gesichtern, Menschen, die sich selten sattessen oder ausschlafen konnten. Einmal hatte Johanna in einer Zeitung gelesen, dass es Fabriken gab in großen Industriestädten, wo achtjährige Kinder an Maschinen oder im Bergwerk arbeiten mussten, oft bis zu vierzehn Stunden am Tag. Kinder, die nie die Sonne sahen, menschliche Wracks, die früh starben. Sie sah ihren Philipp heranhüpfen – der sprühte vor Gesundheit und kräftig genug für sein Alter war er auch! Bei ihrem Bruder würde er genug zu essen bekommen, auch wenn er arbeiten musste.

Dass ihr Bruder seine Hilfe nicht ganz uneigennützig angeboten hatte, das war Johanna längst klar. Er und seine Frau hatten den kleinen Hof ihrer Eltern übernommen, waren nach einigen Jahren Ehe aber noch immer kinderlos geblieben. Da bedeuteten für ihn die Buben Kinderersatz und zugleich noch billige Arbeitskräfte.

Aber Johanna wusste sie gut versorgt, sie würden trotz Arbeit jeden Tag die Sonne sehen und die frische Luft atmen können. Mit solchen Gedanken beruhigte sie etwas ihr schlechtes Gewissen. Es wurde ihr wieder leichter ums Herz. „Es wird schon gut werden!" Noch einmal lehnte sie sich rückwärts an den Baum und genoss diesen Augenblick, in dem sie in ihre Kindheit zurückzuschweifen konnte.

An diese Zeit dachte sie immer gerne. Die war die glücklichste und sorgloseste Zeit ihres Lebens gewesen. Sie brauchte als Kind nie Angst zu haben, von daheim fortzumüssen, weil ihre Eltern sie nicht mehr ernähren konnten. So wie die arme Friedel, die neben ihr in der Schule gesessen hatte. Wie schon erwähnt, war dieses kleine magere, scheue Kind am Tag nach der Erstkommunion von seinem Vater auf einen Bauernhof in der Nähe von St. Märgen gebracht worden. Wie hatte Johanna dabei geweint, als sie heimgekommen war und ihrer Mutter erzählt hatte, dass die Friedel nicht mehr in die Schule gekommen sei!

Durch das Geschrei von Philipp, der von der Straße hergerannt kam, wurde sie ganz aus ihren Gedanken gerissen. „Das Fuhrwerk kommt, es kommt!", rief er ganz aufgeregt und nahm hastig seinen Rucksack auf den Rücken. „Kommt, Mutter, der Hannes wartet unten auf der Straße, er hat den Wagen mit Fässern vollgeladen!"

Hannes hieß sie aufsteigen, was Johanna durch ihre Schwerfälligkeit nicht schnell genug möglich war. Zuerst bedachte er sie mit einem spöttischen Blick, der sie wütend machte, schließlich reichte er ihr die Hand herunter

zur Hilfe beim Aufsteigen. Zu dritt saßen sie nun auf dem Kutschbock, Philipp in der Mitte, stolz hielt er seinen Rucksack auf dem Schoß.

„Ist halt ein wenig eng hier oben, doch hinten zwischen den Fässern ist es zu gefährlich, meinst du nicht?", wandte sich Hannes an Johanna, die nickte nur.

Daraufhin schnalzte der Hannes mit der Zunge und knallte kurz mit der Peitsche – und los ging die Fahrt zum Tal hinaus.

Kapitel 9

Johanna störte die Beengtheit auf dem Kutschbock nicht, vielmehr genoss sie die Nähe zu ihrem Jungen. Ihr war klar, dass sie nie mehr so eng mit ihm zusammen sein würde. Sie betrachtete Philipp von der Seite, der jeder Bewegung des Kutschers mit den Augen folgte. Philipp war so aufgeregt, dass er gar nicht wusste, wo er zuerst hinsehen sollte, denn alles war so neu für ihn. Bisher war er noch nie auf einem Pferdewagen gefahren. Niemand hatte ihm dazu die Gelegenheit gegeben.

Keinen Augenblick ließ er die Pferde aus den Augen. Wie von einer unsichtbaren Macht getrieben, nahm Johanna seine kleine Hand in die ihre und streichelte über den Handrücken. Philipp zuckte dabei zusammen, seine Wangen färbten sich leicht rot, er schlug die Augenlider nieder. „Er ist so schüchtern", dachte Johanna bei sich. Zärtlichkeit war er nicht gewohnt, schon gar nicht von seiner Mutter. Johanna spürte, dass es ihm unangenehm war und beschloss, ihn abzulenken. Sie zeigte ihm Dinge links und rechts des Weges, da und dort – hier unten in der Ebene sah alles anders aus als oben in der einsamen Hasle.

Stolze Bauernhöfe, umgeben von Obstbäumen, blickten hinunter ins Tal. Weiter oben, versteckt, lugten hier und da kleinere Gehöfte und Tagelöhnerhütten hervor, mit kleinen Gärten. Links und rechts war der Weg gesäumt von saftigen grünen Wiesen, auf denen bereits Vieh weidete. Überall, wohin man sah: endlose Wiesen mit heimischen Obstbäumen. Eine wahrhaft liebliche, anmutige Landschaft! Wären die Höhen, die sich links und rechts des Tales stolz erhoben, nicht bewaldet gewesen, hätte man glauben können, in einem Alpental zu sein.

Auf der linken Seite des immer breiter werdenden Tales schlängelte sich fast unbemerkt die Wilde Gutach, auch Simonswälderbach genannt, bis zum Stollen nach Bleibach hinunter, wo sie sich mit der Elz vereinigte. Wie bereits geschildert, war die Wilde Gutach ein sonst zahmer Bach, der fast unbemerkt vor sich hin plätscherte, sich jedes Jahr im Frühjahr nach der Schneeschmelze aber zu

einem wilden, tobenden Strom entwickeln konnte und damit ihrem Namen alle Ehre machte.

Mittlerweile hatte das Fuhrwerk schon das Untertal hinter sich gelassen, der Weg führte durch Bleibach. Beim Stollen bog der Hannes rechts ab in Richtung Elztal, an Bleibach vorbei nach Niederwinden. Wieder bot sich ihnen ein herrlicher Anblick, ein Tal wie aus einem Bilderbuch.

Selten bot sich Johanna die Gelegenheit, geruhsam eine Landschaft zu betrachten. Philipp allerdings bekam davon nun nichts mehr mit, für ihn war all das Neue so anstrengend gewesen, dass ihn die Müdigkeit übermannt hatte. Sein Kopf war auf die rechte Schulter gesunken, ungewollt lehnte er sich bei seiner Mutter an. Das tat Johanna gut, war er doch ihr eigen Fleisch und Blut. Liebevoll betrachtete sie ihn. Dieser kräftige, rotbackige Bub mit dem wilden, dunklen Haarschopf würde schon durchkommen im Leben, dessen war sie sich sicher.

Inzwischen lag auch Niederwinden hinter ihnen. „Du musst mir halt sagen, wo ich anhalten soll, Johanna!" Das waren die ersten Worte vom Hannes während der langen Fahrt zwischen Simonswald und Oberwinden. Johanna hatte schon befürchtet, er hätte die Sprache verloren hätte; so einem schweigsamen Fuhrmann war sie noch nicht begegnet! Sie war allerdings schon öfter mit dem Hannes gefahren, unter mehreren Leuten, da hatte sie seine Wortkargheit nie bemerkt.

„Ja, ich werde dir sagen, wo du anhalten kannst, es ist am Weg". Schon tauchte das Gehöft hinter den Bäumen auf – zwischen vielen, damals noch mit Stroh gedeckten Häusern leuchtete das rote Ziegeldach hervor. Johanna bekam etwas Herzklopfen, ihr wurde auf einmal unwohl.

Sie dachte an ihren Zustand, vor allem an die Tatsache, dass ihre Schwägerin nach etlichen Ehejahren immer noch vergebens auf ein Kind hoffte. Doch daran konnte sie, Johanna, nichts ändern und in dieser Situation auch nicht helfen.

„Brrr, oha!", machte Hannes und die Pferde hielten direkt am Wegrand an. Flink sprang er vom Kutschbock, um Johanna herunterzuhelfen, danach hob er auch den Philipp hinab, der sich krampfhaft an seinem Rucksack festhielt. „Gegen vier Uhr ungefähr komme ich wieder zurück." Hannes sagte es und mit einem Satz war er wieder auf dem Kutschbock.

Johanna wandte sich mit Philipp an der Hand dem Hause zu. Dort wurden sie schon erwartet – ein flachsblonder, hagerer Junge kam ihnen entgegen. Johanna sah erstaunt den hoch gewachsenen Buben an, Markus, dessen Aussehen so viele Erinnerungen in ihr weckte. „Alois", dachte sie zuerst, „er wird einmal aussehen wie Alois, wenn er erwachsen ist." Dann schalt sie sich insgeheim: „Was bist du nur für eine Törin, wie kannst du immer noch an diesen Menschen denken?"

Nun tauchte hinter dem blonden Buben ihr Bruder Lambert auf, der den Jungen lächelnd vorwärtsschob. Bevor er Johanna die Hand gab, wischte er sie an der Hose ab.

„So, du willst dem Markus Gesellschaft bringen, damit er nicht mehr alleine ist? Einen Schaffer könnten wir schon noch gebrauchen!" Als Markus nun vor seiner Mutter stand, strich sie ihm über das Haar. „Kennst du mich noch?" Aus Verlegenheit schüttelte er zuerst den Kopf, dann nickte er scheu. „Zwei Jahre", dachte sie, „das ist eine lange Zeit, in der ein Kind seine Mutter vergessen kann." Markus zeigte nur Interesse an seinem Bruder, er ließ kein Auge von Philipp, der sich scheu hinter Johannas Rock verkrochen hatte, immer noch den Rucksack, sein einziges Hab und Gut, mit den Fäusten umklammert.

Lambert hieß sie alle ins Haus eintreten, wo sie von seiner Frau, der Therese, erwartet wurden. Johanna sah ihre Schwägerin zum ersten Mal mit einem freundlichen Lächeln im Gesicht. Sie schien ausgeglichen und richtig aufgeblüht zu sein und, was für ein Wunder, die Frau ihres Bruders war schwanger! „Na endlich", dachte Johanna, „das wurde ja Zeit." Therese hatte den Tisch in der Stube zum Mittagessen gedeckt. Dies geschah auch zum ersten Male, seit Johanna sie kannte. Sie war noch nicht oft hier gewesen, aber bisher war immer in der Küche gegessen worden.

Johanna äußerte ihrem Bruder gegenüber vorsichtig Bedenken, ob der Philipp jetzt nicht überzählig wäre, wo sie doch nun selbst ein Kind bekämen. Dies verneinten die beiden, Therese könnte oder sollte nur ein Kind bekommen, darüber wären sie schon glücklich. „Die beiden Buben werden uns eine wertvolle Hilfe sein, die können wir schon gebrauchen. Für dich wären sie ja doch nur eine Last, meinst du nicht, Johanna?" Dies war ein Seitenhieb ihres Bruders, gegen den sie nichts zu sagen wusste. Sie musste dankbar sein, dass ihre Kinder es so gut getroffen hatten.

Inzwischen beschnupperten sich die beiden Jungen, Markus zeigte seinem Bruder, wo er in Zukunft schlafen würde. Philipp hatte sein neues Daheim schnell angenommen, er fand es schön hier. Ganz nahe war er nun bei seinem Bruder, den er bisher nur aus Erzählungen seiner Mutter kannte.

Aus seinem Rucksack hatte er nun auch die mitgebrachten Schätze hervorgeholt und sie Markus stolz überreicht: den Kandiszucker an der Schnur und die Nüsse von der Großmutter, die geschnitzte Pfeife vom Großvater und ein paar gestrickte Socken von seiner Mutter. Markus freute sich sehr über diese Schätze, die von den Großeltern kamen, an welche er sich nur noch schwach erinnern konnte. Ihm mangelte es im Grunde an nichts, er hatte hier alles, was er benötigte. Ihm ging es besser, als es dem Philipp bisher ergangen war.

Sie wurden zum Essen gerufen, in dessen Verlauf nun auch die schulischen Regelungen für Philipp überdacht wurden.

Markus bot sich an, den Philipp am nächsten Tag in den Unterricht mitzunehmen. Doch dann entschied er, dass er ihm die Schule sofort zeigen wollte. Vielleicht, so meinte er hoffnungsvoll, würde man sogar den Schulmeister antreffen. Bevor sich Johanna versah, waren die beiden Buben fort.

Ihrem Bruder gab sie noch etwas Geld in einem kleinen Beutelchen, für das, was an Schulsachen für Philipp und Markus benötigt würde. Andreas zögerte zuerst. „Du brauchst das Geld doch selber, Johanna, ich kann das nicht annehmen!"

Er steckte den Beutel dann doch ein, nachdem ihm seine Frau Therese einen strengen Blick zugeworfen hatte.

Wie im Fluge verging die Zeit, Johanna sah auf die Uhr, gleich würde der Hannes wieder vorfahren. „Ich hoffe, dass alles gut geht mit dem Buben und er nicht gerade Heimweh bekommen wird!" Sie hörte von draußen schon die schnaufenden Kutschpferde, schnell verabschiedete sie sich von Therese und wünschte ihr alles Gute zur Geburt des Kindes. Diese wünschte ihr dasselbe, während sich Johanna ihre Tasche umhängte.

Lambert stand draußen und unterhielt sich mit dem Hannes, während er die Arme um die beiden Buben gelegt hatte, er gab seiner Schwester zum Abschied die Hand. Johanna, die etwas abwesend mit ihren Gedanken war, strich dem Markus versonnen über das glatte blonde und dem Philipp über das struppige dunkelbraune Haar. „Macht es gut, ihr zwei, ich komme mal wieder!" Insgeheim war sie froh, dass der gefürchtete Abschied so reibungslos verlaufen war. Eiligst wandte sie sich dem Wagen zu. Hannes half ihr wieder, auf den Bock zu steigen, nahm die Peitsche und los ging es, so schnell, dass es Johanna gerade noch gelang, sich umzudrehen und den Dableibenden zu winken.

Als sie das Dorf hinter sich gelassen hatten, lehnte sie sich entspannt zurück und war zufrieden. Wieder lag ein Lebensabschnitt hinter ihr – und vor einem neuen stand sie. Irgendwie war sie glücklich, wenn auch nicht alles so geschehen war, wie es eigentlich sein sollte; bestenfalls wusste sie zwei ihrer Kinder gut untergebracht. Diese Sorgen belasteten sie nun nicht mehr – dafür würden neue Sorgen auf sie zukommen. „Denke nicht daran, Johanna", mahnte eine Stimme in ihr, „sieh dir lieber die schöne Landschaft an."

Nun hatte sie auch Gelegenheit, den Fuhrmann einmal etwas genauer anzusehen, verstohlen betrachtete sie ihn von der Seite.

Zuerst ließ sie ihre Blicke über seinen struppigen Haarschopf schweifen und über die große rote Nase in dem noch jungen Gesicht, das durch den

blonden Backenbart etwas älter wirkte. Bisher war ihr der noch nie an ihm aufgefallen.

Mit der rechten Hand hielt er die Zügel und in der linken eine Tabakspfeife. Er trug eine erdfarbene Jacke und eine dunkle, mehrfarbig geflickte Hose. Die Füße steckten in hohen schmutzigen Stiefeln, die schon lange keine Schuhbürste mehr gesehen hatten, schon gar kein Schuhfett. Auf dem Rückweg schien er besserer Laune zu sein als am Morgen. Zwischen jedem Peitschenschlag schnalzte er mit der Zunge, dazwischen pfiff er eine Melodie.

„Dem scheint es ja gut gegangen zu sein", dachte Johanna für sich, „ja, die Mannsleute, die haben gut lustig sein, die haben das Vergnügen und laufen dann einfach weg; niemand spricht von Schlechtigkeit bei ihnen. Schuld sucht man nur bei der Frau, sie ist Opfer und Leidtragende." Nicht nur einmal hatte sie sich gewünscht, ein Mann zu sein, da wäre alles leichter. Johanna seufzte unabsichtlich. „Wie viel Kinder hast jetzt, Johanna?" Der Hannes fragte dies spöttisch grinsend, als hätte er ihre Gedanken erraten. Es folgte wiederum ein harter Seufzer von Johanna. „Viere sind's mit dem."

Sie tippte dabei auf ihren Bauch. Hannes rollte mit seinen Augen und pfiff durch eine Zahnslücke. „Ui, ui, und du hast keinen Mann und keinen Vater für die Kinder, was hast du dir denn dabei gedacht?" Johanna wurde wütend, so dass sich ihre Augen vor lauter Zorn mit Tränen füllten. Am liebsten hätte sie ihm eine runtergehauen. Das war wieder einmal typisch Mann! Sie hatte Mühe, sich zu beherrschen. „Gedacht, gedacht", entfuhr es ihr bitter. „Glaubst du vielleicht, ich hätte mir die Kinder alle gewünscht, glaubst du, ich hätte mir mein Leben nicht anders vorgestellt?" Sie seufzte.

„Markus, auf den hab ich mich zuerst gefreut; mit seinem Vater, das war der Zimmermann Alois, war ich verlobt, dann ist der nach Amerika abgehauen, damit hat das Unglück angefangen. Auf den Bauernhöfen, wo ich auf Stör war, da hat mich so mancher Dienstherr als Freiwild betrachtet – nachdem ich schon ein lediges Kind hatte. Ich sage dir, es war furchtbar, ich konnte mich nicht erwehren! Immer diese ständige Angst jeden Abend, in meine Kammer zu gehen!

Manchmal arbeitete ich die halbe Nacht durch, in der Hoffnung, dass mir keiner auflauert und ich ungeschoren in mein Bett kommen konnte.

Während der Heuzeit hab ich auch oft helfen müssen, obwohl das nicht zu meiner Arbeit gehörte. Frag nicht, nirgends war ich sicher, ich hab oft vor lauter Angst geschwitzt.

Ständig hat mir einer aufgelauert. Hannes, du kannst mir glauben, dass die letzten drei Kinder nach dem Markus alle gewaltsam entstanden sind! Weißt du, was das für ein schwaches Mädchen bedeutet? Erst kämpft man gegen so ein Ungeheuer an, bis die Kräfte einen verlassen, und ist das Unglück dann geschehen, wird man noch bestraft dafür.

Die Männer, die haben es einfach: Wenn sie ihr Vergnügen hatten, stehen sie auf und laufen einfach weg. Sie bekommen keinen dicken Bauch, werden nicht ausgelacht und nicht beschimpft, und mit dem Kinde haben sie letztendlich auch nichts zu schaffen, da kümmern sie sich schon mal gar nicht drum. Den Klotz am Bein, die Schande, hätte das Weib allein zu tragen", fuhr sie fort. Ganz abgesehen von dem Kummer und dem Elend, das dem Ganzen auf dem Fuße folgte. Unbeschreiblich das Elend der armen Würmchen, die unfreiwillig in diese grausame Welt hineingeboren worden wären, der Ungerechtigkeit hilflos ausgeliefert!"

Als beim ersten Mal Johanna daheim ihren Zustand gebeichtet hatte, war ihr der Vater mit dem Riemen nachgelaufen. „Bei jedem Hieb wünschte ich mir, auf der Stelle tot zu sein." Später war es wieder die Mutter, die Gute, die ihn zur Vernunft brachte, wenn sie abermals – unschuldig – schwanger geworden war. „Sie machte ihm klar", erzählte sie weiter, „dass ich ja eigentlich nichts dafür konnte, da ich ja unmöglich die Kraft gehabt hatte, gegen diese Stiere anzukommen, da sah er es endlich ein."

Johanna holte tief Luft. „Die Kinder durfte ich fast nie hochbringen auf den Hof, oder immer nur kurz. Die musste ich alle bei der Verwandtschaft im Tale lassen, das war aber noch das Geringste. Schlimmes erlebte ich immer im Pfarrhaus. Der Pfarrer war – und ist – für mich alles andere als ein Gottesmann oder ein Hirte, wie er genannt wird.

Nicht ein einziges Mal durfte ich selbst meinen Kindern einen Namen geben, nach meinem Wunsch!" Der Pfarrer hätte dann ausdrücklich die ledige Mutter im Kirchenbuch vermerkt und dass der Vater des Kindes nicht bekannt wäre.

„Mehr als einmal hatte ich ihm den Namen des Kindesvaters ins Gesicht geschrien, ihm noch die Tatsache präsentiert, dass das Kind gewaltsam, gegen meinen Willen gezeugt worden war. Jedes Mal hatte er mich förmlich rausgeworfen, begleitet von Ratschlägen, dass ich mich endlich besinnen und an das Elend denken sollte, das ich anrichtete, von der Sünde ganz zu schweigen. Ich war dann jedes Mal so außer mir, dass ich nicht mehr wusste, was ich ihm alles entgegnete in meiner Wut und Ohnmacht. Es wäre unklug gewesen, mir diesen selbstherrlichen Menschen zum Feinde zu machen, ich stand alleine da mit der Verantwortung.

Ich kann Gott nur danken, dass ich trotz allem immer wieder schnell auf die Beine gekommen bin und arbeiten konnte. Dem Herrgott danke ich auch, dass alle Kinder gesund zur Welt gekommen sind. Und ich kann nur hoffen und darum beten, dass es ihnen einmal besser ergehen wird im Leben!" Vor lauter Aufregung und Eifer hatte Johanna die Fransen ihres Umschlagtuches, das auf ihrem Schoß zusammengelegt lag, zerrupft. Hannes, der ihr bis dahin schweigend zugehört hatte, sagte nur: „Ja, da kannst du froh sein, Johanna, bist schon ein tüchtiges Mädchen!"

„Wenigstens habe ich immer etwas zu tun. Arbeit, die mir Freude macht, und ich brauche keine schwere Feldarbeit zu verrichten, kann meist im Trockenen arbeiten. Nur die Kinder muss ich halt immer irgendwie unterbringen. Wie jetzt das jüngste Kind, das im März gerade mal ein Jahr alt geworden ist, bei meiner Tante in der Hasle. Spätestens wenn das Mädchen, die Magdalena, fünf Jahre alt geworden ist, muss ich es auf einen Hof bringen, in dem Alter kann sie dann schon Geißen hüten."

„Hast du nicht noch eine Schwester?"

„Ja, die Stefanie, die mit dem Pius verheiratet ist. Die hat ihre eigenen Sorgen und zwei Kinder hat sie. Zu ihr zieht es mich auch nicht besonders!"

„Und deine Eltern?"

„Auf meine Eltern kann ich nicht mehr zählen, die tragen selber Lasten genug. Mit dem Hof geht es immer mehr bergab."

„Hab schon gehört, dass der Sevi ein Stück Vieh nach dem anderen aus dem Stall holt und dass dein Vater teilweise die unteren Äcker schon im Wirtshaus gelassen hat, so was spricht sich rum. Auch scheint dein Bruder, der junge Andreas, seine Zeit im Wirtshaus zu verbringen, beim Kartenspiel."

„Ja, daheim spielen sie in letzter Zeit auch Karten, der Vater und der Andreas, statt dass sie auf das Feld gehen. Da kann es blitzen, donnern und hageln, sie sitzen und spielen Karten. Die Mutter hat mir schon oft geklagt, sie grämt sich noch zu Tode, die Arme!" Johanna wischte sich mit dem Handrücken über die Augen.

„Es ist ein Jammer, wenn man da zusehen muss und nichts dagegen tun kann. Ich möchte nur wissen, wie die beiden in diesem Jahr die Heuernte oder die Ernte überhaupt einbringen wollen – mit dem einen Ochsen und der einen Kuh, die noch da sind. Im letzten Jahr schon konnte die Ernte nur zur Hälfte eingefahren werden, weil keiner mehr dazu fähig war. Ach, der Vater hat sich in kurzer Zeit so verändert, charakterlich auch!

Wie oft ist es schon vorgekommen, dass er am Sonntagmorgen ins Tal hinab zur Kirche gegangen und vor Montag nicht zurückgekommen ist! Genauso macht es auch der Andreas. Ich möchte nicht wissen, wie oft sie schon am Gartenzaun liegen geblieben sind. Dann haben sie fast die ganze Woche gebraucht, um wieder auf die Beine zu kommen, so schlecht ist es ihnen gegangen, allen beiden, dem Vater und dem Sohn.

Da muss ja alles den Bach hinabgehen! Ein Wunder, dass überhaupt noch Frucht gesät wurde im Frühjahr. Im vorigen Jahr schon ist der Roggen samt dem Hafer auf dem Felde vermodert. Die Mutter hat alleine die Kartoffeln aus dem Boden geharkt, damit diese nicht auch auf dem Acker verfaulen."

Johanna verstummt für einen Augenblick. „Was meinst du, wenn ich heute Abend heimkomme, sitzt die Mutter wieder da und weint vor Gram.

Sie ist krank und kann sich oft nicht einmal die Medizin kaufen, die sie dringend brauchte; bis jetzt hat sie sich meist noch mit ihren Kräutern beholfen. Und dann hat sie noch ihre paar Hühner; über die paar Pfennige, die sie für die Eier bekommt, die ich ihr ins Tal trage, ist sie immer seelenfroh. Ab und zu erübrige ich von dem wenigen, was ich habe, noch etwas, um ihr die Medizin zu kaufen. Es ist ein Elend, dass sie nun so ein Leben führen muss, sie hatte doch immer gut mit dem Vater zusammengelebt."

Nachdenklich schüttelte sie den Kopf. „Selbst wenn er an Feiertagen mal einen über den Durst getrunken hatte, behandelte ihn die Mutter immer mit Nachsicht. Dann konnte es lange dauern, bis es wieder mal vorkam; doch was er sich seit den letzten Jahren leistet, hat der Mutter immer mehr Kummer und Sorge bereitet. Die arme geplagte Frau kommt vor lauter Arbeit nicht einmal mehr zur Nachtruhe. Sie ist krank geworden und vorzeitig gealtert. Den Vater schert das überhaupt nicht, er lässt alles verlottern und die Mutter arbeitet bis zum Umfallen!"

Johanna hatte während der Fahrt vor lauter Erzählen gar nicht bemerkt, dass sie längst in Simonswald angekommen waren. „Weißt du, Hannes", begann sie wieder, „es war nett, dass du mir so geduldig zugehört hast, wo dich doch das alles gar nichts angeht.

Darum bitte ich dich auch, dass du nichts von alledem weitererzählst, es ist ja schon schlimm genug! Und ich musste einfach mal mein Herz ausschütten."

Inzwischen war er bei der Krone-Post vorgefahren, half Johanna wieder vom Wagen herunter, diesmal etwas fürsorglicher.

Sie rückte umständlich ihre Schürze zurecht und fragte den Hannes, was sie ihm nun schuldig wäre. „Nichts, Johanna, du brauchst dein Geld selber, ich wünsch dir eine gute Zeit und bleib weiterhin so stark. Und wenn du wieder mal mitfahren willst, gib rechtzeitig Bescheid, ich fahre alle paar Wochen hinauf ins Elztal."

„Adieu, Hannes, ich dank dir schön, dass du mich mitgenommen hast!"

„Ist schon recht, ich hab es gerne getan. Hast jetzt noch einen langen Weg vor dir, wenn du noch zum Dorerbühl hoch musst. Vielleicht triffst du auch jemanden unterwegs." Johanna ging in Richtung der alten Linde, während der Hannes mit seinem schwer beladenen Wagen davonrumpelte. Sie setzte sich noch einmal auf die mächtigen Baumwurzeln, um ein wenig auszuruhen, den Tag nochmals zu überdenken. Dieses Ritual wollte sie nicht missen.

Noch konnte sie sich überlegen, wohin sie ihre nächsten Schritte setzen sollte. Ob sie heute noch die zwei Stunden Weg hinauf zum Dorerbühl schaffen würde? Viel Lust hatte sie auf diesen beschwerlichen Gang heute nicht mehr. Oder besuchte sie ganz einfach im Pfefferhäusle die Magdalena und die Tante? Am liebsten wäre sie ja in ihr Zimmer beim Albin gegangen, um sich auszuruhen, da könnte sie sich auch in Ruhe besinnen, niemand würde sie stören. Noch konnte sie sich entscheiden, sie hatte nirgendwo etwas versprochen.

Johanna entschied sich für das Letztere und nahm den Weg talabwärts. Sie merkte sogleich, dass diese Entscheidung richtig war, denn jetzt erst spürte sie, wie schwer ihre Beine und Füße geworden waren. Außerdem fühlte sie sich total ausgebrannt. Morgen ist auch noch ein Tag, dachte sie, da musste sie sowieso früh los.

Für die nächsten zwei Wochen hatte sie wieder einen Auftrag zum Nähen auf einem entlegenen Hof. Dann würde es so weit sein mit dem Kind, schätzte sie, genau konnte sie es nicht sagen. „Lieber Gott", betete sie, „hilf mir und gib mir die Kraft, nur du weißt, was noch alles auf mich zukommt, ich möchte es gar nicht wissen."

Albin freute sich, als Johanna kam. Er war gerade beim Nachtmahl und lud sie ein, mitzuhalten.

Danach spülte sie ihm das Geschirr ab und begab sich zur Ruhe. In dieser Nacht schlief sie traumlos, tief und fest, zwei Stunden länger, als ihre Zeit es eigentlich am nächsten Tage zugelassen hätte.

Am Morgen fühlte sie sich wie neugeboren und wäre am liebsten wie ein Geißlein gehüpft, wenn der dicke Bauch sie nicht daran gehindert hätte. Dieser holte sie wieder in die Wirklichkeit zurück.

Albin hatte bereits ein Frühstück für sie bereitet, das sie dankbar annahm. Keine Stunde später war sie schon auf dem Weg in die Hasle.

Bei der Stubenbäuerin war sie noch vorbeigegangen, um zu fragen, ob sie nach der Geburt des Kindes wieder bei ihr arbeiten könnte, da sie danach nicht gleich auf Wanderschaft wollte. Die Stubenbäuerin hatte immer Arbeit für sie, so wurden sie sich auch gleich einig. Als sie im Begriff war zu gehen, traf der Reisende Aaron Fischmann ein. Er war ein Vetter des Stoffhändlers, bei dem Johanna ihre Nähmaschine gekauft hatte.

Der Aaron Fischmann handelte mit Haushaltswaren, Schüsseln, Tellern, Geschirr aller Art, Küchengerätschaften, mit unbiegsamen Schaufeln und unzerreißbarem Draht, spitzen stählernen Nägeln, Kochtöpfen und Pfannen in jeder Größe. Alles hätte er und fast alles könnte er – sogar Ehen würde er stiften, behauptete er. Aaron Fischmann war ein moderner Mensch, der sich rasierte und einen städtischen Anzug trug, wenn auch etwas schäbig, jedoch sehr sauber gehalten. Er hatte wohl schon bessere Tage gesehen, der Anzug.

In Anwesenheit Johannas schalt er verzweifelt über die böse Zeit, das furchtbare Jahrhundert, über die hässliche Epoche – der Teufel sollte sie holen! Aaron Fischmann schlug sich, im Gegensatz zu seinem Vetter, nur recht und schlecht durch, die Geschäfte gingen wirklich nicht gut. Er schalt die dickschädligen Bauern, schimpfte auf ihre Frauen und welche Mühe es ihn kostete, sie zum Erwerb einer neuen Bratpfanne oder zum Kauf eines Kochtopfes oder sonst eines nützlichen Gegenstandes für Haus und Küche zu bewegen. Wenn man ihm zuhörte, hätte man meinen können, er nagte am Hungertuch. „Wieder nichts verkauft", seufzte er. Dies ging immer so lange, bis er ein Vesper vor sich stehen hatte, das er nie ablehnte. Dann erst war er still und schmatzte genüsslich vor sich hin.

Johanna verabschiedete sich auch von dem Händler, der ihr noch schnell zuraunte, dass der Viehhändler Sevi zu ihrem Vater unterwegs wäre. Zweideutig ließ er seine Augen rollen. Johanna ahnte, dass dies nichts Gutes zu bedeuten hatte. Wollte er wieder etwas holen, viel konnte doch nicht mehr da sein?

Die paar Geißen und Hasen, die sie noch auf dem Hof waren, die Kuh, der Ochse und die Hühner gehörten der Mutter.

Johanna schob derlei Bedenken weit weg, sie hatte ihre eigenen Sorgen – und doch wollte es ihr nicht aus dem Kopf gehen. Die Gedanken an die Eltern ließen sie nicht los: Ein ganzes Leben lang hatten sie hart gearbeitet, sie waren immer Herren auf eigener Scholle. Wenn es auch kein großer Hof war, er hatte sie doch alle ernährt.

Er war vererbt worden von einer Generation auf die nächste, durch fast zwei Jahrhunderte hindurch. Sie, die Jüngste, hätte ihn weiterführen können, wenn sie den richtigen Mann dazu gehabt hätte. Vielleicht würde sie es auch eines Tages tun, doch dazu müsste sie erst einen Mann finden, einen, der zum Bauern taugte. „Die Aussichten sind schlecht", sprach sie zu sich selbst.

Inzwischen war sie am Pfefferhäusle angekommen, ein Fenster stand offen und sie hörte die Tante drinnen mit einem Kind sprechen. Als sie eintrat, hatte die Line gerade die kleine Magdalena auf den Arm genommen. Johanna krampfte das Herz zusammen, sie hatte für dieses kleine Kind noch nie Zeit gehabt, es einmal zu herzen und zu wiegen, nur einen Schritt seiner Entwicklung miterleben zu können! All dies war ihr bisher versagt geblieben. Sie hatte nur immer zuzusehen, dass sie Arbeit hatte, um die Kinder durchzubringen.

Noch einmal hatte Johanna die Tante überreden können, das kommende Kind in Pflege zu nehmen. Line war auch nicht mehr die Jüngste, sie hatte selbst viele Kinder aufgezogen. In letzter Zeit fühlte sich oft nicht wohl. In allen Gliedern zwickte es und an manchen Tagen konnte sie sich vor Schmerzen kaum rühren. Doch das Geld, das ihr die Johanna zahlte, konnte sie dringend gebrauchen, da ihr Mann nicht viel verdiente. Eine Rente gab es damals noch nicht. Johanna nähte ihr so manches Stück oder flickte ihr die Wäsche. Manchmal brachte sie der Lina ein Stück Butter oder Brot, das sie irgendwo geschenkt bekommen hatte.

Umgekehrt tat Johanna ihrer Tante leid. Die Line jammerte immer: „Dieses Pech in deinem Leben, Mädchen, hast du wirklich nicht verdient, andere hätten sich schon längst umgebracht!"

Johanna mochte das ewig gleiche Geschwätz nicht mehr hören. Sie verabschiedete sich schnell unter dem Vorwand, dass die Mutter schon lange auf sie wartete und schnell laufen könnte sie auch nicht mehr, sie würde ja immer schwerfälliger.

Außerdem fiel ihr ein, dass ja der Sevi unterwegs war und denselben Weg wie sie hatte.

Vielleicht hielt er sich auch noch bei einem Bauern auf, da konnte sie ihm zuvorkommen und den Vater warnen. Jedenfalls wollte sie dem Viehhändler auf keinen Fall über den Weg laufen, er war ihr in der Seele zuwider. An der Haslebachbrücke blieb sie stehen, um zu rasten. Sie lehnte sich an das Geländer, wie am Morgen des vorigen Tages, nur dass sie jetzt alleine war.

Wie es Philipp wohl gehen mochte, ob er noch an sie dachte und ob er ihr verzeihen würde, weil sie ihn einfach aus der Heimat fortgebracht hatte? Sie wollte ja nur das Beste für den Buben! „Er wird es gut haben bei meinem Bruder", sprach sie zu sich, „mit Sicherheit wird es ihm besser gehen, als hier im Tal schon bald sein Dasein als Knecht oder Hirtenbub fristen zu müssen." Und was für ein doppeltes Glück für Philipp, mit seinem Bruder Markus dort aufwachsen zu können!

Nach wenigen Minuten setzte sie ihren Weg wieder fort. Schritt für Schritt steil bergauf; selten dachte sie auf diesem Weg noch daran, wie oft sie ihn schon gegangen war und an das, was er alles erzählen könnte.

Nach kurzer Zeit war auch schon das Elternhaus in Sicht. In einer halben Stunde, schätzte sie, dürfte sie oben sein. Die Sonne stand schon hoch, es müsste auf die Mittagszeit zugehen. Johanna war gezwungen, immer öfter Pausen einzulegen. Diese Augenblicke nutzte sie dazu, endlich der Schönheit der Landschaft, die sich vor ihr ausbreitete, ihre Aufmerksamkeit zu schenken, mehr als am Tage zuvor, wo sie an allem achtlos vorübergegangen war. Vor und hinter ihr lagen die mit gelben Löwenzahnteppichen bedeckten Wiesen. Schmetterlinge in allen Farben flatterten am Weg entlang.

Das Gezwitscher der Vögel in Sträuchern und Bäumen, das Rauschen des Haslebaches zauberten etwas Heiterkeit in ihr Gesicht und entlockten ihr sogar ein Lächeln. Immer wieder blieb sie stehen, atmete tief durch und pumpte mit einer gewissen Entspannung diese herrliche Luft in ihre Lungen.

Das war schon was anderes als die dumpfe Luft in der Schneiderstube, aus der man ab und zu heimlich aus dem Fenster spähte, um einen Blick auf das magere Grün vor dem Hause zu erhaschen. Glücklich diejenigen, die frei und auf eigener Scholle arbeiten konnten, an der frischen Luft! Gerne erinnerte sie sich an ihre Kinderzeit zurück, in der sie zusammen mit ihrer Schwester Stefanie die Geißen auf die Weide getrieben hatte.

Unbeschwert hatten sie damals stundenlang im Gras gelegen und geträumt, sich gegenseitig erdachte Geschichten erzählt.

Mit einem scharfen Pfiff der Brüder waren sie recht herzlos in die Wirklichkeit zurückgeholt worden.

Sie betrachtete den elterlichen Hof, der sah gar schäbig aus! Ein neuer Anstrich war längst überfällig und auch sonst gab es noch einiges zu richten.

Dazu brauchte man einen Mann, es kam immer wieder auf dasselbe heraus. Johanna hätte heiraten sollen, einen Knecht oder einen Bauernsohn,

mit dem sie den Hof hätte übernehmen können. Nun war es freilich zu spät. Wer nähme schon eine ledige Frau mit vier Kindern? Außerdem wollte sie nie Bäuerin werden, dafür hätte sie sich nicht geeignet. Ihre Schwester Stefanie wäre die Richtige gewesen für einen Hof, doch die hatte dazu den falschen Mann. Der Pius war etwas schwach auf der Brust, ständig hüstelnd, so kannte ihn Johanna.

Langsam und kurzatmig war sie oben angekommen. Sie musste noch am Gartenzaun vorbei, da hörte sie Männerstimmen und hielt inne. Die des Vaters erkannte sie mühelos und die andere, die musste von Sevi sein. War er ihr doch zuvorgekommen und vorher auf dem Hof eingetroffen! Einen Augenblick versuchte Johanna zu lauschen, doch es schwirrten nur Wortfetzen hin und her, es war schwer, etwas zu verstehen.

Mutigen Schrittes ging sie über den Hof auf das Haus zu. Der Vater, mit der Mistgabel in der Hand in der Stalltüre stehend, tat so, als sähe er sie nicht.

Einige Schritte von ihm entfernt hatte der Viehhändler Position bezogen. Johanna ging, ohne zu zögern, geradewegs in das Haus. Sie hörte den Vater hinter der Türe zu Sevi sprechen: „Was willst du, Jud, bei mir ist nicht mehr viel zu holen!"

„Wollt nur mal vorbeischauen, was du noch so alles hast, kannst doch Geld gebrauchen, oder nicht? Schuldest mir noch genug!" Johanna stand im Moment wie angewurzelt da, sie hatte Mühe, sich zu beherrschen, ging dann aber gradewegs in die Küche. Die Mutter wartete schon händeringend auf sie. Johanna erblickte sie nur im Halbdunkeln, doch stellte sie, wie auch in letzter Zeit, immer mehr fest, dass die Mutter erschreckend mager geworden war, verhärmt aussah und dunkle Ringe um die Augen hatte. Doch heute sah sie besonders schlecht, direkt krank aus. Mühsam atmete sie und jede Bewegung schien ihr schwerzufallen. „Mutter, was ist?" Die Bäuerin Maria deutete auf den Eierkorb, flüsterte Johanna hastig zu, dass darin zwei Päckchen wären, für sie und Stefanie, jeweils ein Brief dabei.

Sie zitterte am ganzen Körper. „Geh schnell fort damit, bevor es zu spät ist, der Vater verkauft Haus und Hof. Was in den Päckchen ist, sind Erbstücke meiner Mutter, um sie wieder weiterzugeben. Damit sie nicht in unrechte Hände kommen, sollt ihr beide diese Dinge nun haben."

Sie schlug zwei Eier für Johanna in die Pfanne, damit sie nicht hungrig wieder gehen müsste. Dann drängte sie darauf, dass sie sich beeilen sollte, solange der Sevi noch hier war. „Der Vater, weißt du, der weiß nicht mehr ein noch aus und wenn es ihn packt, dann wird er gleich so gewalttätig.

Ich flüchte jedes Mal aus Angst, er könnte mich schlagen. Es ist ja niemand da, an dem er seine Wut auslassen kann, außer dem Andreas und der schlägt gleich zurück. Mein Gott, Johanna, das ist alles so furchtbar!"
So musste die arme Frau leiden und herhalten, dachte Johanna.
Nein, so was hatte ihre Mutter doch nicht verdient! Es war eine harte Probe, die sie jeden Tag neu, ganz still für sich, zu bestehen hatte.
Johanna war nicht wohl bei dem Gedanken, die Mutter in diesem Zustand alleine zu lassen, doch diese drängte darauf, dass die Tochter mit dem Eierkorb – als Tarnung – gleich wieder fortginge. „Sobald es möglich ist, bringe ich Euch das Geld für die Eier. Macht es gut, Mutter, oh, wenn ich Euch nur helfen könnte!"
„Geh mit Gott, Johanna, alles Gute für dein Kind und dass es gesund zur Welt kommt!" Als Johanna aus dem Haus trat, tuschelten die beiden Männer miteinander. Sie fuhren überrascht auseinander, als ihnen Johanna Adieu zurief.
„Gehst schon du schon wieder?", rief der Sevi wohlgelaunt. „Ich muss, äh, hab noch was zu erledigen, wollte nur die Eier holen bei der Mutter."
Johanna winkte nochmals zurück, als sie die Mutter oben am Fenster entdeckte. Sie sollte die gute Mutter nicht mehr lebend sehen.
Zwischen den Eheleuten musste es am selben Tag noch zu einem Streit gekommen sein. Wahrscheinlich ging es um den Schmuck, den die Bäuerin nicht hatte herausgeben wollen. Niemand erfuhr je, was sich an dem Tage noch zugetragen hatte, nachdem Johanna fort war. Die Kästen und Truhen waren alle durchwühlt. Hatte der Andreas womöglich den Schmuck gesucht? Jedenfalls bekam die Bäuerin Maria über Nacht ein Nervenfieber, zwei Tage lang lag sie bewusstlos. Ihr Herz war zu schwach, um der Krankheit zu widerstehen, am dritten Tage um die Mittagszeit starb sie.
Der Bauer Andreas hatte es mit der Angst zu tun bekommen, als sie nicht mehr wach wurde. Zuerst dachte er, sie stellte sich nur krank, doch als sie am zweiten Tage noch nicht erwacht war, sich im Fieberwahn im Bett herumwarf, erwachte sein Gewissen. Er hetzte seinen Sohn Andreas ins Tal hinunter. Der ging zuerst bei der Stefanie vorbei, um ihr zu sagen, wie es um die Mutter stände. Wo die Johanna gerade arbeitete, wusste diese nicht, vielleicht wusste es die Line im Pfefferhäusle.
Zum Pfarrer ging er auch, ihn um die letzte Ölung für seine Mutter zu bitten. Eigentlich hätte ein Arzt nach ihr sehen müssen, doch es gab keinen weit und breit. Der nächste wäre in Elzach oder Waldkirch erreichbar gewesen.

Stefanie begab sich nach der Nachricht über die Mutter eilends mit ihrem Bruder und dem Pfarrer hinauf zum Dorerbühl, wo sie die Bäuerin glühendheiß im Bett vorfanden. Völlig ausgetrocknet, mit aufgesprungenen Lippen, dunklen Schatten um die Augen, lag sie in den Kissen. Der Vater saß teilnahmslos auf der Ofenbank, als ginge ihn alles nichts an. Stefanie trat an das Bett der Mutter und flößte ihr als Erstes Wasser ein. Währenddessen saß der Pfarrer in der Küche, um sich bei einem Glas Most von den Strapazen der ungewohnten Wanderung zu erholen. Er wollte mit der letzten Ölung noch warten, bis die Bäuerin für einen Augenblick wieder zu sich käme, dann könnte sie sogar noch die Heilige Kommunion empfangen. Sie hielten nun zu dritt Wache bis Mitternacht, da wollte der Pfarrer nicht länger warten. Er gab der Bäuerin Maria die letzte Ölung und machte sich wieder auf den Weg ins Tal hinunter. Andreas, Johanna und Stefanie saßen nun abwechselnd am Bett der Kranken, während der Vater sich im Stall zu schaffen machte. Stunde um Stunde verging, die Mutter regte sich nicht.

Inzwischen war es sechs Uhr morgens geworden, nichts hatte sich verändert. Der Bauer war immer noch im Stall, scheinbar hatte er auch dort geschlafen. Der Sohn begann zu melken, zu misten, das Vieh zu füttern. Stefanie richtete eine Brennsuppe, die sie zusammen in der Küche einnahmen. Der Zustand der kranken Mutter hatte sich noch immer nicht verändert. Dann, kurz vor elf Uhr mittags, schlug sie die Augen auf, schaute suchend um sich. „Der Pfarrer war schon da", flüsterte ihr Stefanie zu. „Ich ruf den Vater."

Darauf reagierte die Kranke mit sichtbarem Entsetzen; sie schüttelte heftig den Kopf, in ihren Augen stand blanke Angst.

„Soll ich nicht den Vater holen?" Wieder schüttelte sie abwehrend den Kopf und über das Gesicht rannen Tränen.

„Es ist doch seltsam", dachte Stefanie, „dass die Mutter so verzweifelt dagegenhält, ihren Mann zu sehen." Ängstlich suchten ihre Augen nach ihrem Sohn Andreas, der sich in einer Ecke auf einen Hocker gesetzt hatte.

Flehend sah sie wieder zu Stefanie, sie musste ihre ganze Kraft zusammengenommen haben, um sich an die Arme ihrer Tochter zu krallen. Plötzlich sank sie in die Kissen zurück, schloss die Augen und mit einem tiefen Seufzer hauchte sie ihr Leben aus. Es war vorbei.

Stefanie stand am Bett angelehnt und weinte, das Gesicht in die Hände vergraben. Sie rief den Vater, der sich in der Stube auf die Ofenbank gelegt hatte.

Als der in der Türe stand, flüsterte Stefanie ihm zu: „Die Mutter ist verschieden." Daraufhin wandte er sich ab und wischte mit dem Handrücken über die Augen.

Indessen begann Stefanie, die Mutter zu waschen, solange die Leichenstarre noch nicht eingetreten war. Sie war auf einmal so leicht geworden. „Was eine gute Seele doch wiegt", dachte Stefanie. Sie zog der Toten ein frisches Hemd an, bürstete ihr die Haare, flocht die Zöpfe, die sie ihr um den Kopf legte. Über das Hemd band sie ihr ein schwarzes Halstuch mit einer schönen Schleife. Daran steckte sie ein Myrthensträußchen und um die Hände wickelte sie der Mutter einen Rosenkranz. Alles musste schnell gehen. Der Vater brachte ein Brett daher, auf das er die Tote legte, so kannte er es von seinen Eltern und Großeltern. Die Leiche musste so auf einem Karren ins Tal hinuntergebracht werden.

Stefanie hatte sich mit ihrer Arbeit selbst übertroffen, es war schließlich die erste Leiche, die sie gewaschen und hergerichtet hatte. Wer hätte es auch machen sollen, dachte sie. Anschließend brachte sie ihre Kleider in Ordnung und erinnerte den Vater an die notwendigen Papiere der Mutter. Derweil wollte sie in der Kammer noch etwas Ordnung machen, dort sah es aus wie nach einem Raubüberfall. Aus Kisten und Kästen war alles herausgerissen und dann wieder zurückgestopft worden. Gab es so etwas bei der Mutter oder hatte da jemand etwas finden wollen?

Stefanie suchte für den Vater noch Kleider zusammen, bestimmte, dass er sich wenigstens wusch. Auch ihren Bruder Andreas ermahnte sie. Denn so, wie die beiden aussahen, konnten sie doch nicht vor den Pfarrer treten.

Vater und Sohn hoben das Brett mit der Toten auf den zweirädrigen Karren mit zwei Handdeichseln, sie legten noch eine Decke darüber und banden das Brett fest. Mit gesenkten Häuptern und der traurigen Last brachen sie auf, hinunter ins Tal. Stefanie indessen machte sich auf dem Hof an die Arbeit.

Das Vieh im Stall musste gefüttert werden und die Hühner und die Hasen. Sie gab den beiden Kühen und den Schweinen Futter und Wasser. Der Vater und der Bruder hatten dies alles vergessen, gerade dass sie die Kühe gemolken hatten. „Mein Gott", dachte sie, „wie wird das nun weitergehen, wie werden die beiden Männer hier oben wirtschaften? Das wird zugehen, wenn keine Frau mehr im Hause ist!" Wenn ihr Bruder wenigstens eine Frau hätte! Aber wer wollte schon einen Mann, der am helllichten Tage Karten spielte und alle fünf gerade sein ließ?

Derweil schoben Vater und Sohn, schweigend nebeneinander, abwechselnd den Karren talabwärts. Sie hielten auf dem ersten Hof, um den Nachbarn Bescheid zu geben. Die Bäuerin empörte sich, weil man nicht eher gekommen war, sie wäre auch zur Wache gekommen. „Das ist in der Aufregung alles untergegangen", entschuldigte sich der Bauer, sonst war er zu keinem Wort fähig. Die nächste Station war das Pfefferhäusle, wo die Line schon mit ihrem Mann wartete, dem Bruder vom Bauer Andreas. Dann begaben sie sich zum Totengräber, dort ließen sie die Tote auf dem Brett zurück. Danach mussten sie noch zum Schreiner wegen eines Sarges. Zuletzt gingen sie ins Pfarrhaus, wo der Pfarrherr schon wartete. Der bedauerte erneut sein nächtliches Fortgehen, doch bei dieser zeitlichen Ungewissheit hätte er nicht länger bleiben können. Die Formalitäten wurden erledigt, die Beerdigung festgesetzt. Stefanie sollte Lambert und seine Frau noch per Post benachrichtigen, am schnellsten ging dies durch ein Telegramm. Drei Tage später standen sie alle am Grabe der Mutter, auch Lambert.

Mit dem Vater und seinem Bruder redete Lambert nicht viel; er hatte von deren Trinkeskapaden gehört und hielt sich zurück mit irgendwelchen Fragen. Ihm war längst zu Ohren gekommen, dass der Hof total verschuldet war, so tief, dass es kein Hochkommen mehr gab. Dabei musste er froh sein, wenn er nicht zum Zahlen herangezogen wurde.

Andreas erklärte dem Vater die Woche darauf, dass er zur Arbeit in die Ziegelei nach Bleibach ginge. Er wollte nicht mehr Bauer sein, außerdem wäre ja nichts da als Schulden; der Bauer nickte nur teilnahmslos.

Daraufhin packte Andreas sein Bündel und ging, den Vater ließ er mit allem allein.

Der Bauer verkaufte in den kommenden Wochen alle bewegliche Habe. Die Hühner, die Hasen und ein Schwein brachte er seinem Bruder ins Pfefferhäusle, die Kuh und den Ochsen holte der Sevi. Pflüge und Wagen, alles, was noch brauchbar war, nahm der Lambert mit. Alles, was im Haus noch war an Möbeln, Kästen, Truhen, Betten, Geschirr und Wäsche, schaffte er nach und nach auf einem Wagen hinunter in das Tal, in ein gemietetes Häuschen. Von da an fristete er als Tagelöhner sein Leben.

Der Wald, den er einmal sein Eigen nannte, wurde Staatsdomäne und die Felder und Wiesen unterhalb des Hofes wurden an Bauern verkauft. Ab und zu ging er noch hoch zum Dorerbühl, nahm mit, was noch brauchbar war, um es weiterzuverkaufen.

Aber auch jeder andere, der etwas brauchte, konnte es sich holen: Ziegelsteine, Balken, Fensterrahmen, Pflastersteine, Holzdielen, soweit sie noch brauchbar waren. Das ging so lange, bis eines Tages alles zusammenfiel. In kurzer Zeit war an jenem Platz, wo einstmals ein stolzer kleiner Bauernhof gestanden hatte, ein Trümmerfeld, das langsam von Unkraut überwuchert wurde. Ein trauriger Anblick!

Noch trauriger, wenn man sich daran erinnerte, wie viele Generationen von Menschen hier oben auf dem Bühl geboren worden waren, fleißig gearbeitet und in aller Frömmigkeit nahezu ihr ganzes Leben auf dem Hof verbracht hatten. Dies alles hatten Leichtsinn und Laster in kurzer Zeit zerstört.

Kapitel 10

Nach dem Tod der Mutter ging Johanna tagelang noch einmal alles im Geiste durch, was die Mutter damals mit ihr besprochen hatte, als sie sich zum letzten Male sahen. Irgendwie hatte sie bei deren Anblick und Verstörtheit das unbestimmte Gefühl gehabt, dass sich die Mutter vor etwas ängstigte, nur wovor? Johannas Gedanken kreisten unentwegt darum, dass die Mutter irgendwas verschwiegen hatte. Vielleicht ahnte sie, dass ihr Leben bald zu Ende gehen würde? Nur dass sie so schnell geholt werden würde, damit hatte Johanna nicht gerechnet.

Sie dachte zurück an die Beerdigung der Mutter. Dank dem Albin war sie noch rechtzeitig auf dem Friedhof angekommen. Er hatte ihr sogar einen Wildrosenstrauß gebunden. „Damit du nicht mit leeren Händen dastehst, hab ich gedacht, ich richte dir einen Strauß für die Mutter." Johanna hatte die Tränen nicht zurückhalten können, am liebsten hätte sie ihn geküsst. Wie fürsorglich er doch war!

Alle anderen hatten sich pünktlich am Grab eingefunden, der Pfarrer war bereits fertig mit seiner Litanei. Ringsum vorwurfsvolle Blicke für Johanna – ob ihrer Verspätung an diesem traurigen Tag!

Der Vater hatte zusammengesunken zwischen der Stefanie und dem Pius gestanden, neben ihnen Lambert. Irgendwo auf der Seite war ihr Andreas aufgefallen, der offensichtlich nicht so recht dazugehören wollte.

Als der Sarg mit der Mutter an den Seilen in die Grube gelassen wurde, hatten alle geschluchzt und geweint. Für Johanna aber war die Mutter in diesem Augenblick erlöst, sie allein wusste um deren Leid und hoffte, dass sie jetzt irgendwo war, wo es ihr gut ginge. Sollte doch der Vater sehen, wie er zurechtkäme!

Lambert hatte nach der Beerdigung den Vater, seine Geschwister und die näheren Verwandten in den Hirschen zum Kaffee eingeladen, einen größeren Schmaus hatte man nicht vorgesehen – die meisten mussten ja wieder an ihre Arbeit.

Johanna hatte sich auch bald verabschiedet, sie wollte nicht länger den anzüglichen Blicken ihres Zustands wegen ausgesetzt sein, außerdem waren zu viel Aufregung und Unruhe in sie eingezogen. Am nächsten Tag würde sie allein auf den Friedhof gehen. Und tags darauf musste sie wieder ihre Arbeit aufnehmen, die Zeit drängte.

Drei Wochen später war es soweit – in der Nacht zum Pfingstsonntag gebar Johanna ihr viertes Kind, einen Sohn.

Ihre kleine Tochter Magdalena und dieses Neugeborene hatten den gleichen Vater. Einen Vater, den die Mutter aus tiefster Seele hasste und verabscheute. Wieder einmal stand ihr der unangenehme Gang ins Pfarrhaus bevor. Mit gemischten Gefühlen, eher zornig als ängstlich, ging sie hin, um die Geburt des Kindes anzumelden. Innerlich war sie schon auf die übliche Moralpredigt gefasst. Dieses Mal, so nahm sie sich fest vor, sollte er, der Pfarrer, nicht die Oberhand behalten, sie würde ihm dagegensprechen, wenn er sie wie sonst mit Vorwürfen überhäufte. Doch nichts von dem, was sie erwartet hatte, trat ein.

Johanna wusste zuerst nicht, wie ihr geschah. Der Pfarrer schien seine Lektionen aufgegeben zu haben. Seine Maßregelungen, die das reinste Höllengericht waren, blieben aus. Und ausgerechnet an diesem Tage hatte sich Johanna auf ein Rededuell mit ihm eingestellt. Stattdessen begegnete er ihr mit heiterer Gelassenheit. Die ungewohnte Ruhe, die er an den Tag legte, kam ihr seltsam vor, wo er doch immer gleich losdonnerte. Stattdessen bat er die junge Frau, Platz zu nehmen. Hatte sie da richtig gehört? Wann hatte er ihr schon einmal einen Platz angeboten? Noch nie, niemals hatte er ihr einen Platz angeboten, noch dazu mit dieser Höflichkeit!

Im ersten Moment war sie so verdutzt, dass sie fast vergessen hätte, warum sie hier war. Solche Freundlichkeit war sie nicht gewohnt, sie fasste sich aber schnell wieder. Johanna nahm auch gleich die Gelegenheit wahr, den Geistlichen zu bitten, sie doch einmal anzuhören. Sie wollte ihm endlich einmal die Wahrheit erzählen! Der Pfarrer nickte lächelnd.

Johanna wollte dem Frieden nicht so recht trauen. Dieser Wandel – konnte sich ein Mensch so schnell wandeln? Jahrzehntelang kannte man ihn nicht anders als schimpfend, polternd, die Kinder schlagend; jeder zitterte, der nur in seine Nähe kam. Verständnis, Zuwendung, Freundlichkeit, all das kannte man nicht an ihm. Johanna wusste nicht, was sie denken sollte. War etwas in seinem Leben geschehen, das ihn derart verändert hatte? Früher war er nie zugänglich gewesen, wenn sie ihm ihre Lage erklären wollte. Immer hatte er sie kalt abgewiesen, mit ihr geschimpft, sie verdonnert und beleidigt, war nie bereit, ihr auch nur einmal Gehör zu schenken. Konnte ein Mensch sich so schnell ändern?

Er setzte sich ihr gegenüber, lehnte sich in seinen Stuhl zurück und machte eine Handbewegung zum Zeichen, dass sie beginnen sollte. Daraufhin begann sie, dem Geistlichen von Anfang an zu erzählen, wie sie zu all den Kindern gekommen war. Von all dem Leid und Elend, durch das sie in immer tiefere materielle Abhängigkeit geraten wäre.

Sie berichtete ihm von den erfolgten Drohungen und Verfolgungen der Männer, deren nächtlichen Überfällen. Sie hielt sich nun nicht mehr zurück, ihm die grauenvollen Szenen zu schildern, in denen sie vergeblich gekämpft hatte, in denen ihre Kräfte sie verließen. Sie hielt sich auch nicht zurück mit Einzelheiten, die bei dem Geistlichen sichtliche Verlegenheit hervorriefen.

Bei allem verdeutlichte sie ihm auch das Elend anderer armer Mädchen und ihrer Kinder. „So was kann unser Herrgott doch nicht gutheißen, oder, Herr Pfarrer? Könnte man diesen Herren nicht einmal an den Kragen gehen, sie an ihre Vaterpflichten erinnern?" Ja, er war ehrlich entsetzt, als sie geendet hatte. „Es tut mir leid, liebe Johanna, da kann ich leider nichts tun, so sind nun mal die Menschen, es ist halt ihre Natur. Meine Vorschriften kommen von oben, von meinen Vorgesetzten. An diese muss ich mich halten, ob ich will oder nicht!" Es klang wie der Ausspruch des Pilatus: „Ich wasche meine Hände in Unschuld."

Bonifazius als Namen für das Neugeborene hatte der Pfarrer diesmal ausgesucht. Geboren am 16. Mai 1895. Wiederum kam ins Kirchenbuch der Eintrag „Vater des Kindes nicht bekannt".

Ohne jegliche Gemütsbewegung sah Johanna zu, wie der Pfarrer mit gestochen scharfen Buchstaben ins Geburtenbuch schrieb. Sie dachte bei sich, dass sie den Bub viel lieber Johannes oder Andreas genannt hätte. Doch was sollte es, jeder Widerstand wäre zwecklos gewesen.

Etwas erleichtert, verabschiedete sie sich von dem Geistlichen an der Haustüre und nahm den Weg zum Friedhof, um das Grab der Mutter zu besuchen. Dies versäumte sie nie; sooft sie nun an Kirche und Friedhof vorbeikam, trat sie hinein und ging an das Grab der Mutter, mit der sie stumme Zwiesprache hielt. Die Mutter war es gewesen, die immer Verständnis hatte, der sie all ihre Sorgen und Nöte anvertrauen konnte. Selbst wenn sie nun nicht mehr unter den Lebenden weilte, suchte ihre Tochter Johanna Trost und Frieden bei ihr.

Im ersten Jahr nach der Geburt des kleinen Bonifazius arbeitete Johanna vorwiegend auf Höfen im Tal, damit sie am Sonntag den Kleinen und Magdalena zu sich holen konnte. Ab und zu besuchte sie auch ihren Vater in seinem kleinen Häuschen. Der wurde ihr von Mal zu Mal fremder, ein Gespräch mit ihm war nicht mehr möglich, da er auf ihre Fragen stets nur einsilbige Antworten gab. Und wenn er mehr sagte als einen Satz, dann war bestimmt etwas Bissiges oder Ironisches dabei. Johanna wurde das Gefühl nicht los, dass sie ihm womöglich lästig war.

Nie bot er ihr etwas zu essen oder zu trinken an, was doch einladend gewesen wäre. Oder hatte er Angst, dass sie bei ihm wohnen wollte? Nein, das wollte sie nicht, sie fühlte sich in Albins Hause sehr wohl. Sie bezahlte ihre – geringe – Miete, war daher von niemandem abhängig oder zu Dank verpflichtet. Die Besuche bei ihrem Vater stellte sie nach und nach ein. Da ihre Zeit sowieso begrenzt war, sie ohnehin das Gefühl hatte, nicht willkommen zu sein, wollte sie die Zeit sinnvoller nutzen und lieber zu ihren Kindern gehen.

So vergingen wieder drei Jahre. Johanna arbeitete – sie kannte nur noch die Arbeit, kein Vergnügen konnte sie locken. Wenn sie einen freien Tag hatte, verbrachte sie diesen mit Ausbessern von Kleidungsstücken der Kinder oder sie half der Line, deren Mann in letzter Zeit etwas kränklich war, im Haus. Den ganzen Winter blieb der Bruder des Vaters bettlägerig und im Frühjahr starb er an einer Lungenentzündung. Die arme Line, nun war sie erst recht auf Johannas Geld angewiesen, da sie nur eine kleine Unterstützung bekam.

Johanna ging erneut den ganzen Sommer über auf Stör. Sie zog von einem Hof zum anderen. Ihr Auftragsbuch war randvoll, so dass sie manchmal einen Auftrag ablehnen musste. Sie schaffte und sparte und hoffte, dass sich ihr Traum doch noch erfüllen würde.

Arme Johanna, wieder einmal rechnete sie nicht mit der Macht des Schicksals! Auf dem nächtlichen Heimweg von einem Hofe wurde sie überfallen – und wieder schwanger!

Nie sprach sie darüber, auch nicht; als sie der Albin eindringlich befragte, da sagte sie nur: „Es war furchtbar." Er wollte nicht weiter nachhaken, da er sah, wie sie litt. Wieder lag sie wochenlang krank im Bett. Wenn sie sich aufraffen wollte, konnte sie sich kaum auf den Beinen halten. Nur langsam erholte sie sich. Im November war sie dann so stabil, dass sie ihre Arbeit wieder aufnehmen konnte. Es musste weitergehen, für sie gab es keinen Stillstand, kein Ausruhen, keine Müßigkeit. Sie wollte stark sein, auch dieses Kind würde sie durchbringen.

Im Winter kam überraschend ein weiteres Problem auf sie zu: Die Tante Line wurde krank und bat Johanna, das kommende Kind woanders unterzubringen. Sie schaffte es aus gesundheitlichen Gründen nicht mehr, drei Kinder zu versorgen. Johanna sah dies verständnisvoll ein, die Tante konnte wirklich nicht mehr. Doch was sollte sie nun machen, wo sollte sie das kommende Kind hinbringen? Sie musste ja wieder arbeiten.

Sie fasste noch vor Ostern einen Entschluss, den sie eines Abends dem Albin mitteilte: „Ich habe mit der Bäuerin vom großen Hof gesprochen, dort kann ich die kleine Magdalena hinbringen, um Pfingsten herum. Im März wird das Kind zur Welt kommen, Magdalena ist dann fünf Jahre alt – alt genug, um als Geißenhirtin arbeiten zu können." Sie selbst werde nach der Geburt des Kindes das Tal verlassen und nach Kollnau ins untere Elztal ziehen. Dort würde sie Arbeit haben, eine Wohnung bekommen. Geld hätte sie ein wenig gespart.

Sie erklärte dem Albin, dass sie nicht mehr auf Stör gehen wollte. Sie sehnte sich unendlich nach einem festen Wohnsitz! Albin pflichtete ihr bei, er gab ihr Recht zu ihrem Entschluss. Nur meinte er, ob das Vorhaben mit dem kleinen Mädchen nicht etwas zu früh wäre, es wäre ja ein so kleines, zartes Kind. Johanna schob alle Bedenken beiseite; sie könnte sich auch keine großen Gefühle leisten, sie müsste selbst sehen, wie sie durchkäme. Albin war erstaunt und dachte für sich, wie hartherzig Johanna doch durch ihr schweres Schicksal geworden war. Sie musste so sein, anders hätte sie die ganzen Torturen – und die wohl kommenden – nicht heil überstanden.

In den ersten Märztagen gebar sie wieder einen Sohn, der Pfarrer gab ihm den Namen Pantaleon; schlimmer ging es nicht, dachte sie. Und in das Kirchenbuch kam wiederum der Eintrag „Vater des Kindes nicht bekannt". Obwohl Johanna bei der Anmeldung zur Taufe den Vatersnamen groß auf ein Blatt Papier geschrieben hatte, wurde er geflissentlich ignoriert.

Am Dienstag nach Pfingsten holte Johanna die kleine Magdalena aus dem Pfefferhäuschen ab. Vor diesem Tag hatte sie sich vor Wochen noch gefürchtet, doch schien in ihr eine seltsame Verwandlung vollzogen, nichts regte sich mehr in ihrem Herzen. Johanna strahlte längst nicht mehr die Herzlichkeit und Freundlichkeit aus wie noch Jahre zuvor.

Ohne Gemütsregung packte sie die wenigen Habseligkeiten des Kindes in ein Tuch, knotete die Enden zusammen, reichte es dem kleinen Mädchen mit den Worten: „Da, nimm dein Gepäck." So, als würde das jeden Tag geschehen. Das Jammern des Kindes, das bis dahin an der Schürze der Line gehangen hatte und nun nicht loslassen wollte, rührte Johanna nicht. Wie war es möglich, dass sie sich einst vor diesem Augenblick gefürchtet hatte und jetzt alles ohne Tränen oder sonstige Sentimentalitäten ablief?

„Komm jetzt, wir müssen los", klang Johannas Stimme auf einmal fremd und kalt.

Sie zog das Kind von der Line weg, die auch mit den Tränen kämpfte. „Adieu, Line, ich komme auf dem Rückweg noch mal vorbei!" Traurig lief Magdalena neben der Mutter her, in ihren großen schweren Holzschuhen und dem langen Rock – wie ein Lamm, das zur Schlachtbank geführt wird.

Als Johanna mit dem Mädchen auf dem Hof ankam, nahm sie die Bäuerin, die vor dem Haus stand, mit den Worten in Empfang: „Das ist aber klein geraten, das Kind! Kann man das überhaupt zu einer Arbeit gebrauchen oder muss man es erst noch aufpäppeln?"

„Allzu viel wird die Kleine ja nicht essen, meinst du nicht auch? So viel werdet ihr noch übrig haben", gab Johanna ärgerlich zurück. „Kannst du Kartoffeln schälen?", fragte die Bäuerin das Kind. Magdalena nickte ängstlich. „Na, wir werden schon sehen!" Und dann Johanna zugewandt: „Dann bleibt es dabei, wie wir ausgemacht haben; jedes Jahr ein neues Gewand und Schuhe, bis sie zwölf ist, und fünfzehn Mark. Dann werden wir weitersehen!"

Magdalena hatte sich während des Gesprächs ängstlich in Johannas Rockfalten verkrochen, krampfhaft hielt sie ihr Bündel in der Hand. Georg, der jüngste Sohn des Bauern, der bis dahin in der Küche auf der Holzkiste gesessen hatte, kam, durch die Stimmen von draußen angelockt, neugierig heran. Er beäugte das kleine weibliche Wesen, das da ängstlich und zitternd hinter der Mutter stand und flehentlich an ihr hinaufsah. Als sich diese zum Gehen anschickte, weinte das Kind erbärmlich und wollte ihr nachlaufen.

Da sprang der Bub hinzu, nahm das Mädchen bei der Hand, das sich noch einmal zögernd nach der Mutter umsah, welche schwach ihre Hand zum Abschied hob.

Georg zog Magdalena in Richtung Ställe. „Ich zeig dir was", flüsterte er ihr ins Ohr. Solche Zutraulichkeit war neu für das Mädchen, es ließ sich willig von dem Buben führen. Er führte die Kleine zuerst zum Hasenstall, zeigte ihr die einzelnen Tiere, deren Namen er alle aufzählen konnte. Dann führte er sie in den Hühnerstall, zeigte ihr die jungen Küken, die auf ihren wackligen kleinen Füßen herumhüpften. Georg hob eines heraus, reichte es Magdalena, die den kleinen Federknäuel zärtlich streichelte und ihn vorsichtig wieder zurücksetzte zu den anderen. Der Junge führte sie weiter zu den Pferden und den Kühen und zuletzt in den Geißenstall, der zu diesem Zeitpunkt leer war, die Geißen waren auf der Weide.

Nebenbei erklärte er Magdalena, dass er am nächsten Morgen mit ihr zusammen hinauf auf den Berg gehen würde.

Er wüsste auch, wo die Geißen ihre Plätze hätten und wo das beste Gras wüchse. Die kleine Magdalena schaute zu ihm auf, sie war gut einen Kopf kleiner als Georg. Geradezu andächtig hing sie an seinen Lippen, um jedes Wort zu erhaschen, das von ihm kam. Er sah so anders aus als die Buben aus dem Tal. Seine dunklen Augen faszinierten sie und seine braune Haut und die dunklen glatten Haare. Ohne Scheu plauderte er daher, dabei war er nur ein Jahr älter als sie.

Magdalena war vom Typ her das genaue Gegenteil: Sie hatte eine helle, ja fast weiße Haut und kastanienbraunes Haar, das in der Mitte des Kopfes straff gescheitelt und links und rechts zu zwei festen Zöpfen geflochten war. Aus dem kleinen runden Gesicht blickten ein paar traurige grüne Äuglein. Den kleinen Georg erbarmte das verängstigte Kind.

Umständlich kramte er aus seiner Hosentasche einen Apfel hervor und reichte ihn dem Mädchen, das zaghaft lächelnd die Hand danach ausstreckte. Dann führte er sie zum Milchhäuschen und zum Brunnentrog; dort erklärte er wie ein Alter, was es mit der Kühlung auf sich hätte, dass das Wasser vom Berg da oben herabkäme, eisig kalt wäre und durch eine Wasserleitung ins Milchhäuschen liefe. Dadurch wären Milch und Butter und Käse immer schön gekühlt. Für Magdalena war dies alles neu, bisher kannte sie ja nur das enge kleine Pfefferhäuschen, in dem sie aufgewachsen war. Für einen Moment schien sie ihre Mutter vergessen zu haben und auch, aus welchem Grund sie hierher gebracht worden war.

Johanna war indessen schon wieder fast im Tal. Sie hatte inzwischen nachgedacht. Dabei war ihr schmerzhaft bewusst geworden, wie sehr sich ihr Herz und ihre Seele in letzter Zeit verhärtet hatten. Sentimentalitäten und Träumereien hatten keinen Platz mehr in ihrem Leben. Es ging nun nicht mehr darum, ob sich die Kinder wohlfühlten und glücklich waren, sondern nur noch um das nackte Überleben. Sie ging noch einmal ins Pfefferhäuschen, um nach dem kleinen Bonifazius und dem Jüngsten zu sehen, wie sie es der Line versprochen hatte. Sie wollte sich dann auch um mal ihre Pläne kümmern.

Immer wieder dachte sie an das Gespräch mit dem Pfarrer. Nach dem letzten Wortwechsel hatte sie einen weitaus schlimmeren Namen für das Kind erwartet. Aber der Name Pantaleon war schon schlimm genug. Sein Leben lang würde der Bub der Pantali bleiben.

Das gefürchtete Gespräch war nun doch recht friedlich verlaufen – worin der Grund bestand, würde sich schon noch herausstellen.

Magdalena kam ihr wieder in den Sinn: Ob das Kind zurechtkommen würde, was sie wohl von ihrer Mutter dachte?

Über die Bäuerin hatte sie nicht die beste Meinung, sie beiden waren sich noch nie freundlich gesinnt. Die reiche Bäuerin, das wusste Johanna, nutzte ihre Notlage aus, doch was sollte sie tun? Für sie war vor allem wichtig, dass sie wusste, wo das Kind war.

Die Altmagd Rosa hatte sich des kleinen Mädchens angenommen. Magdalena musste die Kammer mit ihr teilen. Dort hinein wurde eine schmale Holzkiste gestellt, diese sollte, solange das Mädchen noch so klein war, als Bett dienen. „Wenn sie abends müde ist, sieht sie nicht mehr, wo sie sich hinlegt", hatte die Bäuerin gemeint.

Magdalena weinte am Abend und fragte nach der Tante Line, als sie sich in diese Kiste legen sollte. Drinnen lag ein unförmiger Strohsack mit zerschlissenem Bettzeug, es sah alles so traurig aus.

Das Kind weinte nicht nur am ersten Abend, das Elend überfiel es auch an den nächsten Abenden, immer vor dem Schlafengehen. Rosa bemühte sich, so gut sie konnte, das Kind abzulenken; sie tröstete es und redete ihm gut zu. Nur zu gut konnte sie sich in das kleine Wesen hineinversetzen, seinen Jammer nachfühlen. Sie selbst war mit sechs Jahren auf einen Hof gebracht worden, fort von den Geschwistern, Vater und Mutter, die sie nie mehr wiedersah. Ihr blieb bis heute unbekannt, wo ihre Geschwister alle hingekommen waren. Mit sechzehn Jahren hatte sie sich dann als Hausmagd auf dem großen Hof verdingt und praktisch ihr ganzes Leben hier verbracht. Doch nun war sie zu alt, um schwere Arbeit zu verrichten, deshalb hatte sie sich um das Hauswesen zu kümmern, so hantierte sie allein in Haus und Küche herum.

Zusätzlich sollte sie sich jetzt um Magdalena kümmern, obendrein war sie noch den Hirtenbuben, die auf dem Hof in Dienst waren, Ersatzmutter. Ihr, der Altmagd, oblag es, die Kinder rechtzeitig zu wecken, was nicht immer einfach war, wenn sie dazu noch in so zartem Alter waren wie die Magdalena.

Im Sommer hieß es vier Uhr früh aufstehen. Gnadenlos jeden Tag, ob sonntags oder werktags. Fortan durfte Lena, so nannte man sie der Kürze wegen, kein Kind mehr sein. Sie führte ab jetzt ein Leben, das ihre Mutter sich für keines ihrer Kinder jemals gewünscht hatte. Ein Schicksal, das die kleine Magdalena mit vielen anderen Kindern teilte.

Ein Licht in ihrem traurigen Dasein war der jüngste Sohn des Bauern, der um ein Jahr ältere Georg, ihr Beschützer von der ersten Stunde an. Er wurde nie müde, sich Überraschungen für das neue Hirtenkind auszudenken. Seine Gedanken kreisten nur noch um Lena. Er fühlte sich für das Mädchen verantwortlich, obwohl er selbst noch ein Kind war.

Georg war klug genug, seine älteren Brüder nichts von seiner Zuneigung zu Lena merken zu lassen; sie hätten ihn sonst mit groben Neckereien verfolgt.

Ohne ihre Mutter oder Tante Line, nach der Lena die Rosa ab und zu fragte, musste sie nun unter einem fremden Dach, auf einem fremden Strohsack schlafen. Rosa begleitete sie abends mit einer Kerze in die Kammer. Sie verstand es, das Kind zu trösten. Daraufhin schlief Magdalena meist ruhig ein. Frühmorgens wurde sie wieder von der Magd geweckt, diese kämmte ihr gleich die Haare, hieß sie, sich anzukleiden und am Brunnentrog draußen den Schlaf aus den Augen waschen, danach sollte sie in die Küche kommen. Dort erwartete sie Georg schon bei der Morgensuppe.

Nach ein paar Tagen hatte sich das neue Hirtenkind an den frühen Tagesbeginn gewöhnt. Es rieb sich zwar meistens schlaftrunken die Augen, wenn es sich neben den Georg setzte und den Löffel nahm, um die gebrannte Mehlsuppe aus der Schüssel zu löffeln. Dazu bekam Lena ein Stück hartes Brot, dies beides war für sie gewohnte Kost. Kaum dass sie den letzten Bissen hinuntergeschluckt hatten, wurde zum Aufbruch gedrängt. Die Geißenherde, die der Bauer aus dem Stall getrieben hatte, wartete bereits meckernd auf dem Hof. Der Bauer erklärte dem Buben Georg, dass dies nun in Zukunft ihrer beider Arbeit wäre. So begann an diesem Morgen Lenas erster Arbeitstag.

Georg ging der Herde voraus. Er wies die Kleine an, den Schluss zu bewachen. Mit einem Stock trippelte sie hinter den Tieren her. Sie war so klein, dass sie nicht einmal über die Herde hinwegsehen konnte. Doch nahm sie ihre Aufgabe ernst und war stets darauf bedacht, dass keines der Tiere zurückblieb. „Achte vor allem auf die Jungtiere, Lena!", rief ihr Georg zu. Mal stiegen sie steil hinauf, mal liefen sie durch Wiesengründe, hinter denen sich bewaldete Höhen erhoben, die jetzt in der Morgendämmerung gespenstisch wirkten; dann wieder wurde der Weg steinig. An die schweren Holzpantinen, in denen ihre bloßen Füßchen steckten, musste sich Magdalena erst noch gewöhnen, darin hatte man so gar keinen Halt. „Wenn wir oben sind, können wir die Schuhe ausziehen", sagte Georg. Er sprach wie ein Erwachsener.

Die Kinder fanden auch bald einen geeigneten Weideplatz. Georg untersuchte das Gras und was da so an Kräutern wuchs, wie es ihn der Hirtenbub Kaspar gelehrt hatte. Wie im Fluge verging der Morgen. Um Mittagspause zu halten, suchten sie sich einen Baum aus, unter den sie sich gemeinsam setzten. Lena kam alles wie ein Abenteuer vor, so was hatte sie bisher nicht erlebt, noch nie hatte sie im Freien gegessen!

Der stundenlange Aufenthalt an der frischen Luft machte hungrig. Aus seinem Rucksack holte Georg das Mittagsmahl hervor, das aus Brot, Käse und etwas fettem Speck bestand. Danach kramte er ein paar Nüsse aus seiner Hosentasche, davon schien das schlaue Bürschchen einen unerschöpflichen Vorrat zu haben.

Lena kamen solche Kostbarkeiten den ganzen Sommer über zugute. Ab und zu zauberte Georg sogar ein paar Hühnereier aus seinem Rucksack, die er sich morgens in der Frühe schon organisiert hatte. Der Lena musste er erst einmal beibringen, wie man ein solches austrank. Äpfel hatte er jeden Tag dabei; dem Mädchen hatte er schon geraten, dass sie jeden Apfel, den sie fände, aufheben sollte, denn die Mutter gäbe freiwillig nie einen heraus.

Nach dem Essen trieben sie die Geißen zusammen, um eine bessere Übersicht zu bekommen. Die Tiere lagen um die Mittagszeit im Gras, irgendwo im Schatten. Dies nutzten die beiden Kinder aus, sich unter einem Baum auszustrecken, wo sie vor sich hin dösten. Oder sie wetteiferten mit dem Erzählen erfundener Geschichten, worin der Georg ein besonderes Talent hatte.

So gewöhnten sich die beiden Kinder an das Zusammenleben miteinander. Das Hüten der Geißenherde war nicht ohne Abwechslung, da ja immer wieder neue Futterplätze gesucht werden mussten – mal oben am Wald, bald weiter unten nahe dem Tale, an einer Halde oder am Ufer eines Bächleins, wo würzige und nahrhafte Kräuter wuchsen. Es gab kaum eine Stelle in der ganzen Umgebung, wo die Kinder in ihrem unsteten Hirtenleben nicht hingekommen wären. Mit der Zeit kannten sie jeden Weg und jeden Steg.

Als einmal im Sommer die Sonne gnadenlos herniederbrannte und kein Wasser in der Nähe war, brachte Georg der Lena bei, wie man unter einer Geiß den Durst stillen konnte. Auch das hatte ihm der Geißenhirte Kaspar gezeigt.

Die beiden Kinder kamen einander immer näher, keiner konnte mehr ohne den anderen sein. Teilten sie doch alles miteinander – Freud und Leid, Essen und Trinken, Gedanken, Wünsche und Träume. In diesen ersten Tagen, in denen Lena mit den Geißen auf die Weide ging und alles so neu für sie war, dachte sie kaum mehr an die Mutter, die war weit weggerückt. Lena war längst nicht mehr das kleine Kind wie noch wenige Tage zuvor. Ein ernster Zug hatte sich in kurzer Zeit auf ihr Gesichtchen gelegt.

Sie war eine Arbeitskraft geworden mit Kost und Logis und hatte Verantwortung für eine ganze Herde Tiere, die sie abends heil und vollzählig

zurückzubringen hatte. Die Heuernte war inzwischen schon in vollem Gange. Dazu wurden die beiden Kleinen noch nicht gebraucht, sie waren für die Geißen zuständig, die sie abends nun auch noch melken mussten.

Inzwischen ging der Sommer vorbei. In der letzten Septemberwoche nahmen die warmen Tage mit ein paar Regentagen endgültig Abschied. Dann, nach der ersten Oktoberwoche, begann es schon feucht und ungemütlich zu werden. Bis Ende Oktober sollten die Tiere noch hochgetrieben werden, dann fiel meist schon der erste Schnee, von da an blieben sie bis zum Frühjahr im Stall.

Mitte Oktober fegten bereits die ersten Herbststürme über die Höhen und wurden pünktlich Anfang November vom ersten Schnee abgelöst. Während dieser kalten und nassen Zeit im Oktober fror Lena entsetzlich, das arme Kind besaß weder eine Unterhose noch eine Winterjacke. Georg hatte Mitleid mit ihr. Er bat seine Mutter, doch der Lena eine Decke mitzugeben, weil sie jeden Tag nass bis auf die Haut wurde, wenn sie keinen Unterschlupf gefunden hatten. Die Bäuerin reichte ihm einen Kartoffelsack, den sollte Lena sich umhängen. Den Sack hängte sie dann abends in den Stall, wo es warm war und wo er trocknen konnte.

Ab Allerheiligen brauchten die Kinder nicht mehr mit den Tieren hoch auf die Wiesen, da es zu kalt wurde. Eine schlimme Zeit brach nun auch in den Schlafkammern an, die vor Kälte ganz klamm wurden. Die Wände waren feucht und durch die Ritzen zwischen den Wandbalken pfiff der Wind.

Lena lag in ihrem kalten klammen Bett und fror entsetzlich. Die gute Rosa aber hatte vorgesorgt: Sie richtete dem Kind abends immer zwei Kirschsteinsäcke, die sie, sobald der Ofen in der Stube beheizt wurde, ins Ofenrohr oder auf den Ofen legte; das ging auch in der Küche im Backofen. Und wenn es zu kalt geworden war, holte sie sich das Kind in ihr Bett.

Die Bäuerin hatte der Line Bescheid geben lassen, dass die Johanna dem Kinde eine Winterjacke bringen sollte, da es sonst krank werden würde. Die Jacke kam dann mit ein paar Wochen Verspätung an.

Rosa hatte inzwischen schon begonnen, dem Kind einen Peter – Strickjacke – zu stricken. Die Kleine tat ihr in der Seele leid. Immer wieder dachte sie bei sich, so ein kleines Kind gehörte einfach noch in die Obhut der Mutter. Über Weihnachten holte Johanna die Lena hinunter ins Haus zum Albin. Solange, bis sie selbst wieder arbeiten ging. In dieser Zeit nähte sie einen wattierten Wintertschoben, der so groß war, dass das Kind zweimal darin Platz fand. Ein paar hohe Schnürschuhe bekam es auch noch und einen warmen Unterrock.

Nur eine Unterhose hatte sie immer noch nicht.

Im März wurde Lena sechs Jahre alt und sollte vom Alter her nach Ostern zur Schule gehen. Da sie aber so klein und zart war, hielt man es für besser, sie erst ein Jahr später in die Schule zu schicken. Für den Schulweg wurden täglich vier Stunden benötigt. Das hätte das kleine Mädchen nie überlebt! Schließlich war sie ja als Hirtin in Diensten, so wurden ihr wenigstens noch ein paar schöne Monate geschenkt.

Jeder freute sich nach einem langen, trüben Winter auf das Frühjahr, auf den Sonnenschein, die ersten Schneeglöckchen und das Sprießen des jungen Grüns.

Das Osterfest verbrachte Lena auf dem Hof, weil sie in der Woche danach die Tiere auf die Weide zu treiben hatte. Georg, der im Januar sieben Jahre alt geworden war, musste von Ostern an morgens zur Schule gehen. Erst jetzt bekam Lena die Einsamkeit so richtig zu spüren; sie musste sich erst daran gewöhnen, dass den ganzen Tag über niemand mit ihr sprach oder ihr sich gar widmete.

Georg kam dann nachmittags, wenn er aus der Schule zurück war, zu ihr hoch auf die Wiesen. Mit einem Pfiff oder einem kurzen Jauchzer machte er sich schon aus der Ferne bemerkbar. Lena, die ihn jedes Mal sehnsüchtig erwartete, winkte ihm freudig zu. Atemlos kam er meist angerannt, um sie mit einem Apfel oder irgendwas anderem zu überraschen.

Um diese Zeit machte sich ihr Magen schon bemerkbar, da hatte sie meist nichts mehr in ihrer Tasche. Lena bekam manchmal eine oder zwei gekochte Kartoffeln mit, ein anderes Mal ein Stück Brot oder Käse oder ein Stück fetten Speck. Nur einen Apfel gab ihr die Bäuerin tatsächlich nie mit, vielleicht mal eine Mostbirne, das war es schon. Lena befolgte Georgs Rat, sie organisierte sich, wenn die Bäuerin außer Sicht war, ein paar Äpfel. Manchmal schob ihr auch Rosa, die einen kleinen Vorrat unter dem Bett hatte und das Kind zwinkernd ermunterte, sich ruhig ab und zu einen zu holen, einen zu,.

Der Sommer ging wieder einmal vorüber und wurde nun vom Herbst abgelöst, die Laubbäume hatten ihr Grün in Gelb und Rot verfärbt. Die Schwalben und viele andere Vögel waren bereits fortgezogen in Richtung Süden. Auch auf diesen Herbst folgte wieder ein ewig langer Winter, den die Lena nutzte, um stricken zu lernen. Rosa brachte ihr die Handarbeit geduldig bei, während sie selbst abends am Spinnrad saß. Die Kleine zeigte sich geschickt; schon bald konnte sie mit fünf Nadeln einen Pulswärmer stricken. Im März wurde Lena sieben Jahre alt.

Nach Ostern sollte auch für sie das Schulleben beginnen. Dazu bekam sie den Schulranzen eines der älteren Söhne des Bauern. Kein Mensch dachte daran, ihr einen neuen zu kaufen

Von ihrer Tante Stefanie bekam sie eine Griffelschachtel, die noch ein Überbleibsel von deren eigenen Kindern war. Etwas hergerichtet, gefiel sie Lena schon. Ansprüche stellen war ihr nicht gestattet. Dies war ja alles gar nicht so schlimm, ihr graute mehr vor dem Schulweg – jeden Tag einmal hinunter und wieder hinauf.

Lena machte sich jeden Morgen mit Georg auf den Weg. Bis zum Läger waren sie meistens alleine, dort trafen sich dann die Kinder, die von den entfernten Höfen auf schmalen Pfaden herabgestiegen waren. Nach der Schule gingen sie wieder gemeinsam heimwärts. Nach einer eilig eingenommenen Mahlzeit rief die Pflicht: Es war Zeit, die Geißenherde den Berg hinaufzutreiben – vor der Abenddämmerung durften die Kinder nicht zurückkehren. Lena und Georg nahmen dann ihre Schiefertafeln und Griffel mit und machten währenddessen ihre Hausaufgaben. Danach legten sie sich gern ins Gras und träumten in den blauen Himmel hinauf.

Ihre Fantasien kannten keine Grenzen: Sie träumten von dem fernen Lande Amerika. Der Lehrer hatte den Kindern in der Schule davon erzählt, der wusste diese Dinge natürlich hauptsächlich aus Büchern. Er erzählte von einem riesigen Erdteil mit unendlichen Weiten, von riesigen Rinder- und Wildpferden, von Cowboys und Indianern und vom Goldrausch in Kalifornien. Amerika wäre nur mit dem Schiff erreichbar, erklärte er. Für die Kinder, die nie aus ihrem Heimattal und ihrer engen Welt herausgekommen waren, erschien das alles unvorstellbar; Lena und Georg spannen daraus ihre eigenen Geschichten.

Manchmal bekamen sie Gesellschaft von anderen Hirtenkindern, doch das mochten die beiden nicht so sehr. Sie empfanden es eher als störend, weil sie nämlich unterbrochen wurden in ihren Schwärmereien.

Georg hatte eines Tages eine Holzhauerhütte ausfindig gemacht; für den Fall, dass es regnete, fanden sie beide da Unterschlupf. Ein Waldarbeiter, der einmal in der Hütte Werkzeug holte, fragte die Kinder, ob sie keine Angst vor Wölfen hätten, die gäbe es immer noch in der Gegend und die wären sehr gefährlich. Die Kinder wussten das, sie hörten oft das schaurige Geheul.

Georg erzählte, dass der Hunger die Bestien im Winter bis nahe an die Höfe trieb. Einmal wäre sogar eine Kuh im Stall gerissen worden von solch einem Scheusal! Deshalb mussten sie auch die Geißenherde immer übersichtlich beieinanderhalten.

Im Herbst, als die Tage wieder kühler wurden und fast nirgendwo ein trockenes Plätzchen zu finden war, um zu rasten, brachte Georg ab und zu Zündhölzer mit. In seinem Rucksack war auch Bündelholz, das er sich schon daheim als Anfeuerholz gerichtet hatte, das Holz im Wald war meist feucht und hätte viel zu lange zum Anbrennen gebraucht. Die beiden Freunde genossen diese Einsamkeit. Sie kauerten am still glimmenden Feuer und erzählten sich zum Beispiel, was sie geträumt hatten, und sie offenbarten einander ihre geheimsten Herzenswünsche.

In der Gesellschaft von Lena wurde Georg immer redselig. Da überschlug er sich manchmal regelrecht in seinem Eifer und gestikulierte bei seinen Erzählungen mit Händen und Füßen. Sie war der Mensch, der ihm zuhören konnte. Das liebte er an ihr, sie war für ihn schon vom ersten Tag an wie eine kleine Schwester gewesen, die er abgöttisch verehrte.

Noch ahnte Lena nicht, dass diese Zeit die schönste in ihrem Leben bleiben würde, dass es solch herrliche Sommertage wie hier oben in Gottes freier Natur mit den Tieren und Georg später in ihrem Leben nie mehr geben würde. Im Gras liegen und in den blauen Himmel hinaufträumen, den Zug der Vögel verfolgen oder das Spiel der Wolken beobachten – dies alles würde bald endgültig Vergangenheit sein.

Von diesen recht armseligen und dennoch glücklichen Tagen sollte sie ihr ganzes weiteres Leben zehren müssen. Nie mehr würde es so innig werden, bei dem grauen Alltag und den Sorgen um das tägliche Brot, bei der Not in allen Ecken, die Lena in ihren Klauen hielt und nie mehr losließ.

Auch konnte Lena zu diesem Zeitpunkt noch nicht ahnen, dass sie – im besten Alter von dreißig Jahren – Gicht bekommen würde, dem ein zwanzigjähriges schmerzhaftes Dahinsiechen folgen sollte.

Sehnsüchtig dachte sie während dieser schlimmen Jahre an die schöne Zeit mit ihrem Vertrauten Georg zurück, mit dem sie an späten Sommerabenden, ein Liedchen trällernd, die Geißenherde bergabwärts zum Stall getrieben hatte. Oder später, in der Jugendzeit, als sie nach getaner Tagesarbeit mit ihm auf der Hausbank saß, gemeinsam den Sonnenuntergang betrachtend. Manchmal spielte er ihr auf seiner Mundharmonika etwas vor; wenn sie die Weise kannte, sang sie mit.

Viel zu schnell gingen diese schönen Sommer zu Ende, so auch jeder anschließende Herbst – darauf folgte das Schreckgespenst Winter. Ungeheuer nannte Lena diese bittere Jahreszeit, vor nichts graute ihr mehr. Sie fürchtete sich vor den ständig nassen, kalten Füßen und den Hornnägeln daran. In der Schule konnten die Kinder, die durchnässt, zitternd und frierend vom Gefäll heruntergekommen waren, ihre Schuhe und Strümpfe am

Ofen trocknen – so viel Verständnis hatte der Lehrer –, sie saßen dann halt barfuß in den Schulbänken.

Beim Heimkommen war es nicht anders, nur dass da gleich die Arbeit wartete. Da waren keine Mutter oder Tante Line zugegen, die einen bedauerten, einen warmen Tee reichten oder einem mal tröstend über den Kopf strichen. Außer der alten Rosa, mit der Lena die Kammer teilte, kümmerte sich niemand um sie, fragte nach ihrem seelischen oder körperlichen Wohlbefinden.

Die Bäuerin hatte ein hartes, raues Wesen. Selbst für ihre eigenen Kinder brachte sie wenig Gefühl oder Wärme auf. Möglicherweise hatte sie unter der rauen Schale ein weiches Herz, aber sie konnte es einfach nicht zeigen, schon gar nicht fremden Kindern gegenüber.

Lena lebte nun schon den dritten Winter auf dem Hofe. Im März war sie acht Jahre alt geworden und kam nun nach Ostern schon in die zweite Klasse. Johanna, ihre Mutter, war bereits seit drei Jahren mit dem Bonifazius und dem jüngsten Bruder, Pantaleon, aus dem Tal fortgezogen, nach Kollnau, wo sie sich eine Wohnung genommen hatte. Ihren Lebensunterhalt verdiente sie mit Nähen für die Leute.

Einmal, an einem Samstag, holte Johanna die Lena zu sich, um mit ihr am Sonntag auf eine Kirmes nach Waldkirch zu gehen. Für die arme Lena ein Erlebnis! Fassungslos stand sie vor einem mit herrlichen Bildern bemalten Karussell, auf dem sich kleine Kutschen befanden, vor die mit Federn und glänzendem Zaumzeug geschmückte Schimmel gespannt waren.

Sobald die Jahrmarktorgel loshämmerte, drehte sich das Karussell mit den Gespannen im Kreise. Staunend stand Lena da, so was hatte sie in ihrem Leben noch nie gesehen!

Ihre kleine Hand hatte sie in die der Mutter gelegt, welche sie plötzlich festhielt wie ein Schraubstock, so dass Lena vor Schmerz kurz aufschrie. Johanna bückte sich zu ihrer Tochter herunter und flüsterte ihr ins Ohr: „Lena, siehst du den großen Mann da drüben, den mit dem schwarzen Hut, mit dem Buben an der Hand?" Lena folgte dem Finger ihrer Mutter. Nun hatte sie ihn entdeckt, den Buben kannte sie von der Schule her, er war etwas älter als sie. „Den kenn ich, den Sepple!"

„Der Mann dort, das ist dein Vater, merk dir das gut!"

Lena hatte diese Szene nie vergessen. Da war also der Sepple, den sie nicht so sehr mochte, ihr Halbbruder. Der Unterschied zwischen ihnen war der, dass er einmal Bauer werden würde, sie hingegen immer eine Magd bliebe.

Kurz vor der Geburt ihres letzten Kindes im März 1898 war Johannas Vater gestorben. Er hatte den Verlust seines Hofes, der Felder und Wiesen, des Waldes und damit auch seiner Existenz, nie verkraftet. Das brach ihm das Herz. Beim sonntäglichen Besuch auf dem Friedhof brach er am Grabe seiner Frau Maria zusammen, das Herz wollte nicht mehr. So ereilte die Familie vom einst stattlichen Dorerbühl in kurzer Zeit ein tragisches Schicksal.

Johanna heiratete einen Witwer mit drei Kindern. Die Ehe wurde noch einmal mit drei Kindern bereichert.

Kehren wir wieder auf den großen Hof nach Haslach zurück. Ostern 1899 sollte Georg zur Erstkommunion gehen, vier Wochen nach Weihnachten aber erkrankte er an Gelbsucht.

Er war so schwer krank, dass der Arzt, den die Eltern aus Waldkirch holen ließen, ihnen kaum Hoffnung machen konnte; es sei denn, dass ein Wunder geschähe. Der Vater kaufte daraufhin die beste Medizin, die es gab. Georg musste, so hatte es der Arzt angeordnet, für einige Woche gesondert – ganz allein – in einer Kammer liegen, die war gleich neben der Stube. Niemand, außer der Mutter oder der Rosa, durfte zu ihm. Lena konnte nur vom Fenster aus mit ihm sprechen, auf diese Unterhaltung bestand er jeden Tag.

Die Krankheit zog sich hin bis Ostern; von Genesung konnte zwar noch nicht die Rede sein, doch nach dem Gutachten des Arztes, insgeheim an ein Wunder glaubend, hatte der Bub dank seiner robusten Gesundheit alles gut überstanden. Nur mit der Erstkommunion wurde es halt nichts. „Da sollen die beiden im nächsten Jahr zusammen hingehen!", meinte der Bauer, der das als ganz selbstverständlich betrachtete. Der Bäuerin passte das nicht so recht in den Kram – sie hätte gern für ihren Sohn allein ein Fest gehabt. Doch dem Bauern gefiel ihre Haltung nicht. Er war der Meinung, dass die Lena kein Kind zweiter Klasse wäre, schließlich stammte sie auch aus einer alteingesessenen Bauernfamilie und einem ehrbaren Bauerngeschlecht. Er beharrte darauf, dass Georg und Lena zusammen zur Erstkommunion gingen: „Schließlich sind wir Christen!"

Zu Pfingsten vollzog sich in der Pfarrgemeinde ein Priesterwechsel. Der alte Dorfpfarrer war noch während der Fastenzeit, kurz vor Ostern, gestorben. Ein junger Herr trat nun das Amt in der Gemeinde an. Von dem jungen Priester erhoffte man sich etwas mehr Weltoffenheit, ob er diese Hoffnungen erfüllte, würde sich herausstellen.

Bei der Schuljugend kam er jedenfalls gut an, auch Lena und Georg mochten ihn. Schon im Herbst erhielten die beiden die ersten Unterrichtstunden beim neuen Pfarrer. Den ganzen Winter über lernten sie fleißig die Bibel und den Katechismus, eben alles, was es zu lernen gab. Sie sangen zusammen die Kirchenlieder, übten gemeinsam jedes Sprüchlein. Der Pfarrer war voll des Lobes über die beiden: „Sie sind beide sehr gewissenhaft!"

Am Palmsonntag trugen auch Georgs ältester Bruder Karl und der jüngere Bruder Wilhelm eine Palme in die Kirche. Das gipfelte oft in einen regelrechten Wettbewerb unter der Jugend, wer die schönste Palme hatte. Geschmückt wurden dabei lange Stangen mit Grünzeug und bunten Bändern und ausgeschnittenem buntem Papier. Jede Palme, die in die Kirche getragen wurde, sah anders aus. Es kam immer auf die Fantasie des Erschaffers an, nicht minder aber auch auf seine materiellen Mittel.

Palmen wurden nur von der männlichen Jugend in die Kirche getragen, meistens von Bauernburschen. Arme Kinder kamen selten in den Genuss, sich so etwas basteln zu können. Nach dem Palmsonntag wurden diese bunten, geweihten Palmen dann vor den Höfen sichtbar aufgestellt, sie sollten das Haus und seine Bewohner vor Schaden bewahren. Ein ganzes Jahr lang blieben sie da stehen, um im nächsten Jahr wieder neu verziert zu werden.

Der Tag der Erstkommunion rückte immer näher. Auch auf dem großen Hof steckte man emsig in den Vorbereitungen. Die beiden Kinder, Georg und Lena, mussten auch eingekleidet werden.

Lena bekam zu ihrer Ausstattung einen geliehenen Bogenkranz aus vielen kleinen Glasperlen, den ihre Tante Stefanie besorgt hatte. Die Mutter schickte ihr eine neue Schürze und Angorastrümpfe und eine Unterhose. Ein Paar neue Schuhe kaufte ihr die Bäuerin dazu, auch das Magnifikat und den Rosenkranz – dafür musste der Lohn für die letzten zwei Jahre herhalten.

Am Morgen ihres Ehrentages befeuchtete Rosa Lenas Haare mit Buttermilch, damit sie den ganzen Tag über schön glänzend und steif blieben. Lena hasste dieses Verschönerungsmittel, weil es so entsetzlich säuerlich roch. Doch aufbegehren wollte sie nicht, sie war ja froh, dass die Rosa sich so mütterlich um sie kümmerte. Die flocht Lena noch schöne Zöpfe, die dann zu einem Kranz um den Kopf gelegt wurden.

Auf dem Hof spannte der Bauer mit seinen Söhnen die Pferde vor den neuen Wagen, der mit zwei Sitzbänken hintereinander ausgestattet war.

Diese Kutsche hatte er einst gekauft, um mit seiner Familie übers Land zu fahren, was allerdings so gut wie nie vorkam. Der Wagen konnte aber auch als Transportwagen benutzt werden, dazu wurden dann die schönen, mit Leder überzogenen Sitze abgeschraubt. Die Sitzordnung ergab sich ganz reibungslos: Vorn saß der Bauer mit der Gerte in der Hand, neben ihm die Bäuerin, daneben der älteste Sohn Karl; auf der Sitzbank hinten hatten Wilhelm, Lena und Georg Platz genommen.

Die Fahrt war anfangs ziemlich holperig und wurde erst ruhiger und gemächlicher, als man die Haslebachbrücke passiert hatte. Unten beim Schwanen wurde abgeschirrt, Pferde und Wagen untergestellt. Den Rest des Weges legten dann alle zu Fuß zurück. Georg und Lena gingen weiter bis zum Schulhaus, wo sich die Erstkommunikanten zur Aufstellung trafen. Von dort aus ging es in einer feierlichen Prozession mit Musik, Fahnen und sämtlichen Würdenträgern der Gemeinde in die Kirche. Der Tag der Erstkommunion, am ersten Sonntag nach Ostern im Jahre 1900! Für Lena wurde es der schönste Tag in ihrem Leben und er sollte es auch bleiben. Ihr ganzes Leben lang erinnerte sie sich dankbar an diesen Tag.

Die Kirche war, wie immer an solchen Feiertagen, voll besetzt bis auf den letzten Platz. Die Leute strömten nach dem Hochamt hinaus, um den Zug der Kinder anzuschauen, die sich aufgeregt für das Gruppenfoto vor dem Kirchenportal aufstellten. Der Fotograf Furtwängler aus dem Malerhäusle in Altsimonswald hatte seinen Kasten schon aufgebaut, er besaß damals den ersten Agfa-Fotokasten in Simonswald.

Zu ihm kamen die Leute, um sich ablichten zu lassen, meistens an Sonn- oder Festtagen, so wie dem Herrgottstag oder Pfingsten und Himmelfahrt; Leute in Sonntagskleidern, gepflegt, mit manierlichem Äußeren.

Vor der Kirche warteten die beiden einzigen Verwandten, die Lena noch in der Hasle hatte. Die Tante Stefanie, ihre Gotti, und die Tante Line, die nur noch auf einen Stock gestützt gehen konnte. Sie waren vom Bauern zum Mittagessen in das Gasthaus Schwanen eingeladen worden.

Der Bäuerin hatten die beiden Frauen noch ausrichten lassen, dass sie den Kuchen zum Kaffee mitbringen würden, um damit auch einen kleinen Beitrag zu dem Feste zu leisten. Das war der Bäuerin freilich recht, denn in den Tagen zuvor hatte sie immer nur gerechnet, was dies wieder kosten würde, wenn noch zwei Gäste dazukämen. „Du tust gerade so, als wären wir die ärmsten Leute", hatte der Bauer darauf ärgerlich gesagt. Ihm war es oft peinlich, dass seine Frau so geizig war. „Ja, das ist schon recht, aber was man hergegeben hat, gehört einem hinterher nicht mehr, es fliegt uns ja auch nicht gerade zu!"

Nach dem Kaffeetrinken brach die Bauernfamilie auf – die Stallarbeit rief, das Vieh musste versorgt und gemolken, der Stall ausgemistet werden und was sonst noch an Arbeit anfiel. Auch für die beiden Kommunionkinder wurde keine Ausnahme gemacht. Lena und Georg mussten die Geißen versorgen, so wie jeden Tag. Trotzdem fanden alle, dass es ein schöner Tag war!

In den folgenden zwei, drei Jahren wurden die beiden ältesten Söhne der Bauernfamilie, Karl und Wilhelm, nacheinander zum Militär eingezogen. Georg konnte nicht mehr mit Lena auf die Weide, er hatte nun die Pflichten seiner Brüder zu übernehmen.

Nachdem sie ihren zweijährigen Dienst abgeleistet hatten und wieder zurückgekommen waren, heiratete einer nach dem anderen. Karl zog mit seiner jungen Frau im Hof ein, doch nur für kurze Zeit, denn die frischgebackene Gattin kam mit der Bäuerin nicht zurecht. Es bot sich ihnen zum Glück die Gelegenheit, ein kleines Gut zu erwerben, dazu verhalf ihnen jeweils ein Vorschuss auf das Erbe. Wilhelm musste mit seiner Frau deren elterlichen Hof übernehmen, da es keine männlichen Erben gab.

Lena war weiterhin für die Geißen zuständig. Es wurden einsame Jahre, in denen sie wehmütig der schönen Kindertage gedachte, die sie zusammen mit Georg auf der Weide verbracht hatte.

Vorbei waren die besinnlichen, verträumten Stunden, auch waren ihr zusätzliche Pflichten wie das Stricken beispielsweise – neben dem Hüten und ihren Hausaufgaben – auferlegt worden. Lena hatte inzwischen auch erfahren, dass nach ihrem sechzehnten Geburtstag an ihre Stelle wieder ein Hütebub kommen würde. Das bedeutete, dass sie dann ständig im Haus und auf dem Feld arbeiten müsste.

Im Frühjahr 1909, kurz nach Ostern, bekam Georg Bescheid, dass er noch im Juni zum Militär müsste. Er versprach der Lena, dass sie zusammen auf den Schellenmarkt gehen würden, hinauf zum Biereck. Auf diesem kleinen Jahrmarkt, alljährlich zu Pfingsten, wurden Kuhglocken – Schellen – verkauft, Pfeifen und Geiseln für die Hirtenbuben, alles, was man fürs Viehhüten gebrauchen konnte. Gleichzeitig öffneten der Krämer- und der Stellenmarkt. Auf letzterem trafen sich Bauern, Mägde und Knechte von nah und fern.

So mancher verliebte Bursche hängte seiner Angebeteten ein Lebkuchenherz um den Hals, auf dem mit Zuckerguss geschrieben stand: Auf ewig Dein. Solch ein Herz kaufte Georg der Lena. Die beiden waren zusammen mit dem Hirtenbuben Matthias und anderen jungen Leuten auf einem Fuhrwerk nach Bleibach gefahren.

Dort stellten sie bei einem Bauern Pferde und Wagen unter und fuhren dann mit der neuen Eisenbahn von Bleibach nach Elzach. Zum ersten Mal in ihrem Leben saßen die meisten der jungen Leute in einem richtigen Zug, gezogen von einer Dampflok, die eine riesige Rauchfahne hinter sich ließ.

In Elzach am Bahnhof standen pünktlich zu den Ankunftszeiten Pferdefuhrwerke bereit, die man gegen ein Entgelt besteigen und so hinauf zum Biereck gelangen konnte. Dort kehrten die jungen Leute erst einmal ins Gasthaus Rössle ein, um anständig zu essen. Georg ließ auch dem Hirtenbuben einen riesigen Teller mit Fleisch und Gemüse bringen. Zusätzlich drückte er ihm noch ein Geldstück in die Hand mit der Bitte, sich anschließend irgendwohin zu trollen, was dieser sich nicht zweimal sagen ließ.

Georg und Lena schlenderten nun zwischen den Ständen der Händler hin und her, die so allerlei Verlockendes anboten. Einmal trennte sich Georg beim Bummeln von Lena – um etwas zu erkunden, wie er geheimnisvoll verkündete.

Diese Gelegenheit nutzte auch Lena, um bei einem Kurzwarenhändler Verschiedenes zu kaufen: Knöpfe, Litzen, Faden und Stricknadeln.

Kurze Zeit später trafen sich beide wieder. Allmählich rückten auch schon alle anderen an, um sich gemeinsam wieder zum Fuhrwerk zu begeben, das die jungen Leute wieder zurück nach Elzach an den Bahnhof zurückbringen sollte. Die Stimmung auf dem Heimweg war noch einmal fröhlich und ausgelassen, es wurde gesungen und gelacht und einige, die etwas über den Durst getrunken hatten, machten ihre Witze. Weniger lustig wurde die Ankunft abends auf dem Hof. Da wartete die Bäuerin schon ungeduldig auf die Ausflügler. „Früher ging es leider nicht", entschuldigte sich kleinlaut der Georg für alle anderen. Eiligst zogen sich alle um und gingen an die Stallarbeit, die keinem erspart blieb.

Zwei Wochen später musste Georg seinen Koffer packen. Beim Abschied drückte er der Lena ein kleines Päckchen in die Hand mit der Bitte, es erst zu öffnen, wenn er fort wäre.

Lena fand erst abends Zeit dazu. Auf ihrem Bett sitzend hielt sie andächtig das Päckchen in grünem Packpapier. Darin befand sich ein kleines Kärtchen, worauf ein Herz gemalt war, daneben stand in den schönsten Buchstaben geschrieben: Für meine Lena. Aus dem roten Glanzpapier wickelte sie ein kleines rundes, aus Stroh geflochtenes Kästchen, so filigran geflochten, dass es schon ein Kunstwerk war.

An dem geflochtenen runden Behältnis war ein Deckel befestigt, ebenfalls geflochten, dessen Mittelpunkt ein geschliffener Edelstein in einer zierlichen Goldfassung bildete. Sie öffnete gespannt den Deckel. Darin befand sich wiederum ein kleines Briefchen, in dem Georg die Adresse der Kaserne in Freiburg aufgeschrieben hatte, und noch einmal ein winziges Päckchen. Lenas Herz klopfte bis zum Hals, sie befühlte es zwischen den Fingern und wickelte es gespannt aus: Hervorkamen ein paar goldene Ohrringe – wie sie sich diese schon lange gewünscht hatte! Tränen der Freude liefen ihr über das Gesicht. Ihre geheimsten Wünsche kannte er, der Georg. Sogleich beschloss sie, ihm einen Brief zu schreiben.

Mehr als ein Jahr sollte vergehen, bis Georg zum ersten Mal in Urlaub heimkam, und ein weiteres Jahr, bis endgültig der Militärdienst beendet war. Für Lena war diese lange Zeit nicht besonders angenehm. Von der Bäuerin, die längst bemerkt hatte, dass sich zwischen den beiden jungen Leuten etwas angebahnt hatte, wurde sie schikaniert und ausgenutzt in jeder Weise. Noch kurz bevor sie abends ins Bett gehen wollte, hatte die Bäuerin irgendeine Arbeit für Lena.

Sonntags wollte sie das Mädchen, oft unter fadenscheinigen Vorwänden, nicht in die Kirche lassen.

Dies war jedoch für Lena die einzige Möglichkeit, wieder einmal herauszukommen, mit jungen Leuten zusammenzutreffen oder einen Brief in den Postkasten einzuwerfen. Lena zählte Monate, Wochen, Tage, zuletzt die Stunden, bis Georg endlich wieder zurückkam. Er fehlte ihr ja so schmerzlich.

Ende August war es dann soweit. Der Bauer holte Georg in Bleibach von der Bahn ab. Dieser hatte nicht nur einen Koffer wie bei der Abreise, sondern noch einiges Gepäck dazu. Er kam gerade rechtzeitig, um die Ernte mit einzufahren, und Lena hoffte, dass die Bäuerin nun nicht mehr so hart und so garstig mit ihr umgehen würde. Doch da hatte sie sich getäuscht. Dass zwischen Lena und Georg nicht nur freundschaftliche Gefühle herrschten, war Georgs Mutter nicht entgangen.

Weit entfernt von Einfühlungsvermögen oder Feinsinnigkeit war ihr das Verhältnis zwischen den beiden längst ein Dorn im Auge; ihr war klar, dass hier mehr im Spiel war als jugendlicher Übermut. „Dem muss Einhalt geboten werden, ich muss für den Georg eine Frau suchen", sagte sie immer wieder zu ihrem Mann, der nur abwinkte und es als Plänkelei abtat.

Dass zwischen den jungen Leuten die Gefühle und Empfindungen nicht mehr nur Spiel, sondern die beiden sich längst einig waren, daran dachten die Bauersleute zu diesem Zeitpunkt noch nicht. Dafür waren sie nicht tiefsinnig genug.

Man hätte Georg und Lena mit zwei nahe stehenden aufgewachsenen Stämmchen vergleichen können, deren Zweige und Äste sich immer mehr ineinander rankten – jeder feinfühlige Mensch hätte gesehen, dass sie füreinander bestimmt waren. Längst hatten sich die beiden geschworen, fest und treu zusammenzuhalten, nicht nur heitere, sondern auch stürmische Tage miteinander durchzustehen.

Die Ernte war längst eingefahren, Erntedank und Kirchweih nahten. Georg führte die kleine Lena zum Kilbitanz. Mit ihren zweiundzwanzig Jahren war sie nur ein Meter fünfzig groß geworden. Während die jungen Leute lachend das Haus verließen und in das Tal hinunterwanderten zur Kirchweih, ahnten sie noch nicht, dass die Mutter ihnen das Glück nicht gönnte; ja, diese hatte sich sogar geschworen, die beiden auseinanderzubringen. Wenn sie sich querstellen sollten, beschloss sie, der Lena zum Stephanstag aufzukündigen. Wenn Lena aus dem Haus wäre, würde ihr Sohn sich anders besinnen. Der Georg sollte ihrem Wunsch nach eine Bauerntochter nehmen, die etwas darstellte und Heiratsgut mitbrachte.

Im zweiten Monat nach Kirchweih, Anfang Dezember, wusste Lena, dass sie schwanger war. Jeden Morgen, wenn sie sich von ihrem Lager erhob, musste sie sich übergeben. Dann wurde ihr schwindlig, alles drehte sich. Jeder Versuch aufzustehen misslang, sie musste sich immer wieder hinlegen. In der ersten Zeit glaubte sie, sich den Magen verdorben zu haben. Doch nach zwei weiteren Wochen wurde ihr klar, dass Kirchweih nicht ohne Folgen geblieben war. Lena befürchtete den Unmut der Bäuerin. „Wenn die das merkt, dann helfe mir Gott!", dachte sie bei sich. Wie recht sie doch mit ihrer Ahnung hatte. Zuerst musste Georg davon erfahren, er würde sicher zu ihr stehen. Doch dazu kam es gar nicht.

Die Bäuerin erwartete sie eines Morgens in der Küche. Die Arme in die Hüften gestemmt, sagte sie der Lena die Schwangerschaft auf den Kopf zu und fragte das Mädchen, was es zu tun gedenke. Lena hob ängstlich die Schultern. Die Antwort blieb sie ihr aber schuldig, denn Georg kam in diesem Moment in die Küche.

Er stellte sich hinter Lena und sagte der Mutter ins Gesicht: „Ich werde Lena heiraten, das liegt doch nahe!"

Mit dem Zornausbruch seiner Mutter hatte Georg allerdings nicht gerechnet: was die Frau alles schrie in ihrer Bosheit, konnte der Sohn nicht begreifen. Trotzdem wiederholte er seine Worte: „Ich werde Lena heiraten und keine andere, nur damit Ihr es wisst!"

Was Lena und Georg in den nächsten Wochen und Monaten erleben würden, konnte man nur ahnen. Der lange Winter und das folgende Frühjahr wurden für sie ein einziges Martyrium.

Georg beharrte eisern darauf, Lena zu heiraten. Diese wurde derweil auf ganz erbarmungslose Art und Weise mürbe gemacht, täglich wurde ihr das Leben vergällt – schwere Stallarbeit, unzureichendes Essen, ständig hungrig! Die Herzlosigkeit kannte keine Grenzen: Den ganzen Winter über verwehrte man ihr den Aufenthalt in der warmen Stube. Nur in der Küche durfte sie sich aufhalten. Georg musste den Winter über im Wald arbeiten, unter der Woche seine Abende in einer Holzhauerhütte zubringen, bis in den März hinein. Nur am Samstagabend durfte er heimkommen.

Die Eltern verwehrten ihm hartnäckig ihre Erlaubnis zur Heirat. So suchte er den Pfarrer auf und bat, sich für die beiden zu verwenden, die Eltern umzustimmen. Ohne Erfolg, es schien abgemachte Sache.

Lena indessen hatte keine große Hoffnung mehr, sie war von Georg ziemlich enttäuscht, sie hatte von ihm ein klein wenig mehr Mut erhofft.

Stattdessen wurde er immer sonderlicher, sprach nicht mehr so wie früher, zog sich immer mehr zurück.

Georg hasste die hässlichen Auseinandersetzungen. Jeder Anlauf, den er bei den Eltern unternahm, das Thema Magdalena betreffend, endete mit wüsten, bösartigen Vorwürfen, die ihn immer mehr zermürbten. Auch Magdalena glaubte längst nicht mehr an ein gutes Ende. Solche Streitereien konnten doch niemals mehr Glück bringen – und nur geduldet sein, das wollte sie auch nicht. Deshalb hatte sie zu ihrer Mutter Johanna Kontakt aufgenommen und sie gebeten, ihr doch bei der Wohnungs- und Arbeitssuche behilflich zu sein.

Johanna bemühte sich mit ganzer Kraft, sie hatte an dem Kind sehr viel gutzumachen. Nach kurzer Zeit war beides gefunden.

Als Lena dann eines Tages der Bäuerin erklärte, dass sie den Hof gleich nach der Geburt des Kindes verlassen würde, war diese wie ausgewechselt. Von einer Stunde zur anderen wurde sie milder zu Magdalena „Bist du also doch gescheit geworden?" Als Georg von der Entscheidung erfuhr, zerriss es ihm fast das Herz.

Lena, mit der er von Kindheit an unter diesem Dach gelebt hatte, die er liebte wie niemanden sonst, sie sollte plötzlich nicht mehr da sein? Fort, ins Tal hinunter und aus seinem Leben?

Nun hatten es seine Eltern doch geschafft, sein Leben zu zerstören, wie lieblos sie waren! Erinnerten sie sich so gar nicht an ihre eigene Jugend? Sie waren doch auch einmal verliebt gewesen, warum nur traten sie seine Gefühle derart mit Füssen?

Er sah, wie Lena unter den Umständen litt, um ihn selbst schon gelitten hatte. Ihm war auch klar, dass, solange seine Mutter hier auf dem Hof regierte, kein Glück und kein Friede eintreten konnten.

Am 13. Juni 1913 gebar Lena einen Sohn. Georg selbst übernahm die Anmeldung auf dem Pfarramt. Auch dieses Mal suchte der Pfarrer den Namen aus. August sollte der Bub heißen, so bestimmte auch dieser Pfarrer, Sohn der ledigen Magd Magdalena Dorer. Das Kind bekam den Familiennamen der Mutter. Georg bestand erbittert darauf, dass er als Kindesvater ins Kirchenbuch eingetragen würde. „Die Ehe hat man uns ja verwehrt", sagte er zum Pfarrer, der sich hin und her wand und nicht recht wusste, was er darauf antworten sollte. Georg war klar, dass hier seine Eltern dahintersteckten.

Wenn diese aber glaubten, dass sie ihn mit einer anderen nun verkuppeln könnten, dann hatten sie sich getäuscht! „Ich werde keine andere Frau nehmen!"

Die Bäuerin warf nur einmal einen Blick auf das Neugeborene, das Lena in einen Wäschekorb gebettet hatte. Sie erschrak darüber, wie ähnlich das Kind ihrem Sohne sah. Sie glaubte im ersten Moment, ihn als Neugeborenen im Körbchen liegen zu sehen. Lenas Entschluss stand fest, dann war es so weit.

Nachdem sie ihre Sachen zusammengepackt hatte und reisefertig war, suchte sie nochmals den Georg, der ihr in letzter Zeit aus dem Weg gegangen war, sich immerzu verkrochen hatte, immer am gleichen Ort – sie wusste auch wo. Sie öffnete die Tür zum Geißenstall, da saß er in der Ecke auf einem Schemel, den Kopf in die Hände gestützt und schluchzte. Als er Lena vor sich stehen sah, stand er auf und nahm sie fest in seine Arme. „Weißt du, ich habe an den Tag gedacht, an dem du auf den Hof gekommen bist, da habe ich dich hierhergeführt. Und hier nehmen wir voneinander Abschied." Wortlos hielten sie einander umschlungen.

„Ich wusste, dass du kommst", sagte er, „wollt dir noch was für den Buben geben." Mit diesen Worten überreichte er ihr eine lederne Geldkatze.

„Solange ich lebe, werde ich dich unterstützen, so gut ich kann, ihr sollt keine Not leiden!" Lena konnte nichts antworten, der Kloß im Hals hinderte sie daran.

Eigentlich hatte sie ja gehofft, dass er sich anders besinnen würde, dass er seine Sachen packen und mit ihr gehen würde. Doch dazu war er viel zu verwurzelt mit seiner Heimat, niemals würde er diesen Grund und Boden verlassen, lieber würde er sterben. Nie und nimmer würde er im Tal unten glücklich sein können.

Der Bauer rief ungeduldig nach Lena. Diese drehte sich hastig um, damit Georg ihre Tränen nicht sehen sollte und lief schnell hinaus, weg vom Ort ihrer Kindheit und Jugend. Ihre Zukunftsträume und Sehnsüchte waren in diesem Moment zerplatzt wie Seifenblasen. Noch aber konnte sie nicht wissen, was auf sie zukommen würde, was das Leben für sie in Zukunft bereithielte. Doch sie war zuversichtlich, viel schlechter als bisher konnte es nicht werden. Zwei Jahre später heiratete sie.

Der kleine August war zu einem stämmigen Burschen herangewachsen, der seinem Vater immer ähnlicher sah. Jedes Jahr, ein- oder zweimal, besuchte er diesen auf dem großen Hof. Georg sprach nicht allzu viel mit dem Jungen; einmal stellte er ihm unerwartet die Frage, was er lernen wollte. Meist erkundigte er sich nach der Mutter, wie es ihr ginge.

Beim Abschied drückte er dem Buben hastig ein Geldstück in die Hand, mit dem Hinweis, es schnell einzustecken.

Diese Besuche allerdings wurden von den Bauersleuten nicht gern gesehen, sie brachten es fertig, sie zu unterbinden, ja, stellten diese sogar als Bettelei hin. Als sie dann ihrem Sohn die Besuche verboten, die für ihn bestimmte Post zurückhielten, da sah Georg in seinem Dasein keinen Sinn mehr – er konnte sein Versprechen nicht mehr halten. Schließlich wurde er krank an Leib und Seele. Galt er bis dahin als Einzelgänger und Sonderling, so ging er nun allen erst recht aus dem Wege. Er versteckte sich immer mehr vor den Menschen. Mit seinen Eltern soll er nie mehr gesprochen haben.

Am 7. Februar 1933 – im selben Jahr wurde Sohn August zwanzig Jahre alt – starb Georg mit dreiundvierzig Jahren, angeblich nach langer schwerer Gemütskrankheit. Gemunkelt wurde, dass er sich erschossen hätte. Nie wagte es jemand, diese Vermutung auszusprechen.